*Walt Weisse* und andere

# MOLOSSER

WALT WEISSE UND ANDERE

# MOLOSSER

Kampfmaschine? Karikatur? Kamerad?

Vorstellung von sieben großen Hunderassen

Dogue de Bordeaux – Mastiff – Bullmastiff
Mastino Napoletano – Fila Brasileiro – Tosa-Inu und
Mastin Espanol

*Geschichte – Beschreibung – Rassestandard – Kauf – Haltung*
*Ernährung – Krankheiten – Erziehung – Ausbildung*
*Literaturempfehlungen*

**KYNOS VERLAG MÜRLENBACH**

*Umschlaggestaltung:* Edda Hein
*Umschlagrückseite:* Original-Ölgemälde Richard Strebel


Helga Fleig, D-5537 Mürlenbach/Eifel
Telefon 06594/653
1. Auflage 1987
Gesamtherstellung: Tagblatt-Druckerei KG, 8728 Haßfurt


ISBN Nr. 3-924008-31-0

# Inhaltsverzeichnis

# I. Einleitung

*Walt Weisse*

1. Club für Molosser e.V.
2. Die Autoren
3. Kampfmaschine? Karikatur? Kamerad?
4. Der kynologische Begriff Molosser
5. Gemeinsame Wurzeln

Abb. 1 *Der Autor Walt Weisse mit einem Hoffnungsträger.*

# Club für Molosser e.V.

Als Autoren zeichnen Mitglieder des Club für Molosser e.V., Sitz Frankfurt am Main im Verband für das Deutsche Hundewesen e.V. (VDH), Sitz Dortmund. Der VDH wiederum ist Mitglied der Féderation Cynologique Internationale (FCI), Sitz Thuin/Belgien.

Ehe wir die einzelnen Autoren dieses Buches vorstellen, ist es wohl notwendig und zweckmäßig, den Club für Molosser e.V. zu erläutern.

Dieser Club betreut innerhalb des VDH die molossoiden Rassen **Dogue de Bordeaux, Mastiff, Bullmastiff, Mastino Napoletano, Fila Brasileiro, Tosa-Inu und Mastin Espanol.**

Der Club wurde bereits 1908 unter dem Namen »Allgemeiner Deutscher Bordeauxdoggen-Klub« gegründet. Er war Mitglied im Kartell und später in der Reichsfachschaft für das Deutsche Hundewesen. Nach dem 2. Weltkrieg gehörte er zu den Gründungsmitgliedern des VDH. Bis zum Jahre 1978 hieß er dann »Club für Bordeauxdoggen und Mastiffs e.V.« Ab dem Jahre 1975 nahm der Club einen ungeheueren Aufschwung. Von 32 Mitgliedern 1975 stieg die Zahl heute auf 1000, statt zwei Rassen werden heute sieben vertreten, statt fünf geschützter Zwingernamen hat der Club heute 140 Züchter. Um allen vertretenen Rassen gerecht werden zu können, wurde er 1978 umbenannt in »Club für Molosser e.V.«. Herr Walt Weisse aus Egling in Oberbayern ist von 1975 bis heute ununterbrochen 1. Vorsitzender dieses Vereins.

In diesem Rassehunde-Zuchtverein werden heute sieben Hunderassen betreut, die zu den größten Hunden der Welt gehören. Alle Vertreter dieser Rassen haben eine mehr oder weniger hohe Reizschwelle. Alle sind sie nervenstark und belastbar. So verlangen es wenigstens die bei der FCI hinterlegten Standards. Der Club hat sich nun zur Aufgabe gesetzt, diese Forderungen der Standards und die Forderungen der Umwelt, die an einen großen Hund des 20. Jahrhunderts gestellt werden, in Einklang mit Gesundheit, Fitness, Wachsamkeit und Gutartigkeit gegen Mensch und Tier zu bringen.

# Die Autoren

Dieses Buch ist eine Gemeinschaftsarbeit von acht Kennern und Züchtern der jeweilig vorgestellten Rassen. Deshalb kann dieses Buch auch nicht aus »einem Guß« sein. Jeder einzelne Autor ist Individualist und hat seinen eigenen Stil. Der eine schreibt streng und akribisch, der andere souverän und über Details erhaben, und wieder ein anderer leidenschaftlich und etwas überzogen. Allen aber ist eins gemeinsam: Die Liebe zu ihrer Rasse, die absolute Sachkenntnis, die züchterische Erfahrung und das tiefe Wissen um die ethnische Gemeinsamkeit der verwandten Rassen. Sie alle wissen und sind überzeugt davon, daß die Zukunft dieser Rassen nur gemeinsam geschaffen werden kann; daß Zersplitterung und Absonderung in einzelne Interessen schädlich ist. Sie alle sehen ihre kynologische Heimat und die der beschriebenen Rassen in der gemeinsamen »Molosser- Familie«!

*Maria Pufahl* stellt »ihre« Rasse, die Bordeauxdogge, vor. Sie züchtet seit 1956 Deutsche Boxer und Bordeauxdoggen unter dem Zwingernamen »von der Rombach«. Aus diesem Zwinger gingen Hunde in die ganze Welt; bis nach Japan und ins Ursprungsland der Bordeauxdoggen, Frankreich! Sie ist seit vielen Jahren Spezialrichterin für alle Molosser-Rassen und Schülerin des großen Kynologen Leo Helbig. Sie gilt heute unumstritten als beste Kennerin der Rasse außerhalb Frankreichs. Sie lebt jetzt in der Toskana, hat aber weiterhin engste Beziehungen zum Zuchtgeschehen im Club.

*Isolde Schmidt* ist die Obfrau der Arbeitsgemeinschaft Mastiff innerhalb des Clubs seit vielen Jahren. Unter ihrer Leitung aktivierte sich das Zuchtgeschehen um den Mastiff. Unzählige Kontakte in das Mutterland Großbritannien, engste Freundschaften zu Mastiff-Züchtern in Holland und Belgien bestehen. Sie züchtet den Mastiff sehr erfolgreich unter dem Zwingernamen »of Seven Oaks«, ist Lehrerin und wohnt in Fischerhude.

*Herbert Siebold und Dr. Dieter Fleig* schrieben gemeinsam das Kapitel über den Bullmastiff. *Herbert Siebold* ist in Deutschland der Pionier der Rasse Bullmastiff mit dem weltbekannten Zwinger »vom Antoniushof«. Er und seine Frau Ida verhalfen dem Bullmastiff zum Durchbruch in Deutschland. Er ist langjähriger 2. Vorsitzender des Clubs und Obmann der Arbeitsgemeinschaft Bullmastiff im Club. Er ist Landwirt und bewirtschaftet einen Hof in Tiengen am Hochrhein. *Dr. Dieter Fleig* ist als kynologischer Fachbuchautor in der Hundewelt mehr als bekannt. Durch seine sehr engen Kontakte nach Großbritannien, kennt er die Bullmastiff-Szene in England wie kein anderer. Er ist im Besitz einer jungen Bullmastiffhündin aus dem berühmten englischen Zwinger »Pitman's«. Er lebt als Inhaber des Kynos-Verlages in Mürlenbach/Eifel.

*Walt Weisse* ist der Fachmann für den Mastino Napoletano. Er gehört zu den ersten Pionieren für diese Rasse in Deutschland. In seinem FCI-geschützten Zwinger »vom Vagantenhof« züchtet er neben den Mastini auch sehr erfolgreich Deutsche Boxer. In seinem Zwinger fielen bereits 38 Würfe Deutsche Boxer und 14 Würfe Mastini Napoletani. Seit 1975 ist er ununterbrochen bis heute 1. Vorsitzender des Club für Molosser e.V. und seit vielen Jahren Landesgruppenvorsitzender der Landesgruppe Bayern im Boxer-Klub e.V., Sitz München. Er ist Zuchtwart, Spezialrichter für die beschriebenen Rassen und Autor des ersten deutschsprachigen Buches über den Mastino Napoletano (1983). Er wohnt in Egling/Oberbayern und ist Inhaber einer Hundeschule und Hundepension.

*Luise Daser* ist Obfrau der Arbeitsgemeinschaft Fila Brasileiro im Club. Sehr enge Kontakte nach Brasilien prädestinieren sie zu klaren Aussagen über den Fila Brasileiro. Sie ist wohl die erfahrenste und zugleich auch kritischste Züchterin dieser Rasse in Deutschland. Aus ihrem Filazwinger »von der Sonnenläng« stammen die Vorfahren von Welt- und Clubsiegern und von Nationalen und Internationalen Champions. Sie ist Zuchtwart und Richteranwärter für alle Molosser-Rassen, Mutter von drei Kindern und Hausfrau und wohnt in Oberhaching bei München.

*Wolfgang Fink* gehört zu den ganz wenigen Tosa-Inu-Experten außerhalb Japans. Er erwartet den zweiten Wurf in seinem Zwinger »of Hirosaki« und verfügt über gute Kontakte nach Japan. Wenn auch diese Rasse in Deutschland erst in ganz wenigen Exemplaren vorhanden ist, wird sich vielleicht auch durch dieses Buch eine neue Schar von Idealisten für den Aufbau der Rasse – wenn sie wesensmäßig ins 20. Jahrhundert paßt – finden. Er ist Maschinenbau-Ingenieur und lebt in Kapellen bei Moers am Niederrhein.

*Rudolf Sewerin* ist der Pionier für den Mastin Espanol in Deutschland. Durch unendlich viele Reisen nach Spanien gilt er als bester nichtspanischer Kenner der Rasse. Er ist Obmann der Arbeitsgemeinschaft Mastin Espanol im Club. In seinem Zwinger »de la Mesta« fielen bereits vier Würfe dieser imponierenden Rasse. Er leitet zusammen mit einer Partnerin eine Hundeschule und Hundepension in Ansbach/Franken.

# Kampfmaschine? Karikatur? Kamerad?

Es gibt wohl sehr wenig Hunderassen, die in den vergangenen Jahren mit so unterschiedlicher Interpretierung in die Schlagzeilen und in die Öffentlichkeit gelangt sind. Wir wollen nun versuchen, in diesem Buch die echten Eigenschaften, das wirkliche Aussehen, aber auch die Probleme dieser Rassen zu verdeutlichen und zu schildern.

## »Kampfmaschine«?

Alle beschriebenen Rassen sind *keine* »Kampfmaschinen«. Der Dogue de Bordeaux wurde vor 150 Jahren letztmalig für Schaukämpfe in Frankreich verwendet. Beim Mastiff ist es noch länger her, daß er in England beim »Bären- oder Bullenbeißen« eingesetzt wurde. Der Bullmastiff wurde n i e für irgendwelche Kämpfe gebraucht, sondern war der Schutzhund der englischen Wildhüter. Der Mastino Napoletano ist eine sehr junge Rasse, die, ebenso wie der Fila Brasileiro, niemals zu Kämpfen eingesetzt wurde, sondern immer Bewacher großer Anwesen war. Der Mastin Espanol bewachte die riesigen Schafherden in den Bergen Spaniens und schützte sie vor Wölfen. Einzig der Tosa-Inu, der in unserem Lande erst in etwa 20 Exemplaren vorhanden ist, war und ist auch heute noch eine japanische »Kampfhund-Rasse«. Im Kapitel über den Tosa-Inu werden wir diese »Kämpfe«, die – so harmlos sie auch verlaufen mögen – in unseren Breiten keinen Platz mehr haben, anschneiden. Der Tosa-Inu dürfte bei uns keinen Raum haben, wenn er tatsächlich noch für die Aufgabe, für die er in Japan gezüchtet wurde, verwendet werden soll. Hundekämpfe sind – auch wenn sie unblutig ablaufen sollten – das Perverseste, was es in meinen Augen gibt. Wir müssen diese Rasse innerhalb des VDH vertreten. Was wir bisher hier in Deutschland an Exemplaren gesehen haben, entspricht aber dem Bild von einem großen, zuverlässigen Schutz- und Wachhund, wie es die anderen vertretenen Rassen auch sind.

Natürlich hatten unsere Rassen unter ihren Vorfahren in grauer Vorzeit Ahnen, die als Kriegs- und Kampfhunde verwendet wurden. Sicherlich verlief die Urgeschichte unserer Rassen oft blutig und abstoßend. Aber ist es beim Menschen nicht auch so? Hatten wir Menschen nicht auch Vorfahren, die Kannibalen, Barbaren, Menschenschlächter waren? Käme aber deshalb heute jemand auf die Idee, uns alle in Bausch und Bogen zu »blutrünstigen Bestien« zu machen? So, nur so, dürfen wir die Vorgeschichte der beschriebenen Hunderassen auch heute sehen. Wie der Mensch durch äußere Umstände Verhaltensstörungen im Bezug auf seine Umwelt zeigen kann, so kann natürlich auch der Hund bei falscher, nicht artgemäßer Zucht und Haltung ein »Wesensbild« zeigen, welches wir nicht wollen und mit allen Mitteln bekämpfen müssen.

### »Karikatur«?

Der Duden beschreibt dieses Wort folgendermaßen: ». . . komisch übertreibende Zeichnung o.ä., die durch satirische Hervorhebung bestimmter . . . Züge eine Person oder Sache der Lächerlichkeit preisgibt«. Das Wort kommt vom lateinischen »carricare« = überladen.

Wenn der Leser in diesem Buch aufmerksam die Standards der Rassen studiert, dann wird er feststellen, daß ein Hund, der diesen Standards wirklich entspricht, ein sehr vitales, funktionales Lauftier sein muß. Alle Übertreibungen im Aussehen und in Wesenseigenschaften, die über diese Standards hinausgehen, machen unsere Hunde dann folgerichtig zur Karikatur! Vielleicht sogar zum lebensuntüchtigen, kranken Monster! Hier sind die Zuchtverbände und vor allem die Richter auf den Ausstellungen und bei Zuchtzulassungen gefordert, alles »Überladene« im Sinne dieser Definition zu disqualifizieren und unter allen Umständen von der Zucht fernzuhalten. Leitsatz: Der »standardgerechte« Molosser wird immer ein gesunder, funktionaler Hund sein und niemals eine Karikatur!

### »Kamerad«?

Die Autoren dieses Buches leben alle seit vielen Jahren mit ihren Hunden zusammen. Sie haben versucht, die »Wesenseigenschaften« der Molosser wirklichkeitsnah zu schildern. Hier sei nur vorausgeschickt: Wer einen standardgerecht gezüchteten Molosser erwirbt und ihn artgerecht aufzieht und hält, wird eine grandiose Kameradschaft mit einem Kumpan aus dem Tierreich erleben. Er wird ein Tier an seiner Seite haben, welches ein ganzes Hundeleben lang mit ihm durch Dick und Dünn gehen wird!

## Der kynologische Begriff Molosser

Nach absolut wissenschaftlichen Erkenntnissen ist zoologisch die Abstammungsgeschichte aller »Doggenartigen« vom geschichtlich überlieferten »Hund der Molosser« oder vom »Hund von Epirus« nicht haltbar. Das wissen wir sehr genau! Die

Hunde, die in der Geschichte als Molosser bezeichnet wurden, gehörten zu den unterschiedlichsten Schlägen. Es ist auch ebenso unsinnig anzunehmen, daß alle diese großen Hunde mit ähnlichen Merkmalen vom »Tibetwolf« aus der tibetischen Hochebene abstammen würden. Überall auf der Welt gibt es Knochenfunde großer Hundeschläge, die unmöglich alle ihren Ursprung in einem geografisch eng begrenzten Gebiet haben konnten.

Trotzdem gab und gibt es in der kynologischen Terminologie von allem Anfang an den Begriff »molossoid«. Man meinte und meint auch heute noch mit diesem Adjektiv alle Hunde mit bestimmten Merkmalen: Breiter, verkürzter Fang; starke Belefzung und im »Wesen« verankert das »Packen«, das Festhalten großer Beutetiere. Zu diesen Rassen gehören neben den hier vorgestellten aber auch der Boxer, der Bernhardiner, die Deutsche Dogge (?), die Französische und die Englische Bulldogge und der Mops. Weitere Rassen haben mit Sicherheit auch noch »molossoiden« Einschlag.

Als der ehemalige deutsche Club für Bordeauxdoggen und Mastiffs einen neuen Namen finden mußte, der allen vertretenen Rassen gerecht werden konnte, tauchten die abenteuerlichsten Vorschläge auf: Kampfhunde-Klub, Panzer der Antike und ähnlicher Unsinn. Lange haben wir über den Namen nachgedacht und – obwohl man sich des zoologischen Nonsens bewußt war – man einigte sich auf »Club für Molosser«. In der Schweiz, in Holland, in Spanien und in den USA gibt es nun heute auch schon »Molosser-Clubs«, die v o r der Namensgebung sich mit berufenen Kynologen berieten. Niemand hat einen »besseren« und vor allem zutreffenderen Namen finden können. Schon heute – nach noch nicht einmal zehn Jahren – verbindet die Öffentlichkeit – und nicht nur die kynologische – den Namen »Molosser« mit den hier vorgestellten Rassen.

# Gemeinsame Wurzeln

Wenn in diesem Buch in den einzelnen Kapiteln »Rassengeschichte« erwähnt wird, dann sollte man sich absolut darüber klar sein, daß eine »Rasse« erst dann existent wird, wenn ein Standard aufgestellt wurde, wenn Zuchtbücher und kontinuierliche Aufzeichnungen gemacht werden. Jede sogenannte Rassengeschichte beginnt irgendwo bei nicht nachprüfbaren romantischen Hypothesen. Allerdings wird es dann konkreter, wenn bildliche Darstellungen erhalten blieben.

Wir wissen heute mit absoluter Sicherheit, daß der Wolf in all seinen Erscheinungsformen der Stammvater aller Hunde war. Wenn wir davon ausgehen, daß Mensch und Hund zirka 15 000 Jahre zusammenleben, wenn wir wissen, daß der Hund das wohl anpassungsfähigste Tier überhaupt ist, und wenn wir wissen, daß schon der Steinzeitmensch für vielerlei Aufgaben vielerlei Hunde brauchte, dann wundert es wohl niemanden mehr, daß es heute etwa 300 verschiedene Rassen gibt.

Wir sehen die Wurzeln der hier vorgestellten Rassen in dem großen, furchterregenden Wächter; in dem Gefährten im Kampf gegen wilde Tiere und im Mitstreiter im Krieg gegen räuberische Nachbarn. Diese Hunde gab es wohl überall da, wo der

Mensch sich gegen die Natur oder seinesgleichen wehren mußte und dazu auch Spezialisten aus dem Tierreich zur Hilfe nahm.

Die ersten uns erhalten gebliebenen Darstellungen und schriftlichen Überlieferungen stammen aus der Zeit von 2000 bis 300 v. Chr. Ein Flachrelief aus dem Palast des Assurbanipal (Ninive) stellt heute das Club-Emblem des Club für Molosser dar. Aus der Zeit Alexander d. Großen (356–326 v. Chr.) gibt es in der Geschichtsschreibung oft Erwähnung von starken, großen Hunden als Gefährten der Krieger und Bewacher der Nachhut. Mit den Griechen und Römern werden die Darstellungen von großen Hunden zahlreicher. Auch aus der Inka-Kultur gibt es erhalten Gebliebenes.

Daß um die Jahrtausendwende die »breitmäuligen Hunde Britanniens« die Vorfahren unserer heutigen Mastiffs waren, ist sicherlich nicht ganz unwahrscheinlich. Ob aber der Mastino Napoletano ein direkter Nachfahre der Hunde aus den römischen Arenen ist, mag dahingestellt bleiben. Sicherlich aber sind die Ursprünge des Fila Brasileiro in den Hunden der spanischen und portugiesischen Konquistadoren zu suchen.

Gewiß ist jedoch eins: Wenn die heutigen Züchter unserer Molosser sich genau nach dem Standard richten, wenn sie dessen Forderung im Aussehen und im Wesen berücksichtigen, dann erhalten und haben wir wieder den starken, gelassenen, funktionstüchtigen Hund; den wehrhaften Kameraden aus dem Tierreich.

Am Club, an dessen Richtern, an den Züchtern und nicht zuletzt an den Molosser-Besitzern liegt es nun, daß Monster und Wesenskrüppel erbarmungslos von der Zucht ferngehalten werden, daß solche Tiere einfach nicht mehr »produziert« und letztlich nicht mehr gekauft werden.

Wer sich nach der Lektüre dieses Buches entschließen sollte, einen Molosser zu erwerben oder ihn gar zu züchten, der wird nicht nur eine grandiose Kameradschaft mit einem Tier erleben, sondern der wird auch dazu beitragen, geschichtsträchtige Rassen zu erhalten, die auch in unserer Hochzivilisation ihren Platz haben können.

# II. Die Bordeaux-Dogge

*Maria Pufahl*

1. Die Geschichte der Bordeauxdogge
2. Der Standard mit Illustrationen
3. Erläuterungen zum Rassestandard
4. Zucht der Rasse
5. Das Wesen der Rasse
6. Anforderungen an die Haltung
7. Hinweise für eine optimale Erziehung
8. Die Zukunft der Rasse

# Die Geschichte der Bordeauxdogge

Die Bordeauxdogge ist der direkte Nachkomme einer der zahlreichen Doggenarten, die seit sehr langer Zeit in Frankreich existierten. Mitte des 19. Jahrhunderts waren diese alten französischen Doggen fast verschwunden, ausgenommen in Aquitanien, wo sie seit je besonders zahlreich und geschätzt waren. Natürlich hatten diese aquitanischen Doggen – von l'Aunis bis la Saintonge in den Pyrenäen – kein völlig übereinstimmendes Erscheinungsbild. Je nach Region, ihren Züchtern oder je nach Verwendungszweck – zum Packen von großem Wild, in der Arena oder im Krieg, zum Schutz der Viehherden, als Hilfe für die Metzger in den Schlachthäusern, – immer waren sie mehr oder weniger groß, stark und schwer. Vorbiß war nicht immer vorhanden. Die Farbe des Haarkleides war sehr viel unterschiedlicher, aber immer zeigten sie einen übereinstimmenden Typ, der unseren heutigen Doggen sehr ähnlich war.

Dies waren die seit dem 14. Jahrhundert durch das Buch »Livre de la Chasse« von Gaston Phébus, Graf von Foix-Béarn bekannten und wahrscheinlich vom Alans abstammenden Dogues und Doguins d'Aquitaine.

Man hat oft gesagt und geschrieben, daß der Ursprung für alle europäischen Doggen große Hunde waren, die vor mehr als dreitausend Jahren aus dem Grenzbereich zwischen Indien und China in Etappen über Tibet nach Mesopotamien, dort, wo die Geschichte der Menschen beginnt, gelangt seien, dann nach Epirus, einem kleinen, von einem mythologischen Molosserkönig gegründeten Königreich im alten Griechenland, dann nach Rom und schließlich auch nach Gallien gekommen seien.

Diesen langen Weg hätten diese Hunde an der Seite von Eroberern, Kriegern und Kaufleuten zurückgelegt. Es ist möglich, daß dieser Abstammungsgeschichte ein wahrer Kern zugrundeliegt. Man darf aber die vielleicht entscheidende Tatsache nicht vergessen, daß Archäologen bei Ausgrabungen in Frankreich Knochen von Hunden fanden, die aus prähistorischer Zeit stammen und bereits solche von Doggen waren.

Aber wie dem auch sei: diese Dogues und Doguins in der Mitte des 19. Jahrhunderts befanden sich in ihrer relativen Unterschiedlichkeit vor einer völlig neuen Situation. In der Tat hatte auf Grund der geistigen, wissenschaftlichen und industriellen Revolutionen im 18. Jahrhundert eine neue Art des Denkens und der Lebensauffassung zu einem Aufblühen der Naturwissenschaften und dem Entstehen der Kynologie geführt. Als im Jahr 1863 im Botanischen Garten von Paris die erste Hundeausstellung stattfand, handelte es sich für die Veranstalter mehr um eine Inventaraufnahme der in Frankreich vorhandenen Hunderassen als um eine Konkurrenz um den jeweils Besten der Rasse. Die Bordeauxdoggen, die gerade erst den Namen der Hauptstadt ihrer Ursprungsregion erhalten hatten, ließen an diesem Tag ihre Vorrangigkeit und Überlegenheit den anderen französischen Hunderassen gegenüber deutlich werden.

Allerdings konnte bei diesem Start zu einem einheitlichen Rassebild von Einstimmigkeit über die Rassenmerkmale unter den Züchtern und Liebhabern und unter den Richtern noch keine Rede sein. Größe, Körperbau, Form und Länge des

Abb. 2 *CAPORAL, der »Unbesiegbare«, im Besitz von Herrn J. Delaut, Périgueux aus BYLANDT HUNDERASSEN*

Abb. 3 *LION, aus den Dierentuin in Paris, etwa 1896 aus BYLANDT HUNDERASSEN*

Fangs, das Vorhandensein und die Wichtigkeit des Vorbisses, die Farbe des Haarkleides waren Gegenstand von Diskussionen, die mehr als dreißig Jahre andauerten. Dies änderte sich erst, als zwei Kynologen mit der entsprechenden Autorität und Kompetenz diese Angelegenheit in die Hand nahmen: Pierre Megnin und J. Kunstler.

Pierre Megnin, Tierarzt und Herausgeber der Zeitschrift »L'Eleveur«, faßte die besten der in den Jahren von 1863 bis 1895 ausgestellten oder bekannten Bordeauxdoggen zusammen. Er veröffentlichte 1896 ein kleines Buch unter dem Titel: »Le Dogue de Bordeaux«, welches mit der Beschreibung der Merkmale der echten Dogge endete. Dies war der erste Standard. 1897 trug Henry de Bylandt mit seinem wichtigen Werk: »Les races de chiens« dazu bei, diesen Standard der ganzen kynologischen Welt bekannt zu machen.

Zehn Jahre später befaßte sich J. Kunstler, Professor der Anatomie an der Fakultät der Wissenschaften von Bordeaux, mit den Doggen. Im historischen Naturkundemuseum trägt er eine einzigartige Kollektion zusammen, holt sich Rat und Auskunft bei den Bordeauxdoggenbesitzern der Region und veröffentlicht 1910 eine kritische Studie der Bordeauxdoggen (»Etude critique du Dogue de Bordeaux«), die eine außergewöhnliche Dokumentation darstellt. Diese Studie schließt ab mit einem Vorschlag für den Standard, der für diesen Zeitraum durch seine Präzision bemerkenswert ist.

In Bordeaux und vor allem in der Umgebung von Bordeaux gab es natürlich gewisse Bordeauxdoggenbesitzer, die sich eifrig bemühten, glauben zu machen, daß ihre Hunde die besten seien. Sie bestritten aber zu Unrecht, daß das im Standard vorgeschlagene Modell die alte Familie der Kampfdoggen von Bordeaux am besten repräsentiert.

Der Ausbruch des Krieges 1914 ließ diese Auseinandersetzung lächerlich werden.

Für die Zukunft ist die Richtung eindeutig vorgezeichnet. Wenn auch nicht ohne Schwierigkeiten, werden diesem Weg noch Generationen von Züchtern folgen, die seit Beginn dieses Jahrhunderts die Kontinuität und Verbesserung der Rasse gewährleisten, die im Verlauf der letzten zehn Jahre unbestreitbar bemerkenswerte Fortschritte gemacht hat.

# Der Standard mit Illustrationen

*Gesamterscheinung:* Die Bordeauxdogge ist ein außergewöhnlich kräftig gebauter Koloß mit einem sehr muskulösen, insgesamt harmonischen Körperbau. Sie ist eher niedriggestellt, d.h. daß der Abstand Brustbein–Erdboden (freier Raum unterhalb des Brustbeins) höchstens gleich oder geringer als die seitliche, hinter dem Ellbogen gemessene Brusthöhe ist.

Sie bietet den Anblick eines Respekt einflößenden, untersetzten, muskulösen, imposanten und stolzen Athleten. Ehemals Kampfhund, findet sie heute als Wachhund Verwendung, eine Aufgabe, die sie mit Aufmerksamkeit und großem

Mut, jedoch ohne Aggressivität erfüllt. Sie hängt sehr an ihrem Herrn und ist Kindern gegenüber sehr liebevoll.

*Kopf:* Sehr umfangreich, kantig, breit, ziemlich kurz und von vorne gesehen trapezförmig.

*Oberkopf:* Bei den Rüden entspricht der Schädelumfang, gemessen an seiner breitesten Stelle, der Widerristhöhe. Bei den Hündinnen kann der Schädelumfang ein wenig geringer sein. Umfang und Form des Schädels sind vor allem das Ergebnis der Entwicklung der Schläfen, der oberen Augenhöhlenbögen, der Jochbögen und des Abstands zwischen den beiden Unterkieferknochen. Der Oberkopf ist von der einen zur andern Seite leicht gewölbt.

Die Stirnfurche oder Stop ist sehr betont und bildet mit dem Nasenrücken einen fast rechten Winkel (95 bis 100°).

Die tiefe Stirnfurche verflacht in Richtung des Hinterkopfes. Die Stirn beherrscht das Gesicht. Sie ist jedoch eher breit als hoch.

Der Oberkopf zeigt auf jeder Seite der Mittelfurche symmetrisch angeordnete Falten. Diese tiefen Falten sind beweglich und hängen davon ab, ob die Aufmerksamkeit des Hundes erregt ist oder nicht.

*Fehler:* Kleiner Kopf, Umfang nicht der Widerristhöhe entsprechend, zu lang, zu schmal, parallelepipedisch, rund, oval, flache Stirn, Fehlen der Mittelfurche, Hinterhauptbein zu betont, Winkel des Stops zu spitz oder zu stumpf, unveränderliche Falten.

*Gesichtspartie:*
*Fang:* Mächtig, breit, dick, ziemlich kurz, Oberlinie im Profil ganz leicht konkav mit mäßig angedeuteten Falten. Seine Breite verringert sich bis zum Fangende kaum. Er hat, von oben gesehen, die Form eines Quadrats. Mit der Oberkopfpartie bildet der Nasenrücken einen sehr stumpfen, nach oben offenen Winkel. Bei waagerechter Haltung des Kopfes befindet sich das stumpfe, dicke und breite Fangende vor einer vom Nasenschwamm hinabführenden senkrechten Linie. Der Fangumfang beträgt etwa zwei Drittel des Kopfumfanges. Seine Länge schwankt zwischen einem Viertel und einem Drittel der Gesamtkopflänge (Nasenschwamm bis Hinterhauptbein).

*Fehler:* Zu lang, zu kurz, schmal, nicht dick genug, spitz (Nasenschwamm über die Belefzung hinausreichend), Nasenrücken parallel zur Oberkopflinie, abfallender Nasenrücken, Fang zu ausgefüllt unter den Augen.

*Nasenschwamm:* Breit, weite Nasenlöcher, gut pigmentiert entsprechend der Maske schwarz oder braun, zurückversetzter Nasenschwamm zulässig.

*Fehler:* Kleiner Nasenschwamm, enge Nasenlöcher, Fleischflecken, schlecht pigmentiert.

*Kiefer:* Sehr mächtig, breit. Die Bordeauxdogge ist Vorbeißer (Hund mit kurzem Kiefer). Der Unterkiefer soll mindestens 0,5 und höchstens 2 cm vorbeißen. Die Schneide- und Fangzähne dürfen bei geschlossenem Fang nicht sichtbar sein.

*Fehler:* Ober- und Unterkiefer von gleicher Länge (Zangengebiß), Scherengebiß, Überbiß, zu starker oder ungenügender Vorbiß.

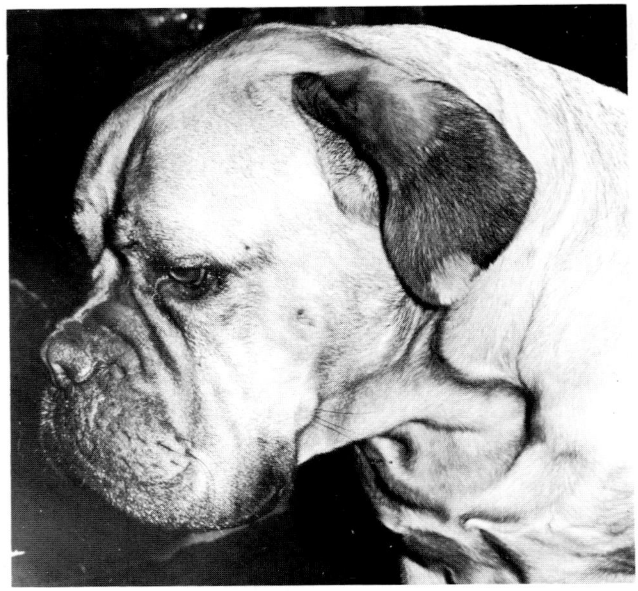

Abb. 4 *Kopfstudie: ONYX DES COQUERIES*

Abb. 5 *Kopfstudie: CHASID v. d. ROMBACH*

*Zähne:* Sehr stark, starke Fangzähne, die im Unterkiefer weit auseinander stehen und leicht nach hinten gebogen sind. Schneidezähne gut angeordnet, vor allem im Unterkiefer, wo sie eine gerade Linie bilden sollen.
*Fehler:* Zähne wenig entwickelt, schlecht angeordnet.

*Lefzen (Oberlippen):* Dick, leicht hängend, zurückziehbar. Sie umgeben leicht geschwungen den Unterkiefer.
*Fehler:* Übertrieben lang und schlaff (nicht zurückziehbar), zu kurz.

*Backen:* Sehr betont durch die besonders starke Entwicklung des Kaumuskels.
*Fehler:* Wenig entwickelt, kraftlos, trocken oder Fehlen jeglicher Bemuskelung.

*Augen:* Oval, weit auseinanderstehend. Der Abstand zwischen den beiden inneren Augenwinkeln entspricht etwa der doppelten Länge eines Auges. Offener Blick. Farbe nuß- bis dunkelbraun bei Hunden mit schwarzer Maske; bei Rotmasken wird eine weniger dunkle Augenfarbe toleriert, aber nicht gefördert.
*Fehler:* Klein, rund, zu tiefliegend, hervorstehend, zu eng stehend, zu hell, verschiedenfarbig, scheuer, verstörter Ausdruck, sichtbare Bindehaut. *Zuchtausschließende Fehler:* Verschiedenfarbige Augen, Fleischflecken auf den Augenlidern.

*Ohren:* Relativ klein, von etwas dunklerer Farbe als das Haarkleid. Am Ansatzpunkt ist der vordere Rand ein wenig angehoben, auf den Backen aber sollen sie ohne Schlaffheit wieder anliegen. Die untere Spitze ist etwas gerundet und soll kaum über das Auge hinausreichen. Sie sind ziemlich hoch angesetzt, in Höhe der Hinterhauptlinie des Schädels, dessen Breite sie noch zu betonen scheinen.
*Fehler:* Schlaff, zu lang, zu kurz, kupiert, zu hoch angesetzt oder getragen, aufgerichtet, Rosenohr, seitlich abgehoben, zu tief angesetzt.

*Hals:* Sehr stark, muskulös, fast zylindrisch, enorme Halspartie mit reichlich loser weicher Haut. Sein mittlerer Umfang entspricht fast dem des Kopfes. Er ist vom Kopf durch eine querverlaufende leicht gekurvte Rille abgesetzt. Im Profil ist seine Oberlinie leicht geschwungen. Die gut ausgeprägte Wamme beginnt in gleicher Höhe der Gurgel und verläuft in zwei Falten bis zur Vorbrust.
*Fehler:* Schlanker, langer, flacher Hals, Haut zu straff, Wamme zu stark hängend.

*Brust:* Mächtig, tief, breit, bis zu den Ellbogen hinabreichend, Vorbrust mächtig. Die mit dem Brustbein verbundenen Rippen sind gewölbt. Die anderen Rippen sind gut gebogen und gut hinabreichend. Der Brustumfang soll 0,25 m bis 0,30 m mehr als die Widerristhöhe betragen.
*Fehler:* Schmale Brust, fehlende Brusttiefe, Rippen zu flach oder zu gewölbt. Inter-ars-Bereich konkav (Vorbrust im Bereich des Brustbeins hohlgerundet).

*Schulter:* Mächtig, mit vorspringender Bemuskelung; leicht schräg gelagert (etwa 45° zur Horizontalen). Der Winkel Schulter/Oberarm beträgt etwas mehr als 90°.
*Fehler:* Ungenügende Bemuskelung, zu steil.

*Oberlinie:* Gerade, mit breitem und muskulösem Rücken. Widerrist gut markiert.

Nierenpartie breit, ziemlich kurz und kräftig. Kruppe bis zum Rutenansatz leicht abfallend.

*Fehler:* Senkrücken, Karpfenrücken, schwache Nierenpartie, überhöhte, abgerundete oder abgeschlagene Kruppe.

*Rute:* Sehr dick am Ansatz. Ihre Spitze reicht nicht über das Sprunggelenk hinaus. Hängend getragen, tief angesetzt. In Ruhestellung hängend wird die Rute jedoch bei Erregung des Hundes im allgemeinen um 90° bis 120° in eine vertikale Position angehoben.

*Fehler:* Seitlich abweichende Rute, gestutzt, verdreht, gekürzt, Schwanzwirbel zusammengewachsen (Knickrute). Senkrecht oder eingerollt getragene Rute, in Schwanzquaste endend. Das Fehlen der Rute, selbst durch Unfall, ist immer verdächtig.

*Unterlinie:* Unterlinie geschwungen, von der tiefen Brust zum Bauch angehoben und straff.

*Fehler:* Hängebauch oder übertrieben aufgezogen (windhundartig).

*Vordergliedmaßen:*

1. *Ellbogen:* Weder zu anliegend noch zu abstehend.
2. *Vorderarm:* Gerade oder ein wenig von außen nach innen zur Körpermitte geneigt, vor allem bei Hunden mit sehr breiter Brust.
3. *Mittelfußbereich:* Kräftig, leicht geneigt, manchmal leicht nach außen gedreht.
4. *Pfoten:* Stark, geschlossen, Nägel gewölbt und kräftig, gute Pigmentierung bevorzugt, Fußballen gut entwickelt und geschmeidig.

*Fehler:* 1. *Ellbogen:* Zu viel Spiel oder zu fest anliegend; 2. *Vorderarm:* Schwacher Knochenbau, ungenügende Muskulatur, Vorderarm zu gebogen; 3. *Vordermittelfuß:* Zu sehr nach außen oder nach innen gedreht, durchgedrückt; 4. *Pfoten:* Durchgetreten, gespreizte Zehen, Hasenpfoten.

*Hintergliedmaßen:* Schenkel sehr entwickelt und dick, Muskulatur hervortretend, Kniegelenk parallel zur Senkrechten oder leicht nach außen gedreht. Bein relativ kurz, Bemuskelung weit hinabreichend.

Kurzes nerviges Sprunggelenk, Winkel des Sprunggelenks leicht offen. Von hinten gesehen vermittelt die Hinterhand mit parallel stehenden Pfoten den Eindruck von Kraft, obwohl sie weniger stark als die Vorderhand ist.

*Fehler:* Flache, magere Schenkel, Kniegelenk zu stark nach außen oder nach innen gedreht, Sprunggelenkwinkelung zu geschlossen oder zu offen, Afterkrallen.

*Gewicht:* Rüden: Mindestens 50 Kilogramm, Hündinnen: Mindestens 45 Kilogramm; Hündinnen: In den Merkmalen mit den Rüden übereinstimmend, aber weniger ausgeprägt. Ihr Gewicht ist im allgemeinen geringer als das der Rüden.

*Haarkleid:* Einfarbig: Mahagonibraun oder gelb in allen Farbabstufungen. Eine gute Pigmentierung ist erwünscht. Geringfügige weiße Abzeichen an Brust und Pfoten sind zugelassen. Das Haar ist fein, kurz und weich anzufassen.

*Fehler:* Weiß am Kopf, vollständig weißes Haarkleid, weiße oder andersfarbige Flecken am Körper oder an der Rute. Dickes, rauhes, langes oder gewelltes Haar.

*Maske:* Die Bordeauxdogge soll eine gut ausgeprägte rote oder schwarze Maske haben.

*Größe:* Muß mit dem Kopfumfang übereinstimmen (etwa).
Rüden: 60 bis 68 cm Schulterhöhe,
Hündinnen: 58 bis 66 cm Schulterhöhe.

Der Kopfumfang wird vor den Ohren an seiner breitesten Stelle gemessen. Der Kopf befindet sich dabei in waagrechter Stellung. Die Wamme wird nicht mitgemessen.

Der Brustumfang wird 1 cm hinter dem Ellbogen, wo er am größten ist, gemessen.

Die Messungen müssen mit einem ausreichend langen biegsamen Maßband vorgenommen werden.

# Erläuterungen zum Rassestandard

Der Standard ist ein unverzichtbares Hilfsmittel, um Typ und Erscheinungsbild einer Rasse erhalten und verbessern zu können.

Der aktuelle, von der FCI anerkannte Standard der Bordeauxdogge ist bis ins kleinste Detail präzise und verständlich. Zusammen mit den einprägsamen Illustrationen besitzen wir für diese Rasse ein unvergleichliches Anschauungsmaterial.

Die im Standard festgelegten Proportionen, die Gebäude- und Typmerkmale der Bordeauxdogge entsprechen optimal den von ihr in den verschiedenen Aufgabenbereichen erwarteten Leistungen. Sie sind das Ergebnis zahlreicher Messungen, die zu Beginn des Jahrhunderts an den zur Verfügung stehenden Bordeauxdoggen vorgenommen und in Beziehung zu ihren Leistungen gesetzt wurden. Auf diese Weise war es möglich, die günstigsten Größen- und Gewichtsmaße und Körperproportionen zu ermitteln.

Da die Bordeauxdogge in der Regel mit einem weitaus größeren und stärkeren Gegner konfrontiert war, mußte sie bei entsprechender Größe und Gewicht folgende physischen Fähigkeiten entwickeln können: Überdurchschnittliche Beiß- und Haltekräfte, kurzfristig etwa die Geschwindigkeit eines Dobermanns, die Wendigkeit einer Katze, Ausdauer und Durchhaltevermögen. Diese Fähigkeiten mußten durch einen entsprechenden Körperbau ermöglicht werden.

Heute sind die Verwendungsmöglichkeiten für die Bordeauxdogge sehr begrenzt. Sie ist aber nach wie vor ein unbestechlicher und zuverlässiger Beschützer »ihrer« Menschen und von Haus und Hof. Da sie auch für diesen ihr verbliebenen Aufgabenbereich einen gesunden, funktionstüchtigen Körper braucht, ist es von größter Wichtigkeit, ihr Erscheinungsbild in den vom Standard festgelegten Merkmalen zu erhalten. Jede Entwicklung zum Extrem, wie es zum Beispiel die englische Bulldogge zeigt, ist zu vermeiden.

So ist vor allem darauf zu achten, daß der Vorbiß in den vom Standard festgelegten Grenzen bleibt, weil ein übertriebener Vorbiß, aber auch ein Zangen- oder Scherenbiß das Festhalten der Beute oder des Gegners am Boden erschweren

Abb. 6 *PROF. DU BOIS DE CHASSIS*

Abb. 7 *In der Bewegung! PORTHOS DE LA MAISON DES ARBRES*

oder sogar unmöglich machen würde. Der Nasenschwamm muß groß sein mit weiten Nasenlöchern, um ein müheloses Atmen auch unter Belastung zu ermöglichen. Der Fang sollte nicht übertrieben kurz, also übertypisch sein, die Belefzung nicht zu ausgeprägt und schwer. Sie muß zurückziehbar bleiben, um Eigenverletzungen weitgehend auszuschließen. Die Falten, die dem Kopf sein typisches Aussehen verleihen, müssen beweglich und veränderlich sein, da schwere unbewegliche Falten eine ausgeprägte Neigung zu Infektionen zeigen, durch die das Allgemeinbefinden des Hundes und damit auch seine Leistungsfähigkeit beein-

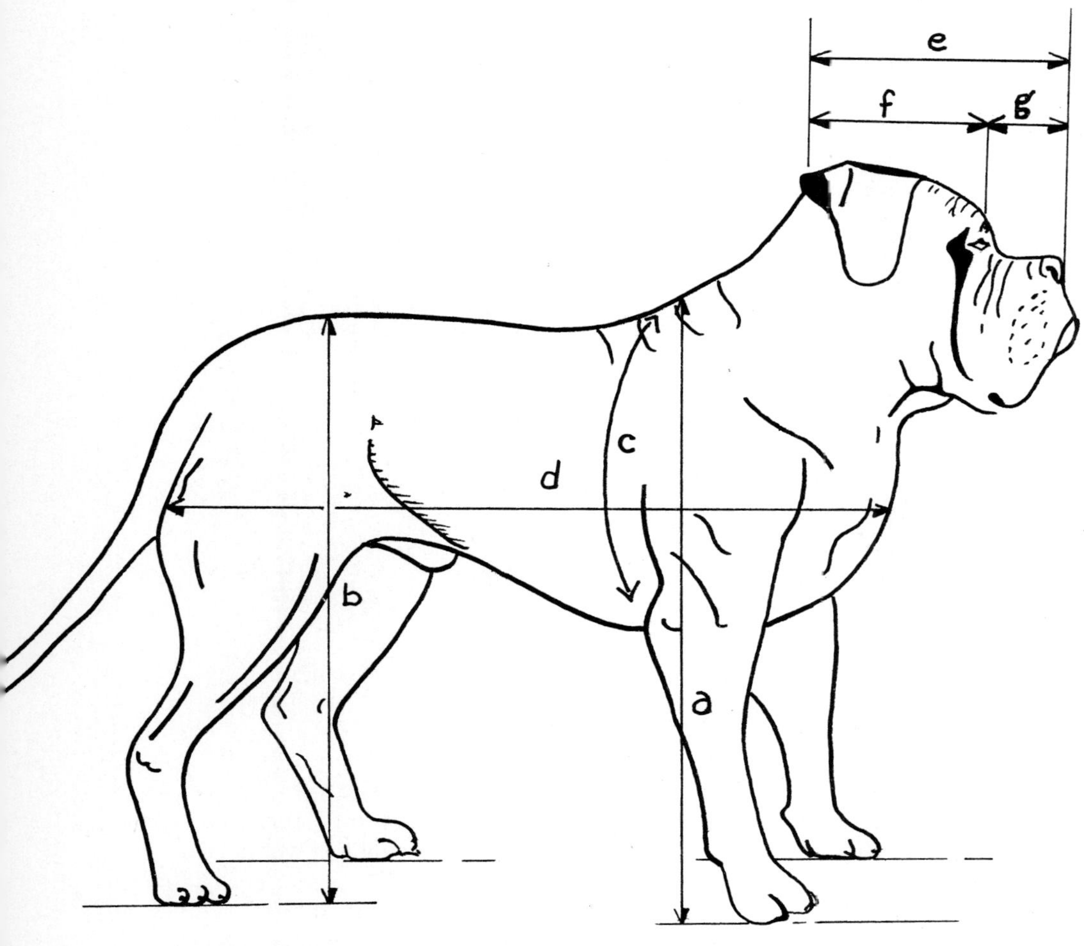


a. Schulterhöhe = Kopfumfang
b. Höhe der Kruppe
c. Brustumfang hinter dem Ellbogen gemessen = Schulterhöhe + 25 bis 30 cm
e. Länge des Kopfes Hinterhauptbein bis Nasenschwamm = g x 3
f. Oberkopf Hinterhauptbein bis Stop = g x 2
g. maximale Fanglänge = e/3
minimale Fanglänge = e/4

Korrektes Kopfprofil

H: Schädelbreite von vorne
große Trapezbasis
I: Breite des Fangendes
kleine Trapezbasis

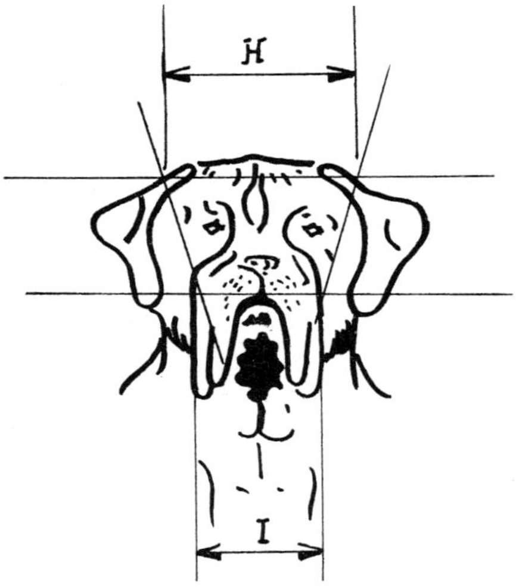

Gute Vorderansicht
des trapezförmigen Kopfes

trächtigt würden. Der Brustkorb muß gut gewölbt sein, um genügend Raum für die Entwicklung einer großen Lunge und eines starken Herzens bieten zu können, aber nicht derart, daß die Beweglichkeit der Vorhand behindert würde. Der breite niedriggestellte Körperbau ist wichtig, um Schnelligkeit auf kurze Distanz und Wendigkeit zu ermöglichen. Der Rumpf muß etwas länger als hoch sein, Gewicht und Größe sollten innerhalb der im Standard festgelegten Angaben bleiben.

Unser Ziel muß es bleiben, die Bordeauxdogge nach den Richtlinien des Standards zu züchten: Einen gesunden, leistungsfähigen Hund, der auch Belastungen standhalten kann. Voraussetzung dafür ist ein den natürlichen Gegebenheiten entsprechender Körperbau, den man nicht einer modischen Laune opfern sollte.

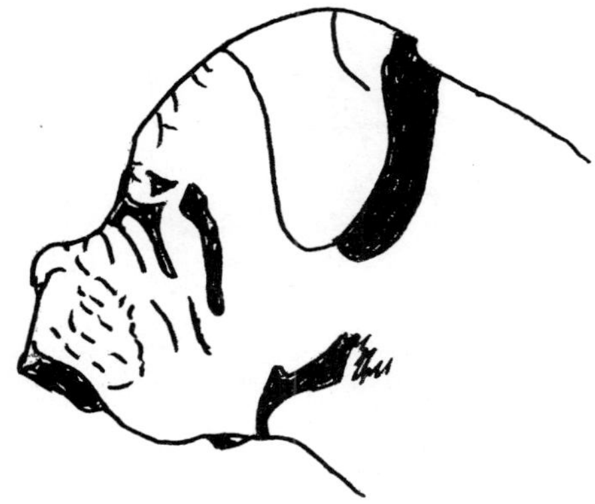

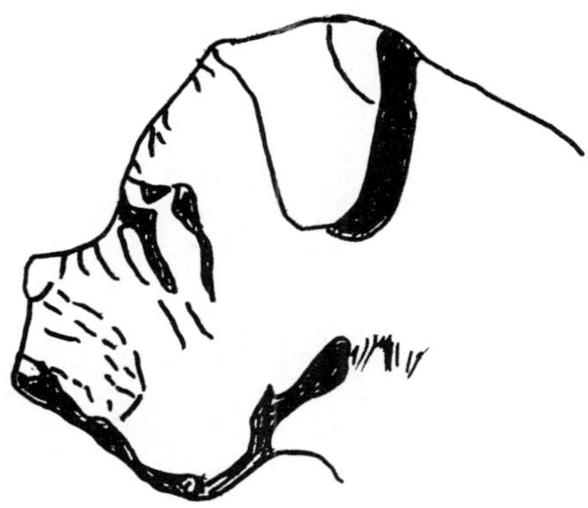

Links oben: Ohren zu kurz und zu hoch angesetzt.

Rechts oben: Ohren zu lang.

Rechts: Belefzung zu stark hängend.

# Zucht der Rasse

Die Zucht der Bordeauxdoggen war ursprünglich auf Aquitanien, der Region ihres Ursprungs, beschränkt. Der Kreis ihrer Liebhaber wurde größer, als diese ungewöhnlichen Hunde auf den ersten Ausstellungen im Paris der zweiten Hälfte des 19. Jahrhunderts einem interessierten Publikum gezeigt werden konnten. Die vorgeführten Bordeauxdoggen waren natürlich nicht von gleich guter Qualität, doch einige von ihnen verdienen auch heute noch unsere Aufmerksamkeit.

Der Rüde Buffalo zum Beispiel und die überragende Hündin Sultane, der Rüde Caporal, der seiner Kampfkraft wegen so berühmt wurde wie der sagenhafte Mina, von dem berichtet wird, daß er mehrere Stiere und Bären allein und ohne Halsschutz getötet hat. Oder der besonders große und starke Rüde Rolland mit seinen überdurchschnittlichen Maßen und Proportionen und der im Typ schon fast perfekte Othello. Ebenso darf der Rüde Néron – um 1910 – nicht unerwähnt

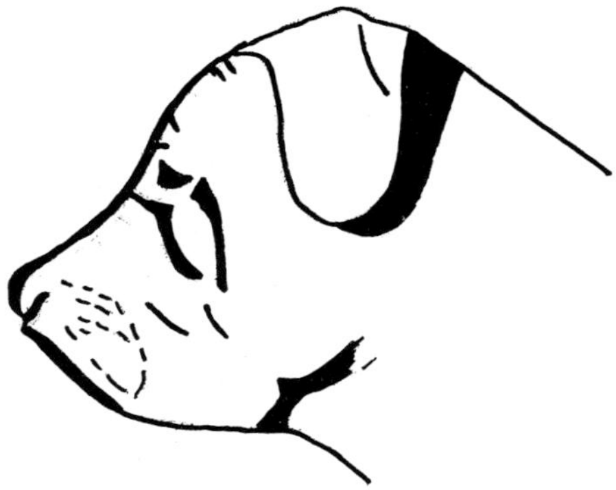

Langer Fang mit kaum angedeutetem Stop

Fang unter den Augen zu ausgefüllt

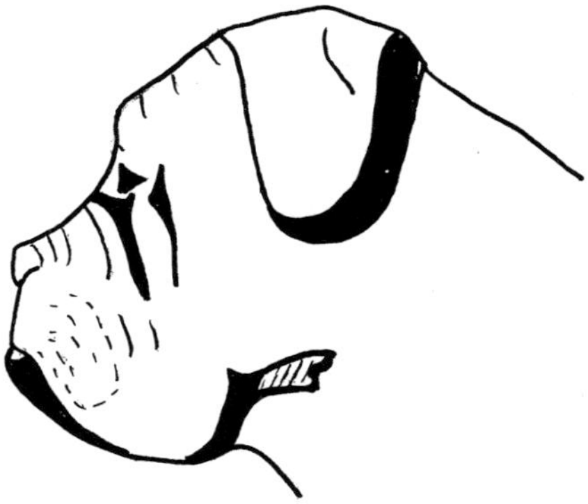

Oberkopf / Fang parallel verlaufend

Ober- und Unterkiefer von gleicher Länge, Vorbiß ungenügend

Zu starker Vorbiß

Links oben: Fehlende Wamme.

Rechts oben: Zu stark hängende Wamme.

Rechts: Korrekte Seitenansicht des Kopfes.

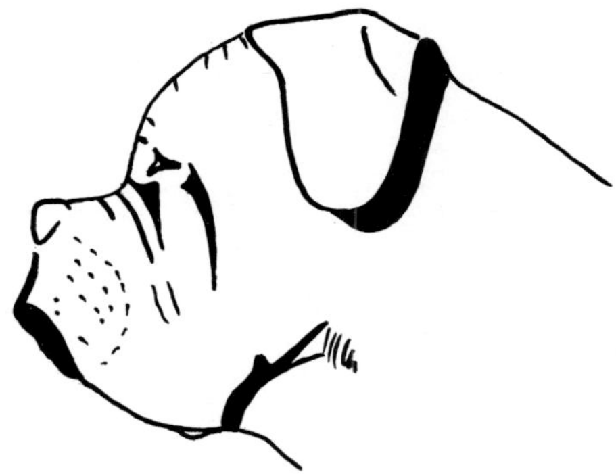

bleiben. Er war im Typ und Ausdruck sehr überzeugend und war außerdem die letzte Bordeauxdogge, die vor dem Verbot der Hundekämpfe dafür noch verwendet wurde.

Der erste Weltkrieg unterbrach die so günstig angelaufene züchterische Weiterentwicklung dieser Rasse. Doch das auch außerhalb des Ursprungsgebietes entstandene Interesse an diesen Hunden führte dazu, daß in vielen Regionen Frankreichs, ganz besonders im Raum Paris, Freunde dieser Rasse sich ihrer Zucht zu widmen begannen. Aus dem Jahr 1925 stammt die Hündin Poupée, die in jeder Beziehung den standardgerechten Typ so vollkommen verkörperte, daß sie auch heute noch, nach mehr als 60 Jahren, eine Spitzenhündin wäre.

Einen noch gravierenderen Einschnitt mit dem Verlust vieler wertvoller Zuchtlinien brachte der zweite Weltkrieg. Der Wiederaufbau der Rasse nach Kriegsende war außerordentlich schwierig. Pionierarbeit leistete hier M. van Cappel, langjähriger Präsident der »Société des Amateurs du Dogues de Bordeaux« mit seinem Zwinger »de Fénelon«. Er züchtete den überragenden Rüden Kohor de Fénelon (Abb. 8), der als Prototyp der Rasse bezeichnet wurde. Ebenso verdient um die Bordeauxdoggenzucht hat sich der seit Jahrzehnten bestehende Zwinger »des

Gute Front

Rippen zu flach

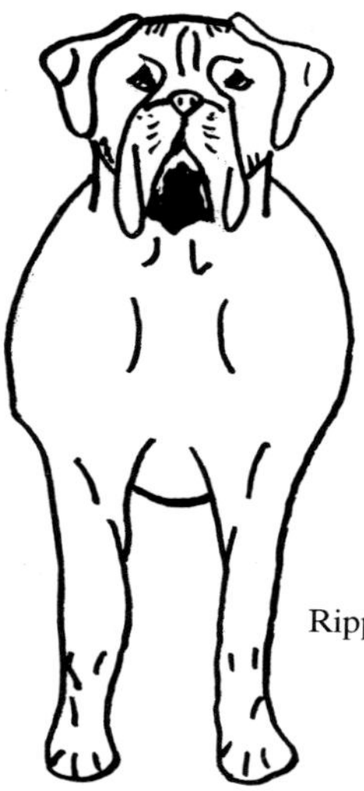

Rippen zu gewölbt

Inter-ars konkav
(hohlgewölbt)

Démons Noirs« von M. Averlant gemacht. Anfang der sechziger Jahre kam dann der Zwinger »de la Maison des Arbres« von M. Triquet dazu, der M. van Cappel in seinem Amt als Präsident des französischen Clubs ablöste.

Raymond Triquet gelang es mit seiner ungewöhnlichen Energie, der seit längerer Zeit stagnierenden Entwicklung des Clubs in Frankreich neuen Aufschwung zu geben, der auch unter seiner jetzigen Präsidentin Madame Lepage immer noch anhält. So hat sich vor allem die Zahl der Züchter wesentlich vergrößert und die

Gute Seitenansicht der Bordeauxdogge

Zu geringe Brusttiefe

Qualität des Typs ist heute bedeutend ausgeglichener als vor etwa 20 oder 25 Jahren.

Durch die Verluste an Zuchtmaterial in den beiden Weltkriegen ist die Zuchtbasis sehr eng. Sie besteht fast ausschließlich aus dem Zuchtmaterial der drei genannten Zwinger. Maßgebend beeinflußt haben vor allem drei herausragende Rüden aus dem Jahr 1963 die ganze nachfolgende züchterische Entwicklung. Es sind die sogenannten »drei großen M«:

Milk de Fénelon, Marcus des Démons Noirs, Mowgli de la Maison des Arbres.

Überhöhte Kruppe

Senkrücken

Karpfenrücken

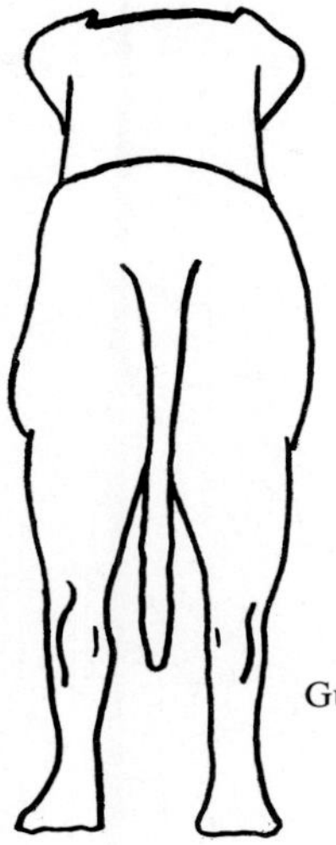

Gute Rutenhaltung

Gute Winkelung

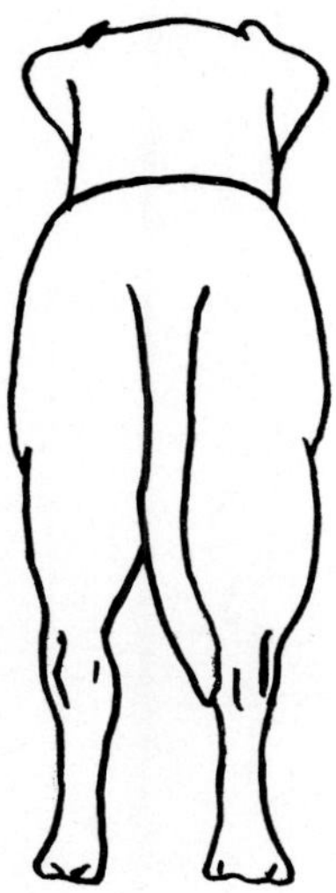

Seitlich
abweichende Rute

Senkrecht
getragene Rute

Auf den Blutlinien dieser drei Rüden haben alle danach entstandenen Zwinger aufgebaut.

In Deutschland wurden Bordeauxdoggen in den zwanziger Jahren bekannt und erworben, darunter einige gute typische Hunde. Man versuchte auch, nicht ganz erfolglos, zu züchten. Aber auch in Deutschland hat der zweite Weltkrieg jede weitere züchterische Aktivität zunächst unmöglich gemacht.

Eingerollte Rute

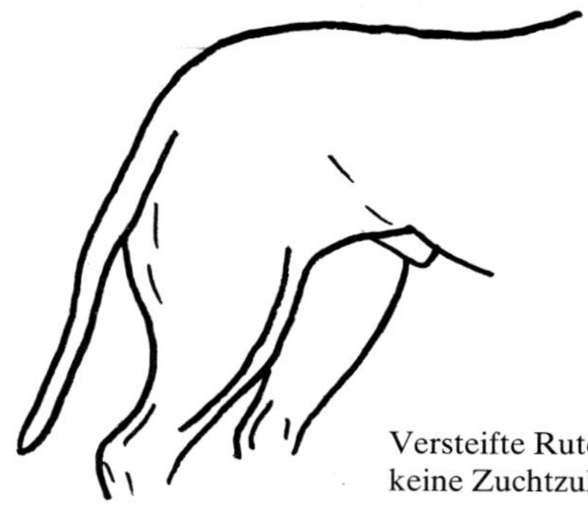

Versteifte Rute,
keine Zuchtzulassung

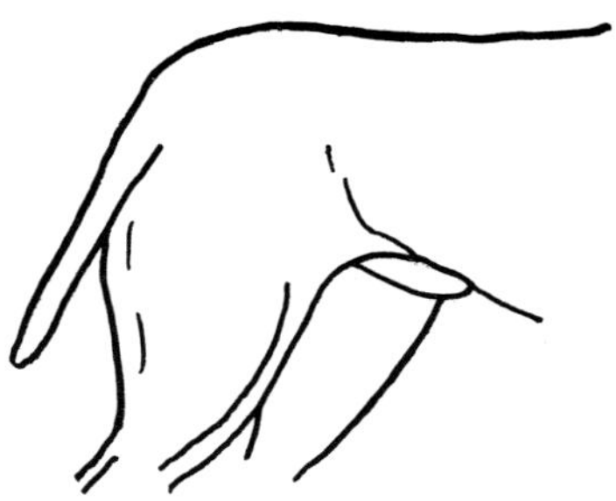

Zu kurze Rute, keine Zuchtzulassung

Zu aufgezogene
Unterlinie

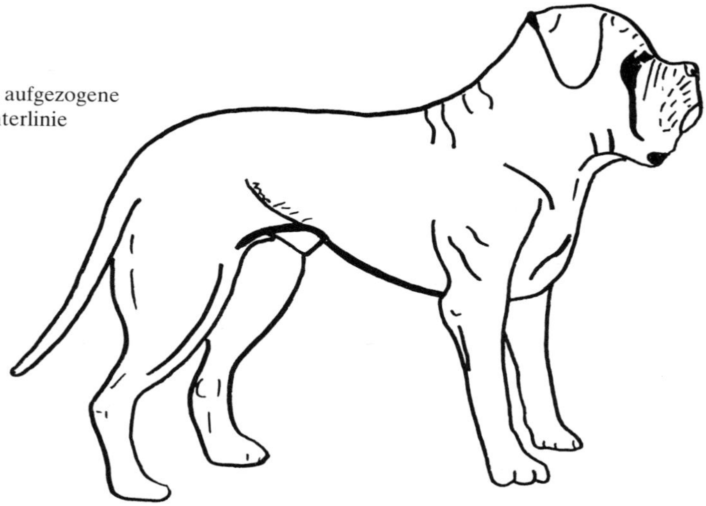

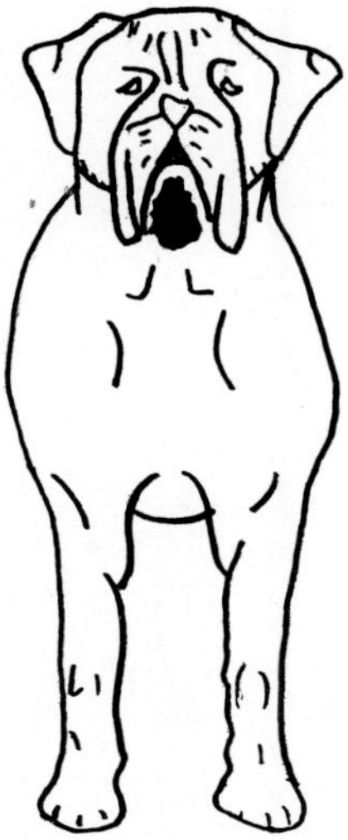

Korrekte Vorderhand

Pfoten einwärts gedreht, Vordermittelfuß nach hinten gestellt

Pfoten nach außen gedreht, Vorderarm leicht verbogen

Nach Kriegsende war das verbliebene Material wenig vielversprechend, so daß im Zwinger v. d. Wolfsburg der Versuch mit einer Stockhaarbernhardinereinkreuzung gemacht wurde. Aus diesem daraus hervorgegangenen Wurf übernahm der Zwinger v. Niedersachsen ein Geschwisterpaar (Rüde und Hündin), mit denen der B-Wurf gezüchtet wurde. Aus diesem Wurf verblieb die Hündin Bessy im Zwinger von Niedersachsen. Eine Wurfschwester mit zu ausgedehnter Weißzeichnung – sie erhielt deshalb auch Zuchtverbot – kam in den Zwinger v. d. Trenck. Eine weitere Hündin – Bella –, ebenfalls mit zuviel Weiß verblieb im norddeutschen Raum.

Durch glückliche Umstände gelangte damals der Rüde Athos de Fénelon in die Bundesrepublik. Athos stammte aus einer Wiederholungspaarung der Eltern des bereits erwähnten, ungewöhnlich typischen Rüden Kohor de Fénelon. Athos war allerdings klein und nicht besonders typisch, aber seine Abstammung war hervorragend. Dieser Rüde wurde leider nur je einmal im Zwinger v. Niedersachsen mit der Hündin Bessy aus der Geschwisterpaarung Bernhardiner/Bordeauxdogge und mit der an sich zur Zucht nicht zugelassenen Wurfschwester im Zwinger v. d. Trenck gepaart. Von den beiden Würfen war der G-Wurf v. d. Trenck in Typ und Gebäude ausgeglichener als der D-Wurf im Zwinger v. Niedersachsen. In dem v. d. Trenck-Wurf zeigten besonders die drei Rüden Gordon, Golf und Graf sehr guten Typ und hervorragendes Gebäude. Gordon wurde 1956 Weltsieger. Besser noch als er war der Wurfbruder Golf. In jeder Beziehung am typischsten war der Wurfbruder Graf, allerdings mit zuviel Weiß, der in der Hand eines Züchters mit Kenntnissen in der Vererbungslehre durchaus sinnvoll hätte eingesetzt werden können. Es fand aber lediglich Gordon in der Zucht Verwendung. Von der Nachzucht existiert nichts mehr. Die beiden andern Rüden wurden aus unverständlichen Gründen früh eingeschläfert.

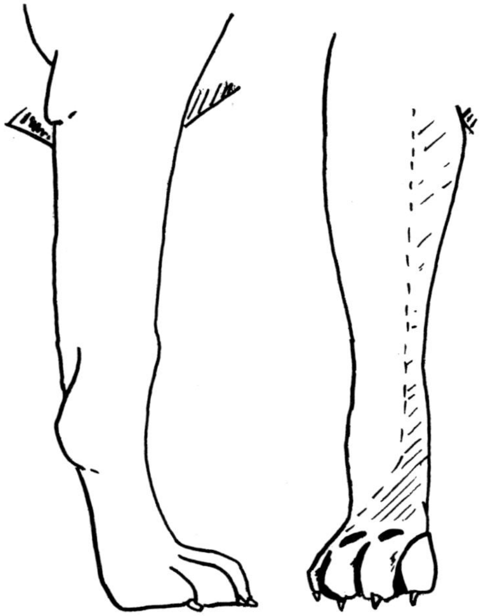

korrekte Pfote
im Profil von vorne

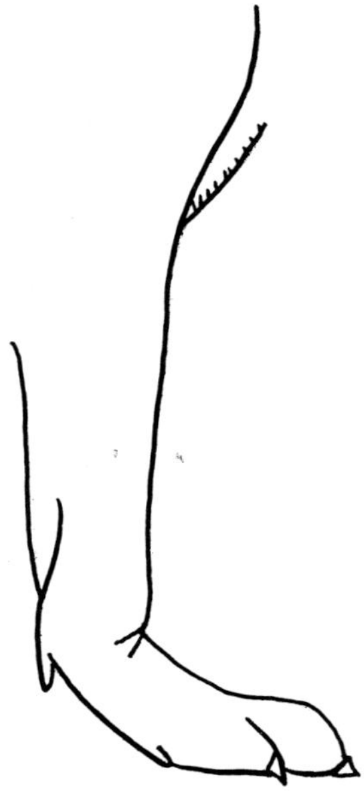

Vordermittelfuß
zu durchgetreten

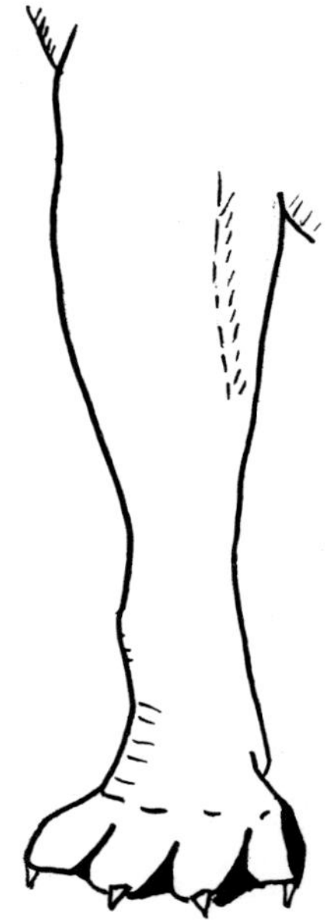

Gespreizte Pfote
von vorne

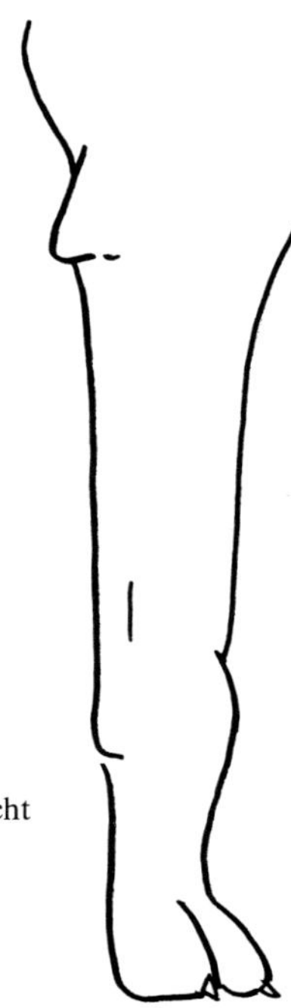

Sehr selten
Fuß zu senkrecht
und kurz

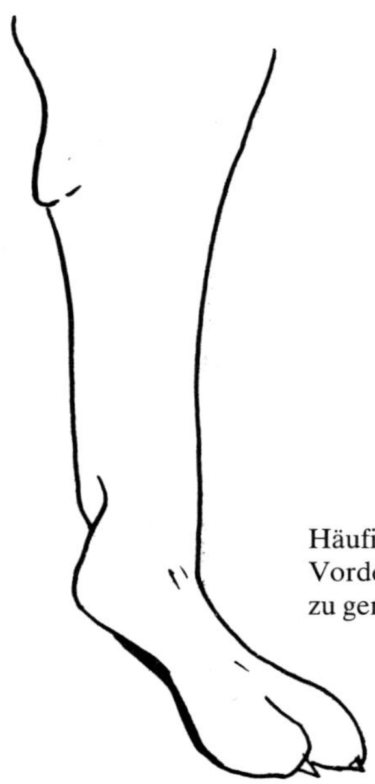

Häufig
Vordermittelfuß
zu geneigt

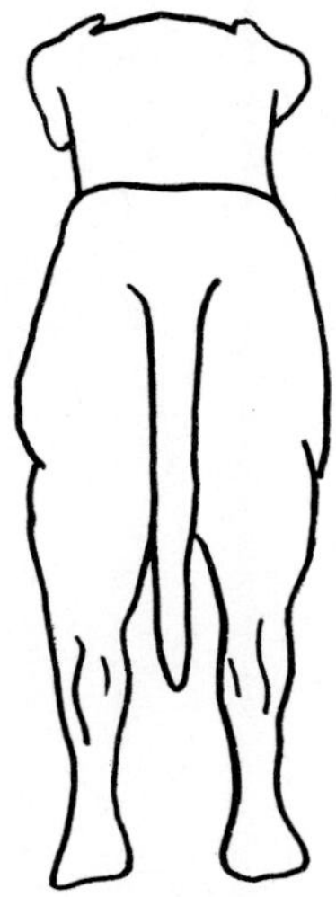

Korrekt gestellte Hinterhand

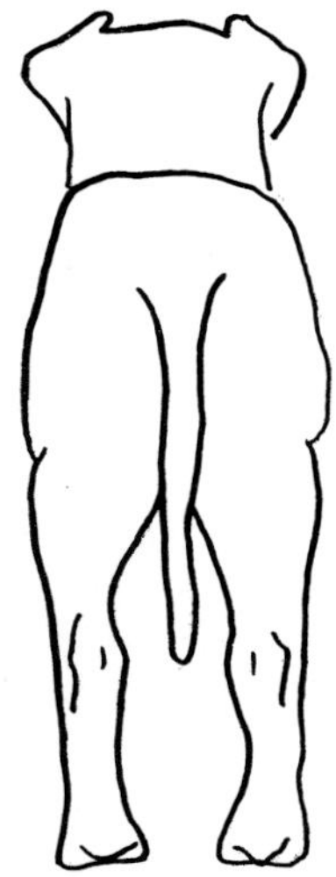

Nach innen gedrehte Hinterhand

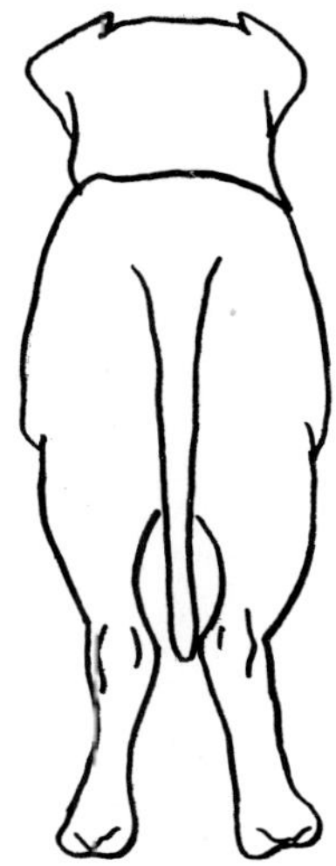

Sprunggelenke zu nahe beieinander, sog. Kuhhessigkeit

Aus dem nach Athos de Fénelon gefallenen D-Wurf im Zwinger v. Niedersachsen wurde jahrelang bis einschließlich I-Wurf der Rüde Diogenes v. Niedersachsen (Abb. 10) mit seiner Mutter Bessy gepaart und nach ihrem Tod einmal mit der Wurfschwester Bella (J-Wurf).

Mit dieser züchterischen Fehlplanung und ihren negativen Folgen begann in der deutschen Bordeauxdoggenzucht aus Unkenntnis, Bequemlichkeit und persönlichen Gründen eine Serie von verpaßten Gelegenheiten.

Nicht oder zu wenig oder falsch eingesetzt wurden der bildschöne Golf de Fénelon, der Rüde Hougli aus dem gleichen Zwinger und Koln de Fénelon mit einer Blutführung, die auch in Frankreich nicht mehr vorhanden ist. Nach ihm fielen zwei Würfe mit jeweils einem Welpen: Einem Rüden, der noch als Welpe tödlich verunglückte und einer Hündin im Zwinger v. Niedersachsen (L- Wurf) aus einer sehr mittelmäßigen französischen Importhündin. Von dieser Hündin hat man niemals etwas gehört, geschweige denn gesehen. Die Hündin Kola des Démons Noirs wurde niemals für die Zucht verwendet. Dagegen wurde zwar mit den Hündinnen Jika, der sehr typischen Rosée de la Maison des Arbres und der Hündin Regane gezüchtet, doch die durchgeführten Paarungen führten keinen Schritt weiter. Im Gegenteil. Einige Jahre lang konnte die Nachzucht des Zwingers v. d. Rombach aus konsequenter rein französischer Linienzucht, solange dieser Zwinger aktiv war, vor allem in Frankreich typ- und substanzstabilisierend wirken. Es waren dies die Rüden Ch. Amar v. d. Rombach, der Bakir v. d. Rombachsohn Ch. Assan v. d. Weidelsburg und der Bakir und Chasid v. d. Rombachenkel Ch. Agor de la Maison des Coqs.

Im Augenblick ist die deutsche Bordeauxdoggenzucht auf einem neuen Tiefpunkt angelangt. Die wenigen ernsthaften Bemühungen um eine Verbesserung der Qualität unseres Zuchtmaterials sollten tatkräftige Unterstützung erhalten.

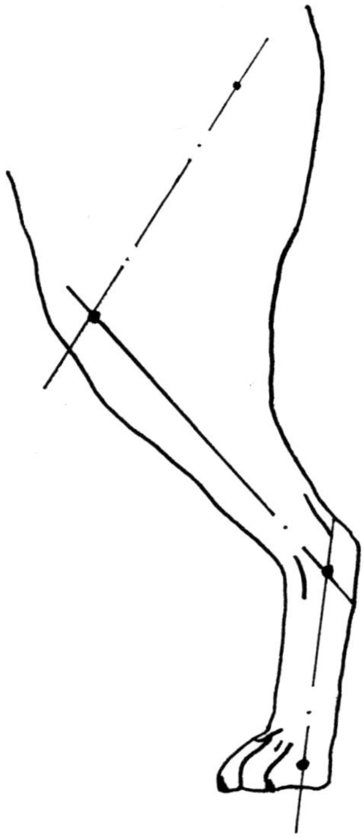

Korrekt gewinkelte Hinterhand

Zu steile ungenügend gewinkelte Hinterhand

Korrekte Rute, weder geknickt, noch versteift. Eine Bordeauxdogge, deren Rute sichtbar geknickt oder versteift ist, ist zur Zucht nicht zugelassen.

Überhöhte Kruppe

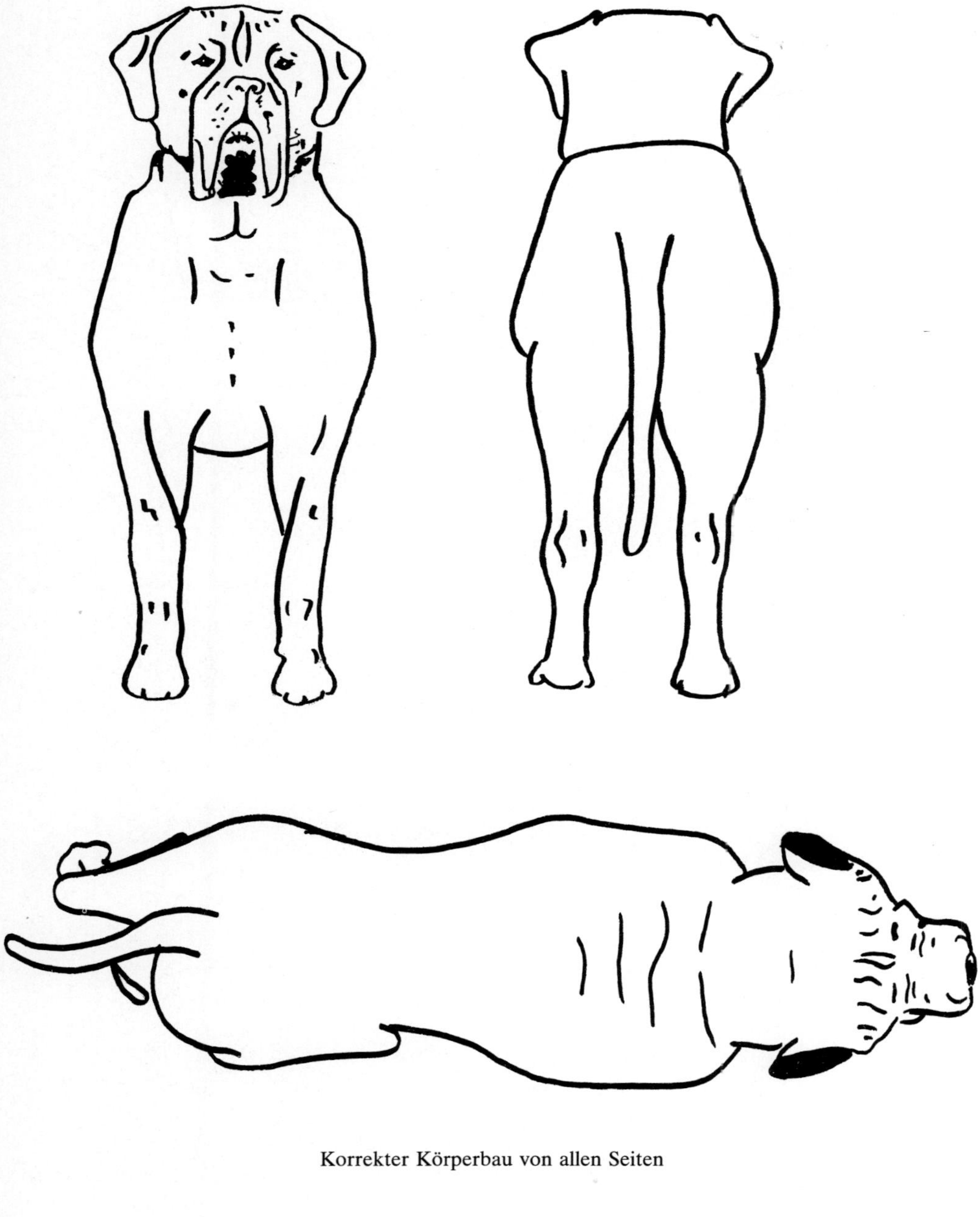

Korrekter Körperbau von allen Seiten

S. 40 + 41:

Abb. 8 *BENJAMIN v. d. HOFREITE*

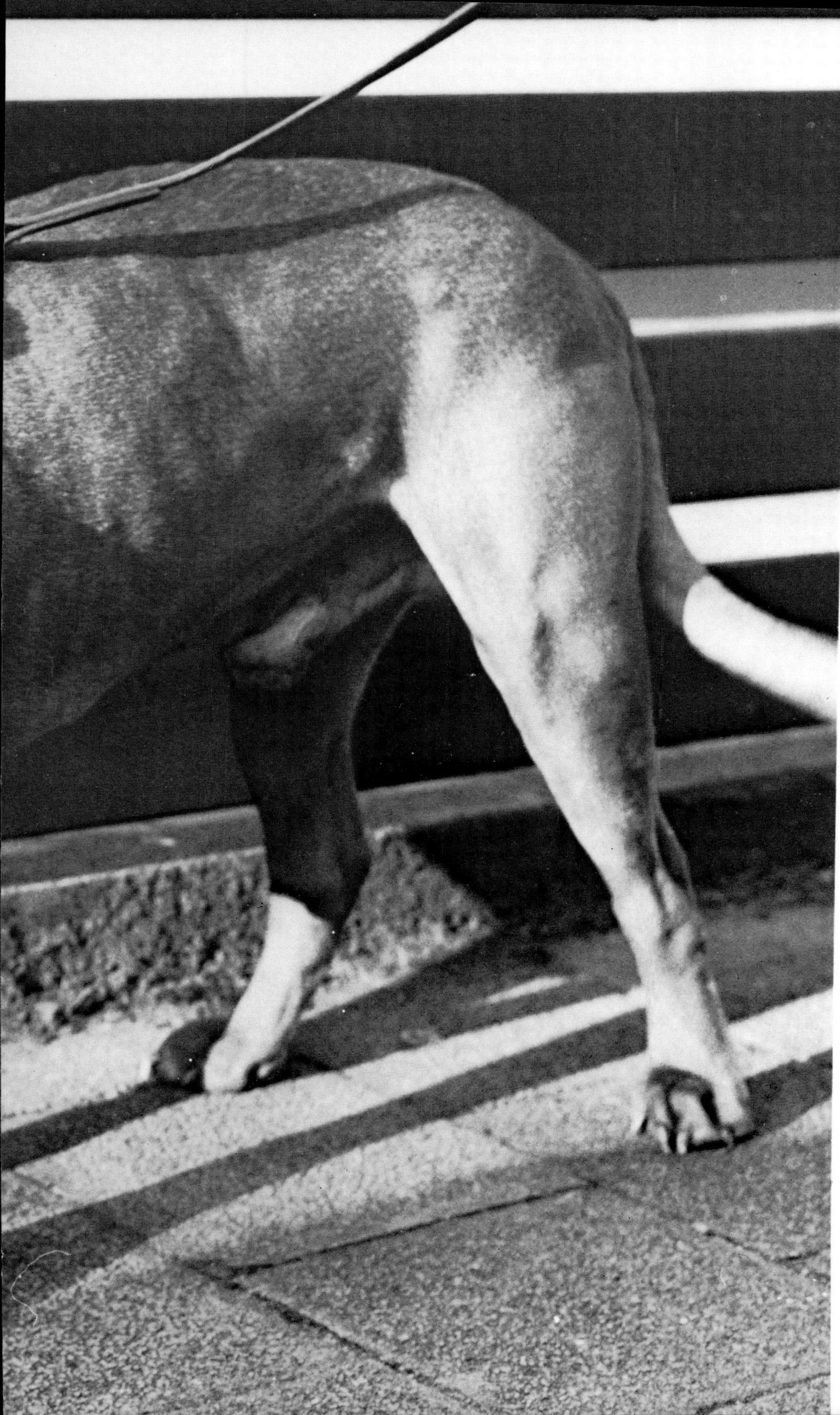

Abb. 9 *KOHOR de FÉNELON, geboren 1940. Der PROTOTYP der Rasse.*

# Das Wesen der Rasse

Die Bordeauxdogge ist ein Hund mit einer sehr hohen Reizschwelle. Zwischen ihrem respekt-, ja furchteinflößenden Äußeren und ihrer Sanftheit und zärtlichen Anhänglichkeit dem Menschen gegenüber, dem sie ihre Zuneigung geschenkt hat, besteht ein überraschender Widerspruch.

Das Wesen der Bordeauxdogge kennt keine Hektik. Ihre Ruhe und Gelassenheit sind Ausdruck ihrer Selbstsicherheit. Dabei ist die Bordeauxdogge keineswegs phlegmatisch, im Gegenteil. Ihre hohe Intelligenz befähigt sie, ihre beachtlichen Körperkräfte gezielt und im richtigen Augenblick einzusetzen, ohne vorher ihre Kräfte schon unnötig durch Bellerei und Drohgebärden verausgabt zu haben.

Da die Bordeauxdogge auf Grund ihrer Intelligenz durchaus in der Lage ist, selbständig zu handeln, fehlt ihr die Bereitschaft zur Unterordnung durch Zwang. Ist aber das Verhältnis zwischen Bordeauxdogge und Mensch eine ehrliche Partnerschaft, so wird sie freiwillig zum Gehorsam bereit sein, vorausgesetzt, man überläßt es ihr, den Zeitpunkt zu bestimmen, einem Wunsch ihres Besitzers Folge zu leisten, damit der Anschein der Freiwilligkeit bewahrt bleiben kann.

Während meines mehr als dreißigjährigen Zusammenlebens mit Bordeauxdoggen hatte ich zwei, einen Rüden und eine Hündin, die bei den täglichen Spaziergängen nicht von meiner Seite wichen. Eine Leine war niemals notwendig. Sie gingen freiwillig »bei Fuß«. Eine andere Hündin apportierte mit Begeisterung. Allen andern aber konnte ich weder das eine noch das andere beibringen, obwohl es mir nicht an Erfahrung fehlt. Aber eine Bordeauxdogge tut nur das, was sie freiwillig gerne tut. Es ist deshalb wichtig, sie als gleichberechtigten Partner, als Persönlichkeit zu behandeln und nicht von ihr das Verhalten einer wohlfunktionierenden Maschine zu erwarten.

Ihre hervorstechendste Eigenschaft ist ihre Aufrichtigkeit. Falschheit ist ihr fremd. Niemals würde eine Bordeauxdogge hinterrücks angreifen. Trotzdem ist sie nicht vertrauensselig, sondern besitzt ein gesundes Mißtrauen und eine überaus feine Antenne für drohende Gefahr. Sie ist ein mutiger, treuer, ehrlicher Freund und ein zuverlässiger Begleiter, unter dessen Schutz man sich sicher fühlen kann.

# Anforderungen an die Haltung

Die Bordeauxdogge ist kein bequemer anspruchsloser Hund. Sie braucht sehr viel Zuwendung und Verständnis und Respektierung ihrer ausgeprägten Persönlichkeit. So wichtig für sie der enge Kontakt zum Menschen ist, um ihre Fähigkeiten voll entwickeln zu können, so notwendig ist es für sie aber auch, die Möglichkeit zu haben, sich gelegentlich von uns Menschen ein wenig zurückziehen zu können, um nicht ständig den wechselnden Launen ihres Lebensgefährten Mensch zu unmittelbar ausgesetzt zu sein. Trotzdem sollte Zwingerhaltung vermieden werden. Ist dies nicht möglich, ist es vernünftiger, sich für eine andere Hunderasse zu entscheiden.

Eine gesunde, vernünftig aufgezogene Bordeauxdogge ist ein guter ausdauern-

Abb. 10 *Reichssiegerin 1938 BELLA VON SCHLESIEN*

Abb. 11 *DIOGENES VON NIEDERSACHSEN*

Abb. 12 *PALMA DE FÉNELON, 15 Monate alt*
Abb. 13 *ZWEISAMKEIT UND GLÜCK!*

der Läufer auch über große Entfernungen und in schwierigem Gelände. Man sollte sie jedoch niemals am Rad oder im Sommer während der heißen Tageszeit laufen lassen.

Auch einem Welpen im Alter von vier bis fünf Monaten kann man schon kurze Spaziergänge zumuten. Er muß jedoch das Tempo bestimmen dürfen. Das Gelände sollte eben sein und bei den ersten Ermüdungserscheinungen (Hinsetzen) heißt es umkehren oder notfalls tragen. Jede Überforderung, auch beim Spiel, ist bei einem Welpen zu vermeiden.

Eine ausgewachsene Bordeauxdogge benötigt nicht sehr viel Futter. Ein knappes Kilo Fleisch mit Knochenanteilen und etwa drei Hände voll Fertignahrung Hundeflocken einmal täglich abends nach dem Spaziergang gegeben ist ausreichend.

Der heranwachsende Welpe benötigt natürlich mehr, vor allem Fleisch. Dabei sind mehrere kleinere Mahlzeiten über einen längeren Zeitraum ein oder zwei zu umfangreichen Mahlzeiten vorzuziehen. Die Nahrung sollte nicht zu breiig, sondern eher fest sein. Dazu kommen täglich Calziumgaben, deren Dosierung sich nach dem jeweiligen Entwicklungsstadium richtet. Während des Zahnwechsels wird eine höhere Dosis verabreicht, die danach wieder verringert wird. Sind die Bänder fest, so daß der Hund gerade auf seinen Läufen steht ohne durchzutreten, können die Kalkgaben allmählich ganz fortfallen. Die Reduzierung erfolgt schrittweise, niemals abrupt.

# Hinweise für eine optimale Erziehung

Die Bordeauxdogge ist kein Gebrauchshund, dem man bestimmte Dinge beibringen kann, die er auf Befehl immer zu wiederholen bereit ist. Sie ist viel zu intelligent, zu selbständig und zu eigenwillig, um sich in dieser Weise »gebrauchen« zu lassen. Aber man kann ihr Aufgaben anvertrauen, deren Ablauf keiner Regel unterliegt, sie immer wieder mit neuen Situationen konfrontieren und damit ihre Intelligenz und Reaktionsfähigkeit herausfordern.

Im engen Kontakt mit dem Menschen lernt die Bordeauxdogge sehr rasch, was möglich ist und was nicht. Da sie sehr sensibel ist, was ihre Bezugsperson anbelangt, verträgt sie, so hart sie sonst im Nehmen ist, Härte von dieser Seite nicht. Man sollte sich deshalb nicht zur Unbeherrschtheit, womit meist auch Ungerechtigkeit verbunden ist, hinreißen lassen. Die Bordeauxdogge vergißt nicht. Leise Töne sind deshalb bei der Bordeauxdogge angebracht. Man erreicht bei ihr durch Höflichkeit – jawohl, Sie lesen ganz richtig – mehr als durch Härte.

Natürlich ist es notwendig, einem Welpen Stubenreinheit und Leinenführigkeit beizubringen. Auch das ist mit Liebe, Geduld und Einfühlungsvermögen kein Problem. Man sollte seinem Hundekind keine zu langen Wartezeiten zumuten. Nach dem Aufwachen und nach dem Fressen ist es immer angebracht, mit ihm hinauszugehen. Passiert wirklich einmal – oder auch öfter – ein kleines Malheur, sollte man die Nerven behalten. Die Welt geht ja nicht unter, – und wahrscheinlich ist man selber schuld.

Abb. 14 *»Leise Töne sind bei der Bordeauxdogge angebracht!« SIC DE FENELON, geboren 1977.*

Ebenso wichtig ist das eigene Verhalten, wenn man dem jungen Hund das Laufen an der Leine beibringen will. Man muß sich immer vor Augen halten, welchen Schock es für einen jungen Hund bedeutet, sich plötzlich in so unvorstellbarer Weise in seiner Bewegungsfreiheit gehindert zu fühlen. Im Grunde ist es eine Ungeheuerlichkeit, die wir den Hunden zumuten. Deshalb sollte diese Einschränkung der Freiheit besonders behutsam erfolgen.

Mir erscheint es immer wichtig, das mir entgegengebrachte Vertrauen meiner Hunde zu erhalten und nicht durch unbedachtes Verhalten zu zerstören. Ich habe damit mehr erreicht als mit der sonst üblichen Einstellung: »Der Hund muß wissen, wer der Herr ist. Er muß gehorchen.«

# Die Zukunft der Rasse

Die Zukunft liegt in den Sternen, pflegt man zu sagen, und der Meinung bin ich auch.

Natürlich hoffe ich, daß uns die Bordeauxdogge, der Nationalhund der Franzosen, erhalten bleibt, trotz der nicht zu leugnenden Probleme der Zucht auf enger Basis. Daß sie uns erhalten bleibt für all die Individualisten unter den Hundefreunden, die nicht über den Hund ihre Minderwertigkeitskomplexe kompensieren wollen, sondern Freude haben an einer stolzen, selbstbewußten Hundepersönlichkeit. Deshalb:

**Vive le Dogue de Bordeaux!**

Abb. 15 *Die Zukunft der Rasse!*

# III. Der Mastiff

*Isolde Schmidt*

1. Entstehungsgeschichte
   a) Ursprung der Rasse und früheste Verbreitung
   b) Der Mastiff in Mittelalter und Neuzeit
2. Rassestandard
3. Erläuterungen zum Rassestandard
4. Zucht der Rasse
   a) England – Mutterland der Mastiffs
   b) Entwicklung und Probleme der Mastiffzucht in Deutschland
   c) Wichtige Vererber in Deutschland
5. Hund und Mensch
   a) Das Wesen der Rasse
   b) Hinweise zur Auswahl eines Welpen und Anforderungen an die Haltung
   c) Aufzucht und Ernährung
6. Die Zukunft der Rasse

# Entstehungsgeschichte

## Ursprung der Rasse und früheste Verbreitung

Die Beziehung zwischen Mensch und Hund ist bekanntlich Jahrtausende alt. Schon die Völker frühester Kulturen verstanden es, sich Hunde für ihre Zwecke dienstbar zu machen.

Reiche archäologische Funde geben Aufschluß über Aussehen und Verwendungszweck der Hunde, die im Zusammenhang mit unseren heutigen Molossern besonders interessieren, nämlich die der frühesten Hochkulturen Assurs und Babylons.

Mastiffähnliche Hunde, dargestellt in Kriegs- und Jagdszenen, wurden zunächst auf Flachreliefs und Plastiken zu Objekten einer hochentwickelten Kunst. Ab dem 4. vorchristlichen Jahrhundert fanden sie auch Eingang in die schriftliche Überlieferung der Antike.

Eine Terrakotta-Tafel assyrischen Ursprungs aus dem 7. Jh. v.Chr. zeigt bereits einen Mann, dessen Hand auf dem Rücken eines Hundes von enormer Größe ruht. Der abgebildete Hund gehört eindeutig zu dem heute sogenannten molossoiden Typ und gilt als eine der ältesten Hundedarstellungen. Gefunden wurde sie im königlichen Palast von Ninive. Diese und auch andere Flachreliefs sind heute in der Sektion Assyrische Antiquitäten im Britischen Museum zu finden. Unter diesen Reliefs befindet sich ebenfalls das eines lanzenbewaffneten Kriegers mit seinem Hund, das dem Molosser Club als Vorlage für sein Clubemblem diente.

Eine weitere eindrucksvolle Darstellung aus dem Tempel von Kouryunjick, errichtet unter der Herrschaft des Königs Ashur-Banipal zu Ninive, ist die »Wildpferdjagd«. Sie beweist, daß bereits die Assyrer schwere Hunde für Jagd- und Kriegszwecke verwendeten, deren Ähnlichkeit mit den Mastiffs unserer Zeit deutlich ist.

Bei Ausgrabungen stieß man auf weitere Plastiken dieser Hunde, man fand sie unter den Türschwellen assyrischer Häuser, je fünf zur linken wie zur rechten Seite des Eingangs. Jeder der fünf Hunde war mit einer anderen Farbe bemalt: Weiß, grau, gefleckt, rot, schwarz. Offensichtlich sollten die Figuren dem Zweck dienen, die Angriffe von Dämonen abzuwehren. Dies ist ein Hinweis darauf, daß solche Hunde bei den Assyrern auch als Wachhund dienten und hoch im Kurs standen.

Ebenso wahrscheinlich ist es, daß nicht nur in Assur und Babylon mastiffähnliche Hunde gezüchtet wurden, sondern auch in der Folgezeit in Ägypten und Teilen Mesopotamiens, wie Darstellungen auf einem Gürtel zeigen, der – auf die Zeit um 400 n.Chr. datiert – dort gefunden wurde. Er zeigt den gleichen Hundetyp wie die Plastiken und Reliefs aus der Zeit Ashur-Banipals, die 1000 Jahre vorher entstanden waren.

Schriftliche Erwähnung finden die Hunde erstmals im Jahre 326 v.Chr., als das Heer Alexanders des Großen den Indus überquerte. Alexanders Historiker vermerkten in ihren Schriften, daß in ihrem Heer Molosser, als Kriegshunde ausgebildet, mitgeführt wurden.

Der Leser wird die vorsichtige Ausdrucksweise »mastiffähnlich«, »heute sogenannter molossoider Typ« bemerkt haben. Die Bezeichnung Mastiff für den Hund der heute so benannten Rasse kommt erst nach der normannischen Besiedlung Englands auf (1066), wovon später noch die Rede sein wird. In den Schriften bis zu dieser Zeit sind die Begriffe unscharf. Generell ist von »pugnaces« oder »bellicosi« (Kampf- oder Kriegshunde) die Rede, außerdem wird nach dem Import der Hunde nach Rom der Begriff Molosser sehr weit gefaßt. Er galt für große Wach- und Schutzhunde im allgemeinen und für die »wahren Molosser«, das waren die Hunde aus Epirus, einer Gegend in Griechenland, die bekannt war für ihre wehrhaften Wach- und Schutzhunde, die Haus und Herden bewachten.

Diese Molosser, benannt nach dem griechischen Volksstamm ihrer Heimat, sind nach M. B. Wynn (1886) nicht mit den Hunden identisch, wie sie die alten assyrischen Darstellungen zeigen. Dagegen behauptet die renommierte Hutchinsons Dog Enzyclopaedia von 1934, die Molosser von Epirus seien eindeutig mit dem Mastiff identisch! Hier sind wir bei der »Gretchenfrage« nach dem Ursprung der Rasse Mastiff angelangt.

Besonders in der 2. Hälfte des 19. Jh. befehdeten sich vorwiegend englische Enthusiasten der Rasse über diese Frage. Einig waren sie sich, daß die Römer bei der Eroberung Britanniens die frühen englischen Mastiffs vorfanden, die zur Jagd auf wehrhaftes Wild und als Kriegshunde gezüchtet wurden. Dies belegen auch die Schriften des Römers Gratius Falsicus, der im beginnenden 1. Jh. n.Chr. in einem Gedicht über die Jagd (»Cynegetica«) die Überlegenheit der britischen Kriegshunde über die von den Römern mitgeführten griechischen Molosser rühmt:

»Wenn du die Küsten Belgiens besuchst, dessen ebbende Wogen oft den Ozean unbestimmt wohin verlassen und dann hinunterrollen nach Britannien, setze beiseite die Form und die Farbe, welche die schlechtesten Punkte der britischen Hunde sind. So wirst du beim Kriegszuge, oder wenn der angeborene Schneid sie zu ihrer Arbeit anspornt, ihre Herzhaftigkeit sehen, so daß selbst der Molosser vergebens mit ihnen wetteifern kann.«

Und an anderer Stelle schreibt Gratius: »Obgleich die britischen Hunde nicht durch Körperbau und oft trügendes Äußeres bestechen, so weiß ich doch keinen anderen Fehler an ihnen zu finden. Wenn grimmige Arbeit zu leisten und Schneid gezeigt werden soll und Mars zum äußersten Kampfe auffordert, dann wird dich der kräftige Molosser weniger befriedigen und den Athamanenser wird nicht in Geschicklichkeit mit ihnen wetteifern können.«

Der Mut dieser Kriegshunde, die zusammen mit den Einwohnern, meist keltischen Stämmen, den Römern erbitterten Widerstand leisteten, war so überzeugend, daß die britischen »pugnaces« fortan als begehrte Exportartikel in die Arenen Roms wanderten, wo sie in Schaukämpfen gegen wilde Tiere kämpfen mußten. Auch wurden durch die Römer die Tierkämpfe in Britannien selbst eingeführt. Im ausgehenden Mittelalter und der Neuzeit bis ins 19. Jh. hinein besaßen sie große Popularität, – zumal sie dem britischen »Nationalsport«, der Wettleidenschaft, gute Gelegenheit boten – und bei ihnen einer perversen menschlichen Phantasie keine Grenzen gesetzt waren. Häufigste Gegner des Mastiffs waren Bär und Löwe. Recht genauen Aufschluß über Aussehen und Verwendungszweck der frühen Mastiffs gewinnen wir für die Zeit der römischen Besetzung Britanniens, sowohl aus schriftlichen als auch aus bildlichen Darstellungen.

Oppian aus Appameia (3. Jh. n.Chr.) beschreibt in seinen vier Büchern zur Jagd die Kampfhunde Britanniens mit den typischen Merkmalen, die sie in frühester Zeit schon hatten und die auch jeder gute moderne Mastiff aufweisen sollte: Kurzer, breiter Fang; schwerer, muskulöser Körper; gute Belefzung; kräftige Knochen und imponierende Größe. Dieselben Charakteristika zeigen auch die Mastiffabbildungen auf römisch-britischer Töpferware, datiert auf ca. 90 bis 100 n.Chr., auf der unter anderem Jagdszenen dargestellt sind.

Es bleibt festzuhalten, daß zur Zeit der römischen Besetzung Britanniens (54 v.Chr. durch Caesar) dort bereits der englische Mastiff als Rasse existierte, und zwar mit allen heute noch typischen Merkmalen!

Um auf die Streitfrage nach dem Ursprung kurz zurückzukommen, sollen hier nur drei Haupttheorien skizziert werden: Wie M. B. Wynn in seiner durch reichhaltiges Quellenmaterial überzeugenden »History of the Mastiff« von 1886, der bis heute ausführlichsten Arbeit über den Mastiff, darlegt, ist der Mastiff eine urenglische Rasse, die schon immer in Britannien existierte, in ihrer reinen Form jedoch einer sehr großen Bulldogge glich. Diese »pugnaces« der Briten und Gallier wurden – so Wynn – mit den riesigen asiatischen Mastiffs, von denen anfangs die Rede war, veredelt. So erzielte man mehr Größe für den Kampf und Schnelligkeit für die Jagd.

Die asiatischen Mastiffs wurden vermutlich von phönizischen Händlern nach Britannien gebracht, die im 6. Jh. bereits Handelsbeziehungen mit Assur und Britannien hatten. Da den »britischen Barbaren« für die kostbaren Erze Gloucesters und Cornwalls im Tauschhandel etwas Verlockendes geboten werden mußte, brachten die phönizischen Händler auf ihren Schiffen unter anderem die riesigen asiatischen Mastiffs mit; auch Exemplare des meist weißen Alaunt (mastin), in Spanien beheimatet, könnten sie auf ihren Handelsschiffen nach England gebracht haben, ebenso andere große Hatzrüden oder Saupacker vom Kontinent. So kristallisierte sich der Typ des Mastiffs heraus, neben dem sich der ursprüngliche, kleinere Bulldoggentyp erhielt. Wynn beruft sich unter anderem auf Arrian (130 n.Chr.), der zu seiner Zeit feststellte, daß es nur noch wenige reine britische »pugnaces« gäbe, die meist vermischt worden seien mit größeren und schnelleren Hunden. Mit dieser Theorie setzte sich M. B. Wynn, der auch den ersten englischen Mastiff-Club von 1873 gründete, der wütenden Kritik vieler Mastiff-Züchter aus. Diese vertraten die »Reinheitsthese«, das heißt die Ansicht, daß es von frühester Zeit an in Britannien den reinen Mastifftyp, der mit dem heutigen identisch ist, gegeben habe.

Dritte leiteten schließlich den englischen Mastiff in direkter Linie von dem asiatischen Mastiff über den griechischen Molosser ab, so auch Mr. Sidney Turner, Gründungsmitglied des Old English Mastiff Club (OEMC) von 1883.

## Der Mastiff in Mittelalter und Neuzeit

Die spärlichen Zeugnisse aus der Zeit nach dem Zerfall des Imperium Romanum weisen darauf hin, daß die Mastiffs den Angelsachsen und Kelten als »ban-

Abb. 16 *Kettenhunde – damals und heute! »Bandog« aus Sportsman's Cabinet, 1803, Illustration Mastiff.*

Abb. 17 *Kettenhunde – damals und heute! Schnappschuß von Alkis of Seven Oaks und Abigale of the Cheviot Hills 1986 in Wien.*

dogs« (wörtlich: Kettenhund) dienten, also als Wach- und Schutzhunde. In diesem Sinne findet der Mastiff auch Erwähnung in den »Forest Laws«, den Forstgesetzen von König Canute (1017–1055). Jede Siedlung sollte mit einem Mastiff versehen sein, um Mensch und Vieh vor Wölfen und anderem Raubzeug in der Umgebung zu schützen. Später, unter Heinrich III, mußten die Mastiffs, die nahe bei den wildreichen, königlichen Wäldern gehalten wurden, gemäß der Forstgesetze verstümmelt werden. Man hatte ihnen drei Zehen eines Vorderlaufes mit einem Schlag abzuhacken, um sie unfähig zu machen, das Jagdvergnügen des Adels zu stören.

Zeugnis ihres großen Wertes und ihrer Funktion als Kriegshunde gibt erst wieder die berühmte Wandstickerei von Bayeux, die Harold – König der Angelsachsen – mit mehreren großen Mastiffs zeigt und die Wilhelm der Eroberer, neuer Herrscher über Britannien, zum Andenken an seinen großen Sieg (1066 n.Chr.) fertigen ließ. Die Sprache der Oberschicht, die Sprache in Literatur und Gesetzeswerken war nun – nach der normannischen Eroberung Britanniens – altfranzösisch, und die Bandogs wurden nun mit dem aus dem keltischen stammenden Wort »mastin« bezeichnet.

Ab 1300 findet man in Forstgesetzen und Jagdgeschichten, z.B. in dem »Book of St. Albans« (1496), die anglisierte Form als mastiff, aber auch als Mestif, Masty/Masti-hound und Maystiff. Daneben existierte jedoch weiterhin der Begriff Bandog oder Alaunt.

Ungefähr dreieinhalb Jahrhunderte später, im ausgehenden Mittelalter, war der Hundertjährige Krieg zwischen England und Frankreich nicht nur für die Geschichte Europas, sondern auch für die Geschichte der Mastiffs bedeutsam. Viele erzählten seither die Geschichte des Sir Peer Legh II, Herr großer Besitztümer nahe Manchester, und seiner Mastiff-Hündin, die zur Legende wurde. In der Schlacht von Agincourt nahe Paris soll sie 1415 ihren schwer verwundeten Herrn solange verteidigt haben, bis Entsatz eintraf. Der Peer konnte in seine Heimat gebracht werden, und die Familie Legh züchtete aus Dankbarkeit die Nachkommenschaft jener Hündin.

Etwa 100 Jahre später ließen die Leghs das Schloß Lyme Hall (Lyme-Linde) erbauen, welches ihrer Mastiff-Linie den Namen gab. Aber an das französische Kriegserlebnis des Peers erinnert heute noch eine Dankschrift in der Stadt Monmouth unter dem Standbild Henry V. Ebenfalls dort finden wir das Haus, in dem Geoffry of Monmouth die Sage des Königs Arthur niederschrieb. Ihr zufolge soll König Uther Pendragon, Vater des King Arthur der Tafelrunde, sich gern mit Kriegshunden umgeben haben.

Doch zurück zu Sir Legh's Mastiffs: Die Bedeutung der Lyme Hall-Mastiffs für die Rasse kann nicht hoch genug eingeschätzt werden. Lyme Hall – heute ein Museum – beherbergt die umfangreichste und wohl einzige Sammlung von Kunstwerken – Gemälde, Zeichnungen, Skulpturen, Fotografien – die sich ausschließlich mit dem Mastiff befassen. Gestiftet wurde sie von Mrs. Marie Antoinette Moore, einer bekannten amerikanischen Mastiff-Kennerin und Autorin des Buches »The Mastiff«.

Über die Lyme Hall-Blutlinie der Leghs hinaus gab es jedoch noch weitere berühmte Linien: Die Chatsworth-Linie des Herzogs von Devonshire, Elvaston Castle des Lord Harrinton und Hadzor Hall der Familie Galton. Der Nachweis, daß eine dieser Linien wirklich schon vor fast 600 Jahren Mastiffs besaß, ist nur im Falle der Lyme Hall-Mastiffs geführt worden.

Englands großer Dichter William Shakespeare, der wie viele Dichter den Mastiff literarisch verewigte, läßt in seinem Drama »Henry V.« vor der Schlacht vor Agincourt zwei französische Offiziere sagen: »Diese englische Insel bringt sehr tapfere Kreaturen hervor: Ihre Mastiffs sind von unvergleichem Mut!«

Mut, Tapferkeit und Angriffslust machten den Mastiff zum hochgeschätzten Kriegshund; Mut und Treue zeichneten ihn als unbestechlichen Wächter aus. Auch zur Hatz auf Bären und Sauen – in jener Zeit beliebtes Vergnügen der Feudalherren – wurden die Mastiffs gebraucht, ihr gewaltiger Kiefer, einmal geschlossen, ließ selbst im Tode nicht los. Die Hauptaufgabe der Mastiffs war jedoch zu allen Zeiten der Schutz von Haus und Hof.

Johannes Caius, Doktor der Physik an der Universität Cambridge und Leibarzt von Elisabeth I., schrieb um 1550 in seiner Abhandlung »De Canibus Britannicis«, die 1576 von A. Fleming ins Englische übersetzt wurde, über die Mastiffs: »Man nennt sie Villatici, weil sie dazu dienen, Haus und Hof zu bewachen und zu schützen . . . Sie sind voller Mut, Wildheit und Stärke, und sie erfüllen das Herz der Menschen mit großer Furcht. Diese Hunde fürchten nichts und niemanden, keine Waffe läßt sie zurückweichen . . .«.

Zu den vielfältigen Aufgaben, zu denen der Mastiff herangezogen wurde, gehörten neben höchst banalen, wie Wasser und andere Lasten zu tragen, auch sehr »blutrünstige«, in Schaukämpfen gegen Bären, Büffel und importierte Löwen antreten zu müssen.

Man rechnete drei nacheinander losgelassene Mastiffs auf einen Bären, vier sollten mit einem Löwen fertig werden. Königin Elisabeth I. hatte eine besondere Vorliebe für diese Art der Belustigung. Auf ihren Reisen durchs Land veranstaltete man ihr zu Ehren dort, wo sie Rast machte, Kämpfe zwischen Mastiffs und Bären. Mastiffs standen hoch in ihrer Gunst und der ihres Hofes. Der Botschafter Elizabeth I. in Frankreich, Lord Buckhurst, hielt einen mächtigen Mastiff, der allein nacheinander einen Bären, einen Leoparden und einen Löwen im Ring niedermachte. Auch die Nachfolger Elizabeth I. teilten diese Leidenschaft. Dies ist besonders von James I., dem Sohn Maria Stuarts, überliefert, der 1603 auf den englischen Thron gelangte.

In der Folgezeit wird der Mastiff in englischen und schottischen Fabeln, Balladen und Gedichten gepriesen und als »National Watchdog« bezeichnet. Eine Vielzahl dieser Kunstwerke gibt M. B. Wynn wieder. Er verweist auch auf die ab 1810 zahlreichen bildlichen Darstellungen, von denen einige den reinen alten Typ, andere einen Mischlingstyp zeigen, der auf Bernhardiner und Bluthundeinkreuzungen schließen läßt. Dies ist nicht verwunderlich, wenn man bedenkt, daß planmäßige Rassezucht erst im 19. Jahrhundert begann. Daher weist Mrs. Baxter, bekannte englische Mastiff-Züchterin und Richterin, etwas ironisch darauf hin, daß ihr die erbitterten Kontroversen des 19. Jahrhunderts über die Rassereinheit bestimmter Linien nur ein »mildes Lächeln« abgewinnen können.

Man nahm die Hunde in den Bestand, die funktional waren, das heißt die Aufgaben einwandfrei erledigten, die ihnen zugewiesen wurden. Konnten sie diese Anforderungen nicht erfüllen, wurde anderes Blut eingebracht, vor allem von Bullmastiffs, Bernhardinern und Bulldoggen!

Im 19. Jahrhundert wurde die Rasse wiederbelebt und stabilisiert, wobei vor allem die Lyme Hall-Mastiffs, die des Chatsworth-Zwingers, die der Elvaston-Linie und die der Bold- Halls eine Rolle spielten. Züchternahmen wie Mr. J. W. Thompson, Mr. George White, Mr. John Crabtree und Mr. T. H. Lukey sind mit dem Aufschwung der Rasse untrennbar verbunden. Mr. Lukey wird von M. B. Wynn sogar als »Vater des modernen Mastiffs« bezeichnet, obwohl er seinen Zwinger mit Mastiffs, die Bernhardiner-Blut führten, aufgebaut haben soll.

Überhaupt ist es schwierig, die Abstammung der damaligen Hunde zurückzuverfolgen, da bis zu Beginn des Ausstellungswesens 1859 kaum ein Mastiff einen Stammbaum besaß und viele spezielle Namen so oft verwendet wurden, daß oft unklar ist, um welchen Prince, Duke, Lord oder Tiger es sich handelte, wenn nicht der Besitzername davorgesetzt wurde, z.B. Bill George's Tiger. Einig sind sich die meisten englischen Autoren in der Feststellung, daß die genannten Züchter die besten Mastiffs ihrer Zeit züchteten. Uneinig sind sie sich jedoch in der Bewertung der Tatsache, daß sie sich, besonders der erfolgreiche Mr. Lukey, eher nach dem Aspekt der Funktionalität als nach dem der Rassereinheit richteten und – wenn nötig – andere Rassen einkreuzten, um den Mastiff zu verbessern.

Mit Beginn des Ausstellungswesens 1859 achtete man immer stärker auf Abstammung und Aussehen der Hunde, so daß auch eine größere Einheitlichkeit im Typ erreicht wurde. Die Dekade von 1870 bis 1880 wird als die fruchtbarste für die Entwicklung der Rasse Mastiff im 19. Jahrhundert bezeichnet. 1872 wurden bereits 81 Mastiffs zur Christal-Palace-Show vorgestellt! Größten Einfluß hatten zu jener Zeit die Nachkommen von Mr. Lukey's Governor, Bill George's Tiger, Mr. Cautley's Quaker, Miß Aglionsby's Turk und Mr. Beaufoy's Beau.

Im Jahre 1883 wurde im Londoner Christal-Palace der »Old English Mastiff Club (OEMC)« gegründet, der mit seinem nun über hundertjährigen Bestehen einer der ältesten Rassezuchtvereine ist. An selber Stelle fand 1890 die erste Clubschau mit 51 ausgestellten Mastiffs statt.

*Registrierzahlen von Mastiffs in England 1906-1939*

| | | | |
|---|---|---|---|
| 1906 | 48 Mastiffs | 1924 | 99 Mastiffs |
| 1908 | 35 Mastiffs | 1929 | 122 Mastiffs |
| 1913 | 60 Mastiffs | 1933 | 164 Mastiffs |
| 1914 | 54 Mastiffs | 1937 | 101 Mastiffs |
| 1915 | 34 Mastiffs | 1938 | 115 Mastiffs |
| 1918 | 3 Mastiffs | 1939 | 70 Mastiffs |

Der erste Weltkrieg traf die Fortentwicklung der Rasse empfindlich. Waren 1914 noch 54 Registrierungen zu verzeichnen, waren es 1918 gerade noch drei. – Die

Abb. 18 *Der berühmte »Ch. Beaufort«, gezüchtet von Mr. S. Turner aus Beau und Lady Isabel. Beaufort galt als einer der besten Mastiffs des ausgehenden 19. Jahrhunderts.*

Abb. 19 *Mrs. und Mr. Oliver mit ihren Hellingly-Mastiffs zu Beginn der 30er Jahre.*

durch Krieg und Kriegsfolgen dezimierte Population der Rasse machte in den ersten Jahrzehnten des 20. Jahrhunderts verstärkte Einkreuzungen des Bullmastiffs notwendig. Diese Rasse war zu dieser Zeit zwar als Hunderasse noch nicht anerkannt, ihre Hunde hatten aber offensichtlich die Kriegsfolgen besser überstanden. Die Einkreuzung war sicherlich notwendig, bei den Züchtern aber durchaus umstritten. So gab es wiederholte Beschwerden und Anfragen beim englischen Kennel Club, unter anderem von Mr. Oliver, der stolz auf die Reinzucht seiner Hellingly-Mastiffs hinwies. Aus seiner Zucht machten besonders die beiden Rüden Marksman und Joseph of Hellingly Anfang der 30er Jahre Geschichte.

Mrs. Baxter weist darauf hin, daß eine Vielzahl von Mastiffs jener Zeit beim Kennel Club teilweise mit unregistrierten Vorfahren eingetragen wurden. Es kann also Bullmastiff-Einkreuzungen schon früher gegeben haben, jedoch nicht so zahlreich und nicht so offensichtlich nachprüfbar wie später. Auch Bordeauxdoggen wurden um die Jahrhundertwende gelegentlich in bestimmte Mastifflinien eingekreuzt.

Mrs. Baxter führt mehrere Beispiele an, in den Ahnenreihen dieser Hunde stehen Anmerkungen wie »nicht registriert«, »Mastiff«, »unbekannt« oder »Bullmastiff«.

In den 20er und 30er Jahren unseres Jahrhunderts wurde es offensichtlich zunehmend schwieriger, reingezogene Mastiffs der alten Linien zu erwerben, da in den erfolgreichen und tonangebenden Zwingern zwischen den zwei Weltkriegen, nämlich Whitybush (diesen geschützten Zwingernamen benutzte Miss Bell erst nach dem Krieg), Havengore (Mrs. Scheerboom) und Hellingly (Mr. und Mrs. E. G. Oliver) die beiden erstgenannten bereits mit ihren Gründungstieren Bullmastiff-Einfluß aufwiesen.

Das Zuchtgeschehen wurde auch durch die seit dem Ende des 1. Weltkrieges durchgesetzten Quarantänebestimmungen negativ beeinflußt, da nun die züchterische Kooperation mit Kanada und den USA erschwert wurde. Ein Hund konnte beispielsweise nicht mehr kurzfristig zum Decken außer Landes gegeben werden, um dann nach England zurückzukehren. In der Vorkriegszeit und während des zweiten Weltkrieges wurden viele Mastiffs nach USA und Kanada gebracht; von dort aus kamen einige ihrer Nachkommen nach dem Krieg zurück, um die englische Zucht zu retten. Da dort inzwischen auch die bis dahin »rein« gehaltenen Linien, z.B. Hellingly, mit anderen kombiniert worden waren, wird der Streit um reingezogene oder weniger reingehaltene Linien müßig.

Auch wenn man bedauern mag, daß wegen des knappen Zuchtmaterials nach dem ersten Weltkrieg verstärkt Bernhardiner und Bullmastiffs eingekreuzt wurden, so ist vom Zuchtergebnis her doch eine wachsende Verbreitung der Rasse bis zum Beginn der 40er Jahre festzustellen, mit einem Höhepunkt von 164 registrierten Mastiffs im Jahre 1933!

Stellt man die positiven den negativen Folgen der verstärkten Einkreuzungen, besonders des Bullmastiffblutes, gegenüber, so müßte die »Bilanz« wohl als ausgeglichen bezeichnet werden. Als negativ aber müßten bestimmte Typveränderungen in manchen Linien bezeichnet werden, so beispielsweise ein kurzer Rükken, geringere Schulterhöhe und ein leicht veränderter Kopftyp und Ausdruck.

Dieser wurde von Mr. Oliver, der den Verlust des »noblen Ausdrucks« besonders beklagte, abschätzig als »puggy«, also als mopsartig, bezeichnet.

Während des zweiten Weltkrieges verschlechterte sich die Situation drastisch. Wie bereits gesagt, man schickte verschiedene Hunde nach USA und Kanada, um zu retten, was noch zu retten war. Ist es doch verständlich, daß in England, wo durch die Kriegsereignisse bedingt kaum noch eine ausreichende Ernährung für den Menschen gewährleistet war, kaum die Möglichkeit blieb, einen solchen Hunderiesen durchzufüttern. So kamen beispielsweise die beiden Mastiffs Remus und Prunella nach monatelanger »Toast- und Gemüse-Diät« in Atlanta an; sie hatten zirka 50 Pfund ihres Normalgewichtes abgenommen.

Nach den Kennel-Club-Eintragungen gab es während des Krieges in England nur zwei Würfe, wovon die Bedeutung des ersten Wurfes nicht hoch genug eingeschätzt werden kann. 1943 brachte die sechsjährige Hortia aus Deleval-Abstammung nach ihrem Sohn Robin of Brunwins (Vater: Ch. Christopher of Havengore) einen Wurf, von dem, ebenso wie von demjenigen aus derselben Paarung 1944, fast alle Welpen verschollen blieben. Nur eine Hündin wurde eingetragen, Sally of Coldblow, die damit unmittelbar nach dem Krieg die einzige Hündin im zuchtfähigen Alter war.

1946 wurde vom Kennel-Club der gestromte Rüde Templecombe Taurus als Mastiff registriert, dessen Herkunft nie ganz geklärt wurde; nach den Nachforschungen von Mr. Douglas B. Oliff soll er einer Mastiff-Bullmastiffkreuzung entstammen. Taurus' Besitzer soll beim Bombardement der englischen Südküste umgekommen sein, und der herumirrende Hund wurde aufgegriffen. Wichtig jedoch für die englische Zucht: Templecomb Taurus brachte mit Sally of Coldblow einige Welpen, von denen es besonders Nydia of Frithend (geboren am 26. Januar 1947) zu verdanken ist, daß die Rasse in England nicht ausstarb. Aus den USA wurden 1947 Jana of Mansatta und 1948 Valiant Diadem importiert, der mit Sally in der Zeit von 1949 bis 1952 dreißig Welpen brachte. Ab 1948 kamen einige Welpen aus Kanada dazu, die Heatherbelle-Importe. Auf dieser schmalen Basis ließ sich extreme Inzucht sicher nicht vermeiden: Vater-Tochter, Mutter-Sohn, Bruder-Schwester. Solche Paarungen retteten wohl den Fortbestand der Rasse, allerdings um den Preis bestimmter Wesens- und Gesundheitsprobleme. So schlichen sich Wesensschwächen, zum Beispiel extreme Ängstlichkeit, ein, und eine verstärkte Anfälligkeit des Bewegungsapparates. Von der Problematik der »steilen Hinterhand« wird in den Ausführungen zum Standard die Rede sein. Auch wenn – ähnlich wie nach dem 1. Weltkrieg und aus denselben Gründen – nun Einkreuzungen vorgenommen wurden, hatten sie doch nicht die große Bedeutung, da verstärkt die Möglichkeit des Imports aus Amerika und Kanada gegeben war und auch wahrgenommen wurde.

In dem Jahrzehnt von 1950 bis 1960 konsolidierte sich die Rasse, wobei wieder – wie in der Vorkriegszeit – die Zwinger Whitybush (Miß I. Bell) und Havengore (Mrs. Scheerboom) führend waren. Ein schwerer Rückschlag mußte nochmals im Jahre 1960 verwunden werden, nämlich der Tod von Miß Ianthe Bell, die seit 1925 in der Zucht aktiv gewesen war. Sie hatte angeordnet, alle ihre Mastiffs über 18 Monate einschläfern zu lassen! Von diesem »Vermächtnis« waren 17 Hunde

Abb. 20 *Major Readon, – in den 60er Jahren mit seinem BUCKHALL-Zwinger erfolgreich – mit Tarzan of Kisumu. (Foto: Hans Rosingh)*

betroffen, verschont blieben nur drei Junghunde und eine säugende Hündin mit ihrem Wurf.

Hier soll ein vorläufiger Schlußpunkt in unserer Darstellung der Geschichte des Mastiffs gesetzt werden. Der Fortbestand der Rasse war gesichert, langsam – mit steigenden Eintragungszahlen beim Kennel-Club – etablierten sich neue Zwinger und eine jüngere Generation von Mastiff-Enthusiasten. Diese schickten sich allmählich an, die alten »Denkmäler« der Rasse abzulösen, ein notwendiger und sinnvoller Prozeß, unter der Voraussetzung, daß das Wissen über die Rasse und Zucht uneigennützig weitergegeben wird.

Abschließend sei Mr. D. B. Oliff zitiert: »Falls ihnen die Schwierigkeiten der Vergangenheit nicht bewußt waren, können die heutigen Besitzer von Mastiffs vielleicht jetzt einschätzen, warum es soviel Zeit kostet, die Fehler der Rasse so gering wie möglich zu bekommen. Jeder heutige Mastiff, der die britischen Linien trägt, ist ein Inzucht-Produkt der wenigen Hunde, die ich genannt habe. Selbst die USA-Importe gehen letztlich auf dieselben Hunde zurück, waren sie doch Nachkommen der englischen Exporte. Die Tatsache, daß der Mastiff überhaupt existiert, ist so etwas wie ein Wunder und ist eine Ehre für die, die gegen das ankämpften, was als unüberwindbares Hindernis für das Bemühen erscheinen mußte, diese wunderbare alte Rasse zu retten.«

## Rassestandard: Mastiff

*Allgemeine Erscheinung:* Der Kopf soll, aus jeder Richtung betrachtet, quadratisch erscheinen. Breite ist sehr erwünscht; sie soll im Verhältnis zur Gesamtlänge des Schädels 2 : 3 betragen. Der Körper ist massiv, breit tief, lang und kraftvoll gebaut und steht auf weit auseinander gestellten, geraden Läufen. Die Muskeln sollten sich klar abzeichnen. Größe ist sehr erwünscht, wenn sie mit Qualität verbunden ist. Höhe und Substanz sind wichtig, vorausgesetzt, beide Merkmale stehen in einem richtigen Verhältnis zueinander.

*Charakteristische Merkmale:* Groß, massiv, kraftvoll, ebenmäßig, gut gebauter Körper. Eine Kombination von Erhabenheit und Mut.

*Wesen:* Ruhig, liebevoll seinem Besitzer gegenüber, aber fähig, diesen zu schützen.

*Kopf:* Der Kopf ist breit zwischen den Ohren, die Stirn glatt, aber mit Falten versehen, wenn die Aufmerksamkeit des Hundes erregt wird. Brauen leicht hochgezogen. Schläfen und Backenmuskulatur gut entwickelt. Schädel leicht gerundet mit einer zwischen den Augen liegenden und bis zur halben Sagitalnaht hinaufreichenden Furche. Der Fang ist kurz, breit unter den Augen, sich bis zur Nasenspitze kaum verjüngend, stumpf und quadratisch geschnitten. So bildet er mit dem Nasenrücken einen rechten Winkel, viel Tiefe von der Nasenspitze zum Unterkiefer, der breit angelegt sein muß. Nase breit, mit – von vorn gesehen – weit geöffneten Nasenlöchern, im Profil ist die Nase gerade (nicht aufgeworfen). Lefzen im stumpfen Winkel von der Nasenscheidewand ausgehend, leicht hängend, so daß sie im Profil eckig erscheinen. Fanglänge im Verhältnis zur Gesamtschädellänge 1 : 3. Fangumfang (gemessen in der Mitte zwischen Auge und Nasenspitze) im Verhältnis zum Kopfumfang (vor den Ohren gemessen) 3 : 5.

*Augen:* Klein, weit auseinanderstehend (wenigstens 2 Augenlängen). Stop deutlich, jedoch nicht zu abrupt. Augenfarbe haselnußbraun, je dunkler, desto besser.

*Ohren:* Klein, dünn, weit auseinanderstehend, am höchsten Punkt zu beiden Seiten des Schädels angesetzt, damit die Hinterkopflinie fortsetzend. Flach und dicht an den Wangen anliegend, wenn der Hund entspannt ist.

*Gebiß:* Fangzähne gesund, stark und weit auseinanderstehend; Schneidezähne gut aufeinanderpassend oder Vorbiß, jedoch nur so weit, daß die Zähne bei geschlossenem Fang nicht sichtbar sind.

*Hals:* Leicht gewölbt, mäßig lang, sehr muskulös. Umfang etwa 2,5 bis 5 cm weniger als der Umfang des Kopfes, gemessen vor den Ohren.

*Vorhand:* Schulter und Oberarm leicht schräg. Schwer und gut bemuskelt. Läufe gerade, stark und breitgestellt. Starke Knochen. Ellbogen parallel zum Körper, Fesseln aufrecht.

*Rumpf:* Breite, tief zwischen den Vorderläufen gelagerte Brust. Rippen gewölbt und gut gerundet. Brustumfang etwa ⅓ mehr als die Schulterhöhe. Rücken und Lendenpartie breit und gut bemuskelt, flach und sehr breit bei der Hündin, leicht gewölbt beim Rüden. Große Flankentiefe.

*Hinterhand:* Breit und muskulös mit gut entwickelten Unterschenkeln. Sprunggelenke gut gewinkelt, breit gestellt und gerade im Stand und in der Bewegung.

*Pfoten:* Groß und rund, Zehen gut gewölbt. Nägel schwarz.

*Rute:* Hochangesetzt, bis zum Sprunggelenk reichend oder auch ein wenig länger. Breit am Ansatz und zum Ende hin in einer Spitze auslaufend; in Ruhestellung gerade herabhängend und in der Erregung eine Kurve mit nach oben gerichteter Spitze bildend. Die Rute darf jedoch nicht über den Rücken getragen werden.

*Gang/Bewegung:* Kraftvoll, raumgreifend.

*Haarkleid:* Kurz und anliegend, nicht zu fein an Schultern, Hals und Rücken.

*Farben:* Apricot, silber, falb oder dunkel-gestromt.

*Mängel:* Jede Abweichung von den vorgegebenen Punkten sollte als Fehler betrachtet werden. Die Gewichtung dieses Fehlers sollte in angemessenem Verhältnis zu seinem Ausmaß stehen.

*Anmerkung:* Rüden müssen zwei sichtlich normale, gut im Skrotum liegende Hoden aufweisen.

**Punkteskala:**

| | |
|---|---|
| Allg.-Erscheinung u. Symmetrie | 10 |
| Größe u. Substanz | 10 |
| Kopftyp | 12 |
| Gesicht u. Fang | 18 |
| Ohren | 4 |
| Augen | 6 |
| Brust u. Rippen (Rumpf) | 8 |
| Vorhand u. Pfoten | 6 |
| Rücken, Lende, Flankentiefe | 8 |
| Hinterhand u. Pfoten | 10 |
| Rute | 3 |
| Fell, Farbe u. Pigment | 5 |
| *Gesamt-Punkte:* | 100 |

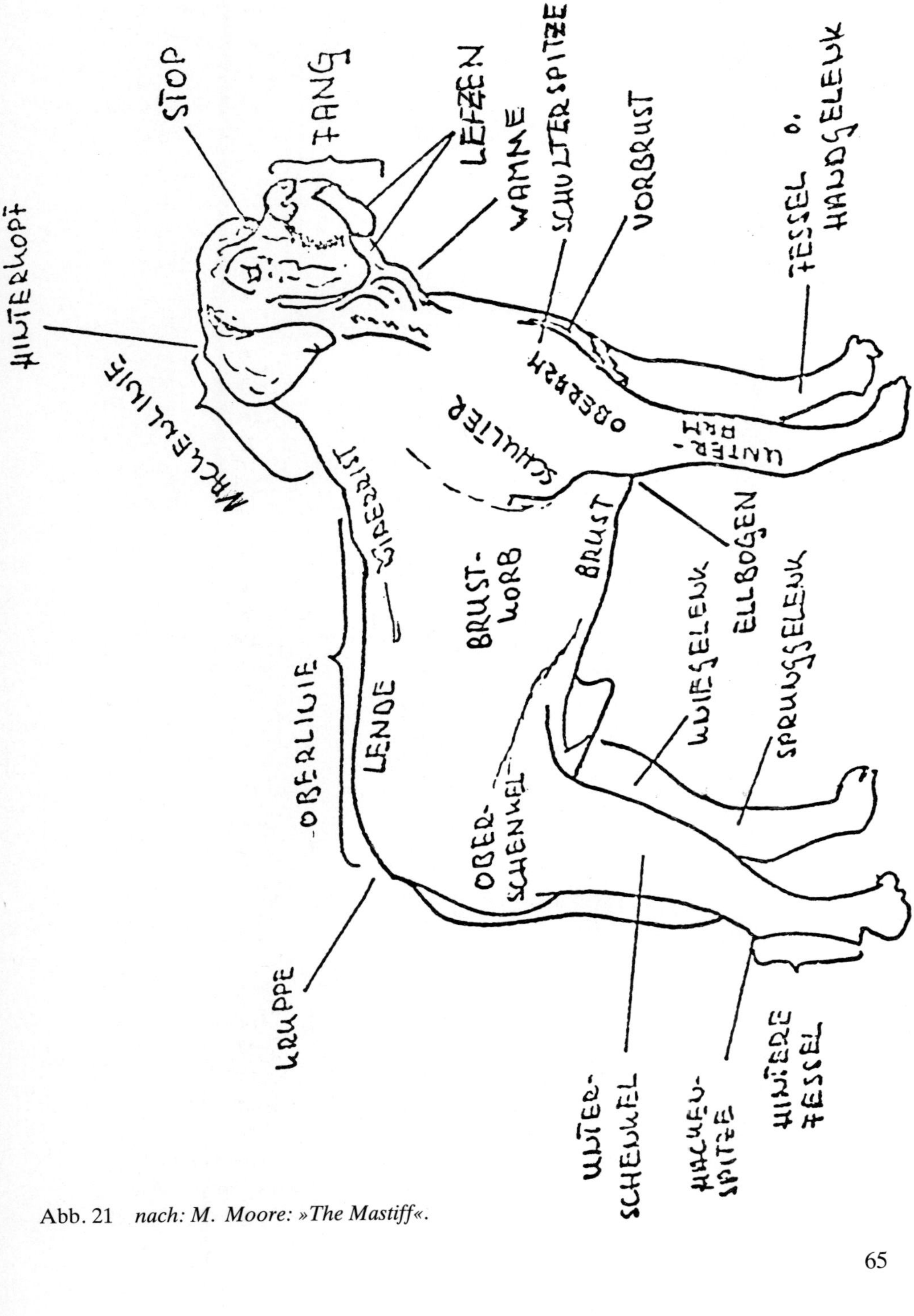


Abb. 21 *nach: M. Moore: »The Mastiff«.*

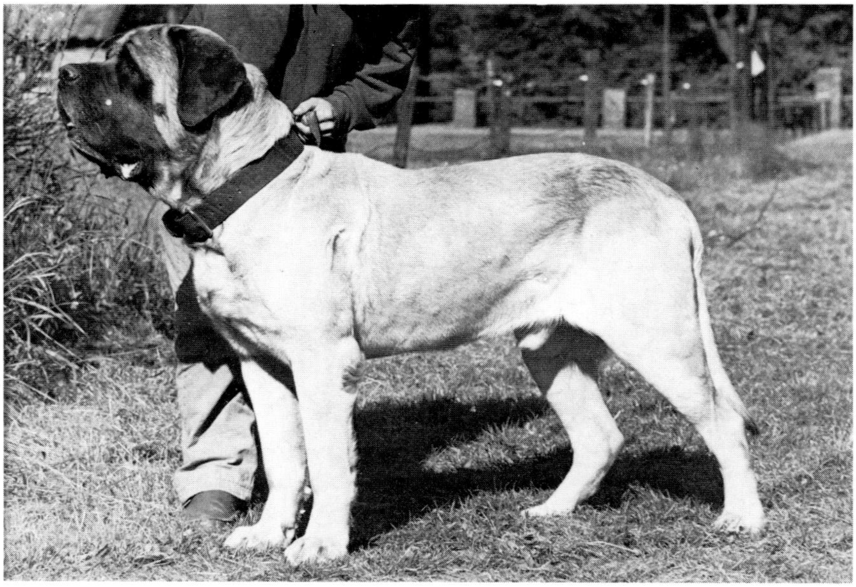

Abb. 22 *Clubsieger Lazybones Lord Rab (Ch. Artifax Addendum – Grangemoor Serena) (Foto: Hans Rosing)*

Abb. 23 *Weltjugendsiegerin 1985 Lady Snoof v. Sanguis Nobilis (Ch. Columbus v. Sanguis Nobilis – Asta v. d. Ircomara) mit ihrem »Chef« Nèzar van Geffen (Foto: R. Vinck)*

# Erläuterungen zum Rassestandard

Der Standard ist eine Beschreibung des idealtypischen Mastiffs und kann einerseits dem Eigentümer des Hundes dazu dienen, die Qualitäten und Fehler seines Mastiffs zu erkennen, andererseits enthält der Standard die Bewertungsmaßstäbe, die Richter auf Ausstellungen anlegen müssen.

Man sollte den Standard als Ergebnis der Bemühungen vieler Züchter sehen, einen einheitlichen Typ zu schaffen und zu erhalten, und zwar über einen langen Zeitraum hinweg und auf der Grundlage sorgfältig gesammelter Züchterunterlagen und historischer Daten über den Mastiff.

Da der Standard des Mutterlandes der Rasse für uns maßgeblich ist, orientieren wir uns immer am englischen Standard, der offiziell bei Gründung des Old English Mastiff Clubs (OEMC) 1883 als Beurteilungsmaßstab anerkannt wurde, 1890 eine leichte Überarbeitung erfuhr und – 1949 bestätigt – bis heute gültig ist.

Die Punkteskala, die im 19. Jahrhundert von Mastiffzüchtern mit dem Ziel der Vereinheitlichung des Typs aufgestellt wurde, gibt die Gewichtung der einzelnen Merkmale für das Gesamturteil an. Diese bis heute gültige Tabelle unterscheidet sich leicht von der in USA aufgestellten Skala, wie sie die amerikanische Mastiffzüchterin und Richterin M. A. Moore in ihrem 1978 erschienenen Buch »The Mastiff« wiedergibt. Auch zeigt der amerikanische Standard leichte Abweichungen vom englischen, zum Beispiel in Bezug auf Größen- und Gewichtsangaben. Während der amerikanische Standard die Mindestgröße von 76 cm Schulterhöhe und ein Mindestgewicht von 75 kg für Rüden, 69 cm Schulterhöhe und ein Gewicht von 65 kg für Hündinnen vorgibt, finden sich zu beiden Kriterien keine meßbaren Angaben im englischen Standard.

Obwohl ein Mastiff, der die im amerikanischen Standard vorgeschriebene Mindestgröße nicht erreicht, wegen dieses Mangels nicht disqualifiziert wird, ist die Festlegung auf eine Mindestgröße doch unglücklich, da sie bei manchen amerikanischen Züchtern eine geradezu magische Fixierung auf die Schulterhöhe zur Folge hat. Dabei gerät ein wesentlicher Satz aus dem Standard leicht aus dem Blickfeld, der fordert, der Hund solle »groß, massiv und mächtig« wirken, nicht einfach »hoch«. Die Größe sollte also nicht so sehr durch lange Beine erreicht werden als vielmehr durch den mächtigen Körperbau. So fordert der Standard einen um ⅓ stärkeren Brustumfang als die Schulterhöhe beträgt (beispielsweise bei Lazybones Mr. Bumper (Abb. 25): Schulterhöhe – 78 cm, Brustumfang – 108 cm). Im Verhältnis zur Schulterhöhe darf der Mastiff auch nicht zu kurz sein. Anders als beim Bullmastiff sollte sein Körper nicht quadratisch erscheinen, er sollte vielmehr mehr Länge als Höhe aufweisen.

Nochmals: Der für uns maßgebliche Katalog des Mutterlandes der Rasse verlangt Größe, verbunden mit Substanz, enthält also eine Angabe, die vom Formwertrichter ein besonders gutes Auge für die harmonische Erscheinung des ihm vorgestellten Mastiffs erfordert.

Daß diese idealtypische Forderung nach dem massiven, starkknochigen, in Höhe, Breite und Länge ausgewogenen Hund nicht erst heutzutage eine gewisse Bandbreite verschiedener Richterurteile zuläßt und somit nicht selten Anlaß zu

*Maße und Gewichte einiger bekannter, prämierter Mastiffs der Jahrhundertwende (2 Rüden / 2 Hündinnen). Angaben in cm und kg.*

| Hunde | Schulterhöhe | Gewicht | Brustumfang | Umfang des Kopfes | Umfang des Fangs | Umfang der Vorderläufe | Länge des Oberkopfes | Länge des Fangs | Länge: Nase-Occiput | Länge: Nase-Rutenspitze |
|---|---|---|---|---|---|---|---|---|---|---|
| Orlando | 73,6 | 77,4 | 111,7 | 74,9 | 44,6 | 31,8 | 20,3 | 10,1 | 30,4 | 127 |
| Wolsey* | 76,8 | 61,7 | 109,2 | 74,9 | 52,0 | – | 22,8 | 10,1 | 33 | – |
| The Lady Gladys | 66,1 | 57,6 | 91,4 | 62,2 | 38,1 | 26,7 | 17,8 | 7,6 | 25,4 | 124,4 |
| The Lady Isabel | 68,6 | 60,7 | 91,4 | 58,4 | 36,8 | 27,4 | 16,5 | 8,9 | 25,4 | 129,5 |

(Angaben lt. S. Turner, The Kennel Enclopaedia, London, 1910)
* Angaben zu Wolsey nach Vero Shaw, The Illustrated Book of The Dog, 1881

*Maße und Gewichte prämierter Mastiffs der Gegenwart (2 Rüden)*

| | | | | | | | | | | |
|---|---|---|---|---|---|---|---|---|---|---|
| Lazybones Mr. Bumper | 78 | 93,5 | 108 | 70 | 39 | – | 19,75 | 9,25 | 29 | – |
| Joancy's Graf Gottfried | 77 | 78,5 | 100 | 70 | 43 | – | 19,5 | 10,5 | 30 | – |

(Angaben lt. Old English Mastiff Club Nederland)

einer heftigen Kontroverse bietet, zeigt ein Blick in die kynologische Literatur des 19. Jahrhunderts.

In der bereits erwähnten grundlegenden Arbeit des Mr. M. B. Wynn von 1886 mokierte sich der Verfasser über einige Mastiffs seiner Zeit. Nachdem er einige Jagdszenen, z.B. Hirschjagd mit Mastiffs auf Keramiken, die während der römischen Besatzungszeit in Britannien entstanden, kommentiert hatte, schrieb er: »Man könnte glauben, der Mastiff sei zu langsam, um einen Hirsch zu jagen und – ohne Zweifel – ähneln viele Vertreter der Rasse eher ›show-pigs‹ (Ausstellungsschweinen!) als Gladiatoren; daran ist zu reichliche und falsche Ernährung, außerdem mangelnde Bewegung schuld. Wird der Mastiff richtig aufgezogen, entwickelt er auf eine kurze Distanz beachtliche Schnelligkeit.«

Zur Veranschaulichung seiner Aussage fügte er noch an, daß der oberste Jagdaufseher von Kirklees Hall, Yorkshire, John Crabtree, von Zeit zu Zeit einiges Wild von seinen Mastiffs jagen ließe. Crabtree soll übrigens seine Zucht mit einer gestromten Hündin begonnen haben, die er zufällig in einer für Füchse aufgestellten Falle gefangen hatte!

Mr. S. Turner, 1883 Mitbegründer des Old English Mastiff Clubs (OEMC) und namhafter Mastiff-Züchter im 19. Jahrhundert, veröffentlichte in der Kennel Encyclopädia von 1910 eine Tabelle mit Angaben über Schulterhöhe und Gewicht, Brust- und Schädelumfang, u.a. einiger bekannter, prämierter Mastiffs seiner Zeit.

Besonders interessant sind diese Zahlen im Vergleich mit den Maßen moderner Mastiffs, die wir Messungen des Old English Mastiff Clubs Nederland verdanken. Aus diesem Vergleich wird ersichtlich, daß die heutigen Mastiffs fast durchweg größer und schwerer sind als ihre Ahnen in der Vergangenheit.

Stonehenge beschrieb den Mastiff alten Typs als einen Hund mit enormer Bemuskelung und guter Größe. Das Gros der Hunde war etwa 70 cm hoch und ohne Spur eines Fettansatzes 60 kg schwer, so z.B. der Mastiff-Rüde Rab. Rab war gestromt und der einzige Vertreter seiner Rasse, über den ein Buch geschrieben wurde mit dem Titel: »Rab and his friends«.

Aber es gab auch durchaus größere Exemplare, wie z.B. den Rüden Governor mit 84 cm Schulterhöhe und 81 kg Körpergewicht und den gestromten Wallace mit 80 cm Schulterhöhe und 90 kg Gewicht. Bill George besaß eine Mastiff-Hündin mit kupierter Rute aus der Zucht des Duke of Devonshire mit einer Schulterhöhe von 73 cm und 100 cm Brustumfang.

Stonehenge wies ausdrücklich darauf hin, daß die enorme Größe als uraltes Rassemerkmal des Mastiffs keinesfalls verloren gehen dürfe, weswegen er auch vor Inzestpaarungen warnte. Er plädierte für eine Mindestgröße von 66 cm für Rüden und 61 cm für Hündinnen; Mastiffs, die eine geringere Schulterhöhe aufweisen und solche mit fehlerhaften Köpfen sollten auf Ausstellungen disqualifiziert und nicht zur Zucht verwendet werden.

Gute Größe, in einer Linie erst einmal verloren, sei sehr schwer zurückzugewin-

Abb. 24 *WOLSEY, aus der Zucht von Mr. Edgar Hanbury, geboren 1873 (Hanbury's Rajah – Queen by Druid). Einer der berühmtesten Mastiffs!*

nen. Um dies zu erreichen, sei die richtige Größe des Rüden noch sehr viel wichtiger als die der Hündin. Obwohl er Größe und guten Kopftyp sehr betonte, warnte er jedoch – wie auch M. B. Wynn – recht drastisch vor der Überbetonung eines einzelnen Merkmals und legte größten Wert auf die Funktionalität des Mastiffs: »Was soll man von einem liebenswerten Mann mit krummem Rücken und verdrehten Beinen halten oder von einem edlen Pferd mit dem herrlichsten Kopf, – aber ohne gesunde Beine zum Laufen . . .?«

Die Funktionalität im Sinne von Muskelkraft und Aktivität war ja gerade das Kriterium, nach dem Züchter, denen der Fortbestand der Rasse wesentlich zu verdanken ist, ihre Hunde zur Zucht ausgesucht hatten. Dies zu einer Zeit, als es noch keine Shows und noch keinen Standard als Orientierungshilfen gab.

Es kann sicher nicht Aufgabe der Formwertrichter sein, im Ring mit dem Rechenschieber zu agieren, doch sollte eine auch nur annähernde Orientierung an den bereits erwähnten Punkten der Skala die ausschließliche Fixierung und damit die Überbewertung eines einzigen Merkmals des Mastiffs verbieten. So ist es für mich unergründlich, warum Hunde mit zugegebenermaßen herrlichen Köpfen im Ausstellungsring gewinnen können, obwohl sie ihn wegen ihrer steilen Hinterhand und anderer Gebäudefehler (beispielsweise steile Schultern, lose Bänder etc.) kaum durchmessen können. Da die Punkte für den Schädel insgesamt zirka 40% vorgeben, sollte eine solche Bewertung eigentlich ausgeschlossen sein. Sie ist – zumindestens auf dem Kontinent – jedoch noch üblich, wie ich erst kürzlich wieder auf einer internationalen Ausstellung in einem Beneluxland beobachten konnte. Die Mastiffhündin hatte einen vorzüglichen Kopf, ein schönes Gebäude – leider mußte sie durch den Ring »geschleift« werden, sie konnte wegen einer noch nicht lange zurückliegenden Bänderoperation kaum laufen! Richterurteil: vorzüglich, Titelgewinn!

Die englische Mastiffzüchterin und Richterin Mrs. Baxter stellt in ihrem 1986 erschienenen Mastiffbuch fest, daß in England heute eine stärkere Orientierung auf die gesamte Funktionalität des Hundes stattfindet, die in der Vergangenheit teilweise vernachlässigt wurde. Dem trägt auch die leichte Ergänzung des englischen Standards von 1987 Rechnung, in dem in einem neu eingefügten Passus »kraftvolle und raumgreifende Bewegung« gefordert wird!

Als ich anfangs der 70er Jahre auf der Suche nach einem für die deutsche Zucht geeigneten Mastiff bei einem ausländischen Züchter kritisch die gewaltige Masse und steile Hinterhand der vorgestellten erwachsenen Hunde anmerkte und nach ihrer Beweglichkeit fragte, bekam ich zur Antwort: »Die brauchen doch nur bis zum Gartenzaun laufen zu können und wieder zurück!« Da ich durchaus wild entschlossen war, mit meinen Mastiffs weitere Wege zu laufen, verzichtete ich damals dort auf den Kauf. Glücklicherweise spielt in der Formwertbeurteilung des Mastiffs in den letzten Jahren bei guten Richtern zunehmend der Aspekt der Funktionalität dieser wuchtigen Rasse – wie auch der des rassetypischen sicheren, gelassenen Wesens – wieder eine große Rolle, nachdem beides in den Anfangsjahren der deutschen Zucht »mangels Masse« etwas in den Hintergrund getreten war. Dies mögen zwei exemplarische Richterberichte demonstrieren, wobei die Beurteilung eines Junghundes, der erst mit etwa drei Jahren voll entwickelt ist, sicher noch schwieriger ist als die eines ausgereiften Mastiffs, da sie die Relation von Alter und Substanz abwägen muß.

*Offene Klasse:* 3½jährige hellgelbe, sehr gesund aufgebaute Hündin. Der Kopf ist gut geschnitten und zeigt in allen Teilen gute Proportionen. Richtig pigmentierte Ohren, tiefschwarze, bis über die Augen reichende Maske. Gesunder, minimal vorbeißender Zahnstand. Bestens getragener und befalteter Hals. Mittelkräftige Laufknochen mit korrekten Winkelungen. Die korrekte Rückenlinie gibt hinter dem Widerrist leicht nach. Sehr gute Unterlinie, richtig angesetzte und getragene Rute. Absolut sicheres Wesen, wird vorzüglich präsentiert.

*Formwertnote:* Vorzüglich, CACA, CACIB, Bundessieger, Rassebester

*Jugendklasse:* 12½ Monate alte hellgelbe Hündin. Gesund und funktional aufgebaut, trotz ihres Alters und noch fehlender Substanz wirkt sie sehr harmonisch. Der Kopf zeigt klare Linien, richtige Proportionen, richtig pigmentierte Ohren, intensiv schwarze Maske, dunkle, richtig eingesetzte Augen, gesundes, komplettes Scherengebiß. Kräftige Laufknochen mit guter Winkelung, Brustpartie muß sich noch entwickeln. Perfekte Ober- und Unterlinie, gut angesetzte und getragene Rute, flottes, freies Gangwerk, sehr sicheres, belastbares Wesen.

*Formwertnote:* Vorzüglich, Jugendsieger

Noch umstrittener als die Beurteilung von Größe und Substanz war in Vergangenheit und Gegenwart die Frage der richtigen Zahnstellung. Die »Gretchenfrage« an den Richter: »Wie hältst Du's mit dem Vorbiß« gab Anlaß zu mannigfaltigen Auseinandersetzungen.

So wurde beispielsweise in Deutschland dieselbe Mastiffhündin in allen ihren Eigenschaften von zwei verschiedenen Richtern gleich gut beurteilt, allerdings mit besagter Ausnahme. Einmal wurde unter Hinweis auf den Standard ein relativ starker, doch noch zulässiger Vorbiß konstatiert, Urteil Jugendklasse: Sehr gut 1. Beim zweiten Richter führte kurze Zeit später die Gewichtung des selben Vorbisses zum Werturteil: Genügend.

Ein Blick auf den Standard klärt, sollte klären. Hier heißt es: »Schneidezähne gut aufeinander passend oder Vorbiß, jedoch nur so weit, daß die Zähne bei geschlossenem Fang nicht sichtbar sind.« – Bei der betroffenen Junghündin waren bei geschlossenem Fang keine Zähne sichtbar.

Die Formwertrichter seien aufgerufen, über verstärkte Beachtung des Standards und Absprache mit dem Ziel einer einheitlichen Auslegung zu einer korrekten Beurteilung der Hunde zu kommen.

Der für uns allein maßgebliche englische Standard gibt keiner der Gebißformen Priorität! Anders lautet allerdings zu diesem Punkt der amerikanische Standard, der ein Scherengebiß als wünschenswert bezeichnet, den mäßigen Vorbiß lediglich toleriert.

Abb. 25 *Lazybones Mr. Bumper (Ch. Artifex Addendum – Grangemoor Serena) (Foto: Hans Rosingh)*

Zur Entschuldigung der in diesem Punkt teilweise unsicher wertenden Richter sei gesagt, daß der Streit um den Vorbiß bereits auf die Zeit der ersten Hundeausstellungen – in England seit 1859 – zurückdatiert. Mr. S. Turner schrieb 1908, daß einige der Mastiffs, die im Stud Book des Kennel Club eingetragen und zu ihrer Zeit sehr bekannt waren, relativ lang im Fang waren, z.B. Wallace's Turk. Im Gegensatz dazu seien Turners Zeitgenossen teilweise geradezu von einem Spleen des anormal kurzen Fangs besessen! Diese »Mode« führte Turner auf das Erscheinen des Rüden Crown Prince zurück, der – 1880 von Mrs. Woolmore gezüchtet und später im Besitz von Dr. Forbes Winslow – den kurzen Fang in der Zucht endgültig etablierte. Es wurden schon vorher Mastiffs mit extrem kurzem Fang gezeigt, doch nur vereinzelt, so z.B. Mr. Wynn's Young King. Dr. Wynn war wohl auch der vehementeste Fürsprecher des extrem kurzen Fangs mit Vorbiß, er bezeichnete den Vorbiß als geradezu typisch und früher allgemein üblich, was er besonders vom Verwendungszweck her ableitete: Ein Hund mit Vorbiß und stumpfem, kurzem Fang sei viel besser in der Lage, eine Beute zu packen. Man sieht, den Menschen fällt immer eine Begründung ein, wenn sie ihren Standpunkt zu vertreten suchen.

Wie es vor dem Wandel der Auffassung in puncto der Beurteilung des Vorbisses beim Mastiff im Ausstellungsring zuging, schilderte Vero Shaw in seinem 1881 erschienenen »The Illustrated Book of the Dog«:

»Der Herr G. F. Hodson, der Preisrichter dieser Rasse bei einer Ausstellung im Alexandra Palace war, trieb alle Exemplare aus dem Ring, die einen hervorstehenden Unterkiefer hatten oder kuhhessig waren. Er bemerkte dazu, er sei überzeugt, daß man gute Mastiffs ohne diese Fehler züchten könnte, solchen verunstalteten Hunden wolle er daher keinen Preis zuerkennen.«

Die Wandlung des Kopftyps schon im 19. Jahrhundert ist aus unserer Abbildung 27 besonders gut zu erkennen. Heute wird wieder der mäßig kurze, möglichst breite Fang mit Scherengebiß bevorzugt, aber die Idealproportion von Breite und Länge des Fangs wird selten ohne den Preis des Vorbisses erreicht. So gab Robert Leighton – ein Gegner des Vorbisses – unumwunden zu, daß mehr Mastiffs mit Vorbiß als ohne gezüchtet würden und viele – wenn nicht sogar die meisten – der besten Rassevertreter Vorbiß besessen hätten.

Unsere heutigen Mastiffs zeigen – je nach Blutlinie – leichte Variationen in Fangbreite und Fanglänge. Keineswegs toleriert werden darf jedoch der zu schmale, lange Kopf mit spitz zulaufendem Fang, da dadurch das typische Merkmal des schweren, von allen Seiten quadratisch erscheinenden Schädels verloren geht.

Auch soll der Mastiff – im Gegensatz zum Mastino – nicht zu viel Wamme aufweisen.

Zu starke Befaltung ist ebensowenig typisch – so steht es bereits in Hutchinson's Dog Encyclopaedia von 1934 – und die englische Spezialrichterin Mrs. Betty Baxter betonte es nochmals, als sie 1986 Mastiffs auf der Clubschau des Clubs für Molosser e.V. richtete: Die Falten erscheinen erst bei aufmerksamem oder drohendem Mienenspiel. Bei zu starker Befaltung ergibt sich ein an den Bluthund erinnernder Gesichtsausdruck, der beim Mastiff nicht erwünscht ist.

Eine weitere Vorgabe des Standards sei hier diskutiert, die der Fellänge.

Abb. 26 *Damaria Princess Marieda (Wyaston Henry Tudor – Ch. Zanfi Princess Tanya of Damaria)*

Abb. 27 *Mastiffs, die Geschichte machten. Der Wandel des Kopftyps (Hutchinson's Dog Encyclopaedia) Hanbury's DUCHESSE, 1861; Field's Ch. KING, 1865; Ch. TURK, 1867; ELAINE, 1883, Ch. COLONEL, 1873; Ch. PONTIFF, 1879.*

Verlangt wird ein hartes, kurzes Haarkleid in den Farben silber, gelb, gestromt oder apricot. Größere weiße Abzeichen sind fehlerhaft.

Nun ist es kein Geheimnis, daß es langhaarige Mastiffs gibt. Während diese Tatsache in Deutschland mit einem sehr raren Wurfgeschehen am ehesten eine Neuigkeit sein könnte, ist dies in Holland und England seit langem bekannt, dort wird vereinzelt sogar mit den sogenannten »Fluffies« oder Long Haired Mastiffs (»Hairies«) gezüchtet. Warum – so werden Sie sich fragen – wenn »Fluffies« doch in puncto Fell nicht mit dem Standard übereinstimmen?

In England erschien im Frühjahr 1986 ein Artikel über »Long Haired Mastiffs« (H. Sargeant), in dem bisherige Züchtererfahrungen mit »Fluffies« wiedergegeben wurden. Dies ist deshalb kein leichtes Unterfangen, da manche Züchter die Tatsache, einen oder mehrere Langhaarige in einem Wurf zu haben, als quasi ehrenrührig ansehen und am liebsten verschweigen. Umso verdienstvoller fand ich den besagten Artikel, auch deckten sich interessanterweise die dort geschilderten Erfahrungen mit denen, die ich mit meinen Welpen gemacht hatte.

1985 hatte meine Siegerhündin Abigale of the Cheviot Hills nach Sieger Lazybones Lora Rab mühelos und ohne jegliche Komplikationen zehn kräftige Welpen geworfen (zwei davon sind bereits Bundesjugendsieger bzw. Clubjugendsieger), zwei sind »Fluffies«, die schon in der Wurfkiste großes Durchsetzungsvermögen und Vitalität zeigten.

Mrs. Sargeant beschreibt die ihr bekannten »Fluffies« als in allen Punkten, wie schwere Knochen, gut geschnittene Köpfe, ausdrucksvolle Maske u.a. bis hin zum gelassenen, selbstbewußten Wesen, als besonders typische Mastiffs, – nur mit längerem Haar! Vor allem zeichneten sie sich durch große Funktionalität und Vitalität aus, eine Erfahrung, die ich nur bestätigen kann. So möchte ich Mrs. Sargeant aus vollem Herzen beipflichten, wenn sie bedauernd feststellt, daß es eine gewisse Tragik für den Züchter sei, zu sehen, daß besonders typische, besonders vitale Mastiffs wegen einiger Zentimeter zu langen Haares nicht ausgestellt werden könnten!

Einzelne Vorstöße in England, »Fluffies« im Showring nicht zu benachteiligen, sind vorerst gescheitert. Vielleicht wird es in ferner Zukunft ja einmal Klassen für lang- und kurzhaarige Mastiffs auf den Ausstellungen geben, so wie dies auch bei anderen Rassen gehandhabt wird, – momentan jedenfalls noch Zukunftsmusik!

Daher sieht es bis jetzt im In- und Ausland noch so aus, daß die »Fluffies«, die reguläre Papiere bekommen, vorwiegend als »pets«, also als Familienhunde verkauft und – von Ausnahmen abgesehen – in der Regel nicht als Ausstellungs- und Zuchttiere verwendet werden. Mrs. Sargeant merkt noch an – wiederum machte ich die gleiche Erfahrung – daß Käufer kamen, um einen »normalen« kurzhaarigen Mastiff zu kaufen und sich auf den ersten Blick in die kleinen Bären, die »Fluffies«, verliebten. Glücklich und ganz bewußt der Tatsache, keinen Show- und Zuchthund gekauft zu haben, zogen sie von dannen: Es gibt sogar »Fluffie-Enthusiasten«, die, seitdem sie ihren ersten »Bären« bekamen, nur noch »Fluffies« möchten!

Für die Züchter stellt sich das Problem komplizierter dar; offensichtlich sind die Gene, die langes Haar vererben, rezessiv, das heißt, die Tiere, die diese Gene tragen, brauchen selbst kein langes Haar zu zeigen. Erst durch die Kombination

Abb. 28 *Bundessiegerin Isabella v. d. Ircomara (Bournewood Brigadier – Arabella v. d. Ircomara) (Foto: Schmidt)*

Abb. 29 *Vierfacher CRUFTS-Sieger PETER PIPER, nach einer Lithographie, die 1897 in Frankreich veröffentlicht wurde.*

zweier Elterntiere, die diese Gene mit der entsprechenden Erbinformation tragen, was nicht immer bekannt ist, können »Fluffies« in einem Wurf unter anderen glatthaarigen Welpen dabei sein.

Meist zeigt sich das längere Haar bei den Welpen mit Gewißheit erst ab 8 bis 12 Wochen nach der Geburt, doch sind die »Haarigen« gut für jede Überraschung in Bezug auf ihre Haartracht. So wurde mein Fluffie-Rüde, mit acht Wochen ein unwiderstehlicher Bär mit charmanten Locken, in der Folgezeit immer kürzer im Fell, während die Hündin, die mit 10 Wochen erst wenige »verdächtige« Anzeichen zeigte, z.B. leichte Wellen an den Ohren, mit zunehmendem Alter eine perfekte Punk-Frisur entwickelte und erst im Alter von elf Monaten wieder kürzer im Fell wurde. Fazit laut Mrs. Sargeant: Fluffies sind ein Teil der Mastiffwelt, – lebe mit ihnen!

Hier sei nochmals auf die Punkteskala verwiesen: Der Punkt »Fell« macht hier lediglich 5% aus! Muß man hier nicht mit Recht fragen, warum Mastiffs, die typische Köpfe haben, einen ausgezeichneten Körperbau und bestes Wesen, doch etwas längeres Haar zeigen, im Ring diskriminiert werden, während Hunde mit extrem steiler Hinterhand und anderen Gebäude- und Kopffehlern zum Teil prämiert, wenigstens jedoch beurteilt werden! Hier wird in der Zukunft sicher noch viel geklärt werden müssen.

Zur Fellfarbe sei noch angefügt, daß als Ursprungsfarbe von den meisten englischen Mastiffkennern das Gestromte angenommen wird, es werden sogar vereinzelt schwarze Mastiffs erwähnt. Es bleibt jedoch in manchen der in der Literatur erwähnten Fälle offen, ob es sich um sehr dunkel gestromte Mastiffs – die als Welpen ja fast schwarz erscheinen – gehandelt hat oder tatsächlich um rein schwarze Exemplare der Rasse. Charles I. soll einen verlorengegangenen »Bobtailed Black Mastiff«, also einen schwarzen Mastiff mit kupierter Rute, ausgeschrieben haben.

Das Dunkel-Gestromte war bereits seit Beginn des 19. Jahrhunderts von der Farbe fawn (silber/falb) verdrängt worden, so daß es im letzten Drittel des 19. Jahrhunderts kaum noch gestromte Mastiffs gab. Zwei von ihnen – der imponierende Wolsey und vor allem sein Enkel Cardinal – trugen dazu bei, die Farbe dunkel-gestromt weiterzuvererben. Stonehenge bezeichnete das Gestromte als die Zeichnung, die ursprünglich nur dem Mastiff eigen gewesen sei und sah die Farbe gestromt daher nicht nur als Ursprungsfarbe, sondern auch als Zeichen der Rassereinheit an!

Robert Leighton stellt für die Mehrzahl der zu seiner Zeit preisgekrönten Hunde fest, daß diese dunkel-gestromt waren, so der 4x Crufts Sieger Peter Piper (Abb. 29), der um die Jahrhundertwende als der beste englische Mastiff-Rüde galt und der gleichzeitig ein Paradebeispiel für den kurzen Kopftyp mit Vorbiß darstellt (Bes. M. J. Royle, Manchester).

Die Fellfarbe apricot (»red«) wird von manchen Autoren auf die Einkreuzung von Bernhardinerblut im 19. Jahrhundert zurückgeführt und wurde somit um die Jahrhundertwende als weniger wünschenswert angesehen. Es scheint jedoch naheliegender, diese Farbe beim Mastiff auf Bulldoggen-, Bullmastiff- und Bordeauxdoggeneinfluß zurückzuführen.

Die Fellfarbe, die die Welpen kurz nach der Geburt zeigen, verändert sich oft noch in den folgenden Monaten. Vor allen Dingen solche Welpen, mit besonders guter Pigmentierung, also mit einer bis über die Augen reichenden pechschwarzen Maske, schwarzen Ohren und tiefschwarzen Krallen, haben in den ersten Wochen viel schwarzes Unterhaar in einem ansonsten falbfarbenen Fell und nicht selten einen dunklen Aalstrich auf dem Rücken. Diese dunklen Unterhaare verschwinden meist völlig, so daß ein nach der Geburt relativ dunkler Welpe im Alter von 2 bis 4 Monaten am Körper völlig silberblond sein kann.

Weiße Abzeichen an Brust und Pfoten zeigen sich manchmal bei Welpen, verschwinden jedoch meistens im Lauf der nächsten Monate. Zuviel Weiß ist fehlerhaft, auch wird es auf die Einkreuzung des spanischen Alaunts zurückgeführt, aber auch auf einen hohen Inzuchtkoeffizienten.

Ebenfalls als verpönt gelten für einen Mastiff nach heutigem Standard zu lange, zu tief angesetzte Ohren, die oft einen bluthundartigen Gesichtsausdruck bewirken und eine aufgerollte Rute, die bei Erregung über dem Rücken getragen wird. Diese ist allerdings für den vielzitierten M. B. Wynn, den profunden Kenner der Rasse, kein großes Negativum, – so weist er auf die angenommene Abstammung des Mastiffs vom Asiatischen Mastiff hin, der ja die aufgerollte Rute trug, wie viele der assyrischen Darstellungen zeigen.

Abschließend sei noch bemerkt, daß »der Mastiff nicht so sehr verändert wurde wie manche glauben. Er wurde nur von Zeit zu Zeit wiederbelebt, zum Teil jedoch mit zweifelhaftem Blut!« (Wynn). Daher zeigt sich der Mastiff heute nicht immer als einheitlicher Typ.

Die Beschreibung des Mastiffs, wie er sein sollte, 1880 verfaßt von Mr. W. Taunton, dem bekannten Mastiff-Züchter und Mitbegründer des OEMC, zeigt jedoch, daß das Ideal des Mastiffs sich nicht geändert hat, abgesehen von einer wechselnden Bewertung des Vorbisses und – damit zusammenhängend – des extrem kurzen Kopftyps: »Den Kopf wünsche ich groß und massiv, den Schädel platt und sehr breit, die Stirn gerunzelt mit einer Vertiefung in der Mitte; den Absatz an der Stirn wohl markiert; die Augen klein, hellbraun, weit auseinanderliegend, die Schnauze kurz abgeschnitten, gerade und breit, die Lippen lose, die Lefzen nicht so groß wie bei einem Schweißhunde, die Zähne genau aufeinander passend, die Ohren klein und dicht an dem Kopfe getragen, den Nacken muskulös. Ferner sind eine tiefe Brust, gute Schultern, ein ziemlich langer Körper von großem Umfange, gut gerundete Rippen, eine breite, starke Nierenpartie, breite Hüften mit kräftigen Muskeln, ganz gerade Vorderläufe mit starken Knochen, runde Pfoten mit gut geschlossenen Zehen und eine spitz zulaufende, nicht allzu lange Rute ebenfalls gute Kennzeichen. Der Hund muß überhaupt einen gedrungenen und wohlgebauten Körper haben und eine kraftvolle Symmetrie in sich verkörpern. Dabei muß der Gesichtsausdruck offen und ehrlich sein. Eine feine Behaarung wird von mir bevorzugt . . . Die Mächtigkeit ist es und nicht die Höhe allein, welche bei einem Mastiff sehr zu wünschen ist.«

ERNEST JONES sieht die Standardanforderungen in seinen Cartoons etwas lockerer. So sollen seine Vorstellungen in diesem Buch nicht unterschlagen werden. Alle drei Cartoons verdanken wir Mr. Ernest Jones, (GB).

So that's what they mean by undershot!
Also *das* verstehen Sie unter Vorbiß!

* * *

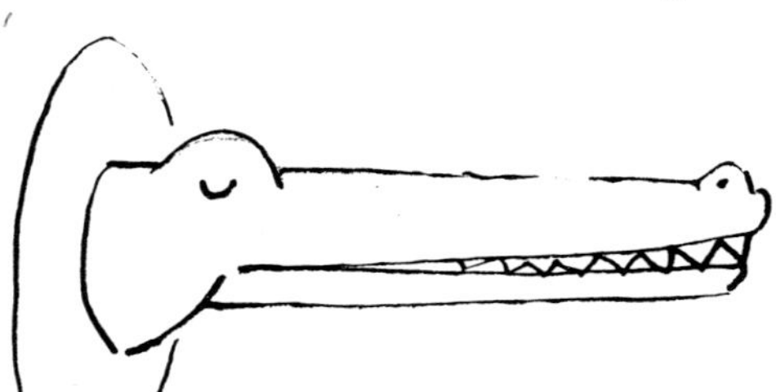

Now that's what I call a level bite!
Das verstehe ich unter einem Scherengebiß!

* * *

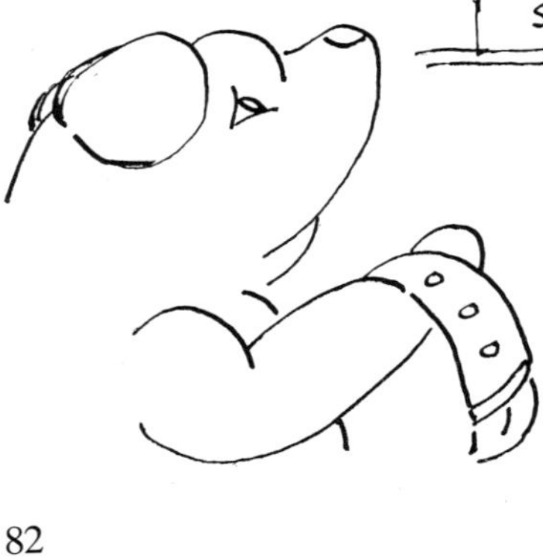

Which shall I wear with this collar?
Welches paßt am besten zu diesem Halsband?

# Zucht der Rasse

## England – Mutterland des Mastiffs

1980 erreichte die Zahl der Mastiff-Registrierungen in England einen Höhepunkt mit 316 Eintragungen, der Trend ist weiterhin steigend. Dennoch gibt es eine interessante »Strukturveränderung«. Während in der Vergangenheit die Mastiffbesitzer auch mit ihren Mastiffs züchteten, ja, die Hunde primär zum Zweck der Zucht erwarben, gibt es augenblicklich zwar jährlich steigende Registrierungen und auch wachsende Meldezahlen bei Shows, doch die Zahl der Züchter bleibt relativ konstant.

Viele der namhaften Zwinger, die in den 50er und 60er Jahren gegründet wurden und zum Teil bis in die erste Hälfte der 80er Jahre hinein erfolgreich waren, haben aufgegeben, z.B. Copenore (Mrs. Lindley), Buckhall (Major und Mrs. Reardon), Kisumu ((Miß Creigh), Forefoot (Mr. und Mrs. Cowe) und Jakote (Mrs. Corbett). Der renommierte Havengore-Zwinger von Mrs. Scheerboom zeigt kaum noch Mastiffs auf Ausstellungen.

Dagegen ist Mrs. Day – seit 1978 Präsidentin des OEMC – mit ihrem Hollesley-Zwinger nach wie vor aktiv. Welcher Mastiffenthusiast erinnerte sich nicht an den Mitte 1985 – erst 6½jährig – gestorbenen Hollesley Medicine Man, 3x Cruft's-Sieger und langjähriger Rekordhalter der Rasse. Einige unserer derzeitigen Mastiffs in Deutschland führen ihn in der Ahnentafel! Medicine Man verkörperte die 5. Champion-Generation des Hollesley-Zwingers und brachte als vielgefragter Vererber z.B. Ch. Honeycroft Danny Boy, Ch. Glynpedr Taittinger, Falmore Hall Scirocco (OEMC-Clubshow-Sieger 1984) und Am. Ch. Falmore Hall Mistral of Deer Run.

Mrs. Anne Davies züchtet weiterhin in Wales ihre O'Nantymynydd- Mastiffs, sie stellt jedoch nicht aus. O'Nantymynydd-Hunde waren, wie noch gezeigt werden wird, von Bedeutung für die Anfänge der Mastiff-Zucht in Deutschland.

Seit 1963 ist Mrs. E. Baxter in Sachen Mastiff aktiv; sie hatte zuvor Deutsche Doggen, Rottweiler und Schäferhunde in ihrem Farnaby-Zwinger. Aus ihrer 1. Hündin Ch. Taddington Diamond Lil of Farnaby und Ch. Balintof Havengore züchtete sie den Rüden Farnaby Merrick, der – ungeplant – seine Mutter Diamond Lil belegte und so den bekannten Lucky Attempt of Farnaby hervorbrachte, der ein wichtiger Vererber wurde. Er war Vater ihrer Hündin Ch. Artifax Arabella of Farnaby »Bella«, die in ihrem dritten Wurf Farnaby Voodoo Priestess hervorbrachte, die den Grundstein für den zur Zeit so erfolgreichen Bredwardine-Zwinger legte. Auch züchtete Mrs. Baxter die Stammhündin des Falmore-Hall-Zwingers von Mrs. S. Windham in Irland, Farnaby Fighting Faith of Falmore Hall, Ir. Ch. und Rassebeste auf Cruft's 1983. Zur Zeit stehen einige Farnaby-Hunde in Deutschland.

Neuen Schwung brachten die Züchter, die in den 70er und 80er Jahren neu begannen, und bereits sehr erfolgreich sind, so der 1976 gegründete Bredwardine-Zwinger der Herren Thomas und Tugwell. Aufgebaut wurde ihre Zucht mit der bereits erwähnten Farnaby Voodoo Priestess. Aus ihrer Verbindung mit dem

Abb. 30 *Ch. Bredwardine Beau Ideal. Ausstellungsrekordhalterin unter den Mastiffs in England. (Foto: Thomas & Tugwell).*

Abb. 31 *Von links nach rechts: BULLIFF QUARTERSTAFF, APPOLON ZEBULAN ZAC, BULLIFF OSBURG mit Peter Sarjeant. (Foto: Mark Mason)*

Abb. 32 *Ch. Copenore Rab (Ch. Hollesley Marcushla Dagda – Ch. Copenore Mary Ellen)*

apricotfarbenen Ch. Forefoot Prince Igor ging die ebenfalls apricotfarbene Hündin Ch. Bredwardine Beau Ideal hervor, die inzwischen sogar mehr gesiegt hat als Medicine Man und somit neue britische Rekordhalterin der Rasse ist (Abb. 30).

Ausgesprochen aktiv und erfolgreich ist seit 1970 Mr. und Mrs. Say's Bulliff-Zwinger, aus dem ebenfalls Mastiffs in Deutschland stehen. Mit President of Shute, Sohn des enorm erfolgreichen Vererbers Ch. Threebees Friar of Copenore (geb. 1964) – wiederum Sohn des berühmten Vererbers Jason of Copenore – starteten die Says. Sie bekamen auch mit President of Shute wiederum einen sehr erfolgreichen Vererber, der über zweihundert Welpen zeugte, so auch Ch. President Lad of Bulliff, 1977 Rassebester der Cruft's. In ihren bisher mehr als dreißig Würfen züchteten die Says zahlreiche weitere Champions.

Deutlich wird dem Leser in Deutschland sicherlich bei der Lektüre dieses Kapitels, daß Shows in England einen weitaus höheren Stellenwert haben als Hundeausstellungen bei uns. Dies wird bereits an der perfekten Art und Weise sichtbar, in der in England wie auch in Amerika Mastiffs ausgestellt werden. Teilweise von einem Profi, einem sogenannten »special-handler«, dessen Verdienst vom Erfolg des vorgeführten Mastiffs abhängt. Gekonnt ins vorteilhafteste Licht gerückt, machen die Hunde im Ring oft eine sehr viel imponierendere Figur als unsere Mastiffs, denen Show-Training weitgehend fremd ist.

An dieser Stelle muß noch der inzwischen nach USA ausgelagerte Grangemoor-Zwinger der Mrs. Degerdon Erwähnung finden, ebenso die junge walisische Damaria-Zucht von David und Mary Joynes, von der ebenfalls eine Hündin in Deutschland steht. Diese knappe Vorstellung der Zwinger erhebt natürlich keinen Anspruch auf Vollständigkeit!

## Entwicklung und Probleme der Mastiff-Zucht in Deutschland

Der Mastiff erfreut sich in Deutschland in letzter Zeit eines ständig steigenden Interesses, wie die Anfragen nach Informationsmaterial über die Rasse und nach Welpen vermuten lassen.

Dennoch ist er auch heute noch eine seltene Rasse, die bei uns mit insgesamt 150 bis 200 Exemplaren von relativ wenigen Liebhabern gehalten wird. Seinen Seltenheitswert im Deutschen Reich des ausgehenden 19. Jahrhunderts demonstrieren die Zuchtbucheintragungen im »Deutschen-Hunde-Stamm-Buch«, dem frühesten absolut zuverlässigen Nachweis über die Existenz von Mastiffs in Deutschland. Die früheste Eintragung stammt aus dem Jahr 1882, es folgen 19 weitere Registrierungen bis zum Jahre 1897.

Ein in der Kynologie prominenter Name taucht hier auf, Max Hartenstein aus Plauen im Vogtland. Er wird von vielen als Deutschlands erster Kynologe bezeichnet und war seit den 70er Jahren des 19. Jahrhunderts bis zu seinem Tod 1918 als Aussteller und Richter bei vielen hundesportlichen Anlässen in ganz Europa zu finden. In seinem Zwinger »Plavia« züchtete er zahlreiche Rassen, darunter – eine Sensation für das Deutsche Reich seiner Zeit – Mastiffs! Später reduzierte er seinen Bestand und spezialisierte sich auf Kleinhunde.

Er bevorzugte bei jeder Rasse, die er züchtete, Qualität. Er besaß Mastiffs aus der Zucht von Mr. Sydney Turner, Großbritannien, und zwar Nachkommen der dort berühmten und hochprämierten Rüden »Crown Prince« und »Hotspur«. Auch besaß er in Boatswain einen Sohn des bekannten Ch. Beau aus der Zucht von Mr. Beaufoy, Großbritannien.

Zuchtbucheintragungen für die erste Hälfte des 20. Jahrhunderts, Mastiffs betreffend, sind leider nicht mehr zu finden, es gab keine deutsche Zucht. Obwohl nachweislich bereits vor und nach dem ersten und zweiten Weltkrieg bei uns Mastiffs gehalten wurden, begann die eigentliche, das heißt systematische deutsche Mastiff-Zucht mit dem vermutlich 1. Wurf nach dem 2. Weltkrieg im Jahre 1972.

Im Zwinger »v. Grafen Wlatow« des Herrn Flad fielen vier Welpen aus der Verbindung Ulando of Dagrau (V: Oxhaege Biorn – M: Dagran O'Nantymynydd) und Urtica of Dagrau, die – in Belgien gezogen – auf die Zucht von Mrs. Anne Davies aus Wales zurückgehen, und deren Wurfgeschwister besonders für die holländische Zucht eminent wichtig wurden. Ch. Ustalinda of Dagrau (1971–1981) wurde die »Stammutter« des »v. d. Ircomara«-Zwingers der Familie Schiettekatte, Niederlande, und findet sich daher in vielen Ahnentafeln unserer Mastiffs. Sind wir doch nach wie vor – neben englischen Importhunden – auf Importe aus dem auf dem Kontinent führenden Mastiff-Land Holland angewiesen.

Herr Flad, der noch weitere fünf Würfe züchtete, wurde 1973 durch Herrn Abt, Giengen, »verstärkt«. In diesem Jahr fiel in Herrn Abts »Broad-Mein«-Zwinger der erste Wurf aus Lisken Lancelot und Dunja v. Grafen Wlatow, aus dem vor allem der Rüde Astor erfolgreich war. (u.a. Bundessieger). Seine Schwester Broad-Mein Anja wurde eine gute Zuchthündin, war sie doch Mutter des 1976 gefallenen ersten Wurfes in A. Hake-Trimborns »of Meadowground«-Zwinger, Duisburg.

1976, als mit dem A-Wurf von »of Meadowground« in Deutschland der einzige Wurf des Jahres fiel, war gleichzeitig »das Zuchtjahr des Mastiffs« in Holland – 11 Würfe mit 58 Welpen! Dies mag den schnellen Aufschwung der Mastiff-Zucht in den Niederlanden demonstrieren, denn ihren Anfang nahm sie, ebenso wie die Zucht in Deutschland, erst 1972/73. Überhaupt fielen bei uns bisher jährlich bis zu vier Würfe, absolutes Ausnahmejahr war 1983 mit sieben Würfen!

Bis 1983, als Herr Hake »of Meadowground« auflöste, gingen aus seinem Zwinger sechs Würfe hervor. Viele der »Meadowground«-Mastiffs hatten die seltene Farbe apricot und waren von imponierend schwerem Schlag. 1977 begann Herr De Haas, Nesselwang, mit seiner Mastiff-Zucht »Connecticut's«, in der bis 1979 insgesamt vier Würfe zu verzeichnen waren, die mütterlicherseits alle auf dem wallisischen »O'Nantymynydd«- Blut (Awel und Niwl) aufbauten, Vater war jeweils Broad-Mein Ballu.

Ebenfalls 1979 begann der älteste, heute noch aktive Mastiff-Züchter, Herr Lohmann mit seinem ersten Wurf im »Stonehage«-Zwinger, Steinhagen, der bisher sechs Würfe eintragen ließ und hauptsächlich auf der Basis von »Sanguis Nobilis«-Blut (v. d. Vorst, NL) aufbaute. In den 80er Jahren kommen zu den wenigen Würfen in den bereits genannten Zwingern und denen des Herrn Müller, Duderstadt (»v. Bärengrund«), einige Mastiffhalter mit bisher je einem Wurf dazu.

Darüberhinaus sind bei den »jungen Züchtern«, die seit 1981 zwei bzw. drei Würfe hatten, Familie Lotz (»v. Babylon-Kennel«), die ihr erstes Mastiff-Paar ebenfalls aus Holland importierte (Perseus v. Desaäl) und Herr Alexander (»Blacksmith-Mastiffs«) zu nennen, der mit »of Meadow-Ground«-Blut weiterzüchtete und so das seltene Apricot bei mehreren Welpen aller drei Würfe erhalten konnte. Die »jüngste« Züchterin im Kreis derer mit mehr als einem Wurf ist Frau Wolff-Wittenberg (»of the Cheviot Hills«) mit ihren ersten beiden Würfen 1983 und 1984.

Dieser gedrängte Überblick über die Zuchtentwicklung des Mastiffs in Deutschland mag ermessen lassen, welche Rarität ein Mastiff – gar ein Mastiffwurf – bei uns immer noch ist!

Die Gründe für die geringen Wurfzahlen sind vielfältig. Man mag darüber streiten, ob man die Schuld der Henne oder dem Ei gibt! Liegt das rare Wurfgeschehen in der relativ geringen Nachfrage begründet, oder herrscht geringe Nachfrage, weil unsere Züchter es bisher nicht ausreichend vermochten, den Bekanntheitsgrad dieser uralten englischen Doggenart in einem Land zu steigern, das traditionell eher der populären Deutschen Dogge und anderen speziell deutschen Gebrauchshunderassen zugeneigt war und ist?

So hieß es bereits 1882 im »Handbuch des Hunde-Sport« von Oscar Horn in dem Kapitel »Schutz- und Wachhunde«: »Der Mastiff vertritt in England die Stelle unserer Doggen; schwerer wie die letzteren, wird er, da er manchmal ihre Höhe nicht erreicht, ein ordentlicher Fleischkoloß. Er wird bis 200 Pfund schwer! Seine Erscheinung ist massiv, fast plump . . . In England ist er als Wachhund mit Vorliebe im Gebrauch, in Deutschland sieht man ihn fast nur auf Ausstellungen; die Dogge, die mit nicht viel weniger Kraft doch eine ungemein andere Eleganz vereinigt, wird ihm mit Recht hier vorgezogen.«

Fest steht jedenfalls, daß der Mastiff in Deutschland noch ein eher exotisch-exklusives Image besitzt, was nicht zuletzt mit den hohen Anschaffungs- und Haltungskosten zusammenhängt. Ein Mastiff stellt nun einmal ganz besondere Anforderungen an die Haltung, sowohl hinsichtlich der Räumlichkeiten als auch der finanziellen Belastung. Dies sollte sich jeder Interessent, der sich von der kraftvollen äußeren Erscheinung und der imposanten Größe des Mastiffs angezogen fühlt, vor der Anschaffung eines solchen Tieres überlegen.

Aber zurück zu den Problemen der Mastiff-Zucht. Versucht man, eine Liste der in der Bundesrepublik zur Verfügung stehenden Zuchthunde – Deckrüden und Zuchthündinnen – anzufertigen, so kommt man bereits in Schwierigkeiten, besonders bei den Deckrüden! Von den zirka 150 in der Bundesrepublik Deutschland gehaltenen Mastiffs ist nur ein bestimmter Teil im zuchtfähigen Alter und davon ist wiederum nur eine begrenzte Anzahl der Mastiffs bei Haltern, die bereit sind, ihren Hund auf Ausstellungen begutachten zu lassen, mit ihm die Zuchtverwendungsprüfung zu machen und ihn so der deutschen Zucht zur Verfügung zu stellen.

Es ist für deutsche Züchter immer noch unverzichtbar, zu Deckrüden ins Ausland zu fahren. Dies ist nicht nur zeitlich und finanziell aufwendig, sondern bringt auch eben recht oft nicht das gewünschte Ergebnis, – den geplanten Wurf! Ein Blick auf unsere jährlichen Zuchtstatistiken zeigt, daß durchschnittlich jeder

Abb. 33 *Fünf Wochen alte Welpen aus Damaria Princess Marieda und Erec Blackfoot v. Hünenberg*

Abb. 34 *Eine harmonische und erfolgreiche Mastiff-Familie. Club- und Bundesjugendsiegerin 1986 Alkis of Seven Oaks mit ihren Eltern Abigale of the Cheviot Hills, Europa-, Bundes- und Clubsiegerin 86 bzw. 87 und Lazybones Lord Rab, Clubsieger 84.*

zweite Deckakt erfolglos bleibt. So konnten für den Zeitraum von September 1985 bis September 1986 vier erfolgreiche Deckakte mit 22 Welpen verzeichnet werden, denen drei leergebliebene Paarungen gegenüberstanden!

Die englischen Züchter machten zu Beginn ihrer Wiederaufnahme der Mastiff-Zucht nach dem zweiten Weltkrieg eine ähnliche »Durststrecke« durch. Die Ursachen für häufige Mißerfolge in der Mastiff-Zucht sieht der englische Mastiff-Kenner Mr. Douglas B. Oliff, Züchter und Richter der Rasse, in mehreren Faktoren.

Er nennt zuerst die Genetik. Es gebe – genetisch bedingt – bestimmte Mastiff-Linien, in denen vorwiegend kleine Würfe produziert werden. Diese Linien stürben dann quasi von selbst aus. Die Begrenztheit des Zuchtmaterials erschwert es, solche Linien zu meiden. Er kritisiert weiterhin die erzwungenen Deckakte. In zu vielen Büchern über Hundezucht wird angegeben, daß eine Hündin am 13. Tag nach Auftreten der ersten Blutung oder am 1. Tag nach deren Ende – gewöhnlich derselbe Zeitpunkt – deckbereit sei. Diese wenig exakte Verallgemeinerung trifft für Mastiff-Hündinnen häufig nicht zu.

Mr. Oliff berichtet von seinen Hündinnen, die am siebten Tag gedeckt wurden und aufnahmen, ebenso von solchen, die sich nicht vor dem 21. Tag belegen ließen. Auf ähnliche Erfahrungen beruft sich Mrs. Baxter, Züchterin der Farnaby-Mastiffs, die einmal ihre langjährige züchterische Praxis mir gegenüber mit dem lapidaren Satz kommentierte: »Alles, was mit Mastiff-Zucht zusammenhängt, ist ein Rätsel!« Einige Hündinnen sind schwierig, aber oftmals hat der Besitzer solche Angst, den Decktermin zu versäumen, daß er die Hündin viel zu früh zum Deckrüden bringt, und diese sich dann nicht decken lassen will, weil sie fühlt, daß der richtige Zeitpunkt noch nicht da ist. Wird sie trotzdem gezwungen, ist ein Wurf unwahrscheinlich, weil das Sperma in der Hündin schnell abstirbt. Dafür wird sie wahrscheinlich eine Deckphobie bekommen, was sie für künftige Deckakte unbrauchbar machen kann.

Hier spielt sicherlich die große Sensibilität der Mastiffs eine Rolle, die das Zuchtgeschehen schwierig gestaltet. So weisen Mastiff-Hündinnen auch häufig Rüden ab, mit denen sie aus für uns oft nicht durchschaubaren Gründen nicht harmonieren. Mr. Oliff betont schließlich noch die Bedeutung einer guten Kondition der Zuchttiere, die gerade bei einer solch schweren Rasse, wie es der Mastiff ist, Voraussetzung für ein problemloses Deck- und Wurfgeschehen sei.

Häufig seien Mastiffs übergewichtig, was das Deckgeschehen besonders für die Hündin erschwert. So soll vor allem der Deckrüde zwar muskulös und ausreichend genährt, doch eher mager sein, – sind Gewichtsunterschiede zwischen Rüden und Hündin von 30 kg und mehr doch sicherlich eine schlechte Voraussetzung für einen gelungenen Deckakt!

Aus all den geschilderten Problemen ist unschwer zu folgern, warum so wenige Züchter den Mut zum »Risiko Mastiffzucht« aufbringen und nicht wenige nach ersten Anfangsschwierigkeiten schnell wieder aufgaben. Die Mastiff-Züchter bis zur ersten Hälfte der 70er Jahre, die man getrost als »Pioniere« für die deutsche Zucht bezeichnen kann, hatten noch in viel stärkerem Maße mit den geschilderten Schwierigkeiten zu kämpfen, da es zu der Zeit noch weniger Mastiffs in Deutsch-

Abb. 35 *Versprechender Nachwuchs! 11 Monate alter Jungrüde Argus of Seven Oaks (Lazybones Lord Rab – Abigale of the Cheviot Hills). (Foto: Deutsch)*

Abb. 36 *Bundessieger 1986 Stonehage Django (Caesar vom Spokendamm – Andra v. Sanguis Nobilis) als Junghund. (Foto: Lohmann)*

land gab als heute. Diese »Pioniere« schufen dennoch in verantwortungsvoller züchterischer Arbeit die schmale Basis, auf der wir heute aufbauen.

In der letzten Zeit wurden einige vielversprechende Jungtiere als mögliche Zuchttiere aus England und Holland importiert, vor allem aus den Zwingern »Farnaby« (Mrs. Betty Baxter), »Bulliff« (Mr. Chris und Mrs Lynn Say) und »v. d. Ircomara« (Mvr. Freia Schiettkatte).

Auch wachsen einige in Deutschland aus englischen und holländischen Linien gezogene junge Mastiffs heran – »Of Seven Oaks« (Frau Isolde Schmidt) – die, bereits jetzt auf Ausstellungen erfolgreich, zu der Hoffnung berechtigen, auch in der Zucht Gutes zu bringen.

Als Fazit sollte man ziehen: Es geht bergauf in der deutschen Mastiff-Zucht, – aber langsam!

## Wichtige Vererber in Deutschland

Wie bereits aus dem letzten Kapitel hervorgeht, kann eine Zusammenstellung wichtiger Vererber in Deutschland nicht sehr umfangreich sein. Beim Studium der VDH-Eintragungen zum Deutschen Sammelzuchtbuch fallen immer wieder dieselben Namen bestimmter Zuchttiere ins Auge; die Zuchtbasis war also, besonders in den 70er Jahren, denkbar schmal. So wurden beispielsweise im Zwinger »vom Bärengrund«, in dem von 1980 bis 1982 sieben Würfe gezüchtet wurden, sechsmal derselbe Deckrüde Basil of Meadowground eingesetzt bei drei verschiedenen Hündinnen.

Ein Ausgangspunkt deutscher Zucht war der bereits erwähnte apricotfarbene Rüde Lisken Lancelot des Herrn Abt aus der Zucht von Mr. und Mrs. Brett, Großbritannien. Der Rüde, 1971 geboren, entstammte der Verbindung Lisken Kis Kenliss und Lisken Hebe of Rhosnessney. Mit der in der Schweiz von Herrn A. Hartmeier gezüchteten und von Herrn Abt für die deutsche Zucht erworbenen Hündin Britta vom Mühlenteich, die 1976 in Berlin Europasiegerin wurde, brachte er die Rüden Broad-Mein Ballu und Broad-Mein Bär hervor. Aus der Verbindung Lisken Lancelots mit seiner Tochter Dunja vom Grafen Wlatow (aus Urtica of Dagrau), Züchter Herr Flad, entstammte die bereits erwähnte Broad-Mein Anja. – Sowohl Anja als auch Ballu und Bär bestimmten wesentlich das Deck- und Wurfgeschehen in der zweiten Hälfte der 70er Jahre. Bei den Hündinnen gab es dann mehrere »Blutauffrischungen«, unter anderem durch die Holland-Importe des »Stonehage«-Zwingers. Die gestromten Hündinnen Andra (geb. 1977) und Afrodieten (geb. 1979) von Sanguis Nobilis hatten beide mehrere Würfe und einige ihrer Nachkommen stehen heute unserer Zucht zur Verfügung, so als Deckrüde der gestromte Stonehage Django im Besitz der Familie Baumann (Abb. 36).

Ein weiterer für die deutsche Zucht wichtiger Holland-Import war neben den bereits erwähnten Hündinnen aus der wallisischen O'Nantymynydd-Zucht der des

Abb. 37 *Britta vom Mühlenteich (Heath of Shute – Hephzibah of Kisumu), Europasiegerin 1976. (Foto: Hans Rosingh)*

Rüden Henk v. d. Ircomara (Abb. 38) aus der Zucht von Mvr. und Dhr. Schiettekatte. Der 1977 geborene Henk wurde Int. und VDH-Champion, Club- und Bundessieger und hatte in der ersten Hälfte der 80er Jahre erfolgreiche Nachzucht mit der aus England stammenden Hündin Moel Eilid Bellabees. Besonders seinen Töchtern vererbte er Größe, Substanz und guten Kopftyp. Leider hatte nur eine dieser Töchter bisher Nachkommen, nämlich die Sieger-Hündin Abigale of the Cheviot Hills (Z.: W. Wittenberg, B.: Isolde Schmidt) nach dem Sieger Lazybones Lord Rab, Niederlande. Von ihren zehn Welpen wurden bereits mehrere mit Erfolg vorgestellt (Bundesjugendsieger, Clubjugendsieger etc.). Dennoch wird die deutsche Mastiff-Zucht noch auf lange Sicht, vor allem bei den Deckrüden, absolut vom Ausland abhängig sein.

# Hund und Mensch

## Das Wesen der Rasse oder, – was Sie mit Ihrem Mastiff erleben können!

Jeder Mastiff-Freund weiß sicherlich Geschichten über seinen Hund zu erzählen, besinnliche oder aufregende, traurige und lustige – allen gemeinsam ist, daß sie sehr viel über die Persönlichkeit unserer Mastiffs aussagen. Auch wenn viele der alten Anekdoten, in denen des Mastiffs Mut, Treue, Stärke und Großzügigkeit gegenüber Schwächeren gerühmt werden, oft unglaublich scheinen, ranken sie sich doch – wenn auch sicher zum Teil mit Ausschmückungen – um wahre Begebenheiten. Weitgehend mündlich überliefert, wurden sie von Zeit zu Zeit gesammelt und aufgezeichnet.

In einer Anekdote von 1846 heißt es: »Ein schottischer Edelmann hatte einen Mastiff. Dieser beobachtete eines Tages, wie ein kleiner Hund, der einem Wagen aus Kelso gefolgt war, in die reißende Strömung des Flusses Tweed fiel und hinweggerissen wurde. Seine Versuche, gegen die Strömung anzukämpfen und sich zu retten, blieben erfolglos. Der Mastiff, der die Anstrengungen des kleinen Hundes einige Augenblicke mit größter Aufmerksamkeit verfolgt hatte, um zu sehen, wohin die Strömung ihn wohl triebe, sprang unaufgefordert in den Fluß, faßte den inzwischen völlig erschöpften Hund am Genick und brachte ihn wohlbehalten ans sichere Ufer. Dies geschah in Gegenwart mehrerer Zuschauer" (E. Jesse).

Von harmloseren Badegewohnheiten, die jedoch den Verdruß etwaiger Stadtväter erregen könnten, hört man aus der Schweiz. Über Falmorehall Brigadoon, genannt »Baldr«, schreibt seine Besitzerin: »Auch die kleinen Bassins des Kurparks mit den kleinen Wasserfontänen strebt Baldr (leider ohne Rücksicht auf die sich in seinem Wege befindlichen Blumenbeete) eiligen Schritten an und läßt sich mit der Grazie eines Hippopotamus (Flußpferd) und ungefähr denselben Lauten hineinplumpsen, um sich dann, Gott weiß warum, im Wasser heftig zu schütteln. Als er klein war, habe ich ihm jeweils nach dem Bad übers Fell gestrichen und gesagt: »Shake!«

Abb. 38 *Henk v. d. Ircomara (Danvor of Ragtime – Ustalinde of Dagrau), geboren 1977, Hollandimport als Junghund. (Foto: W. Wittenberg)*

Abb. 39 *Theseus Forefoot (Forefoot Prince of Darkness – Astelle the Enterprise of England). Import aus England für die deutsche Zucht.*

Ich hätte das nicht tun sollen, denn jetzt hat er das endgültig begriffen, er entsteigt dem feuchten Element, kommt hüpfend zu mir und schüttelt sich gründlich. Dabei sieht man seinem eifrigen Babygesicht völlig an, wie sehr er sich freut, das zu tun, was ich im »beigebracht« habe. Merke: Was einmal in einem Mastiff-Schädel drin ist, kriegt keiner so leicht wieder raus.«

Man sieht, der Mastiff ist ein Hund »for all seasons«. Wer jedoch sportliche Ambitionen hat, sollte immer daran denken, den jungen Mastiff nicht zu überfordern (siehe: Haltung).

In einer Anekdotensammlung von 1858 findet sich zum Thema »Mastiff und Kind« folgende Geschichte: »Captain Brown gibt ein interessantes Beispiel für die Großzügigkeit eines Mastiffs einem Kind gegenüber. Er erzählt, daß ein großer, wilder Mastiff, der sich von seiner Kette losgerissen hatte, eine Straße nahe Bath hinunterlief, zum großen Erschrecken und zur Verwirrung derjenigen, denen er begegnete. Als er plötzlich an einem Kind vorbeilief, schlug ihn das Kind mit einem Stock, worauf der Hund wild zu seinem kindlichen Peiniger herumfuhr. Der kleine Kerl jedoch, weit entfernt davon, eingeschüchtert zu sein, rannte auf ihn zu und schlang seine Arme um den Hals des wütenden Tieres. Dieses wurde augenblicklich ruhig und liebkoste seinerseits das Kind. – Es ist eine bekannte Tatsache, daß die wenigsten Mastiffs ein Kind oder gar einen Welpen beißen würden. Captain Brown fügt hinzu, daß er einen Mastiff besitzt, der keinem Familienmitglied gestattet, ihm einen Knochen fortzunehmen, außer seinem jüngsten Kind« (E. Jesse).

Der Mastiff ist im allgemeinen recht »kinderfreundlich«.

Man sollte sich jedoch vor idealisierenden Verallgemeinerungen hüten: Den von Natur aus »kinderfreundlichen« Hund – und das trifft auch für den Mastiff zu – gibt es nicht. Ein Mastiff, der jedoch ab seinem Welpenalter mit Kindern aufgewachsen ist, wird sich immer auch für die jüngsten in »seinem Rudel« verantwortlich fühlen, denn es gehört zu seiner Aufgabe, diese zu schützen. Vorsicht ist immer bei fremden Kindern geboten. Die grenzenlose Geduld und Loyalität des Mastiffs bezieht sich vor allem auf die eigene Familie. Hier sollten jedoch die Kinder früh lernen, den Hund zu respektieren. Vor allem dann, wenn er sich zur Ruhe zurückzieht, sollte er nicht gestört werden. Ein Hund ist kein Spielzeug!

Ein Mastiff ist ein zuverlässiger Hüter von Familie und Haus. Erwarten Sie jedoch nicht, daß er unbedingt wild bellend an der Tür hochspringt, wenn jemand an der Haustür klingelt, er ist kein »Beißer«! Er stellt ungebetene Besucher oder wirft sie nieder und hält sie fest, bis er weitere Anweisungen erhält. Er hat ein unglaubliches Gespür dafür, einen Freund von einem Feind zu unterscheiden und besitzt eine außerordentliche Vorahnung für Gefahr. Zurückhaltend, leise, gleichwohl äußerst aufmerksam, entgeht ihm nichts.

Meine Hündin Isabella van de Ircomara bellte fast nie, wenn jemand geläutet hatte. Sie stand jedoch immer quer in der Tür, zwischen dem Besucher und mir. Hatte ich den Besucher eingelassen, blieb sie stets in meiner Nähe, aufmerksam beobachtend und bereit, nötigenfalls einzugreifen. Dazu bot sich des öfteren Gelegenheit. Als ich beispielsweise eines Tages gegen 14.00 Uhr nach Hause kam, fiel mir der Tankwagen meiner langjährigen Heizölfirma vor meinem Haus auf.

Abb. 40 *»Seehunde!« – Lazybones und Of Seven-Oaks = Mastiffs. (Foto: Schmidt)*

Abb. 41 *Bundesjugendsieger 1986 Alexander of Seven Oaks (Lazybones Lord Rab – Abigale of the Cheviot Hills) mit »seinen Kindern«. (Foto: Blum)*

Das kam mir merkwürdig vor, denn Öllieferungen waren bis dahin immer morgens während meiner Abwesenheit erfolgt.

Die Fahrer kannten sich aus, sie mußten durch den Garten, um an den Öltank zu gelangen. Natürlich sperrte ich die Hündin ein, wenn sich die Ölfirma angesagt hatte. An diesem Morgen jedoch hatte der Morgenstreß zugeschlagen! Nach dem »Gassigehen« blieb die Hündin wie gewohnt im Garten, und ich fuhr weg, ohne mich an die Ölfirma zu erinnern. Das Ergebnis: Ich fand einen vor Angst schlotternden Fahrer vor, den Öleinfüllstutzen seit 12.00 Uhr in der Hand (es war seine letzte Tour vor der Mittagspause), – davor eine zur Salzsäule erstarrte, breit und drohend dastehende Isabella, mit warnend hochgereckter Rute, mit aufgerichtetem Nackenfell und mit allen Sorgenfalten, derer sie fähig war!

Die heutigen Geschichten sind sicher weniger gruselig als die aus »dem alten England« und entbehren sogar nicht eines gewissen komischen Aspekts, wie diese eben geschilderte wahre Begebenheit zeigt. Doch demonstrieren sie genauso klar die guten Eigenschaften eines typischen Mastiffs: Gelassenheit und Stärke.

Dazu noch eine letzte Anekdote aus dem vorigen Jahrhundert, die der Verfasser mit der Beschreibung einiger für den Mastiff typischer Verhaltensweisen einleitet: In der Nacht wird der Mastiff seine Gegenwart anzeigen durch wiederholtes Bellen . . . Im Gegensatz zu der Bulldogge warnt der Mastiff, bevor er angreift!

Es folgt die Erzählung: »Um das Jahr 1742 erlaubte eine Lady, die in einem einsamen Haus in Cheshire wohnte, all ihren Dienern, zu einer Weihnachtsfeier zu gehen, nur ein Hausmädchen blieb. Die Feier wurde in einem Wirtshaus drei Meilen entfernt abgehalten, welches dem Onkel des Hausmädchens gehörte, das in dem Haus bei der Lady geblieben war.

Da die Bediensteten nicht vor dem Morgen zurückerwartet wurden, verriegelte man alle Türen und Fenster fest, und die Lady und das Hausmädchen gingen zu Bett. Da wurden sie plötzlich von den Stimmen mehrerer Personen geweckt, die offensichtlich in das Haus einbrechen wollten. Glücklicherweise war ein riesiger Mastiff-Rüde, genannt Cäsar, in der Küche, der ein gewaltiges Gebell anfing, welches jedoch keine einschüchternde Wirkung auf die Einbrecher hatte. Die Magd hörte genau, daß die Einbrecher versuchten, sich durch eine Öffnung unter dem Waschbecken in der Hinterküche Zugang zum Haus zu verschaffen.

Da sie eine couragierte junge Frau war, ging sie – begleitet von dem Hund – auf die Stelle zu, klopfte dem Hund auf den Rücken und rief: »Auf ihn, Cäsar!« Der Hund startete eine wütende Attacke auf die Person, die an dem Loch zu sein schien und schüttelte irgend etwas wie wild, dann war es still, und der Hund kehrte mit blutverschmiertem Maul zurück. Sie hörte noch einige leise Geräusche draußen, die jedoch bald verstummten. Die Lady und die Dienerin blieben wach, doch ohne weitere Belästigung, bis zum Morgen, – da fanden sie eine Menge Blut an der Außenwand des Hauses.

Als die anderen Bediensteten zurückkamen, brachten sie dem Hausmädchen die Nachricht, daß ihr Onkel, der Gasthausbesitzer, plötzlich während der Nacht gestorben sei . . . Der Magd wurde erlaubt, zu dem Begräbnis zu gehen, doch wie erstaunt war sie, als sie ankam und der Sarg bereits in die Grube gelassen war. Sie bestand darauf, einen letzten Blick auf den Toten zu werfen, was ihr nur unwillig gestattet wurde. Sie sah zu ihrem größten Entsetzen, daß dem Toten die Kehle durchgebissen worden war. Sofort schoß all das durch ihren Kopf, was sich am Abend zuvor ereignet hatte, und es wurde ihr nur zu klar, daß sie unbewußt und unschuldig die Ursache für ihres Onkels Tod gewesen war.

Weitere Nachforschungen ergaben, daß er und einige seiner Diener den Plan gehabt hatten, das Haus auszurauben und die Lady – als sie während der Abwesenheit ihrer Dienerschaft ohne Schutz war – zu ermorden. Allein durch die Wachsamkeit und den Mut ihres Mastiffs war der Plan vereitelt worden« (Capt. Thomas Brown).

In diesem Sinne schreibt Marie Antoinette Moore in ihrem Buch »The Mastiff«: »Als Wachhund hat er nicht seinesgleichen. Sein Haus ist sein Schloß, das er unbedingt verteidigt. Er treibt sich niemals herum. Trotz größter Wachsamkeit wird er nicht unnötigerweise bellen. Wenn jedoch ein Fremder sich dem Haus nähert, wird der Mastiff entscheiden, ob diese Person akzeptiert werden kann oder nicht.« Weiterhin schreibt Marie Moore zur Persönlichkeit des Mastiff: »Mastiffs sind sehr liebevoll und zärtlich und trotz ihrer mächtigen Größe sehr empfindsam. Es scheint so, als sei der einzige große Wunsch ihres Lebens, denen, die sie so sehr lieben, zu gefallen. Abgesehen von einem gelegentlich strengen Tonfall, bedarf es keiner weiteren Maßnahme, um einen Mastiff zu disziplinieren. Obwohl sie nicht unbedingt auf eine Person fixiert sind, scheinen sie die Dame des Hauses zu bevorzugen. Um ihre Persönlichkeit und Intelligenz optimal zu entwickeln, müssen sie als Familienmitglieder gehalten werden.«

Dieser letzte Satz sollte nie vergessen werden; der Mastiff ist ein sehr feinfühliger Hund und nimmt dementsprechend viel wahr. Man sollte ihn daher frühzeitig mit allen möglichen Alltagssituationen konfrontieren, mit Straßenverkehr, mit anderen Hunden, ihn dorthin nehmen, wo viele Menschen sind. Ihr Mastiff wird es Ihnen später als ein sicherer, kluger Begleiter, der Situationen richtig einschätzen kann, danken. Jedem vernünftigen Menschen wird klar sein, daß ein Hund, der bis zu 200 Pfund auf die Waage bringt, zu einem unkalkulierbaren Risiko werden kann, wenn er in »falsche Hände« kommt. In einer Zeit wie der unsrigen, in der wir uns alle mit relativ wenig Raum begnügen müssen, wäre ein aggressives Kraftbündel völlig deplaziert. Seiner ursprünglichen Funktionen als Kampf- und Kriegshund vollständig, denen als Wachhund teilweise (je nach Haltung) beraubt, hat er dennoch alle wichtigen Elemente dieser außergewöhnlichen Hundepersönlichkeit durch die Jahrtausende erhalten.

Ein Wort muß noch zu der Eigenschaft gesagt werden, die es weitgehend verhindert, daß der Mastiff sich zur Schutzhundprüfung auf dem Hundeplatz eignet: Seiner Dickköpfigkeit. Sinnlose und unnötige »Gehorsamsübungen« wird er einfach ignorieren. Hat der Mastiff wirklich einmal »beschlossen«, etwas nicht zu tun, so hat man als Besitzer wenig Chance, sich durchzusetzen! Ist der Mastiff lustlos, wirkt er so, als könne er sich kaum vom Fleck rühren. Wenn er jedoch will, kann er von großer Schnelligkeit sein. Wer einen Mastiff einmal ernsthaft in Aktion gesehen hat, wird dies bestätigen. Es spricht natürlich nichts dagegen, auf einem Hundeplatz seines Vertrauens mit vernünftigen, erfahrenen Ausbildern eine gewisse sinnvolle Unterordnung zu üben. Auch die Prüfung zum verkehrssicheren Begleithund ist zu empfehlen.

Der Mastiff zeichnet sich durch die Paarung gegensätzlicher Persönlichkeitselemente wie Mut und Sanftmut, Toleranz und Unerbittlichkeit aus, dazu kommen grenzenlose Treue und Geduld, größte Aufmerksamkeit und Gelassenheit, Unbestechlichkeit – kurz, Eigenschaften, wie sie so mancher unserer Artgenossen vermissen läßt. Eine solch edle Hundepersönlichkeit verlangt eine Bezugsperson, einen Rudelchef (oder eine Rudelchefin), die mit allergrößter Sensibilität, Liebe und Zuwendung eben diese Eigenschaften erspürt und fördert, die auf den Begriff zu bringen sind in der Phrase: Äußerlich der Gigant, – innerlich ein »Seelchen«.

Als zusammenfassende, abschließende Betrachtung lohnt sich noch einmal ein Blick in die Geschichte. In einer Beschreibung des Mastiffs um 1800 heißt es: »Die Stellung, die der Löwe unter den Katzen hat, nimmt der Mastiff bei den Hunden ein: Er ist der edelste seiner Art. Dort steht er allein, denn kein anderer reicht an ihn heran. So mutig wie tolerant und großzügig, gleicht er den liebenswürdigsten seiner Artgenossen. Seine Bereitwilligkeit, sich zu fügen, ist vollkommen. Er läßt sich durch kleinere Hunde kaum provozieren. Ich habe beobachtet, wie ein Mastiff von einem Terrier oder ähnlich kleinen Hunden gebissen, diesen nur mit der Pfote niedergeworfen hat, ohne ihm weitere Verletzungen zuzufügen.

Den Kindern der Familie wird er gestatten, mit ihm zu spielen, und er erträgt gutmütig ihre kleinen Streiche. Dieser treue, aus uralter Zeit stammende Hausgenosse, der Stolz unserer Insel, der in sich Nützlichkeit, Mut und Gefügigkeit vereint, im Ausland begehrt und dort fortbestehend, ist in seinem Ursprungsland beinahe ausgestorben oder durch das Paaren mit anderen Rassen zum Bastard gemacht, von denen jeder einzelne den unschätzbaren Charakter seiner Ahnen degradiert. Und doch wurde er einmal würdig gefunden, das römische Amphitheater zu betreten, um dort, in Gegenwart der Herren der Welt, seinem Gegner gegenüberzutreten oder gar die Häuptlinge wilder Stämme anzugreifen. Unter glühender Sonne steigerte sich seine Tapferkeit, und es fand sich kaum einer, mutig genug, ihm in den Wüsten von Zaara oder in den Ebenen Numidiens entgegenzutreten« (S. Edwards).

## Hinweise zur Auswahl eines Welpen und Anforderungen an die Haltung

Bisher wurde ausschließlich von den Eigenschaften gesprochen, die den typischen Mastiff ausmachen, von Eigenschaften, die alle positiver Art sind. Ein Problem jedoch sollte fairerweise nicht verschwiegen werden: Es gibt unter den Mastiffs – wie auch bei anderen Rassen – solche, die nicht »wesenfest« sind, also Mastiffs, die nicht die rassetypische Persönlichkeit besitzen, wie sie hier geschildert wurde. Beim Mastiff, diesem Hundegiganten, fallen scheues Verhalten und »Angstbeißergehabe« natürlich besonders unangenehm auf. Auch die Seltenheit unserer Mastiffs spielt hier eine Rolle: Zeigen nur wenige von den zirka 150 Mastiffs, die in der Bundesrepublik leben, schlechten Charakter, so wird dies unbegründeterweise leider nur allzu oft verallgemeinert, da der »Normalbürger«

Abb. 42 *Der Kinderfreund! Bakir of Meadowground (Broad Mein Bär – Broad Mein Anja). (Foto. Lyzwinski)*

Abb. 43 *Ruhige Aufmerksamkeit! Ilium King of the Backside (Ch. Joancy's Graf Gotthard – Gwendoline) und Lady Snooff v. Sanguis Nobilis (Ch. Columbus v. Sanguis Nobilis – Asta v. d. Ircomara). (Foto: van Geffen)*

kaum Gelegenheit hat, an anderen Mastiffs sein Bild zu korrigieren. Eine bestimmte Form der Wesensschwäche, die nicht mit der dem Mastiff eigenen, überlegenen Zurückhaltung verwechselt werden darf, kann sowohl das Resultat unüberlegter Zuchtauswahl als auch grober Fehler in Aufzucht und Haltung sein!

Die Zuchtauswahl kann der Welpeninteressent lediglich indirekt beeinflussen, indem er solche Welpen nicht kauft, die sich schon beim Züchter offensichtlich scheu verhalten, wobei die Mutterhündin dieses Verhalten unter Umständen sogar »vorlebt«. Es ist unbestritten, daß der Charakter der Mutter von ausschlaggebender Bedeutung ist, da diese die Welpen in den wichtigen ersten Lebenswochen entscheidend prägt. Sehen Sie sich also vor allem die Hündin an, bevor Sie einen Welpen kaufen. Seien Sie mißtrauisch, wenn Ihnen der Züchter die Mutterhündin oder – sofern er auch den Deckrüden besitzt – die Eltern unter verschiedenen Vorwänden nicht zeigen möchte!

Gehen Sie nicht ausschließlich nach äußerlichen Kriterien vor. – Was nützt Ihnen ein wunderschöner Mastiff, der vor der Attacke eines Zwergdackels panikartig die Flucht ergreift? Idealerweise sollte er ihn ignorieren! Sie werden bei einem scheuen Welpen sicherlich einiges mit viel Engagement und psychologischem Geschick ausgleichen können, – Sie werden jedoch nie einen couragierten, in allen Situationen souveränen und somit typischen Mastiff bekommen.

Sicherlich sollten Sie auch darauf achten, ob der Wurf, aus dem Sie einen Welpen wählen möchten, im Haus, das heißt im engen Kontakt zum Menschen aufgezogen wurde oder in einem entlegenen Stall oder Zwinger. Zahlreiche Verhaltensforscher weisen darauf hin, wie wichtig der Kontakt zum Menschen für die Entwicklung des Welpen ist. E. Aldington berichtet von Aufzuchtversuchen, die ergaben, daß Welpen, die bis zur sechsten Woche keinen Kontakt mit Menschen gehabt hatten, diese später auch nicht akzeptierten, scheu und fast unerziehbar waren.

Auch der Kontakt zu anderen Hunden ist bereits im Welpenalter sehr wichtig. E. Aldington gibt weiterhin seine Beobachtungen an sogenannten Isolationswelpen wieder, die im Vergleich mit gleichaltrigen Welpen, die in der Wurfgemeinschaft zusammengehalten waren, weit zurückgeblieben sind. Ihnen hatte die Gelegenheit gefehlt, ihre Fähigkeiten zu entwickeln, Beziehungen aufgrund bestimmter Verhaltensweisen aufzubauen. Er gibt die Sozialisierungsphase vom 1. bis 3. Monat an. In dieser Zeit werden bei Hunden die Grundlagen des Verhaltens erlernt.

Man kann jedoch auch einen Hund mit guten Anlagen, den man als zutraulichen, selbstbewußten Welpen zu sich geholt hat, »kaputtmachen«, durch ausschließliche Zwingerhaltung zum Beispiel und – damit verbunden – fehlende Zuwendung und Förderung, schlimmstenfalls: Verwahrlosung. Werden die acht bis zwölf Wochen alten Welpen nicht weiter gefördert, indem man ihnen ausgiebig Gelegenheit für Kontakte zu Mensch und Tier bietet, kann ein bereits sozialisierter Welpe wieder verwildern.

Ich mußte traurigerweise selbst die Wahrheit dieser These erfahren: Mit genau acht Wochen hatte ich aus meinem ersten Mastiff-Wurf, den ich übrigens in einem Teil meines Wohnzimmers aufzog, einen kessen, selbstbewußten Rüden verkauft.

Alle Welpen waren von Anfang an Menschen, Hunde und alle möglichen Geräusche gewöhnt, von der Türklingel bis zum Staubsauger; demzufolge hatten sie vor nichts und niemandem Respekt. Sie begegenten Fremden neugierig und vorwitzig, indem sie beispielsweise Versuche darüber anstellten, wie haltbar Jacken- oder Pulloverärmel waren, aus welchem Material die Schuhe bestanden und ob die Milchzähne schon dazu taugten, Handgelenke anzunagen!

Während sich zu allen übrigen Welpenkäufern ein guter, freundschaftlicher Kontakt herausbildete, hörte ich von dem erwähnten Welpen monatelang nichts, meine Bitten, mir doch ein Bild zukommen zu lassen, blieben unbeantwortet. Dies machte mich besorgt und traurig, weil ich gerne gewußt hätte, wie sich dieser Mastiff, der ein besonders schöner, vielversprechender Welpe gewesen war, entwickelte. Als sich zum einjährigen Geburtstag des Wurfes fast alle der zehn Wurfgeschwister in meinem Garten versammelt hatten, kam zu meinem größten Erstaunen und – zunächst – zu meiner Freude auch der besagte Rüde an, – aber wie! Auf zwei Hinterbeinen, wild knurrend, an einer starken Kette mit angespitztem Stachelhalsband schleifte er zwei Leute hinter sich her. Nach längerem Argumentieren ließ man den Hund schließlich los, – er war zunächst völlig verunsichert, als sich alle seine Geschwister um ihn scharten und ihn seine Mutter, eine sehr autoritäre Hündin, erst einmal »zur Raison« brachte! Schließlich, als er sich offensichtlich orientiert hatte, wollte er mit den anderen wild spielen, wie es unter Junghunden üblich, auch sinnvoll und notwendig ist, um das Sozialverhalten weiter auszubilden und die Muskulatur zu stärken.

Daran wurde er sofort gehindert und mußte wieder an die Kette. Der Besitzer war offensichtlich stolz darauf, einen »Isolationskrüppel« heranzuziehen. Der Hund durfte fast nie von der Leine und wurde an jeglichem Kontakt zu anderen Hunden und zu Menschen gehindert, – man durfte ihn auch nicht anfassen, da er »wachsam werden sollte«, wie die traurige Rechtfertigung für solche »Isolationshaft« dann hieß.

Sollte der Hund seine zeitweilige, unkontrollierte Aggression mit voranschreitendem Alter steigern, was ich bei derart falscher, unartgemäßer Haltung befürchte, wird wieder alle Welt gegen die Züchter, die solche »Monster« produzieren, zetern und laut nach Zuchtverboten für solche Bestien rufen. Die Leidtragenden für menschliches Fehlverhalten sind dann wieder – wie immer – die Hunde!

Der geschilderte Fall macht deutlich, wie sehr ein gut sozialisierter Welpe, der alle angemessenen Verhaltensweisen im Umgang mit seinen Wurfgeschwistern, seiner Mutter und anderen Hunden gelernt hatte, sein gutes Sozialverhalten durch unangemessene Haltung und Erziehung wieder verlernen kann.

Der Muskelprotz Mastiff muß in stetem Kontakt zu Mensch und Tier gehalten werden, damit er seine guten und typischen Eigenschaften entwickeln kann. Dies schließt reine Zwingerhaltung für den Mastiff selbstverständlich aus! Er wird deswegen nicht weniger wachsam sein, wobei hier der Unterschied von Wachsamkeit und Aggressivität betont werden muß. Ein guter Mastiff ist stets wachsam, doch nie grundlos aggressiv!

Bisher war von reiner Zwingerhaltung die Rede, die für den Mastiff unbedingt vermieden werden muß. Dies bedeutet jedoch nicht, daß er sich nicht stundenweise in einem Auslauf mit Hundehaus oder ähnlichem aufhalten soll. Der Mastiff ist ein Hund mit robuster Gesundheit. Um ihm die zu erhalten, sollte er sich viel im Freien aufhalten. Aus diesem Grunde sollten sogar ein großzügig bemessener Auslauf und ein Hundehaus zur Verfügung stehen. Selbstverständlich darf er nicht ausschließlich dort leben, da ein Mastiff – wie bereits erwähnt – den engen Kontakt zu »seinen« Menschen benötigt; trotz seiner Größe verhält er sich ja im Hause ruhig und vorsichtig. Er mag es im Sommer jedoch kühl und geht darum gern in sein Hundehaus, wenn es ihm im Haus zu warm ist, – oder wenn er seine Ruhe haben möchte.

Je jünger der Hund ist, um so problemloser erfolgt die allmähliche Gewöhnung an Auslauf und Hundehaus. Er wird abgehärtet, sein Haarkleid stellt sich auf die Außentemperatur ein. Obwohl kurzhaarig, kann ein Mastiff auch kühle Nächte im Hundehaus verbringen, vorausgesetzt, es ist entsprechend der Größe des Hundes gebaut und von allen Seiten, auch von unten, gut isoliert. Dann kann er mit seiner Körperwärme den Raum ausreichend erwärmen. Die Innenmaße einer Hütte: Länge = 1,60 bis 1,90 m, Breite = 1,30 bis 1,50 m, Höhe = 1,20 m. Diese Maße sind für den erwachsenen Mastiff angemessen. Will man in dem Hundehaus züchten, dann muß es größer und beheizbar sein.

Oft stellt sich beim ersten Wunsch nach einem Mastiff als Hausgenossen die Frage: Wie wird er sich mit anderen Tieren, die in der Familie leben, vertragen, wie mit anderen Hunden? Wie steht es gar mit Katzen oder Papageien? Pauschalurteile und Patentrezepte gibt es nicht. Immer wird es auf viele verschiedene Faktoren ankommen – auf den individuellen Charakter des Hundes, die Persönlichkeit des Besitzers und dessen Durchsetzungsvermögen als »Rudelchef«.

Bei der Haltung des Mastiffs mit anderen Hunden wird es immer Kombinationen geben, die keine Rangstreitigkeiten aufkommen lassen, was am ehesten bei kleineren Hunden der Fall ist. Schwieriger hingegen wird das Zusammenleben eines Mastiffs mit einem anderen Hund einer großen Rasse sein.

Sprichwörtlich ist jedoch die große Toleranz des Mastiffs und sein Schutztrieb allen Angehörigen »seines Rudels« gegenüber, wozu auch der andere Hund gehören wird. Viele Anekdoten und Geschichten ranken sich um diese Eigenschaften. So beschreibt der Rassestandard die Stärke und »Gelassenheit« des Mastiffs, was auch mit »vornehmer«, selbstbewußter Zurückhaltung umschrieben werden könnte. Bei einem Spaziergang mit einem Mastiff werden Sie häufig die Situation beobachten können, daß entgegenkommende Hunde – oft aus Angst vor dem Hunderiesen – in hysterisches Bellen verfallen oder andere provokante Verhaltensweisen an den Tag legen. Der Mastiff wird dies in aller Regel schlichtweg nicht zur Kenntnis nehmen und den Kläffer einfach ignorieren.

Aber zurück zum »Hundeleben« in der Familie. Ihr Mastiff wird aufgrund der beschriebenen Eigenschaften gut mit einem Hund anderer Rasse unter einem Dach zusammenleben. Allerdings unter einer Voraussetzung: Ist der Mastiff erwachsen, wird er die Führungsrolle gegenüber dem oder den anderen Hund(en) beanspruchen. Auch im Wolfsrudel wird sich das stärkste Tier als Leitwolf durchsetzen. Dies wird in der mastifftypischen Art geschehen, wie die Erfahrung oft gezeigt hat. Bei richtig gehaltenen Hunden wird es kaum Probleme geben, denn

Abb. 44 *Der Mastiff als Hausgenosse! (Foto: van Geffen)*

Abb. 45 *Rangstreitigkeiten unter Brüdern – ein normaler Vorgang. Lazybones Lord Rab und Lazybones Mr. Bumper. (Foto: Hans Rosingh)*

der Instinkt wird die natürliche Rangfolge regeln, und der schwächere Hund wird sich dem Mastiff unterordnen. Selbst dann, wenn sich der Schwächere »vergißt« und den angemessenen Respekt vermissen läßt, verbietet es die Toleranz beim wesenstarken Mastiff, den Sünder ernsthaft zu verletzen.

Im umgekehrten Fall, wenn zum Mastiff, der schon in der Familie lebt, ein Welpe einer anderen Rasse hinzukommt, werden sich meistens kaum Schwierigkeiten ergeben. Bemerkenswert ist die Vorsicht, mit der Ihr Mastiff dem Welpen gegenüber mit seiner Kraft umgeht. Faszinierend ist es mitanzusehen, mit welcher Engelsgeduld ein solcher Hunderiese es sich gefallen läßt, daß sich etwa »ein Bündel Münsterländer«, kaum trocken hinter den Ohren und noch nicht stubenrein, an den Ohren oder Lefzen des Mastiffs vergreift, die, zugegeben, eine herrliche Angriffsfläche für die Milchzähne bieten.

Will man sich später, weil man zum Mastiff-Fan geworden ist, einen weiteren Mastiff zulegen, wird man möglicherweise Warnungen zu hören bekommen. Auch wird die Meinung vertreten, Molosser seien Einsiedler, man könne sie nicht zusammen halten, früher oder später würden sie beginnen zu kämpfen. Über diese Frage wurden vor Jahren in einer internationalen Molosser- Fachzeitschrift heftige Kontroversen geführt. Englische und amerikanische Züchter mit langjähriger Mastiff-Erfahrung vertraten die These, in der Mehrzahl der Fälle könne man mehrere Mastiffs nicht problemlos zusammen halten, vor allem nicht mehrere Mastiff-Hündinnen, wie besonders Mrs. M. A. Moore betonte.

Ich mußte inzwischen nach langjähriger Praxis mit wechselnden Hündinnen-Kombinationen dieselbe Erfahrung machen. Ist eine ältere Alphahündin da, wird sie für Ruhe im Rudel sorgen. Die Rangkämpfe beginnen erfahrungsgemäß dann, wenn die alte, überlegene Hündin nicht mehr existiert. Die Rangstreitigkeiten zwischen ungefähr gleichaltrigen Hündinnen nehmen solche Formen an, daß man gewöhnlich eine der Hündinnen abgeben oder sie auf Dauer getrennt halten muß. Dies setzt natürlich voraus, daß es sich um zwei starke Hündinnen handelt, von denen sich keine auf Dauer unterwirft. Ist jedoch eine charakterlich etwas nachgiebiger, brauchen die geschilderten Probleme nicht in der Schärfe aufzutreten. Als Faustregel gilt, daß ein Altersabstand von mindestens 1½ bis 2 Jahren zwischen Hündinnen liegen soll. Oft geht es gut, wenn man einer Hündin die Tochter läßt, diese wird sich der Althündin meist lebenslang unterwerfen.

Bei gleichaltrigen Rüden ist die Situation nicht so konfliktbeladen. So weist der Verhaltensforscher E. Trumler darauf hin, daß Rüdenkämpfe Kommentkämpfe – also ein Kräftemessen – darstellen, ohne das Ziel, den anderen zu töten. Auch zeigt der starke Rüde gegenüber dem Unterlegenen in der Regel eine Beißhemmung, was bei den Hündinnen nicht der Fall sein muß. Trumler führt die Aggressivität unter Hündinnen auf das ursprüngliche Wolfsverhalten zurück, wo diese Aggressivität dem Schutz der eigenen Nachzucht diente. »Die Brutalität eines Hündinnenkampfes wird durch nichts überboten.«

Das Zusammenhalten des Mastiffs mit anderen Haustieren ist meist problemloser. Eigene Katzen werden meist (im Haus) respektiert, während fremde oft bedingungslos gejagt werden. An dieser Stelle soll gleich der oft gehörten und verbreiteten Meinung, der Mastiff jage nicht, begegnet werden, was besonders für

Abb. 46 *Dicke Freunde! Münsterländer Welpe und Mastiff. (Foto: Schmidt)*

Abb. 47 *Mastiff-Rudel. (Foto: Blaanzer)*

die Mastiff-Halter wichtig ist, die am Wald wohnen. Es gibt sehr wohl Mastiffs, die leidenschaftlich jagen. Natürlich ist der Mastiff kein Jagdhund. Aber er ist eben auch »nur« ein Hund, er besitzt einen Beutetrieb, der, besonders wenn der Hund noch jung ist, mit ihm durchgehen kann. Ist man sich der Reaktion seines Mastiffs nicht ganz sicher, und das kann man erst nach einer guten, konsequenten Erziehung sein, sollte man ihn bei Waldspaziergängen oder anderen Anlässen, bei denen man auf Wild treffen kann, besser anleinen. So vermeiden Sie Ärger mit Jagdaufsehern und verhalten sich auch dem freien Wild gegenüber richtig.

Abschließend sei noch auf eine besondere Beziehung hingewiesen – Mastiff und Pferde. Viele alte Stiche zeigen »Mastiff & Horse«. Obwohl sich der Mastiff wegen seiner Masse nur bedingt dazu eignet, am Pferd zu laufen, ist er dennoch ein aufmerksamer Wächter am Stall. Auf der Koppel oder Weide weist er – gleich einem Hirtenhund – das Pferd in die Schranken. Voraussetzung ist natürlich wiederum, daß der Mastiff sich verantwortlich fühlt, was er nur kann, wenn es um das Pferd und die Weide »seiner Leute« geht und er regelmäßig dorthin mitgenommen wird.

Aus dem bisher Gesagten ergibt sich eigentlich von selbst, daß der Mastiff kein Hund für eine Etagenwohnung ist. Er braucht sein Territorium, für das er sich zuständig fühlt, und das er ständig kontrolliert. Doch das größte Grundstück ersetzt ihm nicht die Spaziergänge mit seinem Besitzer!

Der erwachsene Mastiff liebt und braucht lange Spaziergänge und Wanderungen, eignet sich jedoch aufgrund seines extrem großen Körpergewichts nicht zum Sporthund und nur bedingt zur »Arbeit« auf dem Hundeplatz. Für den Mastiff-Welpen bis zum Alter von etwa sieben Monaten ist übermäßige Anstrengung tabu, – die noch schwachen Bänder könnten überdehnt werden, und Knochen und Muskulatur könnten sich fehlentwickeln. Also keine Dauermärsche oder Radtouren mit dem jungen Mastiff, dessen enorme Größe bereits als junger Hund dazu verleiten könnte, ihm Anstrengungen zuzumuten, denen er mit seinen unentwickelten Muskeln und seinem im Wachstum befindlichen Knochengebäude noch nicht gewachsen ist! Auch sollte man den jungen Mastiff in den ersten Monaten keinesfalls Treppen steigen lassen.

Abschließend sei nochmals die Mastiffhaltung mit Kindern angesprochen. Den idealtypischen, »geborenen Kinderfreund« unter den Hunden gibt es nicht. Mastiffs nehmen im allgemeinen eine ausgeprägte Schutzfunktion für Kinder der eigenen Familie ein. Doch eine gewisse Vorsicht ist immer geboten, da ein Mastiff allein durch seine enorme Kraft, selbst wenn er sich nur freut, einem Kind Verletzungen zufügen kann, – durch Umwerfen oder durch ein spielerisches Antippen mit seiner Pranke. Man sollte daher sehr kleine Kinder und fremde Kinder nicht unbeaufsichtigt mit dem Mastiff alleine lassen.

Abb. 48 *Mastiff in Aktion! (Foto: Schmidt)*

## Aufzucht und Ernährung

Bei der Aufzucht eines Mastiff-Welpen sollte man nicht vergessen, daß es sich um eine der schwersten und größten Hunderassen überhaupt handelt. Um eine richtige Entwicklung der schweren Knochen und Muskulatur, die dieses enorme Gewicht tragen müssen, zu gewährleisten, ist eine angemessene Ernährung von absoluter Priorität. Ein Mastiff-Welpe nimmt täglich an Gewicht soviel zu wie ein menschliches Baby innerhalb einer Woche! Die Gewichtszunahme erreicht man nur durch hochwertiges Futter. Die nachstehende Gewichtstabelle soll einen Anhaltspunkt für die Gewichtszunahme kräftiger, gesunder Mastiffs sein. Die Werte können um einiges unter- oder überschritten werden.

| Welpe | 1 | 2 | 3 | 4 | 5 | 6 | 7 |
|---|---|---|---|---|---|---|---|
| Geburtsgewicht | 480 | 630 | 670 | 620 | 700 | 570 | 590 |
| 1. Woche | 900 | 1010 | 1240 | 1060 | 1250 | 1020 | 1100 |
| 2. Woche | 1590 | 1800 | 2050 | 1890 | 1860 | 1610 | 1700 |
| 3. Woche | 2320 | 2700 | 3120 | 2850 | 3230 | 2800 | 2570 |
| 4. Woche | 3400 | 4070 | 4450 | 4200 | 4420 | 4110 | 4070 |
| 5. Woche | 4500 | 5520 | 5650 | 5250 | 5750 | 5320 | 5160 |
| 6. Woche | 5420 | 6810 | 7900 | 7000 | 7000 | 6900 | 6200 |
| 7. Woche | 6640 | 7900 | 10000 | 8200 | 9900 | 8000 | 7600 |
| 8. Woche | 7800 | 9300 | 12000 | 9900 | 13000 | 8900 | 8400 |
| 9. Woche | 8300 | 10150 | 14000 | 11600 | 18000 | 10000 | 11000 |
| 10. Woche | 9000 | 11300 | 17000 | 12400 | 20000 | – | 13000 |
| 11. Woche | – | – | 19000 | – | 21000 | – | 15500 |

Alle Angaben in Gramm

Es ist keinesfalls selbstverständlich, daß der schwerste Welpe auch als erwachsener Mastiff der schwerste des Wurfes bleibt.

Hier noch einige Gewichte einer meiner Hündinnen, wobei ich die Werte mit Ausnahme der ersten beiden auf Ausstellungen feststellte. Die dort aufgestellten Spezialwaagen sind sehr viel exakter als die häusliche Badezimmerwaage!

3 Monate – 18 kg
5 Monate – 35 kg
7½ Monate – 53 kg
12 Monate – 63,5 kg
13 Monate – 66,5 kg
18 Monate – 73,5 kg (Schulterhöhe 75 cm).

Für Welpen gelten sowohl in der Futterzusammensetzung als auch im Futterrhythmus besondere Regeln: Während erwachsene Mastiffs zweimal täglich gefüttert werden sollten – eine Großmahlzeit belastet den Magen übermäßig und bringt die Gefahr der Magenumdrehung mit sich – müssen Welpen häufiger gefüttert werden. Es gelten etwa folgende Faustregeln:

Abb. 49 *Alkis of Seven Oaks mit ihrer Mutter Abigale of the Cheviot Hills.*

Abb. 50 *Mutter und Tochter, – 10 Monate später!*

8 bis 14 Wochen (das Alter, in dem die Welpen meist ihren neuen Besitzer übergeben werden) = vier Mahlzeiten!

Morgens: Angewärmte Milch (etwa ¾ Liter) mit Eigelb oder Honigmilch mit zerbröckelten Hundekeksen oder Welpenflocken; auch Milchbrei (Babykost)

Mittags: Welpenflocken mit ca. 250 g Rinderhack oder kleingeschnittenem grünen Pansen und Kräuter.

Nachmittags: Wie mittags; abends: wie morgens.

Ab 15 bis 20 Wochen und älter: Drei gehaltvolle Mahlzeiten täglich, und weiterhin Milch, Milchbrei, Honig, etc. wie oben, Futtermenge allmählich erhöhen.

Wenn Ihr Hund etwa ab dem sechsten Lebensmonat die dritte Mahlzeit verschmäht, füttern Sie zweimal täglich wie beschrieben. Alle diese Angaben sind selbstverständlich Orientierungshilfen, Futtermenge und Anzahl der täglichen Mahlzeiten richten sich natürlich nach dem individuellen Nahrungsbedarf des Welpen oder Junghundes. Beim heranwachsenden und jungen Hund sollte der Fleischanteil ⅔ der Gesamtmenge der Mahlzeit betragen, ⅓ besteht aus Getreideprodukten, Gemüse, etc. Der alternde Hund bekommt das umgekehrte Mischungsverhältnis. Der erwachsene Mastiff benötigt bis zu 8 bis 9 Pfund Futter täglich.

Die Ernährung der ersten Lebensmonate ist entscheidend für den gesamten Aufbau des Hundes. Was hier versäumt wird, kann später nicht wieder vollständig aufgeholt werden. Der Junghund benötigt täglich 1 Teelöffel Vitamine (Mulgatol o.ä.), 1 Teelöffel Lebertran (Mulgatum, o.ä.), sowie 1 Ampulle Frubiase Calcium 100 oder ein kombiniertes Aufbaupräparat Calcipot D 3. Dazu kommen wiederum feingehackte Kräuter, Knoblauch (gegen Würmer, ersetzt jedoch keine Wurmkur), Honig, eventuell Bierhefe u.a. Zahlreiche Mastiff-Züchter, die auf jahrzehntelange Erfolge auf der Basis natürlicher Aufzuchtmethode verweisen können, mißbilligen allerdings die Beifütterung chemischer Calcium-Präparate. So empfiehlt Douglas B. Oliff – ein weltweit anerkannter Molosser-Kenner und Richter – sterilisiertes Knochenmehl und täglich eine Lebertrankapsel zu füttern. Mehrere Hersteller bieten auch spezielles Welpenfutter für Riesenrassen an, das bereits in hoher Konzentration Calcium und Vitamine enthält.

Zum Wachstum des Mastiffs sei noch erwähnt, daß der Junghund in der Regel zunächst sehr in die Höhe wächst, wobei das Längenwachstum der Vorder- und Hinterbeine oft derart unregelmäßig verläuft, daß er zeitweise eher einem »Schaukelpferd« gleicht als einem Mastiff!

Auch braucht der Mastiff-Neuling nicht zu erschrecken, wenn sein Hund in bestimmten Wachstumsphasen fast an eine Deutsche Dogge erinnert, – weil er eben sehr schnell enorm an Schulterhöhe gewinnt, die meist mit 1 bis 1½ Jahren abgeschlossen ist. Die Breite jedoch kommt später: Die Entwicklung der mächtigen Vorderfront und auch die des Oberkopfes sind oft nicht vor 3 bis 3½ Jahren abgeschlossen.

Die Lebenserwartung des Mastiffs liegt bei zirka 10 Jahren.

Abb. 51

*Bundessiegerin Isabella v. d. Ircomara (Bournewood Brigadier – Arabelle v. d. Ircomara) (Foto: Schmidt)*

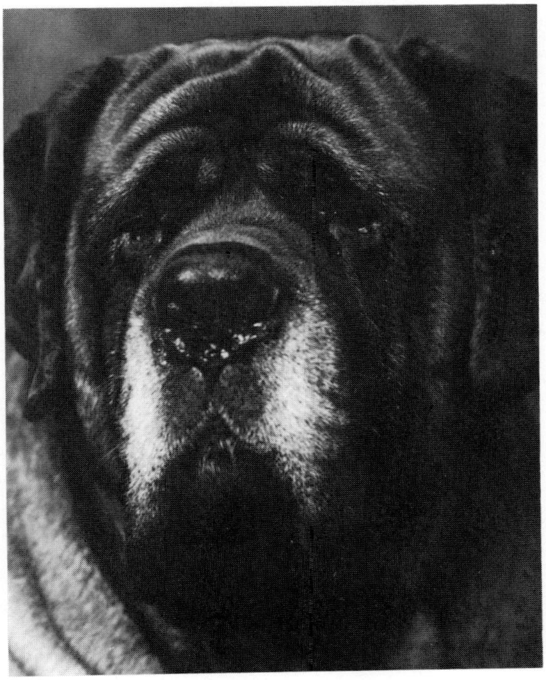

Abb. 52

*Bakir of Meadowgrund – 10 Jahre alt (Foto: Lyzwinski)*

# Die Zukunft der Rasse

Man braucht nicht unbedingt ein großer Pessimist zu sein, um zu prognostizieren, daß der Mastiff in Deutschland immer eine sehr seltene Rasse bleiben wird; ich halte dies einfach für eine realistische Einschätzung.

Wie bereits vermutet, mag dies mit der Konkurrenz einheimischer Gebrauchshunderassen zusammenhängen, mit der hohen finanziellen Belastung, die Kauf und Haltung eines Mastiffs bedeuten und nicht zuletzt mit der Tatsache, daß der Mastiff eben nicht als Teil unseres historischen und kulturellen Erbes gesehen wird wie in England, wo ihm als »Nationalheiligtum« sogar ein Spezialmuseum – Lyme Hall – gewidmet wurde.

Vielleicht wird aber auch in der Art, wie der Deutsche dem Mastiff begegnet, in besonderer Weise das Problem der dichtbesiedelten, hochentwickelten Industrienation Bundesrepublik deutlich, deren Menschen in immer größerer Entfremdung zur Natur und zum Tier als Teil der Natur heranwachsen. Wer als Mastiff- Halter hier oft genug mit den Reaktionen von Passanten umgehen muß, die zwischen blankem Unverständnis (»das ist ja kein Hund mehr – das ist ja ein Kalb«) und aus panischer Angst resultierender Aggression liegen, nimmt erstaunt im Ausland, z.B. in Holland oder Österreich, eine große Toleranz und freundliches Interesse am Mastiff wahr. Ein bissiger oder überzüchteter hysterischer Kleinhund wird bei uns immer noch eher verziehen als ein friedliches, mächtiges Tier wie der Mastiff. Dieser Umstand wurde von dem Engländer Mr. Peter Sarjeant erstaunt zur Kenntnis genommen, als er für seine Landsleute in einem ausführlichen Artikel über das 3. Fischerhuder-Treffen berichtete, dem jährlich einmal stattfindenden großen Mastiff-Tag der Arbeitsgemeinschaft Mastiff im Club für Molosser. Teil dieses Treffens ist unter anderem immer eine längere Wanderung mit zirka 30 bis 40 Mastiffs. Mr. Sarjeant schrieb über die Reaktionen der Passanten:

»Es war mittlerweile 16.00 Uhr und immer noch erbarmungslos heiß. In einer langen Schlange machten wir uns auf den Weg, die gewundenen Waldpfade entlang. Es war ein herrlicher Anblick, so viele Hunde frei laufen zu sehen, die sich so gut miteinander vertrugen und die es genossen, sich in den kleinen Wasserläufen abzukühlen!

Es gab natürlich auch Spaziergänger ohne Hunde, die diese Wege gingen, und es ist mir klar, daß für manchen Uneingeweihten der Anblick eines sich nähernden Mastiffs erschreckend sein kann. Der Anblick von weit über zwanzig entgegenkommenden Mastiffs muß fatal sein!! Aber ernsthaft, – ich muß leider feststellen, daß die Reaktionen einiger Spaziergänger mich erschreckten. Sogar schon ein einziger Hund aus dieser gut kontrollierten Gruppe, die niemanden belästigte, wurde besonders von älteren Leuten mit Furcht und Mißtrauen angesehen!

Ich erfuhr, daß es zur Zeit in der Bundesrepublik starke Kampagnen gegen große Hunderassen gibt, die Zucht und Besitz der Riesenrassen einschränken, ja sogar verbieten lassen wollen! Ich hoffe, daß die Molosser-Besitzer diese Schwierigkeiten bewältigen können, zum Beispiel sollten sie ihre Hunde besonders gut erziehen, damit sie der Lage Herr werden, ehe ihnen das Heft aus der Hand gleitet!«

Als Engländer, dem Mastiffs seit Kindesbeinen vertraut sind, fallen Mr. Sarjeant solche Reaktionen von Passanten, wie oben geschildert, natürlich besonders auf. Es ist noch anzufügen, daß wir ebensoviele positive Reaktionen hatten und unsere Gruppe Bewunderung und viel echtes Interesse hervorrief. Im Ort Fischerhude sind unsere »Molosser-Rudel« bereits bestens bekannt, und wenn ich uns alljährlich in unserem Stammlokal »Alte Wassermühle« anmelde, heißt es: »Ach, die braven, guterzogenen Riesen kommen wieder – wie schön!«

Der Mastiff wird aus den genannten Gründen ein exklusiver Hund für Kenner bleiben, die seine herausragenden Eigenschaften als Wach- und Schutzhund und sein besonders anschmiegsames, liebenswürdiges Wesen zu schätzen wissen. Dennoch erhöht sich aufgrund verbesserter Informationen über die Rasse die Zahl der Interessenten langsam, aber stetig, die der Züchter bleibt konstant wie in England.

Einige, die mit der Mastiff-Zucht begannen, weil sie die relativ hohen Welpenpreise lockten, gaben schnell wieder auf, als sie sahen, wie schwierig diese Zucht ist, und daß der Mastiff niemals als »Massenware« gezüchtet werden kann, wie dies leider mit anderen Rassen geschieht. Die verbesserte Information über den Mastiff ist weitgehend der Arbeitsgemeinschaft Mastiff im Club für Molosser zu verdanken. Die zahlreichen informellen und formellen Treffen, unter anderem das beliebte »Fischerhuder- Treffen«, dienen nicht nur der Präsentation unserer Rasse in der Öffentlichkeit, sondern auch dem Erfahrungsaustausch der Mastiff- Besitzer untereinander und ihrer Information durch Referenten aus dem Mutterland der Rasse, so 1986 Mr. P. Sarjeant und 1985 Mrs. B. Baxter. Da der Club für Molosser

Abb. 53 *Alkis of Seven Oaks und Abigale of the Cheviot Hills mit der Autorin des Kapitels Mastiff. (Foto: Wurthmann)*

sich regelmäßig um englische Spezialrichter bemüht, die Arbeitsgruppe außerdem eine rege Korrespondenz mit ausländischen Mastiffclubs führt, sind wir selbst in der »Mastiff-Diaspora« Bundesrepublik auf dem aktuellen Stand der Diskussion.

In den letzten Jahren bekamen wir zunehmend eine gute Qualität unserer Mastiffs attestiert, besonders in bezug auf Funktionalität und Wesen. Den guten, alten, schweren Kopftyp haben wir leider selten, doch in Holland und sogar in England beklagt man denselben Mangel! Hier liegt also noch ein weites Betätigungsfeld für züchterischen Fleiß und Ehrgeiz, – die Rasse Mastiff hat auch in Deutschland eine Zukunft, wenn auch glücklicherweise nicht als massenhaft gezüchteter »Allerweltshund«, so doch als von Kennern und Liebhabern der Rasse geschätzter ungewöhnlich kraftvoller, unbestechlicher Wach- und Schutzhund!

# IV. Der Bullmastiff

*Dr. Dieter Fleig / Herbert Siebold*

1. Ursprung der Rasse
2. Rassestandard mit Erläuterungen
3. Das Wesen des Bullmastiffs
4. Zucht der Rasse
   a) England und USA
   b) Kontinent
5. Die Zukunft der Rasse

# Ursprung der Rasse

Wie sein Name schon besagt, im Bullmastiff vereinigen sich die Hunderassen Bulldog und Mastiff. Man kann beide Rassen zu den ältesten und angesehensten zählen, die Englands Hundezüchter geschaffen haben. Bereits die römischen Eroberer stießen bei ihrem Einfall nach Großbritannien auf den Mastiff, sie bewunderten seine Tapferkeit, Größe und Stärke. Und der Bulldog, er wurde zu einer Art »Nationalhund«, zum Wahrzeichen des englischen Nationalcharakters. Was ein Bulldog erst einmal im Fang hielt, ließ er nicht mehr los!

Die meisten Historiker stimmen darin überein, daß beide Hunderassen wohl eine gemeinsame Wurzel, eine gemeinsame Stammform haben. So bedeutete die Zucht des Bullmastiffs eigentlich nichts anderes als das Wiederzusammenführen der Rassen auf ihre gemeinsame Urform.

Erstaunliches berichtete bereits der französische Naturforscher Buffon im Jahre 1791 in seinen naturgeschichtlichen Abhandlungen. Danach entsteht aus der Kreuzung von Mastiff mit Bulldog ein Hund, der wesentlich größer als der Bulldog, insgesamt ihm aber in seiner äußeren Form ähnlicher als dem Mastiff ist. In der dritten Auflage seines berühmten Buches (1879) schreibt der bekannte Kynologe Stonhenge, in jüngerer Zeit seien verschiedentlich Bulldogs in den Mastiff eingekreuzt worden. Hiergegen beständen wenig Bedenken, da das Blut des Bulldogs bemerkenswert gut mit dem des Mastiff verschmelze. Hutchinson veröffentlichte in seinem Buch über die Hundedressur (1876) einen Bericht über die Kreuzung von Bulldog mit Mastiff. Diese Hunde seien bemerkenswert gut auf der Fährte, kämen in ihren Leistungen dem berühmten Bloodhound nahe.

Nach den Zuchtbüchern der Rassehundevereine einschließlich dem englischen Kennel Club ist der Bullmastiff eine recht junge Rasse, schaut man jedoch in das züchterische Geschehen des 19. Jahrhunderts, so treten bereits in diesem Jahrhundert häufig solche Kreuzungen auf. Sie werden durchgeführt, weil man aus der Verbindung der beiden Rassen höhere Leistungen erwartete als bei den reinrassigen Exemplaren.

Die nachgewiesene Geschichte des Bullmastiffs beginnt etwa in den 80er Jahren des vergangenen Jahrhunderts. Im frühkapitalistischen England erwies es sich als immer schwieriger, große Forste frei von Jagdzügen der Wilddiebe zu halten. Wilderei ist bekanntlich eine sehr schwer zu bekämpfende Leidenschaft, muß aber in dieser Situation noch zusätzlich gestärkt worden sein durch das soziale Umfeld des Frühkapitalismus. Arbeitslosigkeit oder Hungerlöhne zwangen so manchen Familienvater, Ausschau zu halten, wie er seine Familie am Leben hielt.

Die Strafen für Wilddieberei waren hoch, dennoch schien es kaum möglich, dieses Laster allein durch Gesetze zu bekämpfen. Der Beruf des Jagdaufsehers wurde zunehmend gefährlich. Wilddiebe zogen es oft vor, den Jagdaufseher kurzerhand abzuschießen, um dadurch zu entkommen, drohte ihnen doch bei der Verhaftung jahrelange Freiheitsstrafe, weitere Verelendung der Familie.

Leben und Gesundheit der Jagdaufseher waren äußerst bedroht, sie brauchten eine Hilfe, diese bot ihnen ein guter Hund.

Es versteht sich wohl von selbst, daß es zunächst für den Jagdaufseher völlig gleichgültig erschien, wie ein solcher Hund wohl aussah, ausschlaggebend war die Leistung! Zahlreiche Rassen wurden ausprobiert, Kreuzungen durchgeführt. Der Mastiff war für die Aufgabe sicherlich mutig und kraftvoll genug, er erschien vielen jedoch nicht genügend aktiv, nicht ausreichend aggressiv für diese Arbeit. Der Bulldog alten Schlages wurde gleichfalls ausprobiert, wobei hervorgehoben werden sollte, daß dieser sich wesentlich von den heutigen Ausstellungsexemplaren unterschied. Er war ein großer, starker und aktiver Hund, kam vom alten »Bullbaiting«, dem Kampf mit dem Bullen. Die Jagdaufseher fanden jedoch heraus, daß er wahrscheinlich ein wenig zu unbeherrscht war, zu wenig gehorsam und für die Aufgabe nicht groß genug.

Der ideale Hund des Jagdaufsehers, »Gamekeeper's Night-Dog« sollte bei der Begegnung mit den Wilddieben ruhig bleiben, nicht bellen, er durfte das Versteck des Jagdhüters nicht vorzeitig verraten. Gewünscht war eine dunkle Haarfarbe, so daß er in der Nacht kaum gesehen werden konnte. Man brauchte einen völlig furchtlosen Hund, der auf Kommando angriff. Dieser Angriff sollte jedoch nicht den Wilddieb verletzen, vielmehr sollte der Wilddieb durch den ersten Ansprung des Tieres zu Boden geworfen und dort festgehalten werden. Dies war die Aufgabe. Bald erwies es sich, daß die brauchbarsten Schutzhunde aus Kreuzungen zwischen Mastiff und Bulldog zu gewinnen waren.

Der Gebrauchszweck schuf den Bullmastiff, der nächtliche Kampf gegen die Wilddiebe war ein strenger Ausleseprozeß für die Zucht, nur die brauchbarsten Hunde überlebten und wurden erneut zu Eltern neuer Schutzhunde. Diese Zucht währte über mehrere Jahrzehnte, führte zu einem eigenen Hundeschlag.

Selbstverständlich war die Zucht guter Hunde für die Jagdaufseher eine Lebensnotwendigkeit. Bald erwies es sich aber auch, daß man solche Hunde gut verkaufen konnte. Es kam zu Wettbewerben, bei denen es darum ging, die Leistung der Hunde zu demonstrieren. Bei solchen Demonstrationen wurde ein Mann mit einer Keule ausgestattet, die in Größe und Ausmaß vorgeschrieben war. Auf ihn wurde ein mit Maulkorb versehener Bullmastiff gehetzt, dessen Aufgabe es war, den Mann zu Boden zu werfen und festzuhalten. Man sagte, daß sich bei solchen Wettbewerben kein Mann gegen einen wirklich guten Hund auf den Füßen halten konnte.

Über einen solchen Schaukampf finden wir in dem Magazin »The Field« vom 20. August 1901 nachfolgenden Bericht: »Außer Wettbewerb brachte Mr. Burton von den Thorneywood Kennels einen Night-Dog auf die Ausstellung und setzte für jedermann ein Pfund Sterling aus, der seinem mit Maulkorb versehenen Hund entkommen würde. Einer der Zuschauer hatte reichliche Erfahrung mit Hunden und nahm die Wette an. Sie wurde vor einer großen Ansammlung von Zuschauern und Wildhütern ausgetragen. Man gab dem Mann einen beträchtlichen Vorsprung und sandte ihm dann den mit Maulkorb versehenen Hund nach. Das Tier griff sofort an und warf den Mann mit dem ersten Anlauf zu Boden. Der Mensch verteidigte sich tapfer, wurde aber jedesmal, wenn er auf die Füße kam, wieder zu Boden gerissen und schließlich vom Hund solange auf dem Boden festgehalten, bis der Hundebesitzer ihn wieder befreite. Drei Runden stand der Mann gegen den mächtigen Hund durch, wurde aber jedesmal besiegt und war nicht in der Lage, zu entkommen.«

Dieser hervorragend ausgebildete Wachhund gehörte zu den ersten Bullmastiffs, es war »Thorneywood Terror« im Besitz von Mr. W. Burton aus Thorneywood, Nottingham. Dieser Hund wurde zu einem der wichtigsten Ahnherren der Rasse.

Der Ruhm der neuen Hunderasse sprach sich bis zum englischen Kriegsministerium durch, die »Westminster Gazette« berichtet 1900, daß Major Crowe vom Kriegsministerium eigens eine solche Demonstration besichtigte, er einen sehr positiven Bericht über diese Vorstellung an das Kriegsministerium eingereicht habe.

An dieser Stelle darf und soll nicht verschwiegen werden, daß diese reine Zucht auf Leistung, auf einen bedingungslos angreifenden Hund einen beachtlichen Gegensatz darstellt zum heutigen wohlerzogenen, gutartigen, aber dennoch furchtlosen und mutigen Hund. Eric Makins schreibt in seinem 1939 herausgebrachten Buch: »Der ursprüngliche, original aus den Kreuzungen entstandene Bullmastiff war ein »schreckenerregendes Stück Hundefleisch«. Unsere Abb. 54 zeigt eine Bronze Ausgang des 19. Jahrhunderts, die einen angeketteten Hund dieses Typs recht gut wiedergibt. Die Ähnlichkeit mit den heutigen Exemplaren ist unverkennbar. Es sei aber bereits an dieser Stelle betont, daß es in späteren Jahren durch planvolle Zucht gelang, aus diesen großartigen Schutzhunden angenehme Familienhunde zu machen. Aufgabe des Chronisten war es jedoch, zunächst einmal die Entstehungsgeschichte der Rasse zu beschreiben.

Daß die Rassenbegründer nicht die Absicht hatten, in erster Linie Ausstellungshunde zu züchten, demonstriert die weitere geschichtliche Entwicklung. Der prominenteste Züchter S. E. Moseley mit dem berühmten Farcroft-Zwinger war erster Präsident des »National Bull-Mastiff-Police-Dog-Club«, der im Oktober 1925 gegründet wurde. Schon die Namensgebung dieses Clubs dokumentiert, in welchem Maße die ersten Züchter des Bullmastiffs davon ausgingen, einen Gebrauchshund für polizeiliche Aufgaben zu züchten.

Über seine Zucht schreibt Mr. Moseley etwa folgendes: »Um die Hunderasse zu züchten, die mir vorschwebte, habe ich nach folgendem Plan gearbeitet. Als Fundament dienten mir die Rassen Englischer Bulldog und Mastiff, die ich lange kannte, und deren gute Eigenschaften ich zu schätzen wußte.

Ich wollte ein Blutverhältnis von 60% Mastiff und 40% Bulldog schaffen und erreichte dies mit folgendem Schema: Kreuze ich eine Mastiff-Hündin mit einem Bulldog-Rüden, so erhalte ich aus dieser Verbindung ein Produkt von 50 : 50. Eine Hündin aus dieser Zucht, gedeckt von einem Mastiff-Rüden, wirft Welpen von 75% Mastiff und 25% Bulldog. Die Hunde aus dieser Verbindung nunmehr mit einem Tier aus der ersten 50 : 50% Kreuzung ergeben ein prozentuales Verhältnis von 62,5% Mastiff und 37,5% Bulldog. Eine Hündin dieser Kreuzung

Abb. 54 *»Ein Schrecken erregendes Stück Hundefleisch!« »Porter Order« – Bronze P. Lecourtier«, ca. 1870. Ein wehrhafter Schutzhund! (Sammlung: Dr. Fleig)*

port

gedeckt von einem 50 : 50% Rüden wirft Welpen, von denen wir eine Hündin wieder von einem Rüden decken lassen, der aus der Mischung 62,5% Mastiff und 37,5% Bulldog stammt. Und das ergibt dann mein Ideal mit einem Prozentsatz von 60% Mastiff und 40% Bulldog: den Bullmastiff.«

Hierzu sei angemerkt, daß eine solche prozentuale Blutberechnung züchterisch absolut unsinnig erscheint, die Erbkraft der einzelnen Ausgangstiere ist nicht berücksichtigt. Dennoch demonstriert diese Darstellung, wie Mr. Moseley an seine Zucht heranging. Es sei nochmals betont, dieser Züchter war sicherlich zu seiner Zeit die Nummer eins der Zucht, ja man kann ihn als den Schöpfer des Bullmastiffs bezeichnen. Nach den vorliegenden Unterlagen besaß er gleichzeitig 16 Zuchthündinnen und 5 Zuchtrüden in seinem Zwinger, züchtete jährlich mehr als 100 Welpen. Er exportierte in alle Länder der Erde, erwähnt sind Afrika, Amerika, Kanada, Frankreich, Holland, Belgien, Ägypten, Indien, China, Siam, Schweden, Japan, Italien, Deutschland und Spanien.

Seine Verdienste werden in der Weihnachtsnummer von »Our Dogs« 1926 wie folgt charakterisiert: »Kein Mensch hat je mehr getan, um eine Rasse bekannt zu machen als Mr. S. E. Moseley. Er hat den Bullmastiff praktisch allein hervorgebracht. Dieses Ziel konnte er nur durch Hundeverstand und viel eigenen Einsatz erreichen. Er kennt keine andere Hunderasse, die als Wächter und Lebensgefährte besser geeignet wäre als seine Lieblinge, die Art, in der er den Rassetyp festigte, ist außerordentlich bemerkenswert.«

An dieser Stelle verdient nunmehr auch sein Stammrüde »Farcroft Fidelity« Erwähnung, den wir in Abb. 56 dargestellt haben. Der Rüde wurde am 4. 9. 1921 geboren und prägte seine Nachkommenschaft in erstaunlichem Maße. Nachdem der Kennel Club der Rasse das Ausstellungsgeschehen eröffnet hatte, war er einer der erfolgreichsten Ausstellungshunde mit über 50 ersten Preisen!

Kommen wir nun zum »Geburtstag der Rasse«, der offiziellen Anerkennung des Bullmastiffs durch den englischen Kennel Club. Die »The Kennel Gazette« – das offizielle Organ des Kennel Clubs – veröffentlichte am 24. 12. 1924 die Anerkennung der Rasse und eröffnete ein Zuchtbuch für Bullmastiffs.

Hierbei unterscheidet der Kennel Club zwischen reingezüchteten Bullmastiffs (pure-bred) und Kreuzungsprodukten (cross-bred). Ins Zuchtbuch eingetragen werden können nur die reingezüchteten, das waren Bullmastiffs, die ohne zusätzliche Einführung reiner Mastiff- oder Bulldogahnen über zumindest drei Generationen aus Bullmastiffs gezüchtet waren. Der Rasse wurden auf Ausstellungen eigene Klassen eingeräumt, der Leistungshund Bullmastiff begann seinen erfolgreichen Weg auf Hundeausstellungen.

Wir erwähnten schon den Stammrüden »Farcroft Fidelity«. Aus seinen Ausstellungsberichten und der Berichterstattung von Mr. Moseley sei folgendes festgehalten: Maße und Gewicht im Alter von drei Jahren: Schulterhöhe 71 cm, Gewicht 52,6 kg, Brustumfang 102 cm, Kopfumfang und Halsumfang je 66 cm, dies alles in fester, trockener Kondition. Er ist gerade und aktiv wie ein Terrier! Richter Robert Leighton schrieb: »Seine Hinterhand würde auch einem Deutschen Schäferhund gut anstehen.« Und Mr. W. J. Michols bestätigte ihm einen kurzen

Abb. 55 *»Chien de Nuit« (Keeper's Night Dog) Stich aus Les Chiens D'Arrét 1890. Älteste bildliche Dokumentation des Bullmastiffs. (Sammlung: Dr. Fleig)*

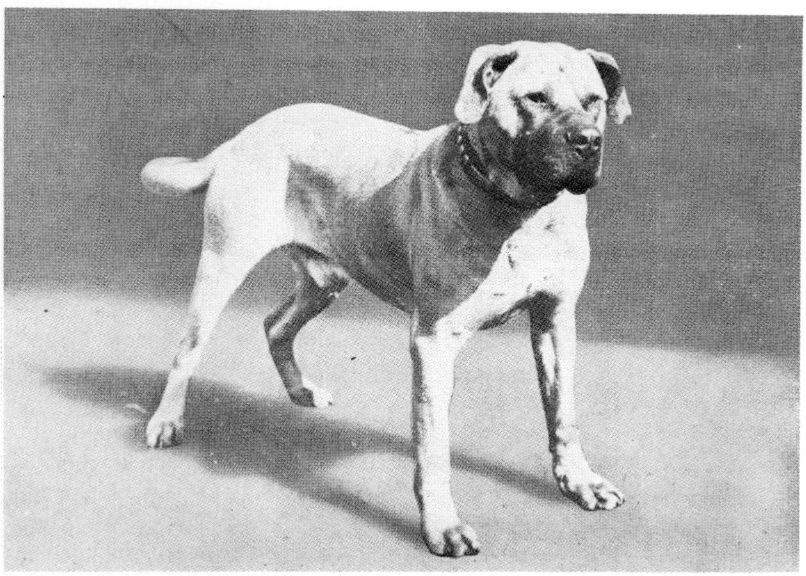

Abb. 56 *Farcroft Fidelity. Der Stammrüde der Bullmastiff-Zucht, geboren am 4. 9. 1921*

Abb. 57 *Ch. Farcroft Silvo, der erste Bullmastiff Champion. Siegerin CRUFTS 1927 und 1928. Sie war für die Zucht durch ihre gestromte Farbe besonders wertvoll.*

Abb. 58 *Ch. Wisdom of Wynyard, dieser Rüde errang insgesamt 6 CCs. Er war Anfang der 30er Jahre einer der wichtigsten Zuchtrüden.*

Rücken, tiefe Brust, perfekte Front, starken Kopf, hübsche Ohren und große Aktivität. »Ein Hund, den man bewundern muß!«

Als zweiten unter den herausragenden Hunden aus diesem Zwinger stellen wir im Bild »Ch. Farcroft Silvo« vor (Abb. 57), eine gestromte Hündin. Sie wurde auf der weltberühmten CRUFTS 1927 Siegerin, ebenso 1928. 1927 wurden bereits 47 Meldungen auf dieser Ausstellung erreicht, »Farcroft Silvo« war der erste Ausstellungschampion der Rasse und gewann insgesamt 14 CC's während ihrer Ausstellungslaufbahn.

Zum Abschluß des geschichtlichen Teils noch zwei Hunde: »Ch. Wisdom of Wynjard« gehörte Anfang der 30er Jahre zu den wichtigsten Rüden, er gewann insgesamt sechs CC's (Abb. 58). Daß die Rasse auch in höheren Kreisen des Landes Popularität gewann, dokumentiert »Hussar Stinkor« im Besitz des Duke of Gloucester (Abb. 59). Beide Hunde sind vorzügliche Vertreter ihrer Rasse, schöne, großrahmige Hunde.

Wir sehen, aus dem gefürchteten Diensthund des Wildhüters ist ein respektabler Ausstellungshund geworden. Die Züchter bemühten sich, Nervenfestigkeit und Furchtlosigkeit der Rasse zu erhalten, dabei aber systematisch Linien auszumerzen, in denen die alte Wildheit des Bulldogs ausbrach. So stand Ende der 30er Jahre eine neue Hunderasse, die in ihrem äußeren Erscheinungsbild und in ihrem Wesen bereits gut durchgezüchtet war. Bei der Kürze der Zeit eine erstaunliche Leistung!

Abb. 59 *Hussar Stinkor im Besitz Seiner Königlichen Hoheit des Duke of Cloucester, Bruder von König Georg VI.*

# Rassestandard mit Erläuterungen

Man kann einen Rassestandard als Beschreibung einer Hunderasse bezeichnen, die sämtliche Einzelheiten der äußeren Gestalt und des gewünschten Charakters niederlegt. An diesen Standard sind Züchter und Richter gebunden, allein nach dem Standard ist der einzelne Hund zu bewerten, wenn geprüft werden soll, wieweit er dem Ideal der Rasse entspricht.

Der bekannte amerikanische Hundezüchter Montgomery schreibt: »Der Standard jeder Hunderasse ist der Standard der Vollendung. Er besagt, wie ein hypothetisch perfektes Tier dieser Rasse aussieht.« Dem ist nichts anderes hinzuzusetzen als die Feststellung, daß zur Stunde in keiner Rasse je ein solches »hypothetisch perfektes Tier« gezüchtet wurde; wie wir Menschen, so haben auch unsere Hunde alle ihre individuellen Fehler. Ein kluger Richter urteilt nicht nach Fehlern, sondern nach Vorzügen, – bei Hunden wie bei Menschen! Nach den in der Hundezucht international festgelegten Regeln stellt das Ursprungsland einer Hunderasse deren Standard auf. Nachstehend der Standard des Bullmastiffs in deutscher Übersetzung.

*Charakter:* Das Temperament des Bullmastiffs vereinigt Mut, Zuverlässigkeit, Lebhaftigkeit, Ausdauer und Wachsamkeit.

*Allgemeine Erscheinung:* Der Bullmastiff ist ein kräftig gebauter, ebenmäßiger Hund; stark, aber nicht schwerfällig.

*Kopf und Fang:* Der Schädel soll von jeder Seite aus gesehen groß und viereckig sein, mit deutlichen Falten, wenn er erregt ist, jedoch nicht in Ruhe. Der Schädelumfang soll in etwa der Schulterhöhe des Hundes entsprechen. Er soll tief und breit sein mit gut entwickelten Wangen. Fang kurz. Der Abstand von der Nasenspitze bis zum Stop soll nicht mehr als ein Drittel der Gesamt-Kopflänge betragen. Breit unter den Augen und sich bis zur Nasenspitze kaum verjüngend, stumpf und quadratisch endend. Mit dem Nasenrücken einen rechten Winkel bildend und gleichzeitig entsprechend mit dem Schädel. Unterkiefer breit endend. Nasenschwamm breit, mit von vorne gesehen weit geöffneten Nasenlöchern, im Profil flach und weder über den Unterkiefer hinausragend noch hinter ihm zurückliegend. Deutlich markierter Stop. Lefzen nicht hängend und nicht über den unteren Rand des Unterkiefers hinausreichend.

*Augen:* Dunkel- oder haselnußbraun. Mittelgroß. Abstand der Fangbreite entsprechend. Stirnfurche. Helle oder gelbe Augen sind ein grober Fehler.

*Ohren:* V-förmig oder nach hinten gefaltet. Hoch und breit angesetzt auf gleicher Höhe des Hinterkopfes, wodurch der Schädel sein quadratisches Aussehen erhält, was unbedingt wichtig ist. Die Ohren sollen klein sein und dunkler in der Farbe als der übrige Körper. In aufmerksamer Haltung soll sich die Ohrspitze auf gleicher Höhe mit dem Auge befinden. Rosenohren sind fehlerhaft.

*Gebiß:* Zangengebiß, leichter Vorbiß erlaubt, aber nicht bevorzugt. Fangzähne groß und weit auseinanderstehend. Die anderen Zähne sind kräftig und regelmäßig gerade angeordnet. Unregelmäßiger Zahnstand ist ein Fehler.

*Hals:* Gut gewölbt, mäßig lang, sehr muskulös. Im Umfang fast dem Kopfumfang entsprechend.

*Vorhand:* Brust breit und tief, gut bis auf die Vorderläufe hinabreichend. Tiefe Vorbrust. Schulter muskulös, schräg gelagert und kraftvoll, jedoch nicht überladen. Vorderläufe stark und gerade mit guten Knochen und breitgestellt, eine breite, gerade Front bildend. Fesseln gerade und stark.

*Rumpf:* Rücken kurz und gerade, dadurch sehr festgefügte Körperhaltung; jedoch nicht so kurz, daß die Wendigkeit leidet. Karpfen- und Senkrücken sind Fehler.

*Hinterhand:* Lenden breit und muskulös mit ziemlicher Flankentiefe. Hinterläufe stark und gut bemuskelt mit gut gewinkelten Unterschenkeln. Die Hinterhand verrät Kraft und Beweglichkeit, jedoch niemals Schwerfälligkeit. Sprunggelenke sind mäßig gewinkelt. Kuhhessigkeit ist ein gravierender Fehler.

*Pfoten:* Nicht besonders groß, mit gerundeten Zehen, gut gewölbte Katzenpfoten. Ballen hart. Gespreizte Pfoten sind fehlerhaft.

*Rute:* Hoch angesetzt, stark an der Wurzel und sich zur Schwanzspitze hin verjüngend; bis zu den Sprunggelenken herabreichend. Die Rute wird gerade hängend oder auch gebogen getragen, doch nicht in der Art der Jagdhunde. Knickruten sind fehlerhaft.

*Haarkleid:* Kurz und hart, guten Witterungsschutz bietend, glatt am Körper anliegend. Neigung zu langem, seidigem oder welligem Haar ist fehlerhaft.

*Farbe:* Jede Schattierung von gestromt, falb oder rot. Die Farbe muß aber rein und klar sein. Ein kleines weißes Abzeichen an der Brust ist erlaubt, jedoch nicht erwünscht, andere weiße Abzeichen sind fehlerhaft. Dunkler Fang ist wesentlich, ebenso dunkle Tönung gegen die Augen hin, auch dunkler umrandete Augen. Dieses hebt den typischen Ausdruck. Dunkle Krallen sind erwünscht.

*Gewicht:* Rüden 57 bis 60 kg. Hündinnen 40 bis 53 kg.

*Größe:* Rüden 63 bis 69 cm Schulterhöhe; Hündinnen 62 bis 67 cm.

Es ist wichtig, daß Größe und Gewicht miteinander harmonieren.
Gesundheit und Lebhaftigkeit sind wesentlich.

**Nachstehend noch einige Anmerkungen zum Rassestandard:**

**Größe und Gewicht:**

Wie in allen großen Hunderassen gab und gibt es beim Bullmastiff über seine gesamte Rassegeschichte hinweg einen Trend zu mehr Schulterhöhe und größerem Gewicht. Mr. Burton's Thorneywood-Bullmastiffs wogen etwa 90 lbs., das sind rund 41 kg. Im Jahre 1932 stieg die Forderung auf 110 lbs., das sind rund 50 kg,

## Standardillustrationen zum Standard Bullmastiff

1. Korrekter Kopf mit korrektem Fang

2. Zu trockener Kopf, Fang zu lang, ohne ausreichende Belefzung

3. Korrekt getragenes Ohr

4. Nach hinten gefaltetes Ohr (erlaubt, aber nicht erwünscht)

5. Zuviel lose Kehlhaut

6. Zu starke Lefzen, tief hängend

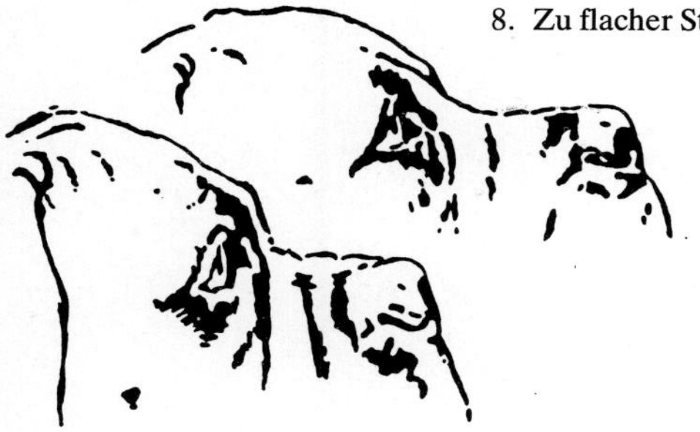

8. Zu flacher Stop

7. Korrekter Stop

9. Zu steile Schultern

9a. Schulter gut, leicht zurückliegend

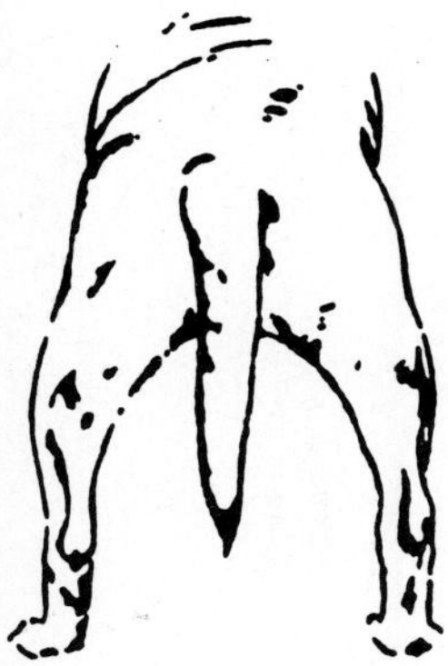

10. Faßbeinig

11. Kuhhessig (X-Beine)

12. Kurzer, gerader Rücken

13. Senkrücken

14. Karpfenrücken

15. Korrekt getragene Rute

16. Korrekt getragene Rute

17. Zu hoch getragene Rute

18. Korrekter Stand in Knie- und Sprunggelenk

19. Zu steiler Stand im Sprunggelenk

20. Zu steiler Stand im Kniegelenk

21. Flachbrüstig, zu wenig Brusttiefe

22. Gute Brusttiefe

23. Katzenpfote guter Stand

24. Spreizpfote

25. Fessel tritt durch

und schon damals prophezeite man ein weiteres Ansteigen. Heute reicht der Standard bis zu 130 lbs., das sind etwa 59 kg. Dabei geht der Standard von einer Schulterhöhe der Rüden zwischen 63,5 cm und 68,5 cm aus. Für einen Hund dieser Größe ein wahrhaft stattliches Gewicht!

Es bleibt zu wünschen, daß der zweite Standardsatz, wonach die Größe im richtigen Verhältnis zum Gewicht stehen muß, Gesundheit und Aktivität das allerwichtigste bedeutet, daß dieser Satz von Züchtern und Richtern richtig gewertet wird. Der Bullmastiff ist im Limit des Standards bereits ein stattlicher, großrahmiger, gewichtiger Hund. Übertreibungen sollten unterbleiben!

Dies gilt naturgemäß sowohl nach oben wie nach unten. Es gibt gar nicht wenige Bullmastiffs, bei denen eigentlich nur die unkupierte Rute klares Indiz dafür ist, daß wir es nicht mit einem zu groß geratenen Boxer zu tun haben. Solchen Hunden fehlt ein wesentliches Charakteristikum des echten Molossers, nämlich die Substanz.

**Kopf und Gebißstellung:**

Aus der Entstehungsgeschichte der Rasse wissen wir, daß der Bullmastiff im wesentlichen Umfang ein Abkömmling des Englischen Bulldogs ist. Geht man vom ursprünglichen »Mischungsrezept« 60% Mastiff, 40% Bulldog aus, dann ersieht man schon daraus, daß der Schädel des Hundes gegenüber dem Mastiff im Fang verkürzt sein muß, in den Kopfproportionen unterscheidet sich der Bullmastiff betont gegenüber dem Mastiff.

Es wäre völlig falsch, wenn man in der Zucht aber einen Kopftyp erreichte, in dem der Bulldogtyp überwiegt. Man denke an die ultrakurze Nase des Bulldogs mit entsprechenden Atemschwierigkeiten, ein zu kurzer Fang ist physisch ungesund, mindert die Leistungsfähigkeit. Die Forderung nach einer breiten, offenen Nase ist die eine Seite, ausreichende Fanglänge die andere, wenn man einen gesunden Hund züchten will. Bulldogartiges Röcheln und Schnaufen, das durch seine Kopfform bedingt ist, verursacht eine übermäßige Belastung von Herz, Lungen und anderen Körperorganen.

Selbstverständlich darf diese Erläuterung nicht dahingehend mißverstanden werden, daß ein längerer und schmälerer Fang zu bevorzugen wäre. Hundeköpfe sind ein sehr charakteristisches Unterscheidungsmerkmal der einzelnen Rassen zueinander, zuweilen haben sich die Züchter hierbei zu züchterischen Übertreibungen hinreißen lassen. Eine typische Kopfform, wie wir sie in den Zeichnungen dargestellt haben, wie eine Reihe guter Fotos dokumentieren, das ist schon ein ganz wesentlicher Teil eines guten Bullmastiffs (vergleiche Kopfstudien Abb. 60 und 61).

Noch ein wichtiger Hinweis zur Gebißstellung: Wer sich die Hunde im Mutterland der Rasse in den letzten Jahren aufmerksam angesehen hat, wird bestätigen, daß es kaum ein Spitzentier, keinen englischen Champion gibt, dessen Gebißstellung »level« ist, – der ein Zangengebiß hätte. Vielmehr sind die Spitzentiere ausnahmslos Vorbeißer. Wenn man wiederum auf den Ursprung der Rasse zurückblickt, dann ist dies gar nicht verwunderlich. Schon beim Mastiff wird Vorbiß toleriert, beim Bulldog planmäßig gezüchtet. Wie sollte da ausgerechnet der Abkömmling dieser beiden Rassen in der Regel Zangengebiß oder gar Scherengebiß aufweisen?

Der Standard in den 30er Jahren ging zwar gleichfalls von einem Zangengebiß aus, brachte aber zum Ausdruck, daß ein vorstehender Unterkiefer gegenüber einem Scherengebiß zu bevorzugen sei. Die heutige Formulierung fordert wie früher Zangengebiß, erlaubt leichten Vorbiß, betont aber, daß dieser leichte Vorbiß nicht gegenüber dem Zangengebiß zu bevorzugen sei. Hier sei jedoch die Anmerkung erlaubt, daß der Vorbiß auch gegenüber der Zange nicht benachteiligt werden darf, wie dies zuweilen geschieht. Insbesondere Allrounder verfallen leicht auf einen solchen Fehler. So wird berichtet, daß beispielsweise in Frankreich jahrelang Bullmastiffs mit Vorbiß grundsätzlich disqualifiziert wurden, was absolut im Widerspruch zum Standard steht!

Es bleibt festzuhalten, daß, ausgehend vom Ursprungsland der Rasse, der Bullmastiff mit seinen typischen Vertretern in aller Regel vorbeißt. Dies ist letztendlich auch im Zusammenhang zu sehen mit der Standardforderung, wonach der Unterkiefer bis zu seinem Ende breit sein muß.

**Gesamtanatomie:**

Der Standard beschreibt einen großrahmigen, schweren, kraftstrotzenden Hund. Dieser Hund muß symmetrisch aufgebaut sein, er darf nicht plump wirken. Erfreulich klar sind die Forderungen auf breite und tiefe Brust, gerade Front. Diese Rasse hat gegenüber vielen anderen molossoiden Hunderassen den großen Vorteil, daß die im Standard vorgeschriebene Anatomie einen guten Bewegungsablauf ermöglicht. Man kann selbstverständlich von einem so kräftigen und schweren Hund nicht den Trab eines Schäferhundes erwarten, jedoch eine flüssige, mühelose Fortbewegung aus einem muskulösen Körperbau.

**Farben:**

Der Bullmastiff bietet eine breite Farbskala von dunkler Stromung über Mahagonifarbe zu Rot bis zur Falbfarbe. Grundsätzlich sind diese Farben nach dem Standard gleichwertig, keine davon zu bevorzugen oder zu benachteiligen.

Aus der Rassegeschichte wissen wir, daß in der Zeit der Entstehung der Rasse gestromte Farbe bevorzugt wurde, bot sie doch für die nächtliche Arbeit an der Seite des Wildhüters optimale Deckung. Tatsache ist leider, daß die gestromte Farbe bereits ab den 30er Jahren züchterisch vernachlässigt wurde. Erinnert sei an die herrliche Cruft's Siegerin »Ch. Farcroft Silvo«, eine Hündin, die durch ihre gestromte Farbe auffiel. Die Züchter bevorzugten danach die klaren Farben rot und falb, waren der Auffassung, daß gestromte Hunde weniger attraktiv seien. Allein dem Zwinger Harbex von Mr. und Mrs. E. J. Warren ist es zu verdanken, daß die Farbe erhalten blieb. Diese Linie des Harbex Zwingers ging ursprünglich auf Zuchtmaterial mit flacherem Schädel und längerem Fang zurück, was einer Ausstellungskarriere hinderlich war. Eine ganze Reihe von Züchtern hat sich darum bemüht, die Farbe dieser Hunde zu nutzen, in den letzten Jahren kamen in

Abb. 60 *Kopfstudie »Colom Woopsie«, englische Importhündin, die Stammhündin des Zwingers »v. Antoniushof« – Herbert & Ida Siebold*

Abb. 61 *Kopfstudie »Tailwynde's Christa«, Importhündin aus den USA, Club- und Bundessiegerin.*

England auch gestromte Hunde auf die vorderen Plätze, erreichten sogar das Championat. Es kann jedoch festgestellt werden, daß es das Ziel einer Reihe von Züchtern ist, endlich selbst auch einen gestromten Champion zu züchten. Dies berechtigt zu der Hoffnung, daß die gestromte Farbe wieder mehr gepflegt wird.

In England wird auch darüber geklagt, daß die alte Mahagonifarbe kaum mehr auf Ausstellungen gesehen wird. Vor 25 Jahren war sie sehr populär, insbesondere der Mulorna-Zwinger pflegte diese Farbe. Im englischen Ausstellungsring ist es auffällig, in welcher Weise die helle Falbfarbe dominiert, es wäre durchaus wünschenswert, wenn Rot und Mahagoni wieder mehr Pflege fänden.

Es sei jedoch betont, Farbe ist eine Frage des persönlichen Geschmacks, gewissen Modeeinflüssen unterworfen. Es bleibt bei der alten Züchterweisheit, wonach ein guter Hund keine schlechte Farbe haben kann.

# Das Wesen des Bullmastiffs

Es hätte wenig Sinn gehabt, dem Leser den Ursprung der Rasse ausführlich darzustellen, wenn dieser nicht gleichzeitig bestimmend wäre für den Charakter dieses Hundes. Man sollte nie vergessen, daß der Bullmastiff in seiner züchterischen Entstehung ein »Gebrauchshund« im besten Sinne des Wortes war. Ziel der Züchter war es, einen verläßlichen Wach- und Schutzhund zu schaffen, es ist Sache der Züchter und der Halter, dieses Wesen zu wahren, gleichzeitig dafür Sorge zu tragen, daß es nicht mißbraucht wird.

Vielleicht kommt das Wesen dieser Hunde durch einige überlieferte Beispiele am besten zum Ausdruck.

Von Mr. und Mrs. Bennet wird überliefert, daß sie eines Abends zu einer Party gegangen waren, ihre Kinder der Obhut der Mägde anvertrauten. Ein Einbrecher erzwang sich Zugang in das Haus, eines der Mädchen ließ den Bullmastiff los, der den Eindringling von 9.00 Uhr abends bis zur Rückkehr von Mr. und Mrs. Bennet am frühen Morgen festhielt. Die ganze Zeit über war die Vordertür offen, der Schnee trieb herein, Hund wie Einbrecher waren in einem bedauernswerten Zustand, als sie aus ihrer Lage befreit wurden. Mr. Bennet rief die Polizei und man erfuhr, daß der Eindringling ein bekannter Einbrecher war. Er führte Brecheisen und Pistole mit sich, aber Mr. Bennet bemerkte mit Recht: »Was nützt ein Revolver, wenn ein Hund einem nicht erlaubt, ihn zu ziehen?«

Mr. Arthur Craven widmete seiner Bullmastiff-Hündin »Bell« sein Buch über die Rasse mit nachstehender Begründung: »Bell war ein Bullmastiff des alten Typs (aus einer Kreuzung). Ein treues Tier und eine wundervolle Mutter. Bell's Herrin mußte kurzzeitig die Wohnung verlassen, um eine Botschaft zu überbringen, ein Kleiderständer, der vor dem offenen Feuer stand, fiel wahrscheinlich aufgrund einer Erschütterung um, hierdurch brannte das Haus nieder.

Bell befand sich in ihrem Zwinger und pflegte ihre Welpen, als sie aber die Flammen sah, sprang sie auf, fand das Haus jedoch verschlossen. Sie prallte immer wieder gegen die Haustür, schließlich gelang es ihr, sie aufzubrechen. Sofort rannte sie in die Küche, wo das Baby in der Wiege lag. Die Hündin hob mit der

Sanftheit einer Mutter das Baby aus der Wiege und trug es hinaus in die Sicherheit, kehrte dann wieder ins Haus zurück, wahrscheinlich um ihre Herrin zu suchen.

Durch ihren Mut verlor Bell ihr Leben, sie erstickte, aber ihre Treue und mutige Tat sind ein Denkmal für Hundetreue. Bell war einer der vielen Helden unter den Hunden, die ihre Pflicht taten, treu bis zum Letzten. Möge die Erinnerung an diese Tat immer bewahrt werden!«

Es gibt Berichte, hiernach hat der Bullmastiff in vielen Teilen der Welt zuverlässige Arbeit als Polizeihund und bei der Bewachung großer Besitztümer geleistet. Unter anderem wurde die Rasse auch kurz vor dem zweiten Weltkrieg zusammen mit Schäferhunden eingesetzt, die Diamantminen von Kimberley zu beschützen. Fünfzig Hunde wurden eingesetzt, sie wurden von vier Hundeführern geleitet. Durch diesen Einsatz wurden fünfzig bewaffnete Männer ersetzt.

Der englische Bullmastiff-Züchter Clifford Derwent schrieb, der Bullmastiff gehöre zur gleichen Hundekategorie wie die in Deutschland gezüchteten Rassen Dobermann, Rottweiler oder Riesenschnauzer. Alle diese Rassen seien etwa zur gleichen Zeit um die Jahrhundertwende entstanden, ihre Aufgabe war es zu wachen, zu schützen, Fährten zu folgen und notfalls Einbrecher anzugreifen.

Dieses Bild wäre aber unvollständig, wenn man nicht betonen würde, daß dieser Hund neben dem Wach- und Schutzinstinkt ein ausgesprochen ruhiger, angenehmer Familienhund ist. Seine hohe Reizschwelle verhindert es, daß er grundlos Menschen oder Tiere angreift. Sein Verhalten ähnelt dem seines Vorfahren Bulldog, Ruhe und Gelassenheit, Selbstbewußtsein, Freundlichkeit gegen Mensch und Tier, solange für ihn kein Anlaß besteht, eine Bedrohung seines Besitzers oder dessen Familie und Eigentum anzunehmen.

Kein Wunder, daß dieser Hund auch die Aufmerksamkeit von den Freunden der Arbeit mit Gebrauchshunden erregte. Es besteht überhaupt kein Zweifel, daß man mit dieser Hunderasse auch heute arbeiten kann, allerdings mit Sicherheit nicht so, wie es der Gebrauchshundesportler von der Arbeit mit den deutschen Gebrauchshunderassen erwartet.

Wie wir schon im geschichtlichen Teil erwähnten, die Veranlagung für Nasenarbeit ist ausgezeichnet. Wird der Hund fachgerecht ausgebildet, versteht es sein Führer, ihm diese Aufgabe interessant zu machen, so wird er es in der Nasenarbeit mit jeder anderen Gebrauchshunderasse aufnehmen. Gerade seine Bedächtigkeit und Gründlichkeit sind gute Voraussetzungen für Erfolg bei dieser Arbeit.

Etwas anderes gilt für die Unterordnung. Hier muß der Führer sich von vorne herein darauf einstellen, daß er einen eigenwilligen Hund führt, der keine Veranlagung zum »Kadavergehorsam« besitzt. Der Bulldog ist ein recht eigenwilliger Hund, ein Teil seines Erbes hat der Bullmastiff übernommen. Es erscheint unerläßlich, den Hund schon aus dem Welpenalter heraus an Gehorsam zu gewöhnen, »Unterordnung mit ihm zu spielen«, dies ist der einzige Weg zum Erfolg. Freude am Apportieren, Bringlust steckt in der Rasse, man muß ihn lehren, auch zur rechten Zeit und ordnungsgemäß abzugeben.

Zu Recht wird davor gewarnt, Molosser auf Menschen zu hetzen! Diese kraftvollen Tiere sind ernsthafte Angreifer, ihr Griff ist hart, das Auslassen muß wiederum von frühester Jugend an gelehrt werden. Die Ausbildung des Bullma-

Abb. 62 *Bullmastiff als Rettungshund. »Denis v. Antoniushof« mit seiner Besitzerin Martina Müller.*

Abb. 63 *»Denis v. Antoniushof« bei der Suche nach lebenden Menschen unter den Trümmern.*

stiffs entsprechend den Prüfungsordnungen für Gebrauchshunde sollten eigentlich nur Fortgeschrittene unternehmen. Für den normalen Hundefreund reicht völlig die Ausbildung zum »verkehrssicheren Begleithund« (VB), von der Veranlagung her bringt der Hund die notwendigen Voraussetzungen mit. Der Schutztrieb entwickelt sich bei einem in der Familie vernünftig gehaltenen Hund aus der Veranlagung der Rasse heraus in völlig ausreichendem Maße.

Aus Finnland liegen Informationen vor, wonach die Rasse mit Erfolg zum Blindenführhund ausgebildet wird, in Deutschland bietet die Ausbildung zum »Rettungshund« interessante Aufgaben (vergleiche Abb. 62 und 63).

Abschließend sei festgestellt, daß von seiner charakterlichen Veranlagung her der Bullmastiff ein echter Familienhund ist, außerordentlich kinderlieb, bereit zur vernünftigen Unterordnung und ein achtungsgebietender, verläßlicher Wachhund. Wer es versteht, ihn frühzeitig zu erziehen, wird in der Unterordnung kaum Schwierigkeiten mit ihm haben.

Ein Hundecharakter, – ohne Fehl und Tadel.

# Zucht der Rasse

## England und USA

Manchmal ist es auch ein Vorteil, wenn eine Rasse nicht sehr alt ist. So ermöglicht es uns das englische Zuchtbuchwesen, die jährlichen Eintragungszahlen beim Kennel Club seit Beginn der Rasse zu dokumentieren. Nichts zeigt besser die Entwicklung der Popularität einer Rasse als ihre jährlichen Eintragungsziffern. Nachstehend die Eintragungen der Jahre 1925 bis 1984.

Bei englischen Eintragungszahlen muß stets beachtet werden, daß kein Züchter gezwungen ist, seine Welpen beim Kennel Club eintragen zu lassen. So erscheint es durchaus möglich, daß der starke Abfall während des zweiten Weltkrieges gar nicht den echten Rückgang der Zucht spiegelt, vielmehr fehlende Hundeausstellungen wenig Anreiz zu derartigen Eintragungen boten. Natürlich kam wie in allen Ländern während der Kriegszeit das Problem hinzu, daß große Hunde schwer zu ernähren waren.

Der Nachkriegsboom der Jahre 1946 bis 1951 ist in nahezu allen europäischen Ländern festzustellen. Große Hunde, die sich für Schutz- und Wachzwecke eigneten, hatten ihre eigene Konjunktur. Dies normalisierte sich dann erst in den 50er Jahren wieder.

Man kann dem Bullmastiff sicherlich nicht nachsagen, er sei in England besonders populär. Er hat seinen festen Anhängerkreis, jährlich werden im Mutterland der Rasse in jüngerer Zeit 400 bis 600 Welpen gezüchtet.

Interessanterweise gibt es eine breite Skala aktiver, aber für englische Verhältnisse relativ kleiner Zwinger. Nur in wenigen Zwingern ist die zu recht umstrittene Massenzucht gegeben. In der Regel hat ein kleiner Zwinger seine 2 bis 4 Hündinnen, ein weiteres Indiz dafür, daß die Zucht auf einer gesunden Familiengrundlage beruht.

| Jahr | Eintragungen | Jahr | Eintragungen | Jahr | Eintragungen |
|---|---|---|---|---|---|
| 1925 | 63 | 1945 | 415 | 1965 | 239 |
| 1926 | 114 | 1946 | 598 | 1966 | 207 |
| 1927 | 138 | 1947 | 784 | 1967 | 251 |
| 1928 | 191 | 1948 | 903 | 1968 | 301 |
| 1929 | 186 | 1949 | 927 | 1969 | 322 |
| 1930 | 194 | 1950 | 899 | 1970 | 338 |
| 1931 | 226 | 1951 | 801 | 1971 | 329 |
| 1932 | 304 | 1952 | 558 | 1972 | 443 |
| 1933 | 378 | 1953 | 616 | 1973 | 402 |
| 1934 | 517 | 1954 | 501 | 1974 | 502 |
| 1935 | 584 | 1955 | 475 | 1975 | 369 |
| 1936 | 704 | 1956 | 432 | 1976 | 231 |
| 1937 | 678 | 1957 | 363 | 1977 | 125 |
| 1938 | 706 | 1958 | 316 | 1978 | 324 |
| 1939 | 461 | 1959 | 327 | 1979 | 377 |
| 1940 | 132 | 1960 | 299 | 1980 | 436 |
| 1941 | 80 | 1961 | 284 | 1981 | 422 |
| 1942 | 112 | 1962 | 249 | 1982 | 394 |
| 1943 | 186 | 1963 | 238 | 1983 | 464 |
| 1944 | 237 | 1964 | 276 | 1984 | 530 |

Wichtige Zwinger, die bereits vor dem zweiten Weltkrieg die Rasse formten, waren: Zwinger Bulmas (Leeke und Hill), dies war Englands größter und erfolgreichster Bullmastiff-Zwinger nach dem Farcroft-Zwinger von Mr. S. E. Moseley. Er gab 1957 die Zucht auf. Weitere wichtige Zwinger in der Vorkriegszeit waren: Stanfell (Mr. und Mrs. Higginson), Le Tasyl (Mrs. D. J. Nash), Mulorna (Mrs. Mullin), Harbex (Mr. und Mrs. E. J. Warren) und Maritime (Mr. J. F. Marshall). Weiter erwähnt seien aus der Nachkriegszeit die Zwinger Buttenoak, der weitgehend auf Bulmas- Linien aufgebaut wurde, das Erbe dieses Zwingers fortsetzte, der Radcot-Zwinger von Mr. und Mrs. C. Clark. Zahlreiche Champions gehen auf die Stammhündin dieses Zwingers zurück. Hinzu treten Bulbarrs (Mrs. L. Mathews), Bulstaff (Mr. und Mrs. R. Short), Pitmans (Mr. und Mrs. J. Leeson) und Oldwell (Mr. H. Collias). Die beiden letzten Zwinger waren besonders erfolgreich. Wir zeigen Mr. Leeson auf der »Golden Jubilee Show 1975« mit dem Jubiläumssieger Ch. Pitmans Gentleman Jim, einem Rüden, der die Zucht der letzten Jahre maßgebend beeinflußt hat (Abb. 64). Stammrüde im Zwinger Pitmans ist heute Ch. Sharwell Mean Mr. Mustard of Pitmans (Abb. 65 und 66), der sich gleichfalls als interessanter Vererber erweist. Dieser Rüde stammt aus der Zucht von Mr. und Mrs. Bakewell, war im Jahre 1985 »Bullmastiff of the Year«.

Es bleibt festzuhalten und ist aus der oben angegebenen Zwingerliste schon zu ersehen, die Entwicklung der Rasse beruht auf dem züchterischen Geschick der kleinen Zwinger. Am Anfang stand der überragende Einfluß von Mr. Moseley mit Farcroft, er machte die Rasse populär. Wie so in allen Hunderassen, brachen bereits in den 30er Jahren größere Meinungsverschiedenheiten der Züchter untereinander aus. Die Züchter in den Midlands wollten einen breiten, bulligen Typ, die Londoner Züchter hatten mehr einen kleineren Mastifftyp als Ziel. Besondere Popularität errang die Rasse, als Seine Königliche Hoheit, der Duke of Gloucester, ein jüngerer Bruder König Georg VI., sich einen Bullmastiff zulegte. Hinzu kam noch der Filmstar Douglas Fairbanks jr., gleichfalls ein begeisterter Anhänger dieser Hunderasse. Der Bulmas-Zwinger endlich führte die Rasse nach dem Krieg zum heutigen modernen Typ, besonders was die Köpfe anging. Und dieses Erbe wurde dann von den kleineren Zwingern planmäßig fortgeführt.

Nach dem Krieg wurden die Hunde insgesamt schwerer, wurden auch in England kaum noch ausgebildet. Der Bullmastiff-Kenner Douglas B. Oliff charakterisiert die Lage 1983, es sei eine größere Einheitlichkeit erreicht, dabei aber Körpergröße, das heißt Schulterhöhe, verloren worden. Er vermißt auch Knochenstärke und Substanz, zu vielen Tieren fehle die breite und tiefe Brust. Mr. Oliff empfahl, ins Mutterland der Rasse Reimporte aus den USA durchzuführen, um in diesen Punkten die Rasse in England wieder zu verbessern.

Schauen wir uns allerdings hierzu den »Bullmastiff of the Year« des Jahres 1985 an, so bestätigt dieser, daß es substanzvolle, knochenstarke, außerordentlich muskulöse Hunde auch in England gibt. Hierzu sei noch betont, daß der Bewegungsablauf gerade dieses Rüden erstaunlich gut ist.

Auf großen Spezialausstellungen in England treten heute zumeist über 100 Bullmastiffs an, auf Crufts regelmäßig 60 bis 80 Hunde. Auch auf den CC-Ausstellungen ist die Konkurrenz hart. Das Zuchtmaterial erscheint tatsächlich ausgeglichen, besonders positiv anzumerken ist, daß diese Hunde im Wesen einen selbstsicheren, ruhigen und gelassenen Eindruck vermitteln, typische Molosser sind.

Es sollte klar gesehen werden, daß die Zuchtentwicklung in den USA von Anfang an recht lebhaft war. Die Rasse wurde bereits im Oktober 1933 vom The American Kennel Club offiziell anerkannt. Sie fand in den USA viele Liebhaber, nicht zuletzt aufgrund ihrer Brauchbarkeit als Wach- und Schutzhund. Im Jahre 1983 beging die American Bullmastiff Association bereits ihr 50jähriges Jubiläum, das »Golden Jubilee«. Auf der Ausstellung in Oxridge traten 188 Bullmastiffs in Wettbewerb, dies war die bis dahin beste Meldezahl, die irgendwo in der Welt für die Rasse erreicht wurde. Von dem amtierenden Richter Douglas B. Oliff wurde Kraft, Substanz, Typ, gute Köpfe, funktionales Gebäude und Eleganz der amerikanischen Hunde betont. In diesem Zusammenhang darf nie vergessen werden, daß die USA in sehr vielen Hunderassen dadurch den englischen Qualitätsstandard zu erreichen vermögen, weil seit Jahrzehnten viele englische Züchter bereit sind, englische Champions gegen harte Dollars in dieses Land zu verkaufen. In sehr

Abb. 64 *Ch. Pitmans Gentleman Jim, Sieger auf der GOLDEN JUBILEE SHOW 1975*

JOINT BULLMASTIFF SOCIETIES
GOLDEN JUBILEE SHOW
1925-1975
BEST IN SHOW

Abb. 65 *Ch. Sharwell Mean Mr. Mustard of Pitmans, Kopfstudie*

Abb. 66 *Ch. Sharwell Mean Mr. Mustard of Pitmans, Bullmastiff of the Year 1985.*

vielen Hunderassen hat die Stärke des amerikanischen Dollars, gepaart mit der Bereitschaft, für Spitzentiere Spitzenpreise zu bezahlen, diesem Land Vorteile verschafft. Beste englische Hunde stehen seit Jahrzehnten in den USA in zahlreichen Hunderassen zur laufenden Verbesserung der eigenen Zucht zur Verfügung. Eine beneidenswerte Situation!

Es würde den Rahmen dieses Buches sprengen, wenn wir auch detailliert auf die amerikanische Zucht eingehen würden. Aber immerhin stammt die deutsche Club- und Bundessiegerin »Tailwynde's Christa« aus amerikanischer Zucht und hat auch in unserem Lande die Zucht bereits positiv beeinflußt (vergl. Abb. 61). Als typischen Vertreter amerikanischer Spitzenbullmastiffs zeigen wir den Vater dieser Hündin »Tailwynde's Designer Genes« (Abb. 67).

Vielleicht noch eine Anmerkung zu den USA. Im am 6. 2. 1960 durch den American Kennel Club gebilligten Standard finden wir eine weitgehend analoge Rassebeschreibung und Zielrichtung im Standard. Ein kleiner Schlußsatz fällt auf. Danach muß in den USA bei sonst gleicher Qualität zweier Hunde der schwerere bevorzugt werden. Zu diesem Thema haben wir bereits unsere Auffassung bei den Erläuterungen zum Rassestandard niedergelegt.

Abb. 67 *Tailwynde's Designer Genes, Zuchtrüde in den USA*

## Kontinent

Schon im Jahre 1927, genauer gesagt am 10. Dezember dieses Jahres, brachte »Der Hund«, Sportblatt für Züchter und Liebhaber von Rassehunden, unter der Überschrift »Eine kommende Rasse – der Bullmastiff« eine Abhandlung über die Arbeit von Mr. Moseley mit einer Abbildung von »Farcroft Fidelity«. Die Redaktion hatte sich ausführlich in England informiert, die Vorstellung der neuen Rasse war positiv, man räumte dem Bullmastiff eine interessante Zukunft ein.

Manchmal schlägt die große Politik auch auf die kleinen Hundezüchter durch, das Dritte Reich förderte mit Vorrang deutsche Hunderassen, später kam noch die antibritische Propaganda dazu. Wir müssen jedenfalls feststellen, daß erst nach dem zweiten Weltkrieg der Bullmastiff seinen Weg nach Deutschland fand. Der erste, der in Deutschland einen Wurf züchtete, war Herr Deuser in Krefeld. Der zweite Wurf fiel im Jahre 1975 im Zwinger »Von der Teufelsklinge«. Familie I. und R. Natho hatte den aus irischer Zucht stammenden Rüden »Castlehyde Sandy«, geboren am 5. 12. 1969, importiert. Dieser Rüde wurde Vater von neun Kindern aus zwei Würfen. Leider gab danach Familie Natho die Zucht auf. Der Dritte im Bunde war Herr Weber, der unter dem Zwingernamen »Von der Hofreite« züchtete. Nach seiner eigenen Aussage »sammelte« er »doggenartige Hunde«, darunter waren Mastiffs, Bullmastiffs, Dogue de Bordeaux, Mastino Napolitano und Fila Brasiliero. Aber auch bei Herrn Weber blieb es bei einem Wurf, aus familiären Gründen gab auch er die Zucht auf.

Der nächste Wurf, der in Deutschland auf die Welt kam, wurde unter dem Zwingernamen »Watch Hills« von Frau Barbara Lauterbach in Königstein/Taunus gezüchtet. Frau Lauterbach war amerikanische Staatsbürgerin, hielt sich nur vorübergehend in Deutschland auf. Ein weiterer Wurf fiel im Zwinger »Connecticut« von Herrn Udo de Haas. Auch hier gab es keinen zweiten. Offen gesagt, der züchterische Start der Rasse in Deutschland war relativ kläglich.

Dies sollte sich ändern mit dem Züchterehepaar Herbert und Ida Siebold. Was ihn zu der Hunderasse führte, berichtet Herr Siebold selbst: »Nach einer ›bösen Erfahrung‹ im Jahre 1975, wir leben abgelegen außerhalb der Stadt, – reifte bei uns der Entschluß, nach einem passenden Hund Ausschau zu halten. Wie so oft stellte sich die Frage, was für eine Rasse?

Wir brauchten einen Hund für ›alle Fälle‹. Er sollte respekteinflößend aussehen, um allein durch seine Präsenz Leute von negativem Tun abzuhalten. Er sollte aber auch problemlos im Umgang mit Kindern sein. Wir brauchten einen ruhigen Hund, allerdings keine ›Schlaftablette‹, die man erst wecken muß, wenn etwas los ist. Wir suchten also – kurz gesagt – einen fast unmöglichen Hund! Durch Zufall stießen wir auf den Zwinger »von der Hofreite« und erwarben den Bullmastiff-Rüden ›Ashley‹ (wir nannten ihn Roy). Mit ihm hatten wir den ›fast unmöglichen Hund‹.

Wir konnten ihm unsere Kinder anvertrauen, wir konnten sämtliche Türen offenlassen, selbst Speisen, die irgendwo standen und die er sich bequem hätte holen können, waren für ihn tabu. Oft war er bei uns in der Gaststätte und ›sah nach dem Rechten‹. Er belästigte nie die Gäste, war freundlich zu allen, solange

*Mastini Enea und Medea Della Grotta Azzura. Foto: Denger.*

*Bordeauxdoggen-Rüde N'Afoc de la Maison des Coqs.*

*Ch. Sharwell Mean Mr. Mustard of Pitmans. »Bullmastiff of the Year 1985«. Foto: Dr. Fleig.*

*»Wasserspiele!« Lazybone's und Of Seven Oaks Mastiffs! Foto: Bine Blaauw.*

*Fila Andoro v. d. Sonnenläng*

*Mastin Espanol bei seiner eigentlichen Aufgabe.*

*Tosa Inu – Jungrüde, 18 Monate alt.*

sie sich normal verhielten. Was er nicht duldete, war auch nur ein Schritt hinter die Theke, den ein Gast getan hätte. Ob Sie das nun glauben oder nicht, niemand hatte ihm das beigebracht, aber als wir dieses Verhalten feststellten, waren wir natürlich sehr stolz auf unseren ›Roy‹.

Im Alter von etwa 1¼ Jahren wollte ich ihn dann konsequent in Unterordnung ausbilden. Als ich feststellte, daß die Ausbilder auf diesem Platz in Ordnung waren, wurde er dort ausgebildet, unsere Kinder zu beschützen und zu verteidigen.

Kurz gesagt, unser erster Bullmastiff machte uns eigentlich nur Freude, das Arbeiten mit ihm machte uns so viel Spaß, daß bei uns langsam, aber sicher der Plan reifte, einen zweiten Bullmastiff in unsere Familie aufzunehmen. Es sollte eine Hündin sein. Aber woher nehmen? Herr Weber züchtete nicht mehr, auch Herr Natho konnte unseren Wunsch nach einer Hündin nicht erfüllen. So blieb uns eigentlich nur der Weg ins Stammland des Bullmastiffs, – der Weg nach England.

Wir verbanden die Suche nach einem Welpen mit dem Besuch der ›Cruft's Dog Show‹, der bedeutendsten Hundeschau in Großbritannien. Es muß wohl so sein, wir hatten Glück und konnten aus dem Zwinger ›Colom‹ der Züchterin Marry W. Cox einen Welpen mit nach Hause nehmen.

Es hat sich gelohnt! Der Hindernislauf in London mit allen möglichen Behörden mutet heute wie ein kleines Abenteuer an, aber aus dem zwölf Wochen alten Welpen, den ich einen ganzen Tag auf den Armen durch London getragen habe, wurde die berühmte ›Colom Woopsie‹ (Abb. 68). Sie ist die Stammutter von über fünfzig Bullmastiffs in Deutschland und dem benachbarten Ausland geworden.

Daß die Begeisterung für den Bullmastiff kein Strohfeuer war, können Sie von der Tatsache ableiten, daß der inzwischen zwölfjährige ›Roy‹, zwei Töchter von ›Woopsie-Bonfire‹ und ›Grazy Girl vom Antoniushof‹ und der Jungrüde ›Tailwyndes Falco‹ auf unserem Hof leben. ›Falco‹ haben wir aus den USA importiert.

›Colom Woopsie‹, geboren am 12. 12. 1976, Welt-, Europa-, Bundes-, Clubsieger, internationaler und deutscher Champion, VDH-Champion, starb am 2. 5. 1986.«

Walt Weisse schrieb über diese Hündin: »Die erste zuchtbeeinflussende Hündin des Zwingers ›Vom Antoniushof‹ von Herbert und Ida Siebold, Tiengen/Hochrhein. In fünf Würfen mit zwanzig Welpen brachte sie der deutschen Bullmastiff-Zucht die erforderliche Breite und darüber hinaus eine große Anzahl von Siegern. Acht Tage nach ihrem Tod wurde ihre Tochter ›Cathy vom Antoniushof‹ vor ihrer Schwester ›Grazy Girl vom Antoniushof‹ in Wien Weltsieger. Die Züchter und mit ihnen der Club mit seinen Bullmastiff-Freunden werden diese ›große Hündin‹ in Erinnerung behalten.«

Aus dem Zwinger »Vom Antoniushof« stellen wir unseren Lesern gerne im Bild noch den 14 Monate alten Jungrüden »Atlan vom Antoniushof« vor (Abb. 69).

Ein Anfang ist gemacht, Herbert Siebold leitet die Arbeitsgemeinschaft Bullmastiff, junge interessierte Hundeliebhaber bereiten die eigene Zucht vor. Neuimporte aus den USA und aus England sollten es ermöglichen, daß die Rasse mehrere Zuchtstätten findet. Herbert Siebold und seiner Frau Ida ist es zu verdanken, daß die Rasse in den letzten Jahren wesentlich vorankam, sie haben eine Pionierleistung vollbracht!

Abb. 68 *Ch. Colom Woopsie mit Tochter Bonfire v. Antoniushof.*

Abb. 69 *Atlan v. Antoniushof WT 27. 12. 80, 14 Monate alt.*

Abb. 70 *Kopfstudie Anton v. Antoniushof*

Erfreulicherweise hat der Bullmastiff in einer ganzen Reihe von europäischen Ländern seine Liebhaber gefunden. Dies geht von Holland nach Frankreich, Schweiz, Italien. Ein interessanter Zuchtstamm besteht in den nordischen Ländern Finnland, Schweden, Norwegen und Dänemark. In Finnland gab es bereits 1982 280 Bullmastiffs, auf der Clubschau des Jahres 1983 wurden 45 Bullmastiffs vorgestellt, darunter viele auch aus Norwegen. Die Zucht basiert auf Zuchtmaterial des englischen Zwingers Bulmas. Strenge Quarantänebestimmungen und eine recht rigorose Bekämpfung von HD hat die Zucht erfreulich gut durchgestanden. In Schweden begann die Zucht im Jahre 1959, in Dänemark 1978. 1983 kamen auf einer Spezialausstellung in Dänemark immerhin 75 Bullmastiffs zusammen. Das Interesse an dieser Rasse ist in diesen nordischen Ländern erstaunlich groß, wächst noch laufend. Man kann hier gute Hunde kaufen.

# Die Zukunft der Rasse

Der Bullmastiff hat bisher das Glück, daß er in keiner Weise zum Modehund geworden ist. Er hat treue Anhänger, die einen großen, kräftigen und wehrhaften Hund lieben, der für Familie und Haus geradezu idealen Schutz bietet.

Es sollte alles getan werden, um diese Hunderasse mit ihrer guten Anatomie und echtem Molosser-Wesen in den nächsten Jahren zielgerecht zu fördern. Der Bullmastiff ist eine wehrhafte Hunderasse, die dank ihrer hohen Reizschwelle sich der modernen Umwelt gut anpaßt. Richtige Erziehung vorausgesetzt, ist dies ein Hund, der den Wünschen vieler echter Hundefreunde weit entgegenkommt. Ein stetes Wachstum in Anzahl und Popularität läßt sich für den Bullmastiff voraussagen.

Abb. 71 *Versprechender Nachwuchs. LADY, Tochter von Ch. Sharwell's Mean Mr. Mustard of Pitmans.*

# V. Der Mastino Napoletano

*Walt Weisse*

1. Der geschichtliche Ursprung
2. Der Beginn der planmäßigen Zucht
   a) Die Zucht in Italien
   b) Die Zucht in Deutschland
3. Der Standard
4. Erläuterungen zum Standard
5. Das Wesen des Mastino Napoletano
6. Die Zucht als Voraussetzung für die Zukunft der Rasse

# Der geschichtliche Ursprung

## Den Spuren nach ...

Wenn man die Geschichte einer Rasse schreiben will, dann muß man sich auch über eines vollkommen klar sein: Eine Rasse existiert erst dann, wenn Daten und Fakten da sind, die aufgeschrieben wurden. Kurz, erst dann, wenn ein »Zuchtbuch« geführt wird und ein Standard aufgestellt wurde, kann man von einer Rasse reden. Oft hört oder liest man, daß der Mastino Napoletano eine uralte Rasse sei. Weit gefehlt! Die Rasse Mastino Napoletano existiert eigentlich erst seit 1949. In diesem Jahr wurde der Standard von der ENCI (Italienischer Dachverband für Hundezucht) anerkannt.

Erst von diesem Jahr an gibt es wirklich nachprüfbare und dokumentierte Fakten. Trotzdem müssen wir aber hier in einem »Handbuch« über die Rasse den geschichtlich überprüfbaren Spuren nachgehen. Wir müssen Hypothesen aufstellen und nach Wahrscheinlichkeiten suchen.

Alleine der Name »Mastino« ist von seiner Herkunft her schon umstritten. Bei Marco Polo im Jahre 1309 finden wir die erste Erwähnung dieses Namens im Bezug auf einen Hund. Marco Polos Werke wurden in toskanischer Sprache geschrieben. Wenig später erwähnt Dante im 21. Gesang seines »Inferno«: ». . . und es gab niemals einen Mastino, der dem Dieb in solcher Eile nacheilte.« Auch der Schriftsteller Boccaccio gebraucht bei einem großen Hund das Wort Mastino. Es ist sicherlich kein Zufall, daß dieser Ausdruck erstmals um die Zeit schriftlich fixiert wurde, in der die heutige, moderne, italienische Sprache entstand.

Wo liegt der sprachliche Ursprung des Wortes »Mastino«?

Es gibt zwei Theorien, wobei ich der zweiten die größere Wahrscheinlichkeit einräumen würde, da der Wortstamm »mas« nicht nur in Italien, sondern im gesamten abendländischen Raum auftaucht und auch noch heute vorhanden ist.

1. Der Italiener Dr. Battisti leitet den Namen Mastino vom mittellateinischen »mastinus« ab; klassisches Latein = mansuetus (gezähmt) – Mittellatein = mastinus. Hier sei jedoch gesagt, daß die Römer diesen Ausdruck für einen Hund nicht kannten und in diesem Zusammenhang immer den Namen Molosser verwendeten.

2. Hier nimmt man die Ableitung vom keltischen Wort »mas-tuin« (bewachen) an. Gemeint ist damit dann: Der Hund, der die Wohnung bewacht!

Eine dritte Hypothese scheidet schon aufgrund der Sprachforschung total aus = von »massa« = Eigentum, zu »massatinus« zu »mastinus«.

Das Mittelalter war für den Hund, der da in Italien immer wieder unter dem Namen Mastino auftaucht, das Zeitalter der hochherrschaftlichen Jagden. In ganz Europa gab es die weitverbreiteten Packerhunde zur Jagd auf wehrhaftes Wild. Gab es in Deutschland den Saupacker, in England den Mastiff und Bulldog, in Frankreich den Dogue de Bordeaux, in Spanien den Perro de Presa und in Italien eben unseren Mastino. Eine uns erhalten gebliebene spanische Münze zeigt den Kopf eines solchen Hundes in perfekter Vollkommenheit.

Der alte, heute wohl endgültig ausgestorbene Perro de Presa, hatte sicherlich großen Anteil am heutigen Erscheinungsbild des Mastino Napoletano. Warum

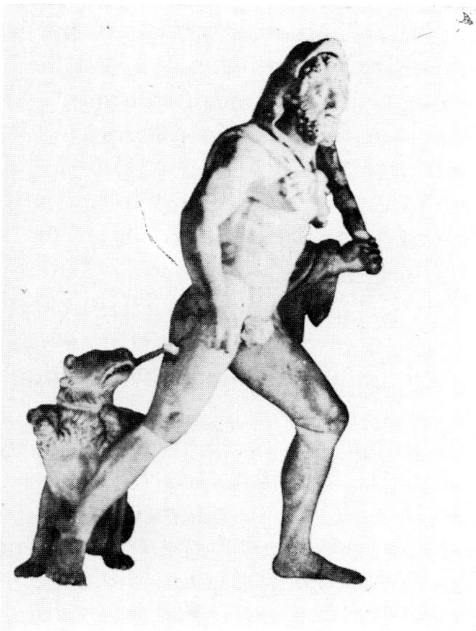

Abb. 72 *Hercules mit seinem Wächter. Vatikanisches Museum Rom.*

Abb. 73 *Molosser-Statue aus dem Palazzo Chigi, Rom.*

wohl heißt unser Hund im neapolitanischen Dialekt heute noch »caneè Presa«? Sicherlich kein Zufall, wenn man weiß, daß Neapel in der zweiten Hälfte des 15. Jahrhunderts unter spanisch-katalanischer Herrschaft stand. Erst 1735 übernahmen die Bourbonen das Königreich Neapel. Die Bourbonen machten Neapel zur Stadt der Künste. In der Malerei dieser Stadt gibt es unwahrscheinlich viele Darstellungen von Hunden. Besonders ein »Krippenkult« blühte! Jede kleine Kapelle, und erst recht jede große Kirche, verfügte über eine Weihnachtskrippe mit unendlich vielen Tierfiguren. Unter diesen Tieren befinden sich auch immer eine große Zahl ganz besonderer Hunde, die nur Vorläufer unserer Mastini darstellen können: Mächtig, stark befaltet und – man merke – stets von roter Farbe. Fast alle überlieferten Darstellungen zeigen unseren Hund in hirsch- bis fuchsroter Farbe. Nur ganz wenige Ausnahmen gibt es in schwarz oder dunkelgestromt. Das heute obligatorische grau, das »grigio«, findet sich erst etwa seit dem Jahre 1925 überliefert!

Nach einer Legende – nur mündlich überliefert – gab es in der Vesuv-Region bis etwa um 1900 zwei verschiedene Schläge unseres Hundes: 1. den kleinen, vierschrötigen Hund mit schwarzer Maske, breitem, kurzem Fang und von quadratischem Körperbau; meistens mit gescheckter rot-weiß Färbung; und 2. den großen, hochgestellten Hund mit längerem Fang; immer einfarbig gelb oder rot; dieser soll auch keine Maske gehabt haben. Ob nun der Kleinere noch der sagenumwobene Perro de Presa gewesen ist? Wir wissen es nicht, denn nur der zweite Schlag hat am Vesuv überlebt!

Man erzählte mir, daß noch um 1930 herum unser Mastino sehr viel doggenähnlicher gewesen wäre. Der Fang war schmal, der Nasenrücken lang; die Behaarung tendierte zum Stockhaar. Ist dies verwunderlich, wenn man weiß, wie schnell man wieder zur »Urform«, zum Wolfsähnlichen zurückkommt, wenn jegliche züchterische Selektion auf ein Idealbild – auf ein Standardziel – unterbleibt? Heute würde es uns sehr schnell ähnlich gehen, wenn wir Typ und Funktionalität nicht gleichrangig in der Zucht beachten würden!

In einem kynologischen Standardwerk, 1897 in Neapel erschienen, schreibt Prof. Dr. Tecce erstmals unter dem Stichwort »Mastino« über das Aussehen: ». . . Der Mastino hat einen großen, mit mächtigen Kaumuskeln bepackten Schädel, der die Kiefer in eine große Zange verwandelt. Das Maul des Hundes scheint nur zum Packen geschaffen zu sein. Die Stirn ist breit und in der Mitte gefurcht. Die Backen springen plastisch hervor, die Nase ist abgeflacht, der Fang quadratisch und kurz. Die Ohren sind nicht zu dick, hochangesetzt und stehen etwas vom Kopf ab, nach unten hängend. Der Hals ist kurz und muskulös und ohne betonten Schwung. Brustkorb und Flanken sind breit; die Flanken sind etwas eingezogen. Die Knochen sind stark und kräftig, die Glieder nicht zu lang, jedoch bepackt mit Muskeln. Die Rute ist lang und dick; die Behaarung kurz und glatt. Die Fellfarbe ist fuchsrot, mahagonifarben oder gestromt.«

Nach dieser exakten Beschreibung könnten wir – bis auf die Farbe – unseren Mastino Napoletano schon nachempfinden. Woher kam nun aber – nach mündlicher Überlieferung fast schlagartig – die graue Farbe? 95% der heute lebenden Mastini sind mehr oder weniger grau.

Abb. 74 *Krippe aus San Martino Sammlung Catello.*

Abb. 75 *Bronze von Guilio Catelli.*

Abb. 76 *Altrömischer Kriegshund mit Panzer nach Bungartz.*

In Neapel munkelt man verstohlen hinter vorgehaltener Hand: »1931 gab es den ersten grauen Mastino. Es soll das Werk – Schande über den, der Schlechtes denkt – einer wunderschönen »blauen« Deutschen Dogge (Alano Tedesco) gewesen sein. Gut vorstellbar ist dies schon, wenn man bedenkt, daß das »Blau« (beim Mastino heißt es immer grau!) genetisch dominant über das rezessive Rot oder Gelb ist! Jedoch sollten wir uns auch vor diesem Hintergrund absolut klar werden: Fast alle heutigen Mastini, die andersfarbig als grau sind, entsprechen nur ganz, ganz selten dem vom Standard geforderten Prototyp. Oft hört man in bestimmten Kreisen die Frage nach »schwarzen Mastini«. Ich kann jedem der züchten will, nur den ganz eindringlichen Rat geben, hier ganz vorsichtig zu sein! Ausnahmen bestätigen natürlich immer die Regel: Auf einer Spezialzuchtschau 1987 in Taormina/Sizilien, wo ich die Ehre hatte, als Richter zu fungieren, machte ich eine pechschwarze Hündin aus dem Ponzano- Zwinger zum Sieger.

Hier endet nun die auf Vermutungen, mündliche Überlieferungen und bildliche Darstellungen angewiesene Historie der Mastini.

Erst im folgenden Absatz betreten wir den Weg zu einer einheitlichen Hunderasse. Hier muß ich einfach nochmals einen Leitsatz einflechten, der ungeheuer wichtig ist: Es sollte für jeden klar und unumstritten sein, daß man erst dann von einer Rasse sprechen kann, wenn kontinuierlich schriftliche Aufzeichnungen über die Zucht gemacht wurden. Hier sind die Zuchtbücher und Ahnentafeln, aber auch der Standard und gegebenenfalls die Zuchtbestimmungen gemeint.

# Der Beginn der planmäßigen Zucht

Eigentlich plagt mich ein schlechtes Gewissen, wenn ich die Geschichte dieser Rasse schreiben will, da ich kein Italiener bin. Es ist so, als ob ein Amerikaner die Geschichte des Deutschen Boxers schreiben würde, ein Norweger die Geschichte der Schweizer Sennenhunde, oder ein Italiener die Geschichte der Britischen Hütehunde. Man möge mir in Italien, in Neapel verzeihen, wenn ich versuche, die mir mündlich von Italienern überlieferten Legenden und Fakten unseren deutschen Mastino- Liebhabern nahe zu bringen! Mein langjähriger Freund Dr. Roberto de Sanctis schrieb noch kurz vor seinem Tod in der italienischen Hundezeitschrift »Il nostri cani«: ». . . diese Rasse ist nun einmal aufgebrochen, um die Erde zu erobern!«. Deutschland wurde das erste Land nach Italien, welches intensiv und mit viel züchterischem Engagement sich dem Mastino Napoletano verschrieb. Ich wünsche mir, daß diese von mir zusammengetragene Chronologie nicht nur den Liebhabern dieser herrlichen Rasse neues Wissen vermittelt, sondern daß sich auch die breite, deutschsprachige Öffentlichkeit ein wirkliches Bild von diesen guten Hunden machen kann.

Rund um den Vesuv, von Neapel bis hin nach Avelino, am Golf, in den Nußbaumwäldern und in den Bergen der Region gibt es uralte Traditionen der Mastino-Zucht. So lange die Bauern dort sich zurückerinnern können, wurden die Rüden und die Hündinnen untereinander ausgetauscht. Man verkaufte diese

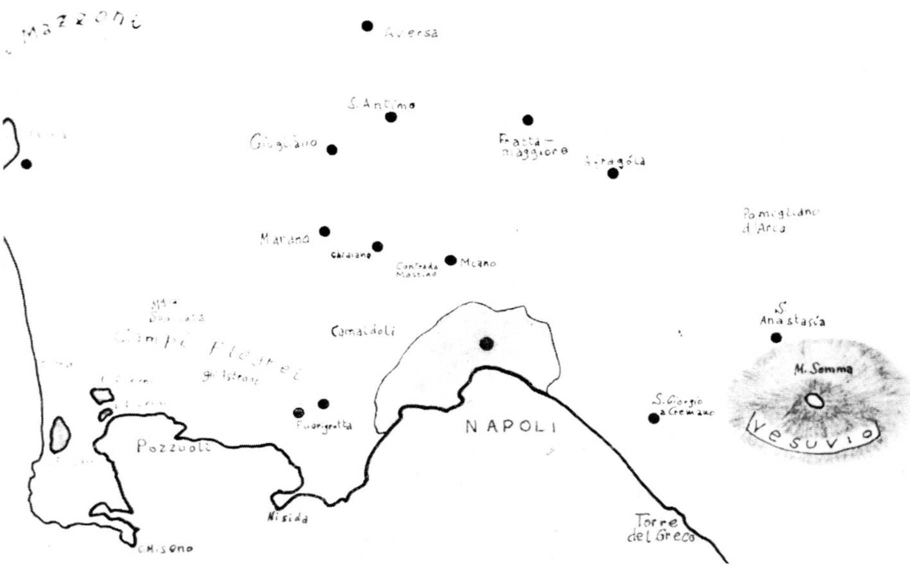


Abb. 77 *Die Heimat der Mastini Napoletani mit markierten Orten, an denen nachweislich gezüchtet wurde.*

Abb. 78 *Piero Scanziani (rechts) als Richter im Ring. (Foto: Cesarino)*

Hunde nicht. Man wollte behalten, was man über viele Jahrzehnte, ja, vielleicht sogar Jahrhunderte rein erhalten hatte.

Der Hund von Neapel gehört zu diesem Volk wie der Vesuv, wie der Golf, wie die Nüsse und wie der Wein und die Liebe! Viele Legenden ranken sich um den »caneè de Presa«. Lieder werden über ihn gesungen! Von diesen Liedern, den Legenden und den Anekdoten erzählten mir Bauern, Gastwirte, vornehme Dons und der »Vater der Mastini«, Dr. Piero Scanziani selbst! Es sind Lieder und Geschichten von Armut, Reichtum, Liebe, Verbrechen, harter Arbeit und von besessener Liebe zu einem ganz besonderen Hundeschlag. Daß aus diesem »Schlag« eine Rasse wurde, ist das Verdienst eines einzigen Mannes!

Der Mastino Napoletano als anerkannte Hunderasse ist untrennbar mit einem Namen verbunden: Dr. Piero Scanziani!

Scanziani ist freier Schriftsteller und lebt heute hochbetagt im Tessin. Mir wurde die große Ehre zuteil, daß dieser Mann mir persönlich von den Anfängen erzählte. So irreal und doch so wirklich wie die Stadt Neapel, so irreal und doch so wirklich waren Scanzianis Geschichten über die abenteuerlichen Anfänge zur geordneten, zuchtbuchmäßig erfaßten Rasse Mastino Napoletano.

Er berichtete mir über die Zeit nach dem 2. Weltkrieg, als er anfing, die Reste der noch einigermaßen rein erhaltenen Mastini zu sichten. Er erzählte, wie er mit den alten »Lordsiegel- Bewahrern« Kontakte knüpfte. Er erzählte mir, wie er mit allerlei ehrbaren und weniger ehrbaren Leuten Hunde für seine erste Zuchtstätte in Rom erstand. Oft kaum glaubliche Geschichten, die mir erst klar wurden, als ich etwa 30 Jahre später an den Original-Schauplätzen das Geschehen nachvollziehen konnte.

Nur ganz wenige Mastini hatten den Krieg überlebt. Scanziani erzählte mir vom Erwerb der schon alten Hündin »Pacchiana«. Er sprach mit großer Ehrfurcht von seinem ersten Rüden, dem sagenumwobenen »Guaglione«. Er schilderte mir die fast unüberbrückbaren Schwierigkeiten seiner ersten Paarungen in seinem damals weltbekannten Zwinger für Deutsche Boxer »di Villanova« in Rom.

Ist es wirklich nur Zufall, daß später viele bekannte Boxer-Züchter wie Dr. Persico Carlevaro, Dr. Roberto de Sanctis oder Dr. Mario Perricone in Italien, oder Piet van Melis in Holland zu begeisterten »Mastinari« wurden? Auch ich selber habe bis heute bereits 39 Würfe Deutsche Boxer gezüchtet!

Auch heute noch ist Mastino Napoletano-Zucht ein schwieriges Handwerk, bei welchem man mit vielerlei Rückschlägen rechnen muß. Wie viel schwieriger aber muß es damals Scanziani gehabt haben? Stand er doch mutterseelen alleine da!

11 Mastini sollen nach dem Krieg noch rund um den Vesuv herum gelebt haben. Ahnentafeln hatte natürlich keiner, denn die Rasse war ja noch nicht anerkannt. Für die Freunde der wenigen letzten Exemplare stellte sich die bange Frage, ob es nun wohl den Mastini so ergehen würde, wie es vielen verwandten Hundeschlägen schon ergangen war: Würden sie aussterben?

Nein, der Mastino hatte Glück! Einige wenige Männer nahmen sich der Weiterzucht an. Unendliche Geduld, Zähigkeit, ja, fast Besessenheit zeichnete diese Männer aus. Scanziani konnte aus der Paarung »Pacchiana« und »Guaglione« eine einzige Hündin zur Weiterzucht verwenden. Diese wurde Stamm-Mutter des

»Villanova- Zwingers« und Urahne vieler kommender italienischer Champions.

Dr. Piero Scanziani, dieser Name steht für Mastino Napoletano. Alle Freunde dieser herrlichen Rasse sollten diesem Manne Dank sagen und mit der gleichen Besessenheit weiter züchten, ohne dem Kommerzdenken und züchterischer Unehrlichkeit auch nur den geringsten Stellenwert einzuräumen. Wenn der Mastino nun wirklich »aufgebrochen ist, um die Erde zu erobern«, dann war es mein alter, verehrter Freund Piero, der ihn auf den Weg geschickt hat!

Wenn ich als Autor und auch alle Leser dieses Buches dazu beitragen können, daß diese Rasse in »Formwert und Wesen« nicht nur erhalten bleibt, sondern sogar noch verbessert werden kann, dann handeln wir im Sinne von Scanziani!

## Die Zucht in Italien

Wie schon im letzten Kapitel angesprochen, kann eine wirkliche Rasse nur mit dem ganzen Einsatz einiger »Verrückter« in Angriff genommen werden. Dies war mitten im 2. Weltkrieg in Italien so, und war es dann auch Mitte der 70er Jahre in Deutschland.

1942 gab Dr. Soldati den ersten Standard für die Rasse heraus, durch die Kriegswirren kam es aber nicht zur Anerkennung der Rasse. Erst 1946, auf einer der ersten offiziellen Hundeausstellungen in Neapel, wurden dann erstmals sechs Mastini dem staunenden Publikum vorgestellt.

1947 legte Dr. Solaro erneut einen Standard vor. 1948 wurde dieser von Piero Scanziani überarbeitet und – endlich – 1949 war es dann so weit, daß die ENCI (Italienischer Dachverband für Hundezucht) den Standard genehmigte. Damit gab es dann innerhalb der Weltorganisation für Hundezucht, der Féderation Cynologique Internationale mit Sitz in Thuin/Belgien eine neue Hunderasse mit dem Namen Mastino Napoletano! In Neapel wurde noch im Jahre 1949 der erste Spezialzuchtverein für die Rasse gegründet, der auch heute unter dem Namen Societa Amatori Mastino Napoletano (SAM) für diese Rasse in Italien federführend ist.

Es ist wichtig, dies alles zu wissen, denn damit war und ist heute Italien »Ursprungsland« der Rasse und alleine berechtigt, den bei der FCI hinterlegten Standard zu ändern. 1971 wurde der Standard von 1949 nochmals überarbeitet und dieser Standard gilt jetzt für alle Mitgliedsländer innerhalb der FCI.

Jetzt war der Aufbau und die Verbreitung dieser Rasse nicht mehr aufzuhalten. Trotzdem standen und stehen diesem Anspruch vielerlei Schwierigkeiten entgegen. 1951 schrieb Piero Scanziani: ». . . leider lebt unser Hund – fast nur noch mit anderen Rassen gekreuzt – in ganz wenigen Exemplaren in Süditalien . . .« Jedoch wurden schon im Jahre 1965/85 Mastini in das Italienische Zuchtbuch eingetragen. Zehn Jahre später waren es bereits 1000. Heute werden jährlich etwa 600 Welpen in das Italienische Zuchtbuch eingetragen. Dies zeigt, daß diese Rasse auch in ihrem Ursprungsland zu den »seltenen« Rassen gehört.

Doch zurück zu den Anfängen!

Hier müssen Namen genannt werden, die auch in Deutschland und auf der

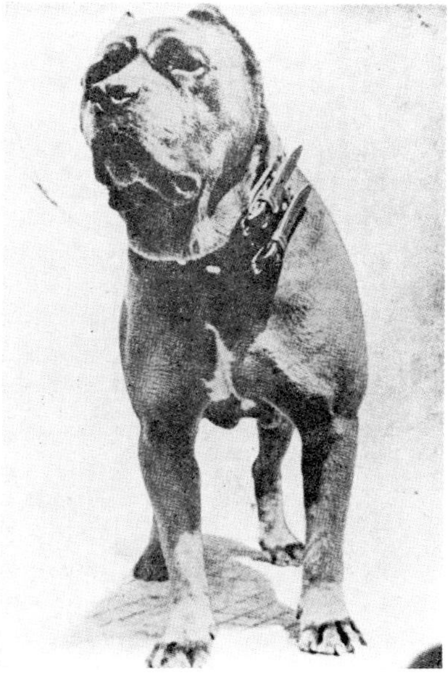

Abb. 79 *Erster italienischer Champion GUAGLIONE. Besitzer & Foto: Scanziani.*

Abb. 80 *DON CARLO, Neapel. (Foto: Cesarino)*

ganzen Welt in bezug auf den Mastino Napoletano mit Ehrfurcht und Dankbarkeit in Erinnerung behalten werden sollten: Dr. Piero Scanziani, Dr. Soldati, Dr. Ciello und Dr. Carlevaro Persico. Den ersten und den letzten Herrn darf ich auch heute noch zu meinen persönlichen Freunden zählen.

Dann gibt es noch drei Männer, die erstmals Bücher über den Mastino Napoletano schrieben. Hier muß Nicola Imbimbo genannt werden, ein exzellenter Kenner und Züchter der Rasse; dann der Kunsthistoriker Felice Cesarino, dessen leider total vergriffenes Buch »Il Molosso« die für mich aufschlußreichste Monografie der Rasse ist und bleibt. In neuerer Zeit, nach dem Erscheinen meines deutschsprachigen Buches, erschien dann noch ein sehr wichtiges Buch von Mario Zacchi »Il Molosso Italiano«. Dieses Buch vermittelt ausgezeichnete Detailkenntnisse im Bezug auf den Standard; es ist jedoch für mein Verständnis etwas zu stark auf einen einzigen Zwinger abgestellt und läßt die ganze Breite und Vielfalt der italienischen Zuchtstätten von Neapel bis zum Gardasee etwas vermissen. Dr. Roberto de Sanctis und Dr. Mario Perricone, beide international anerkannte Spezialrichter der Rasse, gaben mir durch viele lange Gespräche das Rüstzeug für *mein* Mastino-Abenteuer und auch für diese Zeilen.

Nun müssen wir in einer Rassen-Monografie natürlich auch die wichtigsten Zwinger des Ursprungslandes erwähnen, ohne die unser Hund gar nicht existieren würde. Anders als zum Beispiel in England, sind es nicht einzelne, herausragende Hunde, die die Zucht in Italien beeinflußt haben, sondern es sind die Zwinger, die Züchter, die Allevatori!

Die Gebrüder Testa mit ihren Zwingern »di Miranapoli« und »di Monte Spada«, Dr. Saverio Bilangione, Don Eugenio Circolo, Don Antonio Ciraccelli, Don Carlo, Zi Francesco, Salvatore Maria, Antonio Sorbo; die Züchter der neueren Zeit mit Lazzaroni, Peppino Siano, Michele di Falco. Berühmte Zwingernamen wie »della Grotta Azzurra«, »di Villa Bilangione«, »Fra Diavolo«, »del Nolano«, »dei Novesoldi« kommen aus der Vesuv-Region. Würdig gesellen sich heute die Norditaliener als Pioniere der Mastino-Zucht hinzu: Mario Querci aus Prato mit dem wohl berühmtesten Zwinger auf der Welt »di Ponzano«. Dieser Zwinger brachte die meisten Nationalen und Internationalen Champions hervor. Aus diesem Zwinger kommen Hunde, die heute fast in jeder deutschen Ahnentafel stehen: Sahib, Saia, Oak, Gilda, Greta, Enea di Ponzano! Vergessen dürfen wir keinesfalls die so sehr wichtigen Zuchtstätten wie »del Vittoriale« von Dr. Mira am Gardasee, »il Canedore« von Dr. Benelli, »della Signoria« von Dr. Agnello und »dell'Altafiumara« von Antonio di Lorenzo. Alle diese genannten Zwinger haben mit ihren gezüchteten Hunden den Anfang gemacht. Heute gehen die Zuchthunde in aller Welt, an erster Stelle die von Deutschland, aber auch die von Holland, der Schweiz, Ungarn, Polen, Spanien, Frankreich, England und den USA auf Vorfahren aus diesen Zuchtstätten zurück.

Abb. 81 *Rechts Mario Perricone & Nicola Imbimbo als Richter im Ring. (Foto: Cesarino)*

Abb. 82 *MASIANELLO, der »schwarze Bomber«! (Foto: Cesarino)*

## Die Zucht in Deutschland

Es hat wohl innerhalb von Deutschland sehr selten eine Hunderasse gegeben, die in relativ sehr kurzer Zeit sich so schnell verbreitet hätte, wie der Mastino Napoletano. Ob das für die Rasse gut war, steht auf einem anderen Blatt.

Einer der ganz großen Hundefreunde aus Passion, SKH Herzog Albrecht von Bayern auf Schloß Nymphenburg in München, brachte 1956 den ersten Mastino Napoletano nach Deutschland. Leider war diesem ersten Mastino in unserem Lande kein langes Leben beschieden. Schon bei diesem ersten Hund zeigte sich, daß es nicht ohne Probleme abgeht, wenn man eine Rasse von einem Biotop ins andere verpflanzen will. Dieser Rüde starb schon nach 2 Jahren an Nierenversagen.

Nun wurde es lange still um die Rasse in Deutschland. Erst 1974 gab es einen Herrn Weber in Unteralpfen im Schwarzwald, der »Molosser-Hunde« sammelte, wie andere Leute Briefmarken. Er importierte aus Italien einen Rüden »Sultan«, dessen Abstammung ungewiß war und eine Hündin »Frida di Miranapoli«. Sehr schnell gab dieser Herr Weber das »Molosser-Sammeln« auf, weil das große Geschäft wohl ausblieb! Die beiden Hunde gingen erneut an einen »Sammler«, an Herrn Udo de Haas in Nesselwang/Allgäu. Diesem gelang 1975 der erste Mastino Napoletano-Wurf in Deutschland. Lediglich eine Hündin aus diesem Wurf ging in die deutsche Zucht ein: »Anja Connecticut« wurde die Stamm-Mutter des kleinen, aber vorzüglichen Zwingers »vom Weinberg« von Rudolf Linß in Groß-Umstadt. Ein Rüde »Ario Connecticut« ging in den Zwinger von H. W. Aberham (»il Vincitore«) nach Berlin. Leider wurde in diesem Zwinger nur kurze Zeit planmäßig gezüchtet. Der Anfang war gemacht, aber noch gab es für die Rasse in Deutschland keinen Durchbruch.

Im Jahre 1975 wurde die Betreuung der Rasse dem damaligen Club für Bordeauxdoggen und Mastiffs, dem heutigen Club für Molosser e.V., vom Verband für das Deutsche Hundewesen übertragen. 1975 wurde ich durch Zufall 1. Vorstand dieses Vereins. Ich kam fast abenteuerlich in den Besitz des mächtigen Rüden »Omero di Villa Bilangione«, der schon in dritter oder vierter Hand gestanden hatte. Dieser Hund machte dann auf zahlreichen Hundeausstellungen mit mir die Rasse in Deutschland erstmals bekannt. Er wurde erster Deutscher Bundessieger und auch Europasieger. Ich wurde durch diesen schwierigen Hund zum besessenen »Mastinaro« und damit auch wohl zum Pionier dieser Rasse in unserem Lande.

Ein zweiter Glücksfall für die Rasse war Liljana Denger und ihr Lebensgefährte Willi Karner, damals in Legau im Allgäu. Frau Denger hatte schon jahrelang große Erfahrung in der Zucht von Spaniels und anderen Rassen. Mit ganz großem Engagement, großem finanziellem Einsatz, züchterischem Wissen und durchschlagenden Werbemethoden machte sie die deutsche Öffentlichkeit auf diese herrliche Rasse aufmerksam.

Und dann ging es Schlag auf Schlag. Am 14. Mai 1977 fand die erste Spezialzuchtschau in München im »Königlich Bayerischen Hirschgarten« unter meiner Leitung statt. Unter den 100 ausgestellten »Molossern« waren bereits 29 Mastini!

Abb. 83 *Antonio di Lorenzo, Varese; Zwinger »dell'Altafiumara« mit LEONE.*

Abb. 84 *Mario Querci, Prato, Zwinger »di Ponzano« mit SAHIB I.*

Abb. 85 *SQUARCIONE DEL NOLANO.*

Abb. 86 *DESIDERIO DEL VITTORIALE.*

Abb. 87 *OAK DI PONZANO.*

Abb. 88 *Zi Francesco in Neapel. (Foto: Cesarino)*

Abb. 89 *OMERO DI VILLA BILANGIONE, erster deutscher Bundes- und Europasieger. Besitzer: Weisse.*

Abb. 90 *MONSON DELLA GROTTA AZZURA, Besitzer Mebs, München.*

Abb. 91 *ARTOS V. STARNBERGSEE, Besitzer: Süß. (Foto: Mahret)*

Abb. 92 *ROMANA DELLA GROTTA AZZURRA und ENEA DI PONZANO, Besitzer: Denger. (Foto: dpa)*

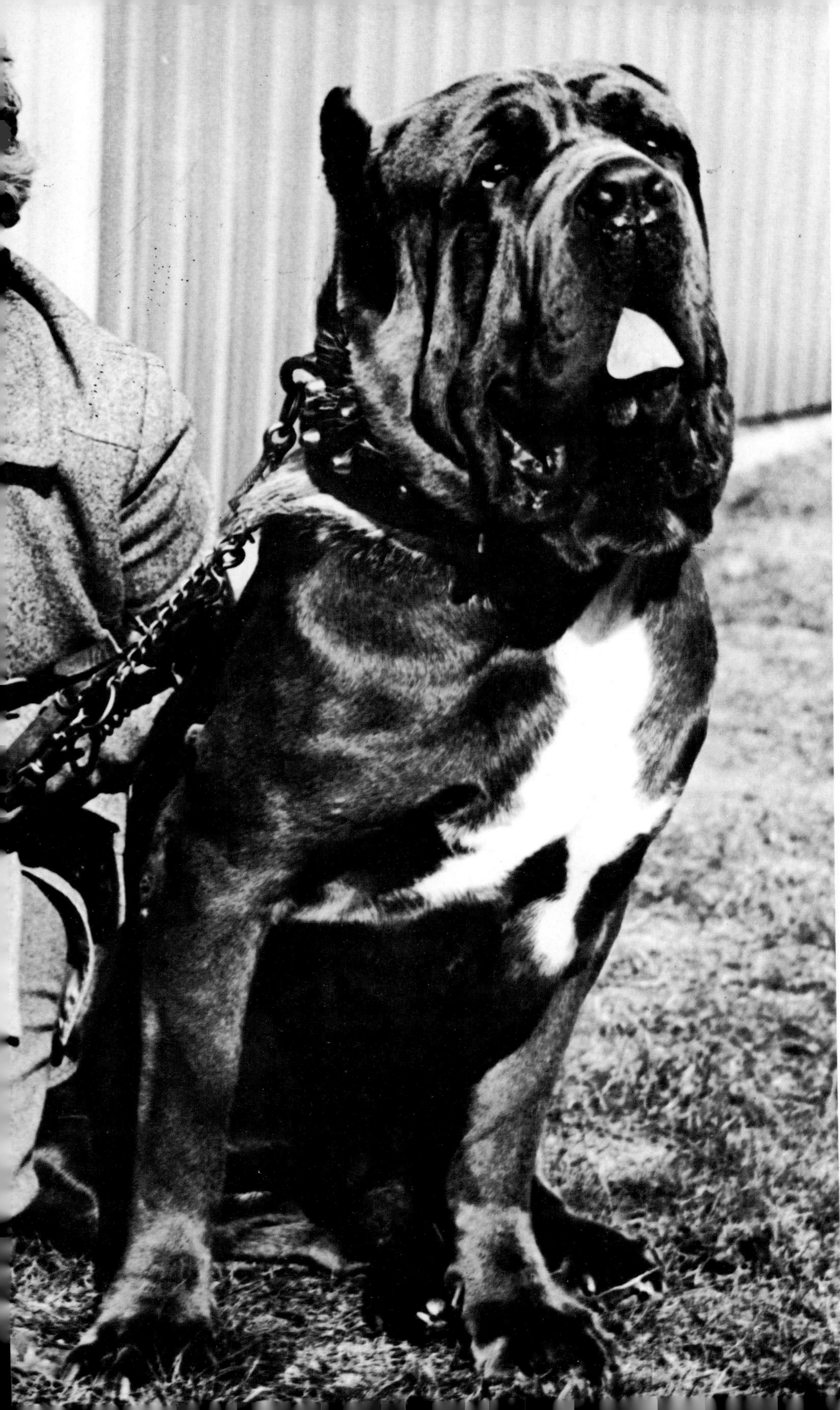

Abb. 93 *Katalog-Titelblatt Erste Spezialzuchtschau 1977 in München.*

# 1. Clubsiegerzuchtschau

mit Vergabe der Titel „Clubsieger 77"
und „Jugendbester 77"

Vergabe der VDH-Siegeranwartschaft

10 Uhr, München 19 im Hirschgarten

Veranstalter: Club für Bordeauxdoggen und Mastiffs e.V.

Leitung: Walt Weisse, Vagantenhof, 8021 Deining,
Telefon 08170/7824

Schirmherr: S.K.H. Albrecht Herzog von Bayern

Ehrenausschuß: Die Herren Generalkonsuln
Herr G. de la Villesbrunne, Frankreich
Herr A.H. Reed, Großbritannien
Herr Marcello Cavaletti, Italien
Herr Mario Calabria, Brasilien

Richterkollegium
Bordeauxdoggen und Mastiffs: Herr R. Triquet, Frankreich
Mastini-Napoletano: Herr Dr. Roberto de Sanctis, Italien
Bullmastiffs und Filas Brasileiros: Frau Maria Pufahl, BRD
Richteranwärter: Frau Renate Natho, BRD

Tierärztliche Betreuung:
Drs. Reiser und Lutterbach, Wolfratshausen

Sanitätsdienst: Johanniter-Hilfsdienst, München

Abb. 94 *AARON v. DAVIDSKREUZ, Besitzer: Reiz.*

Abb. 95 *GILDA DI PONZANO, Besitzer Didion. (Foto: Seewald).*

Etwa 10 000 Menschen sahen erstmals diese mächtigen, archaischen, kraftvollen, ruhigen Hunde. Vor dieser Ausstellung gab es eine gut organisierte Pressekonferenz. Alle Medien – Radio, Fernsehen, Zeitungen und Zeitschriften – berichteten ausführlich und leider auch etwas marktschreierisch von der »Münchner Hundesensation«. Man sollte sich erinnern, daß gerade um diese Zeit in Deutschland spektakuläre Entführungen und andere Terrorakte passierten. Das Sicherheitsbedürfnis nahm zu und man erinnerte sich wieder der »großen Hunde« als zuverlässige Wächter für Leben und Eigentum.

Wenn wir in den Ausstellungskatalog von München 1977 schauen, dann lesen wir wieder die großen Namen der berühmten italienischen Zwinger: »della Grotta Azzurra«, »Montespada«, »Miranapoli«, »di Ponzano«, »del Vittoriale«, »delle Prese«, »di Villa Bilangione«. Diese Hunde waren ausnahmslos für teilweise sehr viel Geld von Italien nach Deutschland importiert worden. Man sollte nun meinen, daß die deutsche Zucht mit diesen Importen bester Hunde sehr schnell vorwärts kommen müßte. Es war nicht ganz so. Es stellte sich sehr bald heraus, daß die Mastino-Zucht mit großen, fast unüberwindlichen Schwierigkeiten verbunden war. Die Hündinnen nahmen nicht auf, die Rüden konnten nicht decken. Es gab Probleme mit Defekten an den vorderen und hinteren Gliedmaßen. Die Hüftgelenksdysplasie war weit verbreitet. Augenkrankheiten undsoweiterundsoweiter! Mancher, der am Beginn so begeistert dabei war, warf nach kurzer Zeit das Handtuch. Besonders die »Trittbrettfahrer«, die sich mit der Mastino-Zucht das ganz große Geschäft versprachen, aber nicht bereit waren, Geld für gute Importe auszugeben, verloren sehr schnell die Lust an unserer Rasse. In diesem Buch müssen aber die Namen genannt werden, die unter großen Opfern den Stand der Zucht von heute geschaffen haben: Liljana Denger mit dem Zwinger »di Colosseo-Avallu«; Walt Weisse mit »vom Vagantenhof«; Rudolf Linß mit »vom Weinberg«, Jürgen Didion mit dem wohl besten und größten Zuchtpotential außerhalb Italiens (Zwinger »del Monte«); Kurt Reimann mit »von der Ortelsburg«; Friedrich Schuler mit »von der Reutemühle«; Helga Reichardt mit »vom Starnbergsee«, Harald Piekarski mit »von Brabant«.

Diesen Züchtern ist es zu verdanken, daß heute jährlich in Deutschland etwa 150 Mastino-Welpen in das Deutsche Zuchtbuch eingetragen werden können. Dem Club für Molosser e.V. im VDH ist es zu verdanken, daß die Rasse im Formwert und im Wesen verbessert wurde. Sinnvolle Zuchtbestimmungen, Paarungsauflagen, Selektionsbestimmungen, züchterische Fortbildungsveranstaltungen, gute Richterausbildung, enge Kontakte mit dem Ursprungsland der Rasse, Aufklärung und Information. Dies sind alles wichtige Voraussetzungen, die nur über einen Rassehunde-Zuchtverein zum Wohle der Rasse, der einzelnen Hunde und ihrer Halter zu verwirklichen sind.

Abb. 96 *ASSUNTA v. BRABANT beim Sonnenbad, Besitzer: Weisse.*

Abb. 97 *ARGO DEL MONTE, Besitzer: Kleemeyer.*

Abb. 98 *GRETA DI PONZANO, Besitzer: Weisse. (Foto: Seewald)*

Abb. 99 *ARGO DEL MONTE, Besitzer: Kleemeyer.*

Abb. 100 *Walt Weisse mit ROMOLO DELL'ALTAFIUMARA.*

Abb. 101 *ARONNE, Besitzer: Didion.*

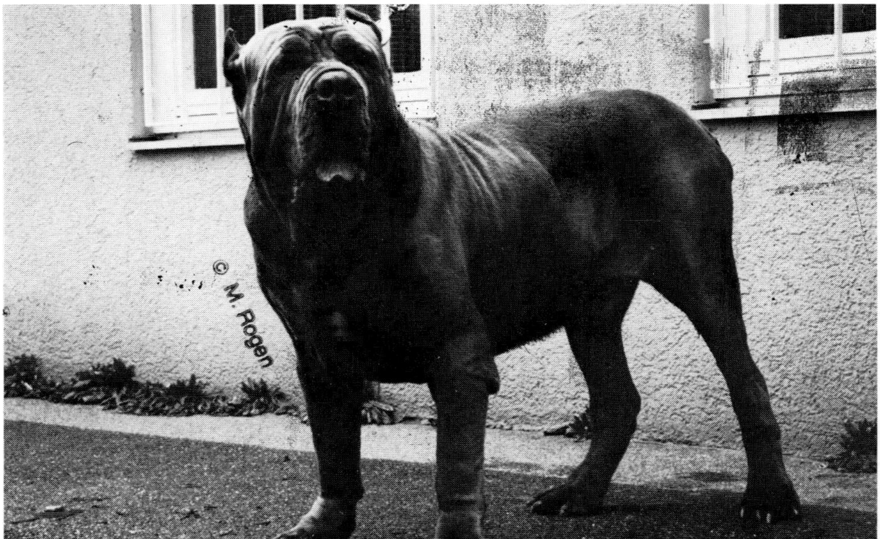


Abb. 102 *MARCANTONIO, Besitzer: Marxer.*

# Der Standard

*Standard Nr. 197 b, FCI-hinterlegt am 20. 12. 1971*

*Wissenschaftliche Einordnung:* Nach Pierre Mégnin der Gruppe der Molosser zuzuordnen. Nach Dèchambre seit jeher unverändert gezüchtete, kurzhaarige Rasse.

*Verwendung:* Wach-, Schutz-, Polizei- und Fährtenhund.

*Ursprungsland:* Italien, Raum Neapel.

*Allgemeine, rassetypische Merkmale* (Gesamterscheinung, Proportionen, Harmonie und Wesensveranlagung): Der Mastino Napoletano ist der Wach- und Schutzhund per excellence. Er ist enorm wuchtig, starkknochig, kraftvoll, von derbem und gleichzeitig majestätischem Aussehen, robust und mutig, sein Ausdruck ist intelligent, das Wesen ausgeglichen, gehorsam und nicht aggressiv; als Verteidiger von Personen und Besitz unübertroffen.

Der Körperbau zeigt insgesamt den eines schweren, sehr breiten, äußerst robusten Hundes, dessen Körperlänge über die Widerristhöhe hinausgeht. Er ist harmonisch in bezug auf sein Format (Größe, Gewicht, Knochenstärke) und relativ harmonisch in bezug auf die Profile (Beziehung der Quer- und Längsschnitte der einzelnen Körperpartien zueinander). Die Haut ist mit dem darunterliegenden Gewebe nicht verbunden, sondern lose. Lockeres Bindegewebe umgibt alle Körperteile, besonders den Kopf, wo es tiefe Falten und am Hals eine Wamme bildet.

*Kopf-Brachicephal (Kurzkopf):* Massiger, kurzer, zwischen den Jochbeinen breiter Schädel. Die Gesamtlänge des Kopfes beträgt etwa $\frac{3}{10}$ der Widerristhöhe. Die Länge des Fangs soll etwa $\frac{1}{3}$ der Gesamtlänge des Kopfes betragen. Demnach soll ein Mastino von 70 cm Widerristhöhe eine Schädellänge von 14 cm und eine Fanglänge von 7 cm aufweisen, die Gesamtlänge des Kopfes also 21 cm betragen. Die Schädelbreite zwischen den Jochbeinen beträgt mehr als die gesamte Kopflänge und ist dieser fast entsprechend (fast so lang wie breit). Der gesamte Schädelindex ist etwa 66. Zwischen Schädel und Fang verläuft die Richtung der Längsachsen parallel. Reichlich faltenbildende Haut, typisch vor allem die vom äußeren Augenwinkel zum Maulwinkel in leichter Kurve verlaufende Falte.

*Nasenschwamm:* Er setzt die Linie des Nasenrückens fort. Im Profil soll er über das durch die Lefzen gebildete Fangende nicht hinausgehen. Jedoch von vorne gesehen befindet er sich auf der das Fangende bildenden senkrechten Linie. Der Nasenschwamm soll groß, feucht und kalt sein, sowie weitgeöffnete, große Nasenlöcher aufweisen. Das Pigment soll der Fellfarbe entsprechen: Schwarz bei schwarzen Hunden, dunkel bei allen anderen Farben und braun bei braunem Fell.

*Nasenrücken – gerade:* Was Länge und Richtung in bezug auf den Schädel anbelangt, siehe: Kopf. Seine Breite, in der Mitte gemessen, soll etwa 20% der Gesamtkopflänge betragen und etwa 50% der Fanglänge.

*Lefzen und Fang:* Die Lefzen sind dickfleischig, hängend und schwer. Von vorn gesehen bilden die Oberlippen mit ihrem Rand, und zwar an ihrer Verbindungsstelle, ein umgekehrtes V. Sie sind hängend, so daß der Fang, von vorne gesehen, sehr viel Breite und Tiefe aufweist. Außerdem ergibt sich aus dem Parallelismus der Seitenansicht des Fanges eine flache Vorderfläche, also ein quadratischer Fang. Die untere seitliche Profillinie des Fanges wird durch die Lefzen gebildet, deren tiefliegendster Punkt jedoch nicht durch die Lefzen, sondern durch die Maulwinkel gebildet wird, die deutlich mit sichtbarer Schleimhaut ausgeprägt sind, das heißt, daß die Schleimhaut in dem Spalt zwischen Ober- und Unterlippe sichtbar sein soll. Im Profil zeigt die Unterlinie des Fanges einen weitgehend geschlossenen Halbkreis. Die Länge des Fanges entspricht der Länge des Nasenrückens. Die Kieferlänge soll derart sein, daß der Maulwinkel mit einer vom äußeren Augenwinkel verlaufenden Vertikalen zusammentrifft.

*Kiefer:* Kräftig und gut entwickelt mit perfekt aufeinander passenden Zahnreihen und zwar derart, daß die Schneidezähne des Oberkiefers mit ihrer Rückseite die Vorderseite der unteren Schneidezähne berühren (Scherengebiß) oder, daß die oberen Schneidezähne mit ihrer Kaufläche auf der Kaufläche der unteren Schneidezähne direkt aufliegen (Zangengebiß). Die Seiten des überaus kräftigen Unterkiefers tendieren vor allem in ihrem hinteren Bereich zu einer Krümmung. In der vorderen Partie soll der Unterkiefer sehr gut entwickelt und niemals fliehend sein, um so gleichsam für die unteren Lippen an ihrer Verbindungsstelle Stütze und Halt zu bilden. Weiße Zähne, regelmäßig angeordnet, vollständig in bezug auf Entwicklung und Anzahl.

*Stirnfurche – Stop:* Die Stirnfurche oder der Stop wird gebildet durch das Zusammentreffen von Stirn- und Nasenbein und den Enden des Oberkieferknochens. Der Stop soll, vom Nasenrücken aus gemessen, einen Winkel von etwa 90° aufweisen und etwa 120° bis 130° zwischen Nasenspitze und Stirn.

*Oberkopf = Schädel:* Seine Länge soll etwa ⅔ der Gesamtkopflänge ausmachen und seine Breite, das ist der Abstand zwischen den Jochbeinen, der Länge nahezu entsprechen. Die Jochbeinbögen sind betont und setzen sich weit nach außen hin fort, um damit der Kiefer- und Schläfenmuskulatur einen guten Ansatzpunkt bieten zu können. Von vorne gesehen erscheint der Oberkopf rund; im Profil ist er dieser Form angenähert, ausgenommen die obere Schädelfläche zwischen den Ansatzpunkten der Ohren, die flach erscheinen soll. Die Schädelnaht ist ausgeprägt erkennbar, und die Apophyse (Hinterhauptbein) ist betont.

*Ohren:* Die Ohren sind im Verhältnis zum Schädel klein, dreieckig, weit über den Jochbögen angesetzt und – sofern unkupiert – an den Backen und dem vorderen Rand flach anliegend und in der Länge nicht über den Halsansatz hinausgehend. Am Ansatz ist das Ohr leicht angehoben und fällt dann unmittelbar nach unten. Wird das Ohr kupiert, so wird dieses fast gänzlich, in eine Spitze auslaufend, abgeschnitten, so daß ein kleines, fast gleichschenkliges Dreieck entsteht.

*Auge:* Das Augenlid soll am Augapfel gut anliegen (weder Ektropium noch Entropium). Die Augen sind unterhalb der Stirnpartie mit ziemlichem Abstand voneinander eingesetzt mit Lidrändern, die zur Rundform tendieren und wegen der überreichen Kopfhaut nicht ganz geöffnet sind, so daß sie dadurch oval erscheinen. Der Augapfel ist tiefliegend. Die Farbe ist der Fellfarbe entsprechend schwarz, grau oder braun.

*Hals:* Kurz, gedrungen, sehr muskulös. Seine Länge, gemessen im Nacken von der Hinterhauptlinie bis zum Widerrist, entspricht etwa 3/10 der Widerristhöhe und der Umfang, in der Mitte gemessen, etwa 8/10 der Widerristhöhe. Die obere Linie ist im vorderen Drittel leicht geschwungen. Die untere Linie zeigt viel lose Haut, die dort die Wamme bildet. Die Wamme darf aber keinesfalls zu reichlich ausfallen und muß immer zwischen links und rechts geteilt sein; sie beginnt an beiden Seiten des Unterkiefers und reicht etwa bis zur Halsmitte.

*Körper:* Die Länge des Rumpfes, gemessen von der Gelenkspitze der Schulter oder der Brustbeinspitze bis zur Sitzbeinspitze, soll 10% mehr als die Widerristhöhe betragen.

*Brust:* Breit, großräumig, mit sehr stark entwickelter Muskulatur. Ihre Breite, die der des Brustkorbes entspricht, soll an ihrer unteren Begrenzungslinie (zwischen den Ansatzpunkten des Unterarms) 40 bis 45% der Widerristhöhe betragen. Die Brustbeinspitze soll sich mit der Schultergelenkspitze auf gleicher Höhe befinden.

*Brustkorb:* Geräumig, bis zum Ellenbogen reichend oder leicht darüber hinausgehend, auf halber Höhe gut gewölbt. Sein Durchmesser verringert sich leicht zum Brustbein hin, ohne jedoch kielförmig zuzulaufen. Die Rippen sind lang, gut gebogen, schräg verlaufend mit weiten Zwischenräumen. Die letzten »falschen« Rippen sind lang, schräg und gut geöffnet. Der Umfang des Brustkorbes soll etwa um 1/4 über die Widerristhöhe hinausgehen. Vor der Wölbung gemessen, beträgt der Umfang etwa 10 cm weniger, der Durchmesser aber immer noch 32%, die Brusttiefe etwa 50 bis 55% der Widerristhöhe. Der Toraxindex sollte nicht über 8 hinausgehen, eher etwas darunter liegen. Die Unterlinie des Brustkorbes zeigt im Profil einen weitgespannten Halbkreis, der zum Bauch hin ganz leicht ansteigt und dann geradlinig verläuft.

*Rücken:* Von der Seite her gesehen zeigt der Rücken eine gerade Linie, die nur durch den Widerrist unterbrochen wird. Der Rücken ist breit. Die Länge beträgt etwa 32% der Widerristhöhe.

*Lenden- und Nierenpartie:* Guter Übergang vom Rücken zur Lende, von der Seite gesehen leicht konvex ansteigend. Gut entwickelte Muskulatur über die ganze Breite. Die Länge beträgt etwas weniger als 1/5 der Widerristhöhe, die Breite entspricht in etwa der Länge und schwankt etwa zwischen 14,5 und 16 cm.

*Bauch und Flanken:* Die Unterlinie des Bauches in Fortsetzung des Brustkorbes verläuft fast horizontal. Die Flanken sollen in der Länge der Lendenpartie entsprechen. Der Bauch ist groß, die Flanken minimal aufgezogen.

*Kruppe:* Die Kruppe, die die leicht konvexe Seitenlinie der Lendenpartie fortsetzt, soll breit, stark und muskulös sein. Deshalb muß die Querverbindung zwischen den beiden Seiten der Hüfte annähernd 1,5/10 der Widerristhöhe betragen. Die

Kruppe soll betont sein, um an die Oberlinie der Lendenpartie anzuschließen. Die Länge der Kruppe muß etwa $^{3}/_{10}$ der Widerristhöhe betragen. Sie ist abfallend und die Neigung beträgt etwa 30°, wenn man die Linie, die die äußere vordere Kante des Beckenknochens mit dem Sitzbeinhöcker verbindet, unter Berücksichtigung der Horizontalen betrachtet.

*Geschlechtsorgane:* Perfekt, vollständig, beide Hoden gleichmäßig entwickelt und im Hodensack liegend.

*Rute:* Der Ansatz der Rute an der Kruppe ist breit; dick an der Wurzel, kräftig, zum Ende hin sich leicht verjüngend. Wenn der Hund in Ruhe ist, wird sie in den ersten beiden Dritteln hängend und im letzten Drittel leicht nach oben gebogen getragen. Sie darf nicht aufrecht oder über den Rücken gerollt getragen werden. Wenn der Hund in Aktion ist, wird sie waagerecht oder etwas höher als der Rücken getragen. Die Rutenlänge erreicht das Sprunggelenk. Etwa ein Drittel muß kupiert sein.

*Schulter:* Die Schultern sollen lang, leicht schräg gelagert, mit langen Muskeln bepackt, gut entwickelt und sauber voneinander getrennt sein, um die Beweglichkeit zu gewährleisten. Ihre Länge beträgt etwa $^{3}/_{10}$ der Widerristhöhe. Ihre Neigung zur Horizontalen beträgt etwa 50 bis 60°. Betrachtet man die Körperoberfläche, so stehen die Enden der Schulterblätter einander wenig nahe, sondern scheinen unter Berücksichtigung der Körperoberfläche eher senkrecht zu stehen.

**Vorhand:**

*Oberarm:* Die Oberarme, mit den oberen $^{2}/_{3}$ mit dem Rumpf verbunden, sollen – wie die Schultern – mit starker, plastisch hervortretender Muskulatur versehen sein. Die Neigung des Oberarmknochens zur Horizontalen beträgt 55° bis 60° und ihre Länge etwa 30% der Widerristhöhe. Sie verlaufen fast parallel zur Mittelinie des Rumpfes.

*Unterarm:* Senkrecht gestellt, sehr starkknochig. Die Länge entspricht etwa der der Oberarme. Die Längsfurche zwischen Elle und Speiche soll deutlich erkennbar sein. Die Höhe des Unterarms bis zum Ellenbogen entspricht $^{5,2}/_{10}$ der Widerristhöhe. Die mit viel loser Haut bedeckten Ellenbogen befinden sich parallel zur Mittellinie des Körpers. Sie sollen deshalb am Brustkorb nicht zu eng anliegen; dies würde die Bildung einer Achselhöhle verhindern; sie dürfen aber auch nicht nach außen ausgedreht sein. Die Spitze des Ellenbogens soll sich unterhalb einer Senkrechten befinden, die von der nach hinten gerichteten Schulterblattecke herabführt.

*Vordermittelfußgelenk:* Auf der senkrechten Linie des Unterarms liegend, breit, trocken, ohne sichtbare Knochenerhebungen, mit Ausnahme des sog. »Erbsenbeins« auf der Rückseite des Gelenks.

*Vordermittelfuß:* Der Vordermittelfuß soll leicht nach hinten geneigt sein, von vorne gesehen aber die Fortsetzung der geradegestellten Vorhand sein. Von der Seite gesehen steht der Vordermittelfuß etwas schräg in einem Winkel von etwa 70 bis 75°. Die Länge soll nicht weniger als $\frac{1}{6}$ der ganzen Länge des Unterarms bis zum Ellenbogen betragen.

*Pfoten:* Rund, sehr groß, gut geschlossen und gewölbt; die Ballen trocken und hart, gut pigmentierte, starke, gebogene Krallen.

**Hinterhand:**

Oberschenkel: Lang und breit, mit starken, plastisch hervortretenden deutlich voneinander getrennten Muskeln bepackt. Die hintere Linie tendiert zur Geraden. Ihre Länge soll nicht weniger als $\frac{1}{3}$ der Widerristhöhe betragen. Ihre Neigung ist etwa 60° und bildet von hinten nach vorn mit der Hüfte einen beinahe rechten Winkel. Unter Berücksichtigung der Vertikalen sollen sie parallel zur Körperoberfläche verlaufen.

*Unterschenkel:* Starkknochig und sehr muskulös. Die Länge liegt etwas unter der der Oberschenkel. Die Neigung verläuft von vorne nach hinten in einem Winkel von etwa 50 bis 55°. Der Winkel Oberschenkel – Knie – Unterschenkel beträgt 110° bis 115°. Die längs verlaufende Furche zwischen Schien- und Wadenbein soll deutlich erkennbar sein.

*Sprunggelenk:* Die Seitenflächen immer genügend breit. Durch die Neigung des Unterschenkels ist sein Winkel nach vorne offen. Der Abstand von der Ballensohle bis zum Sprunggelenk beträgt etwa $\frac{2,5}{10}$ der Widerristhöhe. Von hinten betrachtet soll sich die rückwärtige Linie, die vom Sprunggelenk nach unten verläuft, auf der Vertikalen und der Verlängerung der vom Hinterteil herabführenden Linie befinden. Der vordere Winkel, d.h. der Winkel, gebildet von Unterschenkel und Hintermittelfuß, ist offen und beträgt 140° bis 145°.

*Hintermittelfuß:* Kräftig und trocken, fast zylindrische Form. Die Länge beträgt etwa $\frac{1}{4}$ der Widerristhöhe. Von hinten und auch im Profil soll er sich auf der Senkrechten befinden, d.h., genau senkrecht stehen. Eventuell vorhandene Afterkrallen – einfach oder doppelt – sind zu amputieren.

*Hinterpfoten:* Wie Vorderpfoten, nur nicht ganz so groß.

*Haarkleid:* Das Fell soll dicht und überall gleich lang sein. Fein, kurz und höchstens 1,5 cm lang. Es darf niemals, auch auf einen äußerst begrenzten Raum beschränkt, eine Andeutung von Langhaar weder am Rumpf, an den Läufen oder der Rute haben. Das Fell soll seidig schimmern.

*Farben:* Die bevorzugten Farben sind schwarz, grau, blaugrau, braun, rotgelb und hirschrot. Alle Farben können in sich gestromt sein. Kleine weiße Abzeichen an Brust und Zehenspitzen sind erlaubt.

*Haut:* Sehr viel lose Haut am ganzen Körper und vor allem am Kopf, wo sie zahlreiche tiefe Falten und an der Kehle eine Wamme bildet. Das Pigment der Lederhaut soll dunkel, entsprechend der Fellfarbe sein. Die Pigmentierung von Krallen und den Ballenunterseiten ist immer dunkel.

*Widerristhöhen:* Rüden zwischen 65 und 75 cm. Hündinnen 60 bis 68 cm.

*Gewichte:* Rüden zwischen 50 und 70 kg. Hündinnen 15% weniger.

*Gangwerk:* Ein typisches Merkmal dieser Rasse ist das Gangwerk im Schritt: schlaksig und langsam wie ein Bär. Der Trab ist langsam mit großen, viel Boden deckenden Schritten. Galopp ist selten.

**Mängelliste für Typ und Gebäude**

*Allgemeine Merkmale, Erscheinungsbild, Symmetrie:* Gesamtbild zu leicht, schwacher Knochenbau, Fehlen von Harmonie.

*Kopf:* Oberkopf/Fanglinien nicht parallel, sondern voneinander abweichend oder sich überschneidend (schwerer Fehler!).

*Nasenschwamm:* Abfallend oder ansteigend vom Nasenrücken liegend. Fehlende Pigmentierung. Nasenlöcher zu klein.

*Nasenrücken:* Zu lang oder zu kurz, sich überschneidende Linien (Oberlinie abfallend oder spitz zulaufend). Oberlinie nicht gerade.

*Lefzen und Fang:* Zu kurzer oder zu langer Fang. Belefzung zu stark oder zu wenig entwickelt. Maulwinkel zu ausgeprägt, zu sehr herunterhängend, nicht an der richtigen Stelle oder auch fehlend. Lefzenschnitt im Profil fliehend, sich am Fangende überschneidende Seitenlinien (spitz zulaufender Fang), die Verbindungsstelle der Oberlippe bildet statt eines umgekehrten V ein umgekehrtes U.

*Kiefer:* Kraftlos, soviel Vorbiß, daß dadurch der typische Ausdruck verändert wird. Hinterbiß durch ungenügende Länge der Kinnlade (Disqualifikation!), schräge Zahnleiste (ernster Fehler), Zähne unregelmäßig und nicht vollständig, Kauflächen abgenutzt.

*Schädel:* Klein, kurz, rund, schmal an den Seiten, d.h., auf der Höhe der Jochbeine und des Scheitelbeins, Augenbrauenbögen zu flach, schwache Kaumuskulatur, fehlendes oder auch überbetontes Hinterhauptbein, zu flache Stirn, Stop zu wenig betont oder fliehend, Schädel/Fanglinien nicht parallel verlaufend.

*Augen:* Klein, vorstehend, trüb, zu hell in bezug auf die Fellfarbe, zu weit außen eingesetzt, En- und Ektropium, zu engstehend, fehlende Pigmentierung von Iris und/oder Nickhäuten.

*Ohren:* Zu lang, zu kurz, zu tief angesetzt; schlecht getragen oder schlecht kupiert.

*Hals:* Dünn, zu lang oder zu kurz, flach an den Seiten, fehlende oder übermäßig entwickelte Wamme, Fehlen der gewölbten Oberlinie, schlechter Übergang zur Front.

*Schulter:* Steil, schwer, kurz, Muskulatur zu wenig entwickelt, in der Beweglichkeit behindert, Schulterblätter zu nahe beieinander stehend.

*Oberarm:* Zu schräg oder zu steil gelagert, zu kurz, Muskulatur zu wenig entwickelt, schwache Knochen.

*Unterarm:* Spröder oder poröser (?) Knochenbau, gebogene, von der Senkrechten abweichende Knochen, ausgedrehte oder zu fest anliegende Ellenbogen, tiefe Achselhöhlen, zu tief oder zu hoch gestellt.

*Vordermittelfußgelenk:* Deutlich aufgetriebene Knochen, »Erbsbein« nicht ausgeprägt, Lahmheit.

*Vordermittelfuß:* Zu kurz oder zu lang, schwach, durchgetreten, zu steil stehend, von vorne von der Senkrechten abweichend.

*Pfoten:* Oval, flach, gespreizte Zehen, Zehen nicht gewölbt, nach innen oder nach außen gedreht, Ballen zu fleischig mit zu feiner Ballenhaut, fehlendes Pigment an Ballen und Zehen.

*Rumpf:* Länge gleich Widerristhöhe (Quadratur), zu lang.

*Brust:* Schmal, zu wenig tief, ungenügend entwickelte Muskulatur, Brustbeinspitze zu tief liegend.

*Brustkorb:* Ungenügende Höhe oder Tiefe, flachrippig oder tonnenförmiger Umfang, deutlich kielförmig, kurzer Brustbeinbereich, Rippenbögen zu wenig offen.

*Rippen:* Nicht gewölbt, Zwischenräume nicht breit, »falsche« Rippe zu kurz.

*Rücken:* Zu kurz, Senk- oder Karpfenrücken, Knick in der Rückenlinie am 11. Wirbel, Widerrist nicht betont.

*Lenden:* Lang, flach, schmal.

*Bauch:* Aufgezogener Bauch, Flanken eingefallen und lang.

*Geschlechtsorgane:* Unvollständige Entwicklung der Hoden. Monorchismus oder Kryptorchismus.

*Kruppe:* Schmal, ungenügende Länge, zu wenig abfallend, waagerecht.

*Oberschenkel:* Kurz, wenig entwickelte Muskulatur, schmal, im Kniebereich nach außen drehend, zu steil oder zu gewinkelt.

*Unterschenkel:* Schwache Knochen, Längsfurche zwischen Schien- und Wadenbein nicht erkennbar, zu steil oder auch überwinkelt.

*Sprunggelenk:* Zu weit oben, nicht breit genug, zu offener oder zu geschlossener Winkel.

*Hintermittelfuß:* Lang, schwach, aus dem Gleichgewicht kommend. Afterkrallen.

*Hinterpfoten siehe Vorderpfoten:*

*Rute:* Zu lang, zu kurz, angeborene Schwanzlosigkeit, Stummelrute, am Ansatz dünn, über den Rücken gerollt oder höher als der Rücken getragen.

*Haarkleid:* Lang und hart.

*Fellfarben:* Weiße Abzeichen außer an Brust und Zehenspitzen.

*Haut:* Am Körper trocken anliegend, zu wenig lose Haut, fehlende Falten am Kopf, fehlende Wamme.

*Größe:* Zu klein oder zu groß.

*Wesensmängel:* Ängstlichkeit, Ungehorsam, Bissigkeit, übertriebene Aggressivität (Disqualifikation!).

*Disqualifizierende Fehler:*

*Kopf:* Deutliche Abweichung oder Überschneidung der oberen Längsachsen Schädel/Fang.

*Nasenschwamm:* Vollständiger Pigmentmangel.

*Nasenrücken:* Deutliche Ramsnase, konkav.

*Augen:* Glasauge, beidseitig unausgefärbte Nickhäute, beidseitiges Schielen.

*Kiefer:* Ausgeprägter Vorbiß, Hinterbiß.

*Hals:* Fehlende Wamme.

*Geschlechtsorgane:* Monorchismus und Kryptorchismus.

*Rute:* Angeborene Schwanzlosigkeit, Stummelschwanz, über den Rücken gerollt getragen.

*Fellfarbe:* rein weiß, ausgedehnte weiße Abzeichen.

*Widerristhöhe:* mehr als 75 cm, weniger als 3 cm unterhalb der Mindestgröße.

| | | |
|---|---|---|
| *Punkteskala:* | Gesamterscheinung und Gebäude | 30 |
| | Schädel und Fang | 20 |
| | Augen und Ohren | 10 |
| | Brustkorb | 15 |
| | Lenden und Kruppe | 10 |
| | Vor- und Hinterhand | 20 |
| | Rute | 10 |
| | Fell und Fellfarbe | 15 |
| | Ausdruck und Wesen | 20 |
| | Gesamtpunkte | 150 |

| | | | |
|---|---|---|---|
| *Qualifizierung:* | Vorzüglich | nicht unter | 140 Punkte |
| | sehr gut | nicht unter | 130 Punkte |
| | gut | nicht unter | 110 Punkte |
| | genügend | nicht unter | 100 Punkte |

# Erläuterungen zum Standard

Fürwahr! Eine lange, vielleicht etwas trockene Sache. Ich bin jedoch der Meinung, daß es sehr wenige Standards gibt, die so ausführlich in allen Teilen den Hund beschreiben. Dies ist nicht nur für unsere Formwertrichter wichtig, sondern auch für den Züchter, den Liebhaber und schließlich auch für den Laien und Interessenten! Kann nicht fast ein Zeichner oder Maler nach diesem Standard den Mastino Napoletano zeichnen oder malen, ohne den Hund jemals gesehen zu haben? Ich glaube schon! Seien wir den Vätern unserer Rasse dankbar, für diese exakte und ausführliche Fleißarbeit.

Trotzdem, so glaube ich wenigstens, muß dieser Standard an Hand von einigen Erklärungen für uns alle, aber besonders auch für den vielleicht erst künftigen Besitzer eines Mastino Napoletano erläutert werden.

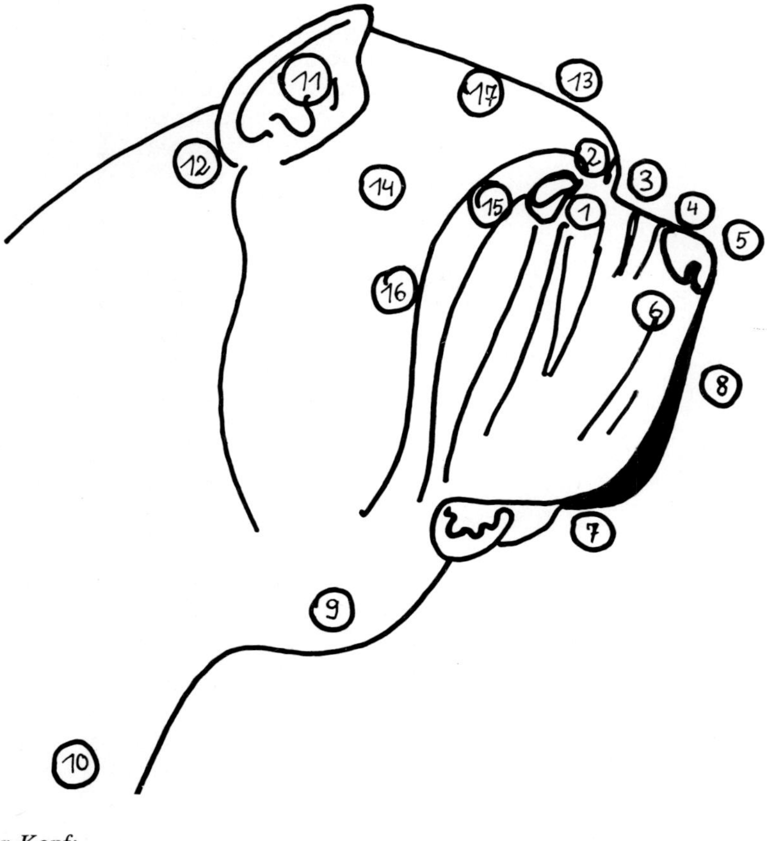


*Der Kopf:*
*1. Auge, 2. Stirnhöhlen, 3. Stop, 4. Nasenrücken, 5. Nasenschwamm, 6. Fang, 7. Lefze, 8. Lefzenspalte, 9. Wamme, 10. Hals, 11. Ohr, 12. Hinterkopf, 13. Stirn, 14. Schläfenregion, 15. Jochbeinbogen, 16. Backen, 17. Schädel*

**Der Kopf:**

Das, was den Mastino Napoletano unverwechselbar macht, ist sein Kopf. Er gibt unserem Hund das typische Gepräge. Ein Mastino mit noch so harmonischem Gebäude, der einen mit Fehlern behafteten Kopf hat, kann niemals die Bewertung »vorzüglich« erhalten. Der Standard liefert uns die genauen Maße. Was können wir damit anfangen, und wo soll unsere Beurteilung beginnen? Man muß lernen, den Kopf zu sehen. Man muß lernen, gute und schlechte Köpfe zu unterscheiden.

Beim Mastino Napoletano darf der Kopf eine leichte Disharmonie zum übrigen Körper aufweisen. Das heißt, daß der Mastino immer etwas »kopflastig« erscheinen wird. Trotzdem muß der Kopf in sich proportioniert sein, damit der typische Ausdruck unverwechselbar erscheinen kann. Das Verhältnis Schädel : Fang sollte nach dem Standard immer 2 : 1 betragen (Kopflänge 21 cm = Schädel 14 cm + Fang 7 cm).

Der Standard definiert das Wort Schädel genau. Er sollte ebenso lang wie breit sein. Toleriert wird noch, wenn er etwas länger als breit ist; ganz abzulehnen ist jedoch der Schädel, der schmal und lang ist, weil diese Proportionen den Ausdruck total verfälschen würden. Mein Freund Dr. Mario Perricone, der in Italien als Spezialist für den Mastino gilt, versuchte mir oft klarzumachen, daß vor allem die knöcherne Grundlage des Schädels wichtig ist. Er sagte: »Nicht Falten, Haut und Backenmuskeln machen den Kopf aus! Laß Dich nie täuschen! Die Schädelknochen müssen das Maß des Kopfes sein!«

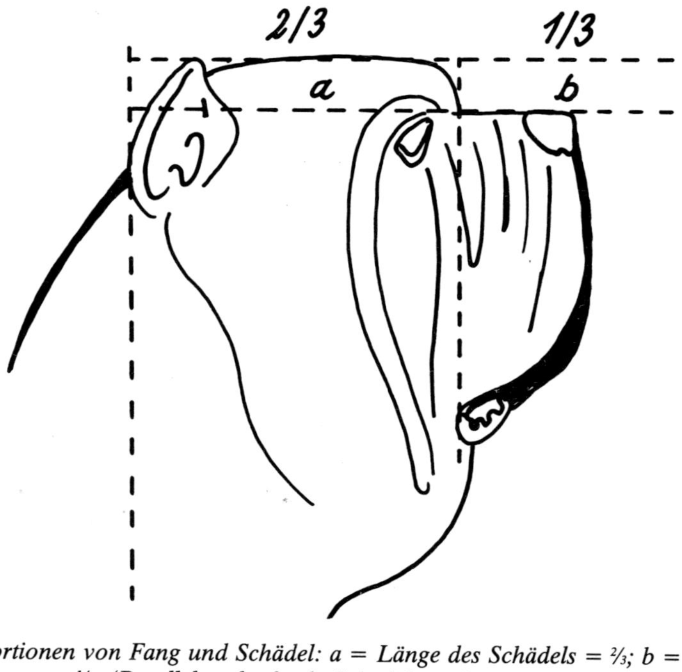


*Proportionen von Fang und Schädel: a = Länge des Schädels = ⅔; b = Länge des Fangs = ⅓. (Parallel verlaufende Schädel- und Fangachsen.)*

Der Schädel ist von oben flach und verläuft parallel zur Fangebene. Der Stop ist deutlich ausgeprägt und sollte immer einen schwach-stumpfen Winkel, niemals aber einen rechten Winkel bilden.

Von allen Seiten gesehen bildet der Fang im Idealfall ein Quadrat, und der Nasenschwamm bildet mit seiner Senkrechten und der Waagrechten einen rechten Winkel.

Wenn wir aber nun auf einer großen Ausstellung Mastini Napoletani betrachten, dann werden wir feststellen, daß nur sehr wenige Hunde diesem Ideal nahekommen. Unser Blick ist nun geschärft. Wir sehen die verschiedensten Typen. Bei sehr vielen Exemplaren finden wir den atypischen, doggenähnlichen Ausdruck, bei

*Quadratur des Schädels und des Fanges – Ansicht von vorne.*

anderen, aber sehr viel seltener, den ebenfalls atypischen Boxer-Bulldogausdruck. An dieser Stelle will ich zum besseren Verständnis nochmals ganz klar sagen, daß es in erster Linie nicht die Proportionen sind, die den Ausdruck verfälschen, sondern daß es die falsch verlaufenden Fang/Schädelachsen sind. Beim Doggenausdruck divergieren diese Linien und beim Boxerausdruck konvergieren sie.

Der Nasenschwamm wird im Standard ausführlich beschrieben. Auch er trägt wesentlich zum Gesamteindruck des Kopfes bei; ebenso die Belefzungen, das Gebiß, die Kopfbefaltung und die charakteristische doppelte Wamme. Der Nasenschwamm darf nicht zurückgeschoben und »aufgesetzt« erscheinen, und er darf

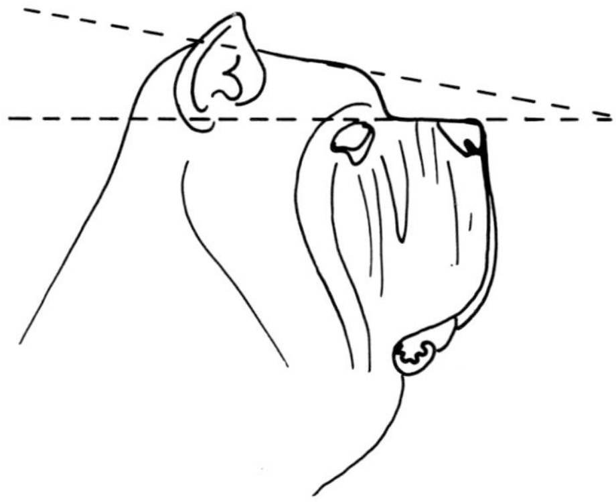

*Konvergierende Schädel- und Gesichtsachsen*

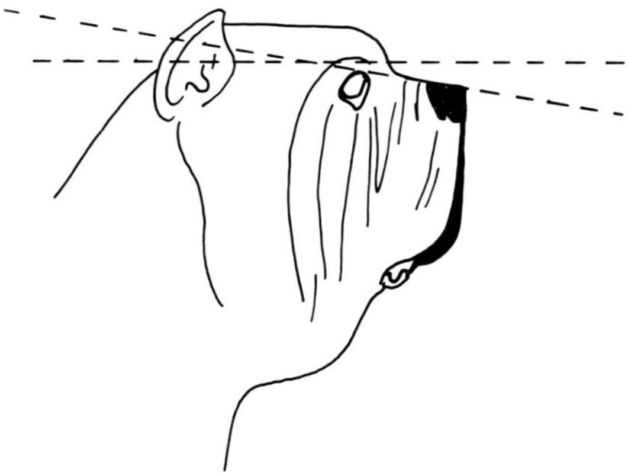

*Divergierende Schädel- und Gesichtsachsen*

auch keinesfalls abfallend sein, sondern er muß in einer Linie das Fangende bilden. Ein unpigmentierter Nasenschwamm ist ein schwerer Fehler.

Ebenfalls sollten die Lefzen immer gut pigmentiert sein. Nach unten fliehende Lefzen sind fehlerhaft. Der Standard schreibt vor, daß von vorne gesehen die oberen Lefzen an ihrem Endpunkt ein umgekehrtes V bilden müssen. Diese Idealform kann nicht erreicht werden, wenn Gebiß und Kieferstellung nicht dem Standard entsprechen. Der Standard schreibt Scheren- oder Zangengebiß mit vollständiger Zahnreihe und gerade angeordnete Zähne vor. Leichter Vorbiß wird noch so weit toleriert, wie dadurch der Ausdruck (Achsenverschiebung!!) nicht verändert wird. Das vollständige Gebiß scheint also doch sehr wichtig zu sein. Wie sieht nun die Wirklichkeit aus? Bei vielen Hunden fehlen Backenzähne; aber auch das Fehlen von Schneidezähnen wird schon häufig beobachtet. Besonders letzteres kann den Ausdruck des Fangquadrates verändern. Hier ist es nun an den Züchtern, diese Defekte zu beobachten und zu bekämpfen. Jedoch hat im Augenblick

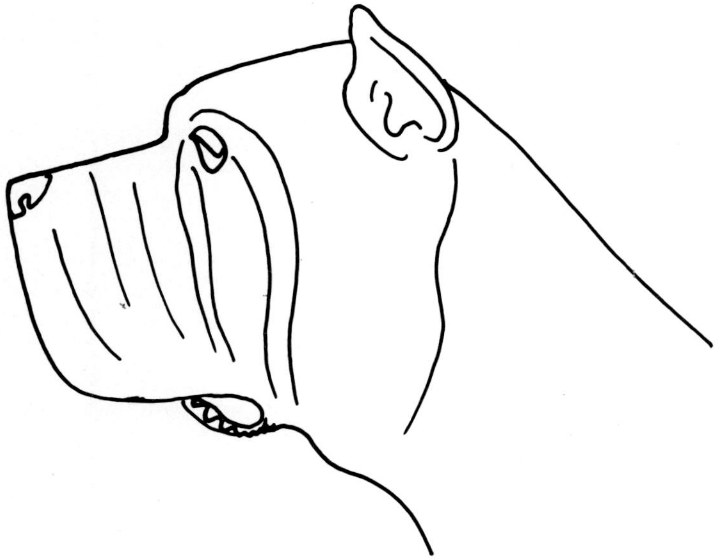

*Doggenähnlich*

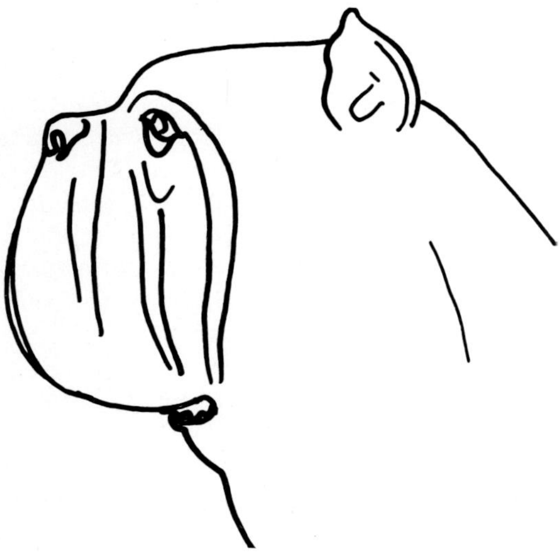

*Boxerähnlich*

der Mastino noch weit funktionellere Störungen als einen fehlenden Zahn, und deshalb hat der Club für Molosser e.V. im VDH beschlossen, daß nur Hunde mit mehr als 4 fehlenden Zähnen von der Zucht ausgeschlossen werden müssen.

Die Frage ob kupierte oder unkupierte Ohren zu erlauben sind, wurde durch das am 1. Januar 1987 in Kraft getretene Tierschutzgesetz in Deutschland geregelt. Kupieren der Ohren ist generell verboten.

Der Standard sagt über das Auge alles Wesentliche aus. Allerdings ist die gewünschte dunkle Färbung der Augen sehr selten. Bei den grauen Mastini ist das Auge meistens ebenfalls grau. Auch leicht graugelb ist nicht selten. Dies kann jedoch toleriert werden. Wenn das Auge jedoch so hell gefärbt ist, daß der Blick stechend wirkt, dann ist dies ein schwerer Fehler, weil dadurch wiederum der Ausdruck ungünstig verändert wird. Bei Exemplaren mit sehr starker Belefzung wird durch die Schwerkraft das untere Augenlid etwas nach unten gezogen, das Auge wirkt dadurch unschön blutunterlaufen.

In die Standardausführungen über den Kopf müssen wir den Hals mit der charakteristischen Wamme mit einbeziehen. Der Standard gibt an, daß der Halsumfang etwa $^{8}/_{10}$ der Widerristhöhe betragen soll. Im Vergleich zum Menschen: Ein Mann mit 1,80 m Größe müßte dann einen Halsumfang von ca. 1 m haben, wenn man den Kopf abrechnet! Kragengröße 100!!!

Den unteren Teil des Halses bildet die immer geteilte Wamme. Dies ist viel lose Haut, die bereits am Unterkiefer beginnt und etwa bis zur Halsmitte hinunterreicht.

Mit den Falten des Kopfes und der Wamme bekommt der Mastino Napoletano sein unverwechselbares Aussehen. Viele Laien, aber auch sogenannte Experten, meinen nun: Je mehr Falten und Wamme Kopf und Hals haben, desto besser und schöner ist der Mastino. Das ist jedoch ein grundlegender Irrtum! So atypisch ein trockener Mastino ohne Falten und Wamme ist, so fehlerhaft ist einer, der geradezu in Falten ertrinkt. Ein Mastino, der zu viele Falten hat, erweckt den Eindruck von Monströsität und wird zur funktionsuntüchtigen Karikatur! So ein Exemplar könnte niemals den vom Standard geforderten Eindruck von harmonischer Stärke und Kraft vermitteln. Ich kann hier nicht eindringlich genug vor der Idealisierung dieser monströsen Exemplare warnen! Der Weg zum Shar-Pai oder zur heutigen Englischen Bulldogge ist dann nicht mehr weit! An dieser Stelle muß ich auch Felice Cesarino aus seinem »Il Molosso« zitieren: ». . . bei einigen Exemplaren muß man jedoch die Möglichkeit in Betracht ziehen – und das ist keine verrückte Idee –, daß es sich bei den überreichlich vorhandenen Falten um Mißbildungen (Lymphatismus) handeln könnte . . . Vielleicht ist dies einmal auf große Entbehrungen, vielleicht aber auch auf unverständige Zuchtselektion zurückzuführen und die Mißbildungen wurden zu einem konstitutionellen Merkmal.« Diesem Zitat ist wohl nichts hinzuzufügen!

Noch auf eine andere Ungereimtheit wies mich Cesarino hin. Laut Standard sollen die Proportionen beim Fang/Schädelverhältnis 1 : 2 sein. Das heißt also, daß der Fang genau halb so lang sein soll wie der Schädel. So weit, so gut! Aber das gleiche Proprotionsverhältnis schreiben die Standards des Deutschen Boxers und des Mastiffs vor. Der Boxer braucht den Vorbiß und hat konvergierende Schädelachsen, der Mastiff hat einen viel größeren Kopf als der Mastino. Wer kann dieses Rätsel lösen? Fachleute wurden von mir befragt. Alle zuckten etwas hilflos die Achseln. Für mich persönlich bleibt wiederum nur: Der Standard bietet den Rahmen . . . , und ein Rahmen ist groß. Wenn ich alte Abbildungen ansehe, fällt mir auf, daß fast überall der Mastino mit mittellangem Fang dargestellt ist. Wir sollten uns bewußt sein, daß der schmale, enge und lange Fang verwerflich ist, daß aber der Übertyp genauso gefährlich ist. Die kurze Schnauze geht immer mit Breite einher, die bei unseren großköpfigen Rassen zu Geburtsschwierigkeiten führen können. Natürlich ist mir bewußt, daß das Problem des Übertyps züchterisch wieder viel schneller in den Griff zu bekommen ist als das Gegenteil. Wir haben in diesem Buch schon oft an die schnelle Rückkehr zum Wolfsähnlichen erinnert. Trotzdem sollten Züchter und Formwertrichter, die die alleinige Verantwortung für eine Rasse tragen, dieses Kriterium beachten!

So viel wir auch herumreden mögen, wenn es stimmt, daß der Kopf dem Mastino Napoletano das Gepräge gibt, dann muß jede Abweichung vom gültigen Standard als Fehler gewertet werden. Die folgenden Abbildungen sollen zum besseren Verständnis des Standards Anleitung zum »Sehen« geben. So weit nun zum Kopf.

Felice Cesarino schreibt in seinem Buch »Il Molosso«: »Und worauf sollte dieser Kopf, dieses grandiose gotische Bauwerk nun ruhen? Auf einem Hals, der in ein mächtiges Gebäude übergeht; gleichsam auf Säulen und festen Fundamenten!«

**Das Gebäude:**

Die Zeichnung soll das gesamte Gebäude des Mastino Napoletano verdeutlichen. Wir müssen uns mit den einzelnen Teilen anatomisch vertraut machen, um den Standard zu begreifen, der immer auch Leitbild für Funktionstüchtigkeit und nicht nur für Schönheit sein muß!

Durch das Verschmelzen des Halses an seinem unteren Ende mit dem Rumpf wird der hohe und gut markierte Widerrist gebildet; der Maßstab fast aller Messungen des Standards. Der Rücken ist breit und gerade. An seinem Ende steigt er etwas zur Kruppe hin an. Dadurch wirkt der Prototyp immer hinten etwas »überbaut«, und es scheint uns so als ob das ganze Gewicht auf der Vorhand ruht. Tatsächlich sind bei fast allen guten Exemplaren die vorderen Extremitäten stärker und kräftiger. Auch das genaue Studium des Standards bringt uns zu dieser Erkenntnis. Die folgenden Abbildungen sollen nun fehlerhafte und weniger fehlerhafte und ganz abzulehnende Gebäudeformen zeigen.

Den Gliedern – vorne und hinten – ist größte Aufmerksamkeit zu widmen. Gerade hier gibt es die meisten Defekte, die wir aber doch durch bessere Aufzucht und gezielte züchterische Selektion in den Griff bekommen sollten.

Besonders der angeborene Gang des Mastino Napoletano ist erwähnenswert. Er läuft anders als jeder andere Hund. Er bewegt sich raubtierartig, mit etwas schlurfendem Gang. Er bewegt sich vor allem vorne auf und ab; das heißt, daß die Schulterblätter sich im Schritt auf und nieder bewegen. Auch der Paßgang ist nicht selten. Das heißt, daß beide Beine einer Seite sich zuerst nach vorne bewegen und dann die andere Seite nachfolgt. Diesen Gang finden wir normal nur bei Kamelen und auch Giraffen. In fast allen Hunde-Standards wird diese Gangart als fehlerhaft angesehen. Beim Fila Brasileiro dagegen verlangt der Standard ausdrücklich den Paßgang. Auch beim Mastino Napoletano kann er nicht fehlerhaft sein, obwohl der Standard über die Gänge nichts aussagt. Wir müssen wieder in den Anfängen graben, und da finden wir eine Stelle bei Dr. Soldati: »Beim Mastino Napoletano haben die Knie- und Fußgelenke einen ziemlich großen Öffnungswinkel, was

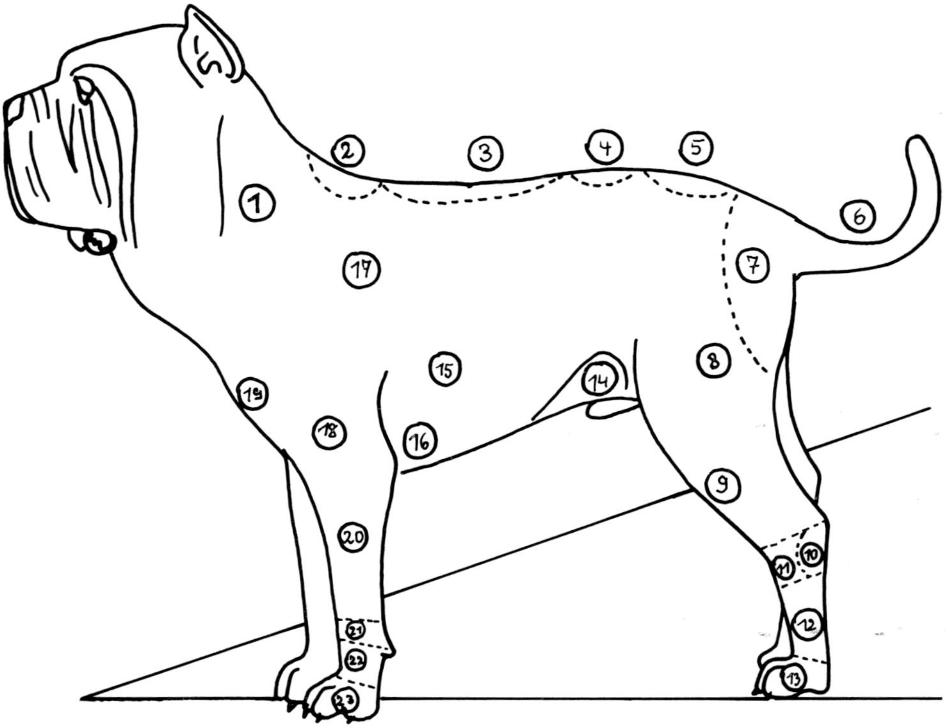


*Rumpf und Gliedmaßen:*
*1. Hals, 2. Widerrist, 3. Rücken, 4. Lende, 5. Kruppe, 6. Rute, 7. Hinterbacke, 8. + 9. Oberschenkel + Schenkel, 10. Sprunggelenk, 11. Fußwurzelknochen, 12. Mittelfußknochen, 13. Pfote, 14. Flanke, 15. Brustkorb, 16. Brustbein, 17. Schulter, 18. Vorderlauf, 19. Brust, 20. Vorderarm, 21. Handwurzelknochen, 22. Mittelhandknochen, 23. Pfote.*

unvermeidlich zu einer Verkürzung der Schrittlänge führen muß. Um schnellere Gangarten einlegen zu können, müßte der Hund also viel mehr Schritte machen. Dies wiederum bedingt größere Anstrengungen und würde daher auch schneller zur Ermüdung führen. Aus diesem Grund verfällt der Mastino Napoletano eben des öfteren in den Paßgang; eine in diesem Falle angenehmere und weniger anstrengende Gangart.« So weit Dr. Soldati, der feststellt, daß deshalb diese Gangart beim Mastino nicht als fehlerhaft anzusehen ist. Wie einleuchtend und vor allem unpragmatisch ist diese Feststellung! Wenn ein Hund auf Grund seiner Konstruktion so laufen will, dann soll man ihn auch so laufen lassen!

Auch zu den im Standard angegebenen Gewichten und Größten sollte man ein Wort sagen.

Nach meiner Auffassung ist er da viel zu großzügig. Nehmen wir einmal an, daß wir einen Hund mit der Mindestgröße von 65 cm hätten, der aber das Höchstgewicht von 70 kg aufweisen würde, dann hätten wir einen relativ kleinen, sehr gedrungenen Hund. Beim Gegenteil mit 75 cm Höhe und 50 kg Gewicht hätten wir einen schlanken, sehr hochbeinigen Hund. Also müssen wir wieder an die Präambel des Standards denken: In allen Teilen harmonisch! Das heißt wohl, daß das Mittelmaß das Richtige ist. Es ist sicherlich kein Zufall, daß nach meinen Unterlagen und auch Erfahrungen fast alle mit vorzüglich bewerteten Hunde (Rüden) eine ca.-Höhe von 69 cm und ein ca.-Gewicht von 75 kg hatten. Die Standardgewichte stimmen mit Sicherheit nicht mehr. Der Mastino ist seit der Aufstellung des Standards zwar nicht größer, dafür aber insgesamt schwerer geworden. Dies bestätigten mir auch alle italienischen Fachleute. Es wäre nun an der Zeit, daß das Ursprungsland Italien, denn nur dieses ist dazu berechtigt, hier eine Richtigstellung veranlassen müßte. Es kann nicht sein, daß es einen kraftvollen, starken, mächtigen Mastinorüden gibt, der ein Gewicht von 50 kg aufweist. Selbst wenn dieser Rüde nur 65 cm Widerristhöhe hätte. würde es sich um einen unterernährten, falsch aufgezogenen Hund handeln. Ein italienischer Formwertrichter, Dr. Antonio Morsini, hat einmal gesagt, daß – Standard hin und Standard her – das richtige Verhältnis etwa folgendermaßen liegen würde: 1 kg pro 1 cm Widerristhöhe. Diese Formel war auf den Bernhardiner bezogen. Wenn wir nun beim Mastino etwa 1,2 kg ansetzen, dann könnte es stimmen (z.B. 70 x 1,2 = 84).

*Senkrücken*
*Zeichnung: Fahn*

*Karpfenrücken*
*Zeichnung: Fahn*

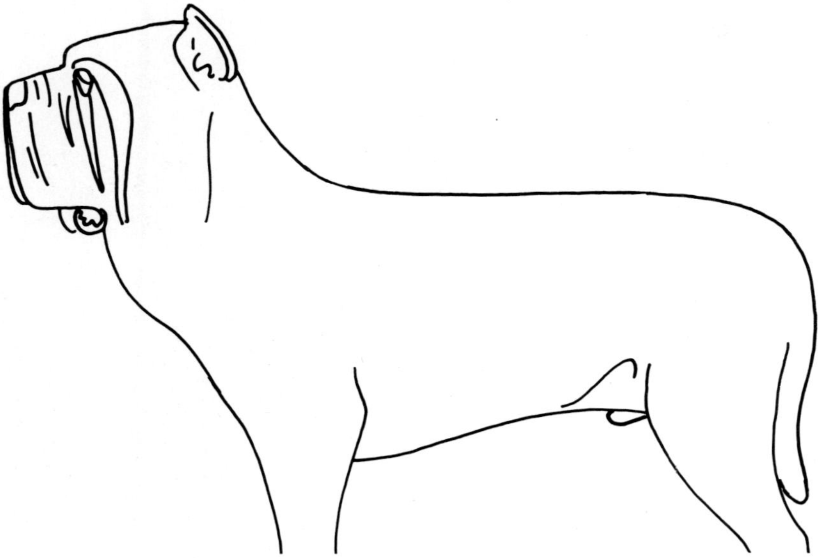

*Zu langer Rücken*
*Zeichnung: Fahn*

*Kruppe zu überbaut*
*Zeichnung: Fahn*

*Zu kurze Glieder*
*Zeichnung: Fahn*

*Richtiges Gebäude*
*Zeichnung: Fahn*

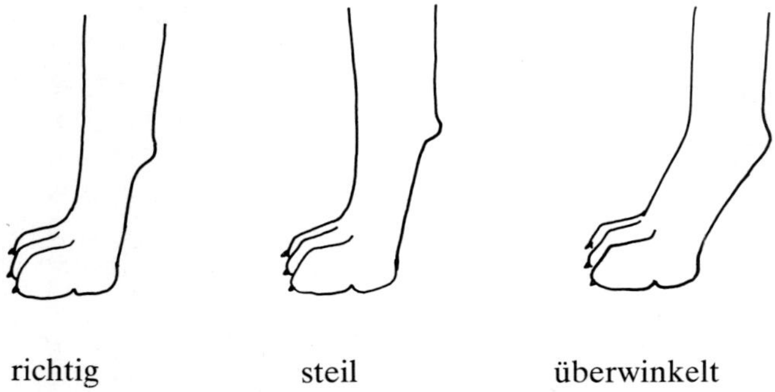


*Vor- und Hinterhand*

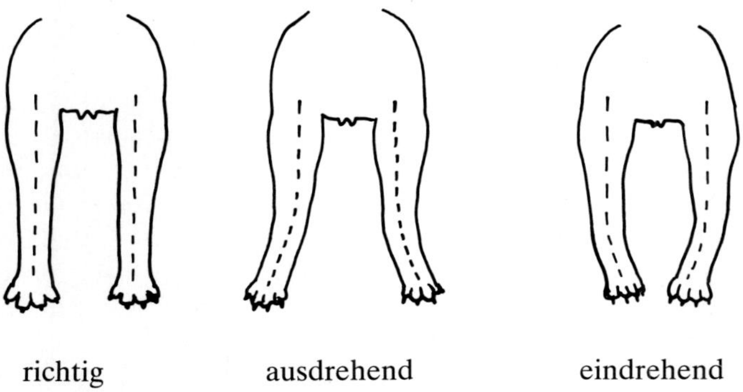


*Vorhand*

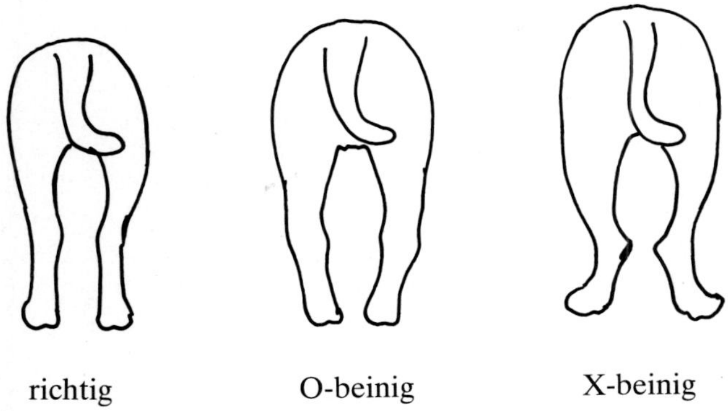


*Hinterhand*

# Das Wesen des Mastino Napoletano

Es gibt wohl kaum eine Rasse, bei der es so total falsche Aussagen über das Wesen gibt. Unter dem Wort »Wesen« verstehen viele Vieles. Dieser Begriff ist in der Kynologie ziemlich unklar definiert. Ich glaube aber, daß man bei einem Tier auch nicht von Charakter, Persönlichkeit oder Seele sprechen kann.

Ob man sich bei dem Begriff »Wesen« auf folgende Formulierung einigen kann? »Das Wesen des Hundes beinhaltet die Summe aller ererbten und erworbenen Eigenschaften, mit denen er auf seine Umwelt reagiert.«

Dies ist ein kurzer Satz, der aber unendlich viele Faktoren beinhaltet. Triebe, Instinkte, genetisch verankertes »Erbgedächtnis«, Erfahrungen und unter Umständen sogar Folgerungen.

Über dieses Thema gibt es eine ganze Reihe von neueren, wissenschaftlich untermauerten Erkenntnissen. Es würde den Rahmen dieser Veröffentlichung sprengen, wenn hier näher darauf eingegangen würde. Im Literaturanhang werde ich jedoch auf mir wichtig erscheinende Bücher hinweisen.

In der Boulevard-Presse wird unser Hund mit den tollsten Ausdrücken belegt: »Mörderhund«, »Maschinengewehr ohne Sicherhungshebel«, »Altrömischer Kampfhund«, »Zuhälter- Töle«, »Waffe auf vier Beinen«, usw., usw. Dieser ganze gefährliche Unsinn ist selbst mit den besten Argumenten nicht auszurotten!

Schuld sind wir Mastino-Halter aber wohl auch etwas selber, denn kaum einer verkneift sich das Wort »Kampfhund«. Dabei ist auch dies absoluter Unsinn, denn der Mastino Napoletano hat, seit es diese Rasse gibt, niemals gegen Menschen oder Tiere kämpfen müssen. Man wird mir nun aber mit der Abstammung, mit den Vorfahren aus grauer Urzeit kommen. Natürlich stammt der Mastino von den großen Kriegshunden, später dann von den Packern auf wehrhaftes Wild ab. Wenn wir aber nun einmal am Menschen verdeutlichen wollen, was ich meine, dann sieht es doch so aus, daß wir Deutschen doch auch Neandertaler, Steinzeitmenschen, Germanen und Barbaren unter unseren Vorfahren haben.

Wie dem auch sei, der Standard unseres Hundes gibt eine exakte Beschreibung der erwünschten Wesenseigenschaften ab: »Der Mastino Napoletano ist der Wach- und Schutzhund par excellence. Er ist enorm wuchtig, starkknochig, kraftvoll, von derbem und gleichzeitig majestätischem Aussehen, robust und mutig, sein Ausdruck ist intelligent, das Wesen ausgeglichen, gehorsam und n i c h t aggressiv; als Verteidiger von Personen und Besitz unübertroffen.«

So weit der hinterlegte Standard. Wenn ich nun hier einmal ketzerisch in Abrede stelle, daß ein Tier »mutig« sein kann – denn dies ist doch wohl ausschließlich eine menschliche Eigenschaft –, dann sagt der Standard, daß es sich um einen Hund handeln soll, der eine sehr hohe Reizschwelle haben muß, der nicht wild nach allem, was sich bewegt beißt; der absolut unterscheiden kann, ob seinen Menschen oder ihm selbst Gefahr droht, oder ob es sich lediglich um eine Situation handelt, die sein Eingreifen nicht erforderlich macht. Der »Schutzhund par excellence«

Abb. 103 *Portraitstudie ENEA DI PONZANO, Besitzer: Denger.*

muß aber dann reagieren, wenn er wirklich gefordert wird. Der »Wachhund par excellence« muß bei den ihm anvertrauten Dingen bleiben und diese bedingungslos Tag und Nacht im Auge behalten. Die wichtigste Voraussetzung für diese Ideal-Eigenschaften, die der Standard fordert, ist ein belastbares, intaktes Nervenkostüm. Also viel Selbstvertrauen und gute Nerven muß ein guter Mastino haben.

Ein Mastino o h n e Nerven wäre ein teilnahmsloser Trottel, der seine Aufgaben nicht wahrnehmen könnte. Ein Mastino mit schlechtem Nervenkostüm aber würde zur Gefahr für sich und seine Umwelt, denn so ein Hund würde bei allem Ungewohnten eine eingebildete Gefahr erkennen; er würde davor flüchten, so lange er die Möglichkeit dazu hätte; wenn aber dann kein Fluchtweg mehr frei wäre, würde er in Panik und Angst alles und jedes angreifen. Dadurch würde er für sich selbst, für seinen Besitzer und für die Umwelt zur latenten Gefahrenquelle. Sehr viele Laien, aber auch hirnverbrannte Mastino-Halter glauben, daß der aggressive Hund der beste Mastino wäre. Sie glauben, daß der »Römische Kampfhund« eine »Beißmaschine« sein müßte. Dem ist nun wahrlich nicht so, denn jeder, der den Mastino wirklich kennt, schaudert vor diesem gefährlichen Unsinn.

So ein Mastino, wie ich ihn in den letzten Sätzen beschrieb, ist nach den Forderungen des Standards zu disqualifizieren und aus der Zucht muß er mit allen Mitteln ferngehalten werden. Hier liegt eine ganz große Verantwortung bei den Richtern und Körmeistern des Clubs! Es liegt mir absolut fern, den ganzen Komplex der »Aggression« zu verteufeln! Aggression ist bei jedem Lebewesen vorhanden und hat nichts mit »Gut und Böse« zu tun, aber die natürliche, wenn Sie so wollen, die »gute Aggression« darf nicht durch züchterische Selektion oder – noch verwerflicher – durch sogenannte »Ausbildung« gegen die Natur, gegen das eigentliche »Wesen« des Hundes gefördert werden.

Wenn jeder Mastino-Züchter und jeder Mastino-Halter das begreifen würde, dann hätten wir keine Probleme mit der Umwelt, dann würden unsere Hunde nicht in den Schlagzeilen der Medien auftauchen, dann h ä t t e n wir nämlich den Hund, den der hinterlegte Standard fordert! Noch eins sei im Bezug auf das »Wesen« angeführt. Wir wissen selbst am besten, wie wir Menschen, wenn wir krank sind und Schmerzen haben, mit »Wesensveränderungen« reagieren. Wir wollen in diesem Buch ehrliche Aussagen machen und nicht in Schönfärbereien verfallen. Die Rasse selbst ist noch mit vielen Defekten behaftet, die es gilt, in den nächsten Jahren auszurotten. Ich kann dies mit voller Zuversicht sagen, denn was im Bezug auf Gesundheit bei uns u n d auch in Italien in den letzten Jahren viel positiver geworden ist, würde Seiten füllen. Trotzdem muß man hier mit Juvenal sagen »Mens sana in corpore sano« = »eine gesunde Seele in einem gesunden Körper«! Wenn ein Hund mit noch so guten genetisch bedingten Wesenseigenschaften geboren wird, dann wird sich durch einen kranken Körper zwangsläufig auch das Wesen negativ entwickeln. Auch hier setzt der Standard die richtigen Maßstäbe!

Abb. 104 *Kopfstudie Mastino.*

Zusammengefaßt: Ein Mastino Napoletano, der von einem Richter die Formwertnote »vorzüglich« erhalten kann, ist ein Mastino, der gesund ist und seine Aufgaben ohne Gefahr für die Umwelt wahrnehmen kann. Daß wir dies durch Zucht und Haltung erreichen, ist die Aufgabe aller, die diese Rasse lieben und beeinflussen können. Ein Hund – auch ein Mastino Napoletano – ist ein ganz normaler Hund –, ist immer das, was wir Menschen aus ihm machen!

## Die Zucht als Voraussetzung für die Zukunft der Rasse

Es kann nicht Aufgabe dieses Buches sein, hier jetzt den ganzen Komplex der Rassehundezucht darzustellen. Wer wirklich Rassehunde züchten will, der muß sein Handwerk verstehen. Leider darf jedermann ohne die geringsten Kenntnisse, ohne die blaßeste Ahnung, Rassehunde züchten! Für dieses wichtige Kapitel gibt es sehr gute Literatur. Ich glaube, daß das beste Buch soeben im gleichen Verlag erschienen ist: »Die Technik der Hundezucht« von Dr. Dieter Fleig. Verständlich, klar, umfassend!

Trotzdem muß ich hier einiges ansprechen, was »anders« ist als bei anderen Rassen. Als ich anfing Mastini zu züchten, hatte ich schon lange vorher große Erfahrungen in der Zucht von Deutschen Boxern sammeln können. Ich dachte, daß ich eigentlich alles über Hundezucht wissen würde. Bald mußte ich feststellen, daß der Mastino Napoletano sogar in der Zucht aus anderer Perspektive zu sehen ist! Dies soll natürlich nicht heißen, daß die Genetik, die Vererbungslehre oder der Geburtsablauf »anders« als bei anderen Hunden wäre, aber wie so vieles beim Mastino »anders« ist, so auch die Zucht.

Wenn mir die Frage gestellt wird, was man braucht, um Mastini Napoletani zu züchten, dann habe ich sofort eine Antwort bereit: »Zeit, Platz und viel Geld!«

Wer erwartet – und die meisten erwarten es –, daß man mit der Mastino-Zucht Geld verdienen kann, der irrt gewaltig! Bis ich zu meinem ersten Wurf kam, waren mindestens DM 20 000,– investiert! Wenn jemand so an die 5 bis 10 Jahre gezüchtet hat und dann sagen kann, daß er seine Kosten in etwa wieder hereingebracht hat, dann ist dies ein Meisterzüchter, der auch noch viel Glück gehabt hat! Sogar das Finanzamt erkennt Rassehundezucht, nach den Regeln des Verbandes für das Deutsche Hundewesen durchgeführt, als steuerfreie Liebhaberei an.

Wer trotz aller Schwierigkeiten sich entschließen sollte, Mastini Napoletani zu züchten, der muß wissen, daß er sich auf ein gewaltiges Abenteuer einläßt. In den 13 Jahren meines Abenteuers habe ich unzählige »Züchter« kommen und gehen gesehen. Nur jene, die wirklich mit Haut und Haar zum »Mastinari« wurden, haben durchgehalten; an einer Hand kann man sie abzählen!

Warum nun ist die Mastino Napoletano-Zucht so schwierig? Dies bedarf einer Untersuchung. Es kommen sehr viele Faktoren zusammen.

Abb. 105 *Kopfstudie ARGO DEL MONTE.*

Wir wissen bereits, daß die Rasse an den Hängen des Vesuv schon sehr lange existent war. Wir wissen aber auch, daß erst seit etwa 1948 Zuchtbücher oder Aufzeichnungen gemacht wurden. Wir wissen, daß das geografische Gebiet, aus dem der Mastino stammt, relativ sehr klein ist. Daraus leite ich ab, daß der Inzuchtkoeffizient innerhalb der Rasse sehr hoch liegen muß. Wir wissen auch, unter welchen Verhältnissen die Mastino-Zucht am Vesuv, in Italien begann: In einer Gegend, wo Armut vorherrschte und auch keine Schande war; dort, wo selbst der Mensch oft nicht genug zum Essen hatte, da ist die Aufzucht von großen Hunden, die quantitativ und qualitativ viel Futter brauchen, sicherlich problematisch. Es muß auch – lediglich wertend – bedacht werden, daß die Einstellung des Neapolitaners zum Hund eine andere ist als unsere. Es war und ist keine Seltenheit, daß ein Mastino dort sein Leben an einer Kette unter einem Ölbaum verbringt. Dort lebt er, dort wird er mit den Abfällen seiner Menschen gefüttert, dort wirft er ohne jegliche menschliche Hilfe seine Welpen, und schließlich stirbt er dort auch! Manche behaupten, daß dies »natürliche Auslese« bedeutet. Vielleicht? Ich mag dieses Wort nicht, denn es ist nicht ehrlich! Unsere Hunde sind keine »natürlichen« Tiere mehr! Der Mensch hat sie in Jahrtausenden zu Kameraden aus dem Tierreich gemacht. Damit hat er ihnen aber auch die Möglichkeit genommen, in der freien Natur zu überleben! Der Mensch hat für den Hund die Verantwortung zu übernehmen und dazu gehört Hilfe zur Arterhaltung!

Durch jahrzehnte-, vielleicht sogar durch jahrhundertelange Entbehrungen entstanden in der Mastino-Population Defekte, die über Generationen verbreitet, vielleicht sogar erblich wurden. Wer die alten Geschichten der Neapolitaner kennt, der wundert sich, daß es die Rasse überhaupt noch gibt. Unser Hund lebte nicht an Fürstenhöfen! Er war immer der Gefährte des kleinen Mannes, des Bauern, des Tagediebes, des »Camorristen«! Mit diesen teilte er das kärgliche Brot. All dies mag mit ein Grund dafür sein, daß der Mastino Napolitano in seiner Heimat eine Art Nationalhund geworden ist. Der Neapolitaner kann sich mit der Seele dieses Hundes identifizieren.

Ich sprach schon von dem hohen Inzuchtgrad innerhalb der Rasse. Der große Genetiker der Tierzucht, ein Hundefreund ersten Grades, Prof. Dr. Walter Schleger, Rektor der Tiermedizinischen Universität Wien, schrieb es den Hundezüchtern beim Kynologischen Kongreß 1981 in Dortmund ins Stammbuch: ». . . wenn beispielsweise in der Traberzucht der Inzuchtkoeffizient mehr als 4% beträgt, wird's um die Leistungsfähigkeit gefährlich!« Der Inzuchtkoeffizient innerhalb der Neapolitanischen Mastino- Population muß nach meiner Schätzung höher als 25% liegen. Wen wundert es da noch, wenn Rüden nicht mehr decken können, wenn Hündinnen unfruchtbar bleiben, daß Fitneß, Gesundheit und Funktionalität auf der Strecke bleiben?

Wie können wir unserer Rasse helfen? Wie können wir sie gesund machen und trotzdem den unverfälschten Typ erhalten? In meinem Buch »Der Mastino Napoletano« (Eigenverlag Walt Weisse, ISBN 3924180008, DM 43,–) habe ich meine Gedanken über Zucht, Paarung, Geburt und Welpenaufzucht detailliert niedergelegt. Jeder, der mehr über die Rasse wissen möchte, sollte dieses Buch lesen.

Vieles ist heute schon besser geworden durch Verbreitung der Zuchtbasis, durch

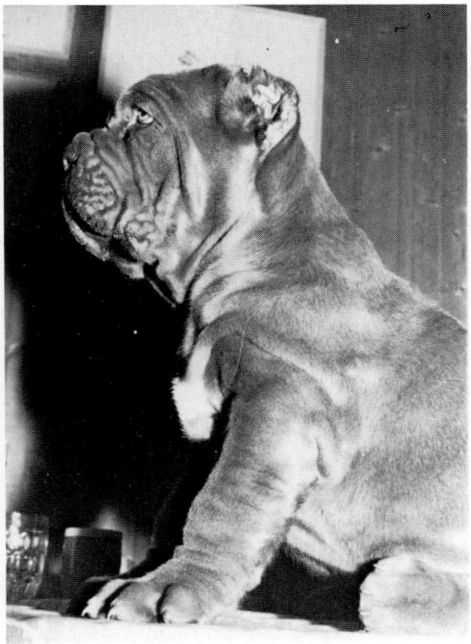

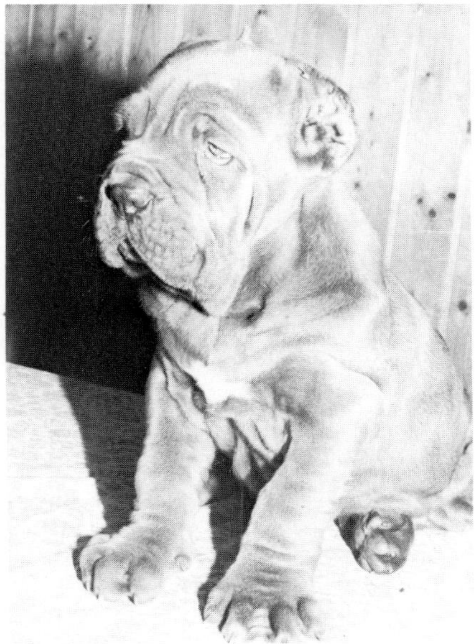

Abb. 106–108 *Versprechender Nachwuchs!*

Abb. 109–111 *Züchterfreuden!*

Selektionsbestimmungen des Club für Molosser und durch die Einsicht vieler verantwortungsvoller Züchter, daß Funktionalität und Gesundheit Priorität in allen Zuchtbemühungen haben muß.

Die Rasse Mastino Napoletano ist eine herrliche Rasse. Die Krönung der Liebe zu einer Rasse ist zweifellos die Zucht. Diese aber ist hier Pionierarbeit, bei der man mit sehr vielen Rückschlägen rechnen muß. Wir sind gegenüber 1974 schon ein ganzes Stück weiter, aber über den Berg sind wir mit den züchterischen Problemen noch lange nicht.

Es darf einfach nicht mehr sein, daß kranke, monströse, wesensschwache, krüppelhafte Mastini gezüchtet werden, nur um noch skurrileres Aussehen zu produzieren! Wer den Standard aufmerksam liest und richtig interpretiert, wird sehen und wissen, daß nach diesem Idealbild der Mastino Napoletano ein ungeheuer harmonischer, funktionaler, nervenstarker und gesunder Hund ist. Sich diesem vom Standard geforderten Ziel zu nähern heißt züchten!

Abb. 112 *Vielversprechender Nachwuchs!*

Abb. 113 *»Als Verteidiger von Personen und Besitz unübertroffen!«*

# VI. Der Fila Brasileiro

*Luise Daser*

1. Die Entstehungsgeschichte
2. Der Rassestandard
3. Erläuterungen zum Rassestandard
4. Die Zucht der Rasse
   a) Die Zucht in Brasilien
   b) Die Zucht in Deutschland
5. Das Wesen und die Erziehung
6. Gedanken zur Anschaffung und Erziehung

In einer unruhigen Welt der Gewalt und Unsicherheit, ist ein Hund Botschafter der Liebe, Freundschaft, Treue und Anhänglichkeit. Das gilt auch für die großen Fila Brasileiro. Wir rufen alle Züchter dieser Hunderasse auf, den Fila zu einem Band zwischen ihnen und allen Menschen der Welt werden zu lassen!

Procopio Vale – Enio Monte
CBKC Brasilien

# Die Entstehungsgeschichte

Brasilien, die Heimat des Fila Brasileiro, ist ein riesiges Land mit 8 500 000 qkm, unterteilt in 23 Bundesstaaten. Es reicht von 5,17 Grad nördlicher bis 33,45 Grad südlicher Breite und mißt in der jeweils größten Nord-Süd wie auch Ost-West Ausdehnung rund 4300 km. Das vorwiegend tropische Land kennt eine Vielzahl von Klimazonen. Sie reichen vom regenreichen Amazonasgebiet mit einer Durchschnittstemperatur von 25° bis 27°C bis in die gemäßigten Zonen des Südens, in denen selbst Frost und Schnee mit Wintertemperaturen bis Minus 12°C keine Seltenheit sind.

Europa, vor allem Südeuropa, war die Heimat der Einwanderer und Eroberer, die Brasilien besiedelt haben – und die Heimat der Hunde, die sie in die neue Welt begleiteten. In Europa müssen wir also auch nach den Ursprüngen des Fila Brasileiro suchen.

Große, mutige und ausdauernde Hunde waren zur Jagd nötig, als es noch keine Feuerwaffen gab. Sie mußten das Wild verfolgen, stellen und so lange attackieren, bis der Jäger nachkam, um es zu erlegen. Dabei durften sich die Hunde durch die Hauer eines wild um sich schlagenden Ebers oder das gefährliche Geweih eines Hirsches nicht vertreiben lassen. So können wir auf vielen Bildtafeln aus dem Mittelalter kräftige Jagdhunde im Kampf mit wehrhaftem Wild sehen; deren Vorfahren hatten ihren Mut und Kampfgeist, in Verbindung mit großer Beweglichkeit und lebenserhaltender Vorsicht schon als Begleiter kämpfender Römer, Assyrer und Karthager bewiesen. Nach der Erfindung der Feuerwaffen wurden diese Hundemeuten allerdings nicht mehr gebraucht und von den Jagdherren abgeschafft.

Es heißt, daß mit den Abenteurern, die in die neue Welt zogen, um sie zu erobern, auch die Nachfahren dieser Hunde gekommen sind. In einer Beschreibung aus den Anfängen der Besiedlung Brasiliens können wir lesen:

»Angeführt von Numes Balboa überquerten die Spanier die Panama Landenge, um den Pazifik zu erkunden. Große Molosser Hunde begleiteten sie dabei, Nachkommen der Kriegshunde, die vereinzelt heute noch überall auf der Welt zu finden sind . . . ›Becerillo‹ – kleines Kalb – hieß ein Molosser, der zum Eroberer Diego de Salazar gehörte. ›Zehn Soldaten mit Becerillo werden von den Feinden mehr gefürchtet, als hundert ohne ihn‹, erzählte man von ihm. Er und sein Sohn ›Leoncillo‹ – kleiner Löwe – starben den Soldatentod, durch Indianerpfeile.«

In dem Bericht steht auch, daß Balboas »Leoncillo« einen höheren Sold als ein Fußsoldat erhielt. Auch die nicht geringe Futtermenge war genau festgelegt worden . . .

Trotz der Andersartigkeit des neuen Landes bewahrten die aus Europa stammenden Hunde ihre Charaktereigenschaften und paßten sich vorzüglich dem Klima, der Umgebung und der veränderten Nahrung an. Ihre Qualitäten wurden stets bewundert und gerühmt, ihre neuen Aufgaben hießen Schutz der Haziendas vor Dieben und Raubzeug – und Suche nach entflohenen Sklaven. Sklaven waren wichtige und – in der «Anschaffung« – teure Arbeitskräfte. Die Flüchtigen durften nur gestellt, keinesfalls aber verletzt werden. Auch für diese Aufgabe eigneten sich die ehemaligen Jagd- und Kampfhunde aus Europa vorzüglich.

Die ersten dokumentierten brasilianischen Quellen, in denen die kräftigen und wehrhaften Hunde, Begleiter der Invasoren und Einwanderer erwähnt werden, stammen aus dem Jahre 1613. Über die Herkunft der Hunde machte man sich keine großen Gedanken. Vom Typ her gehörten sie zu der Familie der Molosser. Später – zwischen 1785 und 1815 – brachten portugiesische Einwanderer zu ihrem Schutz Hunde mit, die sich mit den schon in Brasilien ansässigen vermischten.

Einige Quellen sprechen die Vermutung aus, daß der Fila Brasileiro das Ergebnis einer Kreuzung zwischen dem »Fila Terceirence« und dem Mastiff ist. Der Fila Terceirence soll zu seinen Vorfahren Bloodhounds, Bulldoggen und verschiedene Hunde von der Terceirence Insel zählen.

In Spanien und Portugal leben auch heute noch Rassen, die vermutlich gemeinsame Vorfahren mit dem Fila haben, oder selbst zu diesen Vorfahren gehören. In den Rassebeschreibungen zeigen sich deutliche Parallelen zum Fila Brasileiro. Gemeinsam ist ihnen der Schutztrieb, die Wachsamkeit, und oft auch ein ähnliches Aussehen. Als Beispiel sei hier »Cao de bestiar« erwähnt, in dessen Standard steht: ». . . Breit, schwer, Schulterhöhe 66 bis 73 cm, ein Viehtreiber, Wach- und Schutzhund, edel, akzeptiert Fremde kaum, dem Herrn gegenüber sehr anhänglich . . .« Oder die »Bardino-Pero de Presa canario«, ein Kampfhund, der dem Fila sehr ähnelt.

Neben den schon erwähnten, in Brasilien eingeführten Hunden, spielten auch Bulldoggen, Mastiffs und Bloodhounds in der Entwicklung des Fila Brasileiro eine Rolle.

Mit der alten Bulldogge und dem Bärenbeißer hat der Fila gemeinsame Charaktereigenschaften, wie zum Beispiel ein heftiges Temperament und große Beharrlichkeit. Das nach hinten geknickte Ohr, das typisch für Bulldoggen ist, zeigt sich auch beim Fila und wird im Standard erwähnt.

Besonderer Wertschätzung erfreute sich der Fila mit Bulldogeinschlag bei den Farmern oder Hacienderos; denn er eignete sich besonders gut zur Arbeit mit den verwilderten Herden. Noch heute ist nach Aussagen von Brasilianern dieser Typ in Gegenden mit Viehzucht häufig anzutreffen. Die Tiere sind etwa 60 cm hoch, haben eine gedrungene Gestalt, breite Köpfe und starke Kiefer.

Von den eingekreuzten Bloodhounds erhielten die Hunde die lose Haut, eine ausgeprägte Gesichtsfalte, das betonte Hinterhauptbein, die Körperunterlinie, den guten Geruchsinn, das tief klingende Gebell.

Daß der Mastiff einen entscheidenden Blutanteil am Fila Brasileiro haben dürfte, wurde bereits eingangs erwähnt. Noch heute sieht ein kleiner Fila einem Mastiffwelpen in den ersten Wochen zum Verwechseln ähnlich. Vom Mastiff hat der Fila die kräftigen Knochen, den kurzen, bulligen Nacken und eine leicht abgeschrägte Kruppe.

Um die Eigenschaften der Farmhunde, die auch von Viehtreibern und Metzgern gehalten wurden, für die Großwildjagd zu verbessern, sollen sogar Foxhounds, Greyhounds und Pointer eingekreuzt worden sein. Auf diese Weise bildeten sich je nach Verwendungs- oder Gebrauchszweck auch regional verschiedene Schläge

Abb. 114 *Die Autorin Fila Brasileiro, Luise Daser.*

Abb. 115 *PERO DI PRESA CANARIO – mallorquinischer Bullenbeißer.*

Abb. 116 *FILA Anfang des Jahrhunderts in Südamerika.*

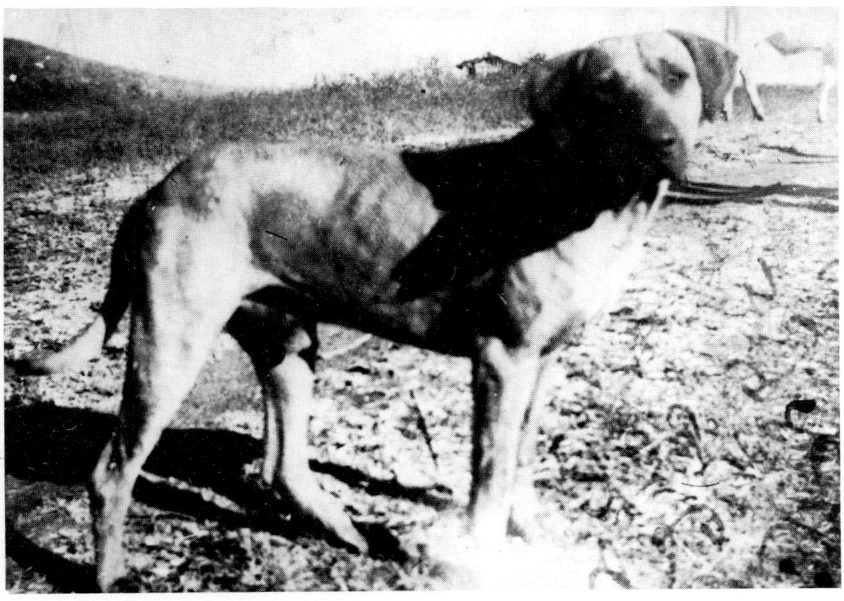

Abb. 117 *Farmfila NIKO 1936.*

heraus. Ihr gemeinsamer Grundtyp war aber stets der einheimische, wehrhafte und klimaangepaßte Fila Brasileiro.

# Der Rassestandard

Seit dem 1. Januar 1984 liegt der vom CBKC überarbeitete Standard für Fila Brasileiro der FCI vor, das ist der internationale Dachverband der Weltorganisation der Kynologen. CBKC ist der einzige Fila Brasileiro Klub in Brasilien, welcher der FCI angehört. In ihm sind 98% aller Fila-Züchter und Halter organisiert.

**Offizieller Standard für die Rasse Fila Brasileiro** – durchgesehen am 1. 1. 1984, vom Brasilianischen Kennel Club und vom FCI anerkannt.

*Allgemeine Erscheinung:* Typisch molossoide Rasse. Kraftvolle Knochen, rechteckige Gestalt, kompakt, aber harmonisch und gut proportioniert. Zu seiner Massivität gesellt sich eine leicht zu erkennende große Beweglichkeit. Hündinnen müssen eine ausgeprägte Weiblichkeit, die sie sofort von den Rüden unterscheidet, zeigen.

*Charakter und Temperament:* Ein bedeutender Teil seines Charakters sind Mut, Entschlossenheit und herausragende Tapferkeit. Fügsam dem Besitzer und dessen Familie gegenüber gehorsam und Kindern gegenüber extrem tolerant. Seine Treue wurde in Brasilien sprichwörtlich. Er sucht immer die Gesellschaft seines Herrn. Einer seiner Wesenszüge ist die Aggressivität Fremden gegenüber. Er ist von Haus aus ruhig, sein Selbstbewußtsein und sein Selbstvertrauen werden weder durch fremdartige Geräusche noch durch eine neue Umgebung erschüttert. Er ist ebenso ein unübertroffener Wachhund wie vom Instinkt her ein Jagdhund für Großwild und ein Hütehund für Rinder. Im Ausstellungsring läßt er sich in der Regel nicht vom Richter anfassen. Im Falle eines Angriffs sollte seine Reaktion nicht als Fehler, sondern als Bestätigung seines Temperaments gewertet werden.

*Bewegung:* Sollte ausgreifend und elastisch sein. Sein geschmeidiger Schritt erinnert an die Bewegung großer Katzen. Sein hauptsächliches Charakteristikum ist der Paßgang – ein zweischlägiger, seitlicher Tritt, bei dem sich die Läufe auf jeder Seite vollkommen regelmäßig als Paar vor- und zurückbewegen. Dies bewirkt eine rollende oder schaukelnde Bewegung des Hundekörpers (den sogenannten Paßgang), die die Rückenlinie bis zum Schwanz betont, – wenn der Schwanz erhoben getragen wird. In der Bewegung wird der Kopf niedriger als der Rücken getragen. Der Hund zeigt einen glatten, freien und unbeschwerten Trab mit kräftigem Schritt. Der Galopp ist kraftvoll und zeigt eine für einen so großen und schweren Hund unglaubliche und unerwartete Geschwindigkeit. Wegen seines typisch molossoiden lockeren Ausdrucks hat man beim Bewegungsablauf des Filas den Eindruck, er könne sofort und sehr schnell die Richtung ändern, – und das entspricht den Tatsachen.

*Ausdruck:* In Ruhestellung ruhig, edel und voller Selbstvertrauen. Zeigt nie einen abwesenden oder gelangweilten Ausdruck. Ist die Aufmerksamkeit des Hundes erregt, spiegelt sein Ausdruck Entschlossenheit, gepaart mit einem festen und intensiven Blick, wieder.

*Kopf:* Groß, schwer, massiv, immer in gutem Verhältnis zum gesamten Körper. Von oben gesehen ähnelt er einem Trapez. Von der Seite gesehen sollten Fang und Oberkopf etwa das Verhältnis 1 : 1 aufweisen, wobei der Fang ganz wenig kürzer als der Oberkopf ist.

*Schädel:* Das Profil zeigt ausgehend vom Stop eine sanfte Kurve zum Hinterkopf. Der Hinterkopf ist ausgeprägt und besonders beim Welpen vorstehend. Von vorne gesehen ist der Oberkopf groß, breit und die obere Linie ist leicht gewölbt. Die Seitenlinien verlaufen fast vertikal nach unten, und zwar in einem Bogen, der sich zum Fang hin verengt. Zeigt nie einen Abfall.

*Stop:* Von vorne praktisch nicht zu sehen. Die mittlere Stirnfurche ist leicht ausgeprägt und steigt glatt nach oben. Von der Seite gesehen ist der Stop niedrig, schräg, und wird tatsächlich nur von den gut entwickelten Augenbrauen geformt.

*Fang:* Kräftig, breit und tief, immer in Harmonie zum Schädel. Von oben gesehen ist er voll, verengt sich unter den Augen etwas und wird nach vorne hin breiter. Von der Seite gesehen ist die Schnauze gerade oder zeigt eine römische Linie, nie aufwärts gebogen. Die vordere Linie des Fangs ähnelt einer Senkrechten mit einer Senkung genau unter der Nase und sie bildet mit der Oberlippe einen perfekten Bogen. Die Oberlippe ist dick, hängend, sie fällt über die Unterlippe und formt so die Unterlinie des Fangs, die fast parallel zu der oberen Linie verläuft. Der labiale Rand ist immer sichtbar. Die Unterlippe liegt bis zu den Fängen eng am Oberkieferknochen an, und fällt von dort an locker zur Zahnlinie. Der Fang hat eine gute Tiefe an der Wurzel, die Tiefe übersteigt jedoch nicht die Gesamtlänge. Die Ränder der Lippen bilden ein umgekehrtes »U«.

*Nase:* Gut entwickelter breiter Nasenschwamm, der nicht ganz die Weite des Oberkieferknochens einnimmt. Farbe schwarz.

*Augen:* Mittlerer bis großer Umfang, mandelförmig, ziemlich auseinanderstehend, mittel bis tief eingesetzt. Erlaubte Farben: Von dunkelbraun bis gelb, immer von der Fellfarbe abhängig.

*Ohren:* Hängend, groß, dick, V-förmig. Breit am Ansatz und zur Spitze zu sich verjüngend. Abgerundete Spitzen. Am unteren Teil des Oberkopfes – in Ruhestellung in der Höhe der Augen – angesetzt. Im Affekt über dieser Linie. Der Ohransatz soll vorne höher als hinten liegen. Die Ohren sind hängend oder zurückgefaltet und lassen dann das Innere sehen.

*Gebiß:* Die Zähne sind breiter als lang. Kräftig und weiß. Die oberen Schneidezähne sind an der Wurzel breit und an der Zahnkante spitz. Die Eckzähne sind kräftig und auseinanderstehend. Der ideale Biß ist die Schere, eine Zange ist akzeptabel.

*Hals:* Außergewöhnlich stark und bemuskelt, wirkt kurz. An der Oberseite leicht gekrümmt und gut vom Kopf abgesetzt. Kehlwamme.

*Rückenlinie:* Widerrist in leicht gebogener Linie, die Schulterblätter sind weit voneinander entfernt, Widerrist niedriger als die Kuppe. Hinter dem Widerrist ändert die Oberlinie ihre Richtung und steigt sanft zur Kruppe an; die Rückenlinie zeigt keine Neigung zum Schwanken oder Nachgeben.

*Kruppe:* Breit, lang, bildet mit der Horizontallinie einen Winkel von etwa 30°. Zeigt eine leichte Krümmung. Die Kruppe ist etwas höher als der Widerrist. Von hinten gesehen ist die Kruppe etwa so breit wie der Torax, bei Hündinnen ist eine größere Breite zulässig.

*Körper:* Stark, breit und tief, mit dicker und loser Haut bedeckt. Der Brustkorb (Torax) ist länger als der Hinterleib. Die Länge des Körpers entspricht der Höhe plus 10%, wenn von der Schulter zur Hinterbacke gemessen wird.

*Torax:* Gut gewölbte Rippen, die dennoch nicht die Schultern überlagern sollten. Tiefe und breite Brust, die bis zum Ellbogengelenk reicht. Sehr stark ausgeprägte Brust.

*Lenden:* Kürzer und nicht so tief wie die Brust, Torax und Lenden sind deutlich voneinander abgesetzt. Bei Hündinnen sind die Flanken stärker entwickelt. Von oben gesehen sind die Lenden schmaler als der Torax und die Kruppe, sollen aber nicht eingefallen wirken.

*Unterlinie:* Die Brustlinie soll langgestreckt sein; ansonsten verläuft die Linie parallel zum Boden. Nach hinten zu leicht ansteigend, jedoch niemals whippetähnlich.

*Vorderhand:* Die Schulter sollte von zwei gleichlangen Knochen – der Scapula und dem Humerus – geformt werden. Die Scapula soll mit der Rückenlinie einen Winkel von 45° bilden, der Winkel Scapula/Humerus soll mindestens 90° betragen. Der Treffpunkt Scapula/Humerus bildet die sichtbare Schulter, die auf der Höhe des Prosternums jedoch etwas dahinter liegt. Im Idealfall reicht die Schulter vom Widerrist zum Prosternum, und die Schulterspitze sollte genau dazwischen liegen. Eine gedachte Senkrechte vom Widerrist aus sollte den Ellbogen berühren und den Fuß erreichen.

*Läufe:* Starke Knochen, Läufe parallel. Starke Handwurzelknochen, leicht schräg gestellt. Die Länge des Laufs vom Boden zum Ellbogen sollte 50% der Länge vom Ellbogen zum Widerrist betragen.

*Füße:* Stark und gut gewölbt, nicht zu stark geschlossen. Pfoten dick und fest, breit und tief. Im Idealfall zeigen die Pfoten nach vorne. Die Krallen sind stark und dunkel. Helle Krallen sind erlaubt, wenn die Füße oder Zehen eine helle Farbe aufweisen.

*Hinterhand:* Weniger schwerknochig als die Vorderhand, jedoch im Gesamteindruck niemals leicht. Der Oberschenkel hat einen gebogenen Rand, der von starken Muskeln von Illium und Ischium geformt wird. Diese Muskeln formen die Hinterseite, daher muß der Ischium eine ausreichende Länge aufweisen. Die

Hinterläufe sind parallel, die Fußglieder sind stark, die Mittelfußknochen leicht gebogen, höher als die Mittelhandknochen.

*Hinterpfoten:* Etwas ovaler als die Vorderpfoten, ansonsten gilt die gleiche Beschreibung. Afterklaue unerwünscht.

*Schwanz:* An der Wurzel sehr breit, von mittlerer Länge, verjüngt sich in Höhe der Hacken schnell. In der Bewegung wird der Schwanz erhoben getragen, die Biegung am Ende wird stärker betont. Soll nicht über den Rücken getragen werden.

*Höhe:* Rüden: 65 cm bis 75 cm Schulterhöhe; Hündinnen: 60 cm bis 70 cm.

*Gewicht:* Rüden: Mindestens 50 kg.

*Farben:* Alle Farben gestattet, Ausnahmen siehe unter disqualifizierende Merkmale. Gestromte Hunde mit einer geschlossenen Decke dürfen schwächere oder starke dunkle Streifen haben. Eine schwarze Maske kann vorhanden sein oder auch nicht. Bei allen erlaubten Farben sind weiße Abzeichen an den Pfoten, der Brust oder der Schwanzspitze zugelassen. An anderen Stellen sind weiße Abzeichen nicht erwünscht.

*Haut:* Eines der Hauptkennzeichen der Rasse ist die dicke, lose Haut, die den ganzen Körper bedeckt. Besonders am Hals wird eine markante Wamme gebildet, manchmal auch an Brust und Hinterleib. Manche Exemplare weisen eine Falte seitlich am Kopf auf, ebenso zwischen Widerrist und Schultern. In Ruhestellung ist der Kopf ohne Faltenbildung. In der Bewegung treten kleine Falten zwischen den Ohren, längs vom Oberkopf, auf; sie entstehen durch die Kontraktion der Haut am Schädel, da der Hund versucht, die Ohren zu heben.

*Fell:* Kurz, glatt, dicht und fest am Körper anliegend.

*Wesenstest:* Obligatorisch für alle Hunde, die älter als 12 Monate sind und einen registrierten Championtitel erlangen wollen. Alle Champions müssen den Nachweis eines bestandenen Wesenstests erbringen. Dieser Test wird auf allen Sonderschauen durchgeführt. Bei großen Ausstellungen unterliegt der Test dem Willen des Richters, der Test ist öffentlich und wird außerhalb des Ausstellungsrings durchgeführt.

Der Test enthält folgendes:
1. Angriff mit einem Stock. Der Hund soll den Angreifer von vorne attackieren, und zwar ohne Unterstützung. Es ist verboten, das Tier zu berühren oder zu schlagen.
2. Schußtest. Schreckschüsse werden im Abstand von etwa 5 m vom Hund abgegeben. Der Hund sollte Aufmerksamkeit zeigen, auch Selbstvertrauen und Sicherheit.
3. Während der gesamten Vorstellung im Ausstellungsring soll der Richter das Verhalten des Tieres analysieren, besonders den Ausdruck, und während des Wesenstests sollte das Folgende Beachtung finden:
a) Abneigung des Tieres Fremden gegenüber,

b) Selbstsicherheit, Mut, Entschlossenheit und Tapferkeit jedes einzelnen Tieres.

*Allgemeine Fehler:* Kryptorchide oder Monorchide, künstliche Versuche, einen bestimmten Effekt zu erzielen, Albinismus, Mangel an Typ, etc.

*Disqualifizierende Fehler:*
1. Aggressivität gegenüber dem Besitzer
2. Feigheit
3. Rosa Nasenschamm
4. Überbeißer
5. Vorbiß, der die Zähne bei geschlossenem Maul sehen läßt
6. Fehlen eines Eckzahns oder eines Molaren, ausgenommen der dritte.
7. Blaue Augen (Porzellanaugen)
8. Kupierte Ohren oder gekürzter Schwanz
9. Kruppe niedriger als der Widerrist
10. Alle weißen Hunde, mausgraue Hunde, gefleckte Hunde und Tiere mit Merlefaktor.
11. Zu geringe Höhe (65 cm bei Rüden, 60 cm bei Hündinnen)
12. Mangel an loser Haut
13. Kein Paßgang

*Schwere Fehler:*
1. Kleiner Kopf
2. Trockene Oberlippe (ohne Lefzen)
3. Gut ausgeprägter Stop, von vorne gesehen
4. Hervortretende Augen
5. Fehlen von zwei Zähnen
6. . . .
7. . . .
8. . . .
9. Karpfenrücken
10. Gerade (nicht ansteigende) Rückenlinie
11. Extreme Befaltung
12. Kuhhessigkeit
13. Mangelnde Winkelung der Hinterhand
14. Leichte Knochen
15. Substanzlosigkeit (unterentwickelt)
16. Übergröße
17. Die weißen Abzeichen nehmen über ¼ des Körpers ein
18. Augenränder ohne Pigmentierung
19. Rundes Auge
20. Quadratische Gestalt

*Ernste Fehler:*
1. Kurzer Fang
2. Kleine Ohren
3. Hoch angesetzte Ohren

4. Extrem helles Auge
5. In der Ruhestellung Faltenbildung am Schädel
6. Vorbiß
7. Fehlen von zwei Zähnen
8. Waagrechte Befaltung unter der Kehle, die keine Wamme ist
9. Zu wenig Masse
10. Schmale Kruppe
11. Gerollte Rute, die über dem Rücken getragen wird
12. Abweichen der Mittelhand- bzw. Mittelfußknochen
13. Zu starke Winkelung der Hinterhand
14. Zu wenig Brusttiefe
15. Enger Gang

*Weniger gravierende Fehler:* Alles, was nicht dem Standard entspricht.

Dieser durchgesehene Standard gilt seit dem 1. 1. 1984. Der erste Standard wurde 1946 festgelegt, die erste Revision erfolgte 1976.

Anmerkung: Hängende Unterlieder sind für die Rasse charakteristisch.

# Erläuterungen zum Rassestandard

Bedingt durch die Typenvielfalt, auf die ich noch genauer eingehen werde, sind wir in der Beurteilung des Fila Brasileiro ganz besonders auf eine genaue Beachtung des Standards angewiesen.

Der Fila ist ein gut proportionierter, molossoider Hund, der große Beweglichkeit erkennen läßt. Die Hündin sieht schmaler aus als der Rüde, sie hat einen feingeschnittenen, femininen Kopf. Dadurch unterscheidet sie sich deutlich vom kräftigeren, draufgängerisch-überheblich erscheinenden Rüden, dessen Kopf wesentlich schwerer ist und mehr Substanz aufweist.

Vom Charakter und Temperament her ist der Fila Brasileiro ein mutiger Hund, der blitzschnell reagieren kann und unerwartet rasch aus der Schlafstellung in hellwache Verteidigungsbereitschaft wechselt. Sein Instinkt läßt ihn Gefahren schnell erkennen, seine Beurteilung von Menschen ist erstaunlich sicher. Filabesitzer bestätigen immer wieder sein Bedürfnis zu inniger zarter, drängender Liebkosung. Verbunden mit der absoluten Einsatzbereitschaft für den geliebten Menschen, ergibt das ein Verhalten, das unter vielen Rassen selten zu finden ist. Die geduldige Toleranz, die er eigenen Kindern entgegenbringt, zeigt sein »weiches Herz«.

*Bewegung:* Ein Hund, der als Lauftier artgerecht gehalten wird, sollte sich weich, ealstisch ausgreifend und geschmeidig bewegen. Der molossoid kräftige Körper des Fila Brasileiro zeigt dabei die Geschmeidigkeit einer Katze. Hervorgerufen wird dieser Eindruck durch die Art, wie er im Schritt die Pfoten aufsetzt. Er läuft in einer Art Paßgang, bei dem die Beine auf jeder Seite regelmäßig vor und zurück bewegt, die Pfoten jedoch nicht gleichmäßig aufgesetzt werden. Dadurch entsteht eine Rückgratbewegung, die in Fortsetzung die Rute bei jedem Schritt

Abb. 118 *Kopfstudie AMBRA v. GRÜNLANDHOF. Besitzer: Daser*

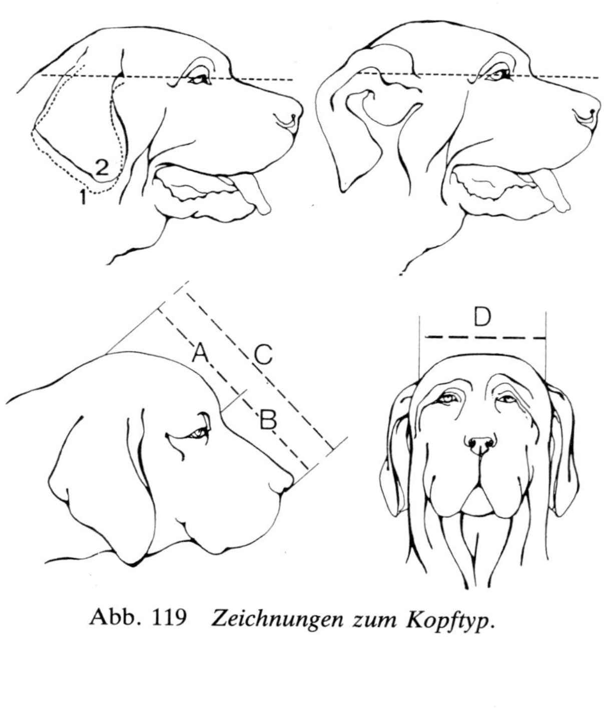


Abb. 119 *Zeichnungen zum Kopftyp.*

von einer Seite zur anderen schwingen läßt. Der Kopf wird dabei unterhalb der Rückenlinie getragen.

Im Trab wird mit unerwarteter Leichtigkeit viel Boden unter die Füße genommen. Kraftvoll und erstaunlich schnell galoppiert der Fila, wobei die Richtung blitzartig geändert werden kann.

*Ausdruck:* So gespannt und tempreamentvoll sich ein Fila Brasileiro bewegen kann, so erhaben, ruhig und entspannt steht er in Ruhestellung da. Dabei sieht er nie abwesend oder gelangweilt aus; seine Aufmerksamkeit wird von einer Sekunde zur anderen wieder geweckt. Seine schräg nach oben eingesetzten, mandelförmigen Augen blicken entschlossen und zeigen einen fast überheblichen Ausdruck. Ein Beobachter, der versucht, die Augen eines Filas zu fixieren, macht sehr schnell die Erfahrung, wie rasant dieser Hund reagieren kann . . .

*Kopf:* Bei jeder Rasse ist die Form des Kopfes eines der prägenden Merkmale. Der Kopf unterscheidet den Fila Brasileiro von den meisten anderen Molosserrassen. Er ist zwar schwer, groß und in harmonischem Verhältnis zum ganzen Körper, zeigt im Profil aber nicht den brachycephalen Typ mit kurzem Fang. Das Verhältnis Fang zu Oberkopf ist 1 : 1, das heißt der Nasenrücken ist ebenso lang wie der Oberkopf. Der Übergang erfolgt ohne Stop mit einer Stirnfurche. Was im Profil wie ein Stop aussieht, wird durch Knochen und Hautpartien über den Augen gebildet. Der Nasenrücken verläuft im Profil gerade, die vordere Linie fällt unter der Nase rechtwinklig ab und bildet einen leichten Bogen zur Unterlinie des Fangs, die fast parallel zur oberen Linie verläuft. In Ruhestellung ist der Kopf fast ohne Faltenbildung; nur manchmal zieht sich eine Falte vom Augenwinkel abwärts. Bei entspannter Haltung verläuft der Ohrenansatz in einer gedachten Linie von Nase zu Augenwinkel bis Ohrenansatz. Das Ohr zeigt eine Längsfalte, die vermutlich noch aus dem Bulldoggenerbe stammt.

Phänotypische Eigenschaften, die sich von verwandten Rassen eingeschlichen haben könnten, sind streng zu selektieren. Dazu gehört ein zu kurzer Fang, eine fliehende Lefzenlinie, untypische Faltenbildung am Kopf, die fehlende Doppelwamme, ein zu runder Oberkopf.

Typisch für den Fila Brasileiro ist eine dicke, lose Haut. Ein Junghund, am Widerrist und an der Kruppe gehoben, hängt in einem viel zu großen Fell. Diese lose Haut schützt den Hund im Kampf mit Raubzeug vor lebensbedrohenden Verletzungen; bei Bissen wird nur das Fell oder die Haut verletzt.

*Farben:* Erlaubt sind alle Farben außer mausgrau und weiß. Seit 1. 1. 1984, dem Inkrafttreten des überarbeiteten Standards, darf Weißzeichnung nicht mehr als ¼ der Körperoberfläche ausmachen.

Was die *Größe* des Fila Brasileiro betrifft, haben ihn Phantasiegeschichten zu einem großen, schweren, überaus gefährlichen Hund gemacht. Nach dem Standard ist er allerdings mittelgroß, von 60 bis 75 cm Schulterhöhe (zum Vergleich Boxer: 57 bis 63 cm).

Das *Gewicht* eines Rüden liegt bei etwa 60 bis 65 kg, einer Hündin bei 50 bis 55 kg.

Abb. 120 *Idealform Fila.*

Abb. 121
*Korrekte Schrittfolge.*

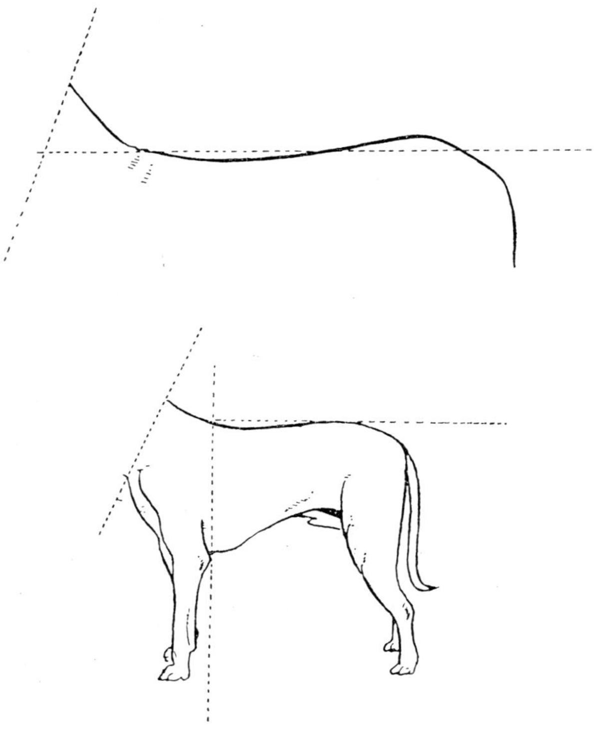

Abb. 122 *Verlauf Rückenlinie. Oben Ideallinie, Kruppe höher als Widerrist. Unten fehlerhaft, zu kurzer Körper, Länge Widerrist bis Kruppe gleich Brusttiefe.*

Abb. 123 *Vier Monate alt und . . . soooo . . . viel Fell!*

# Die Zucht der Rasse

Durch seine Eignung für verschiedene Aufgaben und seine Anpassungsfähigkeit, fand der Fila Brasileiro in seiner Heimat Brasilien große Verbreitung. In den letzten Jahren eroberte er sich in Deutschland und Holland einen wachsenden Liebhaberkreis.

Die Züchter waren zunächst konfrontiert mit einer Vielzahl verschiedener Hunde, die sich im Typ zwar ähnelten, im Aussehen aber doch eine große Vielfalt zeigten. In einem Land wie Brasilien, das 34mal so groß ist wie die Bundesrepublik und das in seiner Infrastruktur riesige Unterschiede aufweist, ist es natürlich unmöglich, einen einheitlichen Rassetyp zu erwarten. Dazu kommt, daß Jahrhunderte hindurch die Tiere nur nach Leistung gezüchtet wurden und sich kaum jemand für einen Einheitstyp interessierte. Die Farmer in Minas Gerais brauchten einen lauffreudigen, genügsamen, drahtigen, auf Raubzeug scharfen Wachhund, der auch mit Vieh umgehen konnte. Andererseits wollten die Bewohner der Städte einen imponierenden, kräftigen Beschützer des Menschen und des Besitzes haben. So bildeten sich Varianten heraus, die ab 1946 herangezogen wurden, um ihnen ein einigermaßen einheitliches Bild zu geben.

Es ist ein langer Prozeß, bis in einem Riesenland eine Rasse zu einem Einheitstyp gebracht werden kann. 40 Jahre sind 4 Hundeleben – eine sehr kurze Zeitspanne. Umso erstaunlicher ist es, was in dieser Zeit geleistet wurde.

Wie großzügig die Brasilianer den standardgerechten Idealtyp zu züchten versuchen, wird durch den Auszug aus einem Brief von Dr. Procopio Valle deutlich. Dieser Züchter arbeitet seit 1949 an der Verbesserung des Fila Brasileiro und ist auch der Verfasser des großen Standardwerkes »O grande Livro do Fila Brasileiro«. In einem Brief an die deutschen Züchter nimmt Dr. Procopio Valle Stellung zu dem Mischlingsproblem, das sehr viel Unruhe unter die Züchter brachte. Aus Marca Burns »The Genetics of the Dog« von 1952 zitiert er: »Der Vorschlag, Hunde aus verschiedenen Rassen zu paaren, wird die Pedigree-Puristen sicherlich schockieren. Das Verfahren wurde jedoch während der Entwicklungszeit bei fast allen Rassen benutzt. Es ist völlig unwissenschaftlich, die Benutzung einer so einfachen Methode abzulehnen, mit der man den gewünschten Zweck erreichen kann.«

Hier noch ein zweites Zitat aus dem oben erwähnten Brief: »Zweifellos haben wir in Brasilien zahlreiche Mischlingsfilas, aber die Zuchttiere des CBKC und der CAFIB stammen von den besten ausgewählten Tieren. Die Mischung ist ein gewöhnlicher Vorgang bei jeder Rasse und in jedem Land; sie ist entweder zufällig oder absichtlich . . . In Anbetracht der Vielzahl großartiger Tiere, die wir haben, werden wir sicherlich den ›Idealen Prototyp‹ erreichen . . .«

Vielleicht würden auch wir in Deutschland mehr Verständnis für diese züchterischen Maßnahmen aufbringen, wenn wir hundert Jahre früher gelebt hätten. Damals hat zum Beispiel ein gewisser Herr Dobermann mit verschiedenen Hunderassen experimentiert, oder es entstanden aus verschiedenen Typen und Rassen der Rottweiler und der Leonberger . . .

In Deutschland gibt es etwa 150 Fila-Welpen im Jahr, während Brasilien aus

Abb. 124 *FARM FILA in Brasilien.*

Abb. 125 *FARM FILAS in Brasilien.*

einer Population von etwa 5000 Welpen die besten zur Weiterzucht verwenden kann. Unsere Situation ist schon deshalb schwieriger. Bei allem Vertrauen zu den brasilianischen Züchtern ist es aber doch Glücksache, einen Welpen zu bekommen, der sich dann so entwickelt, daß er verbessernd in unsere Zucht eingreifen kann. Der einzige Weg, den wir in dieser Situation gehen können, ist eine strenge Selektion der Tiere zum standardgerechten Fila Brasileiro, der sowohl im Aussehen, als auch im rassetypischen Verhalten dem vorgeschriebenen Ideal entspricht.

## Die Zucht in Brasilien

In einem langwierigen Prozeß, der bis in unser Jahrhundert andauerte, wurde aus der großen Vielfalt der Hunde ein Typ entwickelt, der mit den Gegebenheiten und den Aufgaben in seinem Land besonders gut zurecht kam. Erst dann war die Rasse so weit, daß man versuchen konnte, sie mit Hilfe eines Standards zu vervollkommnen.

Große Verdienste errang sich dabei neben dem bereits erwähnten Dr. Valle auch Dr. Paolo Santos-Cruz. Dieser Mann war es, der sich durch ein Schlüsselerlebnis an die einheimischen Rassen erinnerte. Von da an setzte er sich tatkräftig für diese Hunde ein und war 1947 maßgebend an der Erarbeitung eines Standards beteiligt.

Dr. Santos-Cruz, ein Rechtsanwalt, besaß zwei Dobermänner, die sein Haus zu bewachen hatten. Während eines Sommerfestes trieben viele aufgeblasene Ballons über die Stadt Santos; einer davon landete im Garten von Dr. Santos-Cruz. Jubelnd stürzten Kinder über die Blumenbeete – und der Hausherr stellte erstaunt fest, daß seine Hunde verschwunden waren. Sie hatten sich unter ein Auto verkrochen. Und das sollten Wachhunde sein? fragte sich Dr. Paolo Santos enttäuscht. Er beschloß, sich zuverlässigere Wächter zu besorgen – und erinnerte sich an die einheimischen, brasilianischen Hunde, an die »Fila Brasileiro«, von deren guten Eigenschaften er wiederholt gehört hatte. Nach Rücksprache mit dem damaligen Präsident des »Kennel Club Paulista«, dem Vorläufer des heutigen Clubs CBKC, Adolpho Reingantz, sah er sich unter den Züchtern dieser Hunde um. Seine Recherchen ergaben unter anderem:

Der erste Züchter, der 1946 in den neu gegründeten »Club Paulista« eingetragen wurde, war Juvenal Peioto aus Sao Paulo. Er zog den ersten Fila Brasileiro-Champion auf, den »Bumbo da Vila Paulista«, geboren am 15. 3. 1945. Bumbos Sohn Apolo war der zweite brasilianische Fila-Champion. Er kam aus dem 1946 registrierten Zwinger »Rancho Alto« von Joao Ebner.

Die ersten vier eingetragenen Würfe der systematischen brasilianischen Fila-Aufzucht waren:

1. Zwinger »do Rancho Alto«, Besitzer J. Ebner, Wurf am 15. 7. 1947. Vater: Bumbo da Vila Paulista; Mutter: Tita do Rancho Alto; Welpen: Ajax, Aladim, Apolo, Asta, Astor.
2. von denselben Eltern, Wurf am 20. 3. 1948. Welpen: Bingo, Bidu, Bagunca, Belo.

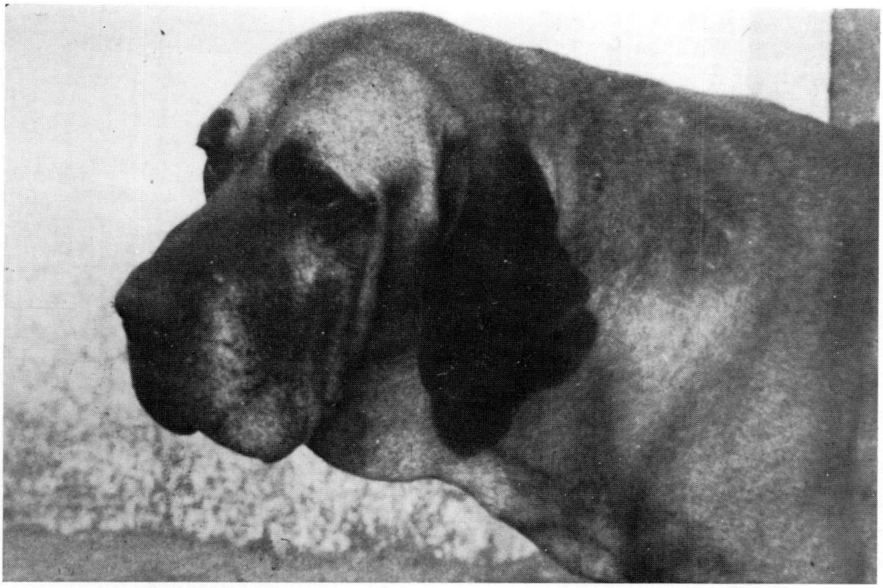

Abb. 126 *ALADIM DO RANCHO ALTO stammt aus dem ersten Fila-Wurf, der in Brasilien eingetragen wurde. Geboren: 15. 7. 1947.*

Abb. 127 *Dr. Paolo Santos-Cruz, einer der Pioniere der Rasse, mit Ch. ORIXA DO KIRONGOZI, 1979.*

3. Im selben Zwinger, Wurf am 26. 12. 1949. Vater: Bacho do Vale de Decisao; Mutter: Tita do Rancho Alto. Welpen: Duquesa, Dina, Dick, Duque, Danubio.
4. Zwinger »Parnapuan«, Besitzer Dr. P. Santos-Cruz, Wurf am 23. 1. 1951. Vater: Netuno de Parnapuan, Mutter: Lupe Cadyz y Cadyz; Welpen: Abaete, Anai, Anau, Albatroz, Ariti, Acacia, Amoreco.

Wie eingangs erwähnt, gab es schon lange vor der Zucht registrierter Hunde bekannte Zwinger und Züchter, die meist draußen auf den entlegenen Farmen Fila Brasileiro aufzogen. Besonders bekannt war die Familie Reis in Belo Horizonte, die schon im ersten Drittel dieses Jahrhunderts Filas aufzog. Auch bei uns in Deutschland bekannt ist der Haciendero Jose Gomes de Oliveira aus Varginha, der Besitzer des berühmten Vorbildes aller Fila Brasileiro-Hunde »Lord«.

Unter den Arbeitshunden draußen im Land suchte Dr. Paolo Santos geeignete Tiere für eine eigene Aufzucht aus. Er benannte sie mit Namen, die alle mit T begannen. Aus seinem Zwinger, dem bald schon weithin bekannten Parnapuan, kamen auch die ersten Fila Brasileiro nach Deutschland.

In den letzten Jahren nahm die Fila-Zucht in Brasilien einen steilen Aufstieg. Die soziale Strukturierung der Bevölkerung veränderte sich; wie überall auf der Welt nehmen auch dort Gewalt und Gewalttätigkeit zu. Das Leben ist unsicher geworden, man braucht zuverlässige Wachhunde und Beschützer; leider muß man hinzufügen, obwohl das ja andererseits der Aufzucht dieser Hunderasse entgegenkommt.

Neben dem großen Club CBKC, in dem 98% aller brasilianischen Fila-Züchter und Halter registriert sind, gibt es dort auch noch den kleinen CAFIB, so abgekürzt für »Comissao de Aprimoramento do Fila Brasileiro«, auf deutsch »Kommission zur Vervollkommnung des Fila Brasileiro«. Dieser kleine Klub ist nicht der internationalen Federation der Kynologen (FCI) unterstellt, seine Ahnentafeln werden auch von unserem VDH nicht anerkannt.

Abb. 128 *Haciendero Jose Gomes de Oliveira mit seinem berühmten LORD. Oktober 1980.*

a) Abstammungsregister des Fila Brasileiro in Brasilien

| 1977 | 1978 | 1979 | 1980 | 1981 | 1982 | 1983 | 1984 |
|---|---|---|---|---|---|---|---|
| 3080 | 3914 | 5323 | 5067 | 6850 | 8077 | 6529 | 5928 |

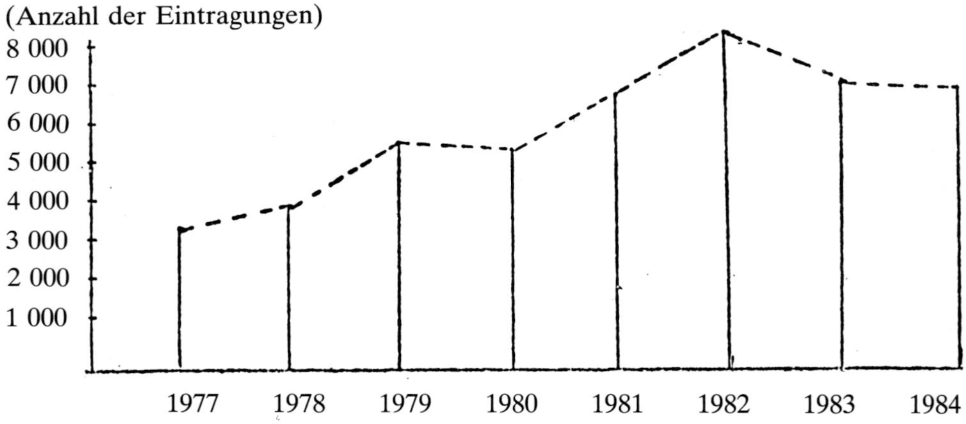


(Jahre)

b) Vergleichende Analyse der Abstammungsregister von 1980 bis 1984

| 3. Gruppe | 1980 | 1981 | 1982 | 1983 | 1984 |
|---|---|---|---|---|---|
| Fila Brasileiro | 5067 | 6850 | 8077 | 6529 | 5988 |
| Dobermann | 1957 | 3757 | 4366 | 6680 | 6808 |
| Boxer | 1970 | 2685 | 2495 | 1945 | 1490 |
| Deutsche Doggen | 1271 | 2176 | 2393 | 1986 | 2419 |

c) Vergleichende Analyse der beurteilten Tiere von 1980 bis 1984

| 3. Gruppe | 1980 | 1981 | 1982 | 1983 | 1984 |
|---|---|---|---|---|---|
| Fila Brasileiro | 2331 | 4069 | 4256 | 3394 | 3275 |
| Dobermann | 1730 | 4262 | 3852 | 3709 | 3828 |
| Boxer | 1522 | 2544 | 2258 | 1923 | 2107 |
| Deutsche Doggen | 1020 | 1926 | 1550 | 1478 | 1476 |

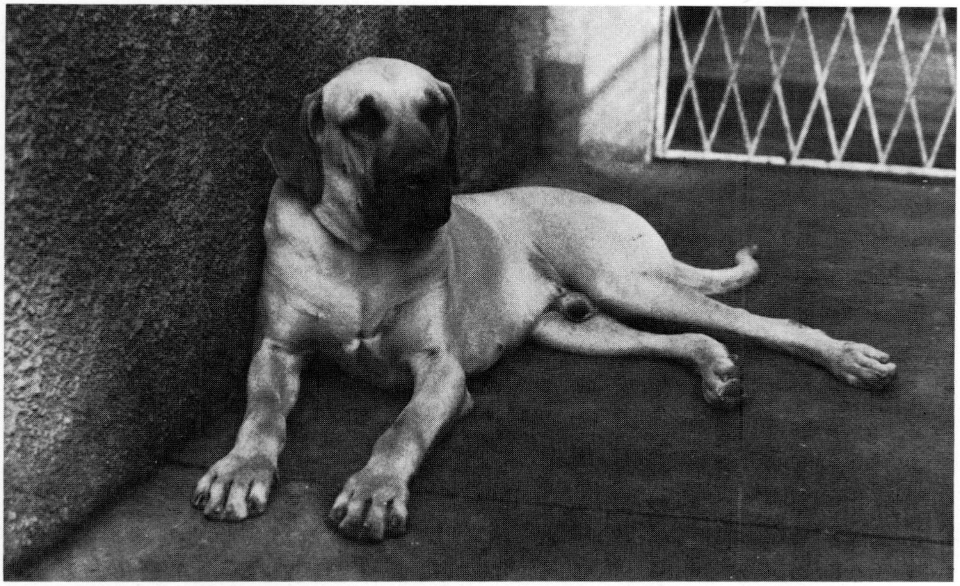

Abb. 129 *Fila in Brasilien. GUAPUAN DO JARAGUAIA. 11 Monate alt.*

Abb. 130 *CAICARA DO ENGENHO mit ihren vier Söhnen.*

Abb. 131 *12 Monate alter Jungrüde BAJE DO ENGENHO. Erstklassiger Ausdruck und Typ.*

Abb. 132 *12 Jahre alter Farm-Fila MUIRAQUITA PARUAPUAN.*

## Die Zucht in Deutschland

Im April 1954 brachte SKH Herzog Albrecht v. Bayern den drei Monate alten Rüden Dunga de Parnapuan nach Deutschland. Dunga war ein gestromter Hund mit weißem Brustfleck und weißen Pfoten aus dem Zwinger von Dr. Paolo Santos-Cruz. Mit diesem Hund begann der Siegeszug der Rasse durch Deutschland, Österreich, Holland, Spanien und andere Länder außerhalb Brasiliens.

Dunga, geboren am 24. 1. 1954, stammte von der ersten gelben Hündin ab, die Dr. Santos-Cruz in Varghina bei Jose Gomes gekauft hatte. Sie war am 2. 12. 1948 geboren und ist noch in einem Erdloch aufgewachsen. Ihr neuer Besitzer taufte sie Lupe und registrierte sie im Kennel Club Pulista auf den Zwingernamen »Cadyz y Cadyz«, der aber bald in »Parnapuan« umbenannt wurde. Dungas Vater war der Champion Tamoio; er ist aus unregistrierten Arbeitshunden als besonders typisch ausgesucht worden.

Herzog Albrecht – er war der Besitzer des Zwingers »Von der Eibenleithe« – importierte zu Dunga die Hündin Garoa de Parnapuan. Diese beiden Hunde wurden 1956 auf der Weltausstellung in Dortmund gezeigt. Im selben Jahr waren sie auch in München zu sehen.

Ich erinnere mich noch gut an meine erste Begegnung mit diesen Filas. Fasziniert beobachtete ich die muskulösen Hunde von beeindruckender Harmonie, die in einem Sonderraum standen und mich drohend ansahen. Wie auf ein geheimes Kommande donnerten sie gleichzeitig gegen das Gitter. Beide hatten mich so nachhaltig beeindruckt, daß ich seither nicht mehr von der Rasse losgekommen bin.

Der Beginn der deutschen Fila-Zucht ist mit den Anfängen in Österreich eng verbunden. Der A- und B-Wurf von Dunga und Garoa wurden dort im Zwinger »Von Stammham« geboren. Die Hündin Aurora von Stammham ist der erste in Österreich eingetragene Fila Brasileiro und die Stammutter des Zwingers »Von der Schloßrinn« im Besitz des Grafen Georg von Enzenberg. Auroa wurde gedeckt von Taruma de Parnapuan, einem Rüden von Dr. Santos-Cruz. Aus dieser Verbindung stammt Artarus von der Schloßrinn, geb. am 20. 1. 1963, der noch in vielen deutschen Ahnentafeln vorkommt. Tartarus war Vater des C-Wurfes vom 1. 8. 1970 und des L-Wurfes vom 17. 7. 1969 im deutschen Zwinger »Von der Taferlbuche«. Mutter war Bafina von Salem, die in diesen beiden Würfen nur je einen Welpen geworfen hat. Davon sollte der Rüde Lion von der Taferlbuche abstammen. Er war der Vater von Ahab vom Roßpfad, geboren 1973, der großen Einfluß auf die d'Alma Vedro-Linie in der deutschen Zucht anfangs der achtziger Jahre hatte.

Doch gehen wir noch einmal zurück zu den ersten Zwingern. Neben »Eibenleithe« und »Schloßrinn« gab es die Filas der Arco Zinneberg'schen Domänenverwaltung »Vom Troßkolm«, die 1976 den ersten Wurf hatten, und den deutschen Zwinger des Markgrafen von Baden »Von Salem«.

Aus dem österreichischen Zwinger »Von Troßkolm« wurde Adda in die Bundesrepublik importiert; sie kam zu Frau Deininger und hatte dort im Zwinger »Von

Abb. 133 *Die FILAS des Markgrafen von Baden auf Schloß Salem, Bodensee. BARI v. STAMMHAM & ARA v.d. SCHLOSSRINN.*

Schloßborn« einen A-Wurf nach Clavigo von der Hofreite und einen B-Wurf nach Breu do Alto Solimoes.

Aurora, eine Schwester von Adda, kam in den Zwinger »Von der Ortenau« zu Herrn Friedmann und brachte dort mit Ballu vom Grünlandhof drei Würfe.

Von 1954 an, etwa 10 Jahre lang, blieb die Zucht der Filas meist ein Privileg hochherrschaftlicher Häuser. Der erste deutsche Züchter, der sich intensiv mit der Rasse befaßte, war Martin Pils, ein Förster von Herzog Albrecht von Bayern. In dessen Zwinger »Von der Taferlbuche« fielen sechs Würfe mit insgesamt 15 Welpen. Neben der oben erwähnten Verbindung war der Vater der nächsten beiden Würfe der neue Importhund Golias de Soledade, und die Mutter die neue Zuchthündin von Herrn Pils Alja la Alfaguara, geboren 1975. Wurf F und G hatten Andador d'Alma Vedreo zum Vater, der wiederum ein Sohn des Ahab vom Roßpfad war.

Die etwas verwirrenden Sprünge in der Alphabetfolge der Wurfnamen stammen aus der Zeit, als es noch nicht üblich war, die Hundenamen chronologisch geordnet einzutragen; man konnte den Anfangsbuchstaben wählen, der einem gefiel.

Während in Deutschland und Österreich in den Anfangsjahren nur einige wenige Würfe aufgezogen wurden, importierte 1960 der Holländer Dick Tolsma Aymore de Taperiva und 1963 die Hündin Bela Itapecerica aus Brasilien. Vater von Bela war Pastor de Tapiocanga, Mutter Jandaia de Parnapuan. Im Zwinger Itapecerica standen Hunde des sehr seltenen schwarzen Farbschlages. Es gibt Meinungen, die diese Farbe als untypisch verurteilen. Der CBKC wehrt sich dagegen und führt Beweise an, wonach vereinzelt schon vor vielen Jahren die schwarze Farbe auftauchte. Der Züchter von Bela meint, daß diese schwarzen Hunde keinesfalls Mischlinge im heutigen Sinn waren. Sie lagen gut im Typ und er vermutet, daß er Blut alter portugiesischer Bloodhounds in manch einem seiner 25 Filas hätte.

Aus dem Zwinger »Itapecerica« wurde noch der Rüde Bimbo importiert, der mit 75 cm Schulterhöhe an der oberen Grenze lag und weit über 60 kg gewogen haben soll. Dieser Hund wurde nie zur Zucht eingesetzt, weil er dem Zeitgeschmack entsprechend zu groß und zu schwer war.

Durch die Erfahrungen mit den Importhunden des Zwingers »Itapecerica« drängen sich drei wichtige Erkenntnisse auf:

1. Schwarze Tiere fielen auch in alten Linien vor dem Einkreuzen fremder Rassen an.
2. Herr Steinhausen, der Besitzer von »Itapecerica«, wußte, daß er in einem überschaubaren Zeitraum vermutlich das Blut einer anderen Rasse in seinen Hunden finden konnte.
3. Es gab zu einer Zeit, in der nur mit alten Linien gezüchtet wurde, schon große, schwere Fila Brasileiro-Typen, die damals aber ausselektiert wurden.

Aymore und Bela hatten mehrere Würfe. Nach ihrem Verkauf an Herrn Snijders wurden im Zwinger »Del Perro Grande« der Rüde Chubasco geboren. Dieser wurde an Herrn Weber nach Deutschland verkauft und hatte sich hier als Vater aller »Hofreite«-Hunde einen festen Platz in vielen Ahnentafeln erobert.

Chubascos Schwester Cleo, geboren am 15. 6. 1968, war eine schwarze Hündin, von der kein Nachwuchs bekannt ist.

Chubasco kam Anfang der siebziger Jahre nach Deutschland; gegen Ende dieses Jahrzehnts begann der Boom auf zuverlässige Wachhunde, in den auch Fila Brasileiros hineingezogen wurden.

1973 fiel im Zwinger »Von der Hofreite« aus Chubasco del Perro Grande und Fita do ABC der erste Wurf. Aus ihm stammt Ella von der Hofreite, eine berühmte Siegerhündin; sie war die Mutter von Andador und Babdad d'Alma Vedro. 1974 folgte der B-Wurf, aus dem die Stammhündin des Grünlandhof-Zwingers, Bela von der Hofreite stammt. Unter den Geschwistern des C-Wurfes von 1975 war wieder ein bekannter Zuchthund, Clavigo von der Hofreite.

Die eben erwähnte Bela begründete mit dem Importrüden Breu do Alto Solimoes die bekannte Grünlandhoflinie. Die Hündin Ambra vom Grünlandhof wurde die Stammutter mehrerer bekannter Zuchthunde in den achtziger Jahren. Ihre Söhne Andoro und Condor von der Sonnenläng sind hochprämierte Zuchtrüden gewesen, die Tochter Ajella ist die Mutter der beiden Weltsieger Acco und Aldo vom Grüntenblick, die ebenfalls häufig als Zuchtrüden eingesetzt wurden. Vater dieser beiden ist ein Bruder von Ambra – Ballu vom Grünlandhof. Der Vater der Grünlandhofhunde, der schon erwähnte Importhund Breu do Alto Solimoes, ist Vater von 14 Würfen mit 95 eingetragenen Welpen. Er vererbte besonders stark seinen schönen Kopftyp und seine pigmentstarke, dunkel gestromte Farbe.

Während man am Anfang der deutschen Zucht auf breiterer Basis oft die Hofreite-Hunde in den Ahnentafeln fand, verschob sich die Abstammungslinie später auf Grünlandhof und Breu. Bei der kleinen Zuchtbasis konnte es nicht ausbleiben, daß gleiche Ahnen nicht nur bei systematischer Linienzucht, sondern auch zufällig in den Ahnentafeln mehrmals auftauchten. Es gab viele Aktivitäten, gute Zuchthunde aus Brasilien zu importieren. Doch so groß wie die Entfernung nach dorthin, waren auch die Schwierigkeiten, mit denen man es zu tun bekam. Viele importierte Welpen vertrugen die Umstellung nicht, andere entwickelten sich nicht so wie erwartet, und wieder andere zeigten in ihren Nachkommen Eigenschaften, die sich als ungünstig für das Streben zum standardgerechten Hund erwiesen.

Einige Züchter fuhren selbst ins Land der Fila Brasileiro. Dort mußten sie erkennen, wie schwer es ist, Hunde guter Abstammung zu finden. Es kam vor, daß der bereits bezahlte Rückflug für einen Welpen nach dreiwöchiger Suche mit einer »Notlösung« besetzt wurde, einem Hund guter Abstammung, der dann hier aus mehreren Gründen nicht für die Zucht eingesetzt werden konnte.

Nur wenige Importe erlangten in der deutschen Zucht Bedeutung. Unter ihnen wurde der wesensfeste Rüde Ogum de Siege Vater von 13 Würfen mit 71 Welpen. Ein Glücksfall war der Import von Eixua do Engenho. Diese Hündin gehört zu den seltenen Tieren, deren Ahnen bis zu den Anfängen der systematischen Zucht in Brasilien zurückverfolgt werden können. Fila-Interessenten, die Brasilien besuchten, knüpften Verbindungen mit dem Zwinger »Da Carolina« und importierten

Abb. 134 *ANADOR D'ALMA VEDRO, geboren 1973, aus deutscher Zucht. Besitzer: Wilkens*

Abb. 135 *FLAMA DE EMBIREMA, Brasilien-Import, und CLAVIGO v.d. HOFREITE, geboren 1975 aus deutscher Zucht.*

Abb. 136 *8 Wochen alte FILA-Welpen.*

Abb. 137 *Die Eroberung der Welt! BRASCA v.d. SONNENLÄNG.*

Abb. 137 *Ambra vom Ründlandhof, erfolgreiche Zuchthündin bei der Siesta. Beitzer: Daser (Foto: Seewald)*

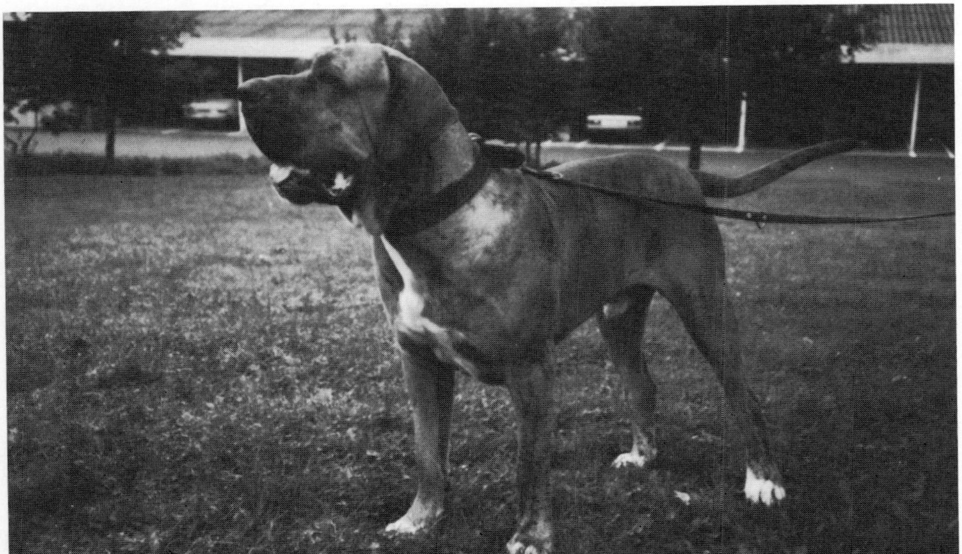

Abb. 138 *Importrüde OGUM DE SIEGE, Vater von 13 Würfen mit 71 Welpen. Besitzer: Ketelhohn*

von dort mehrere Hunde. Mehrmals zur Zucht eingesetzt wurde allerdings nur Odim da Carolina.

Durch das Bekanntwerden der Fila Brasileiro wuchs auch die Zahl der Züchter. Zwingernamen tauchten auf und verschwanden. Einem Irrtum unterlagen vor allem jene Züchter, die eine Milchmädchenrechnung aufstellten: Ein Wurf von sechs Welpen bringt als Gewinn den sechsfachen Preis pro Welpen. Daß diese Rechnung nie aufgeht, ist seriösen Züchtern allzugut bekannt. Es blieben diejenigen übrig, die den finanziellen Aufwand für Unterbringung und Pflege der Hunde, für Ausstellungen, Tagungen, Fortbildung, für weite (oft vergebliche) Reisen zu ausgesuchten Rüden auf sich nahmen und in die Zucht ihre ganze Freizeit investierten. Als Lohn und Ansporn für zukünftige Arbeit bleibt nur eines übrig: Das Glücksgefühl, mit den Hunden dieser Rasse leben zu dürfen.

# Das Wesen und die Erziehung

Sieben Gebrauchshunderassen gibt es in Deutschland, und jede von ihnen ist geeignet, die Besitzer und deren Eigentum zu schützen und zu bewachen. Wozu brauchen wir also eine neue Rasse, die diese Aufgaben wahrnimmt? Allein das kraftvoll-geschmeidige Aussehen kann es nicht sein, was die wachsende Beliebtheit des Fila Brasileiro als Wachhund auszeichnet. Es muß mehr dahinterstecken. Liegt es an den Charaktereigenschaften, die diese Hunde auszeichnen, an ihrem Wesen?

Professor Seiferle definiert: »Unter Wesen versteht man die Gesamtheit aller angeborenen und erworbenen körperlichen und seelischen Anlagen, Eigenschaften und Fähigkeiten, die das Verhalten des Hundes zur Umwelt bestimmen, gestalten und regeln.« Unter dem Oberbegriff »Wesen« variieren in bestimmten Punkten die Eigenschaften einzelner Rassen und hier wieder einzelner Individuen. Zusammen mit dem typischen Aussehen ist das rassetypische Verhalten eines Hundes das unverwechselbare Merkmal einer Rasse. Was wir ein rassetypisches Wesen nennen, ist mit der ganzen Variationsbreite von »gut« bis »schlecht« bei allen Rassen vorhanden. Inwieweit bestimmte Verhaltensweisen angeboren, durch die Umwelt erworben oder anerzogen sind, soll hier nicht erörtert werden.

Rassetypische Verhaltensweisen werden im Standard festgelegt: Ein Fila Brasileiro ist mutig, entschlossen, fügsam gegenüber dem Besitzer, aggressiv gegenüber Fremden. Unter den disqualifizierenden Fehlern heißt es: Aggressivität gegenüber dem Besitzer, Feigheit. Der Standard bringt demnach eine klare Definition über Charakter und Temperament des Fila. Wie aber wirken sich diese Eigenschaften im Zusammenleben der Menschen mit den Hunden aus?

Fila Brasileiro gehören zu den spätreifen Rassen. Sie brauchen an die drei Jahre, bis sie körperlich und charakterlich ausgereift sind. Dazu sind sie fügsame, sensible Hunde. Diese beiden Eigenschaften bergen Gefahren in sich, die immer dann auftreten, wenn aus Unwissenheit oder mangelndem »Hundeverstand« zu früh in den Hund etwas hineinprojiziert wird, was dieser nicht verarbeiten kann. Ein Beispiel: Die Besitzer des Welpen haben gehört, daß Filas bissig sind. Sie wollen

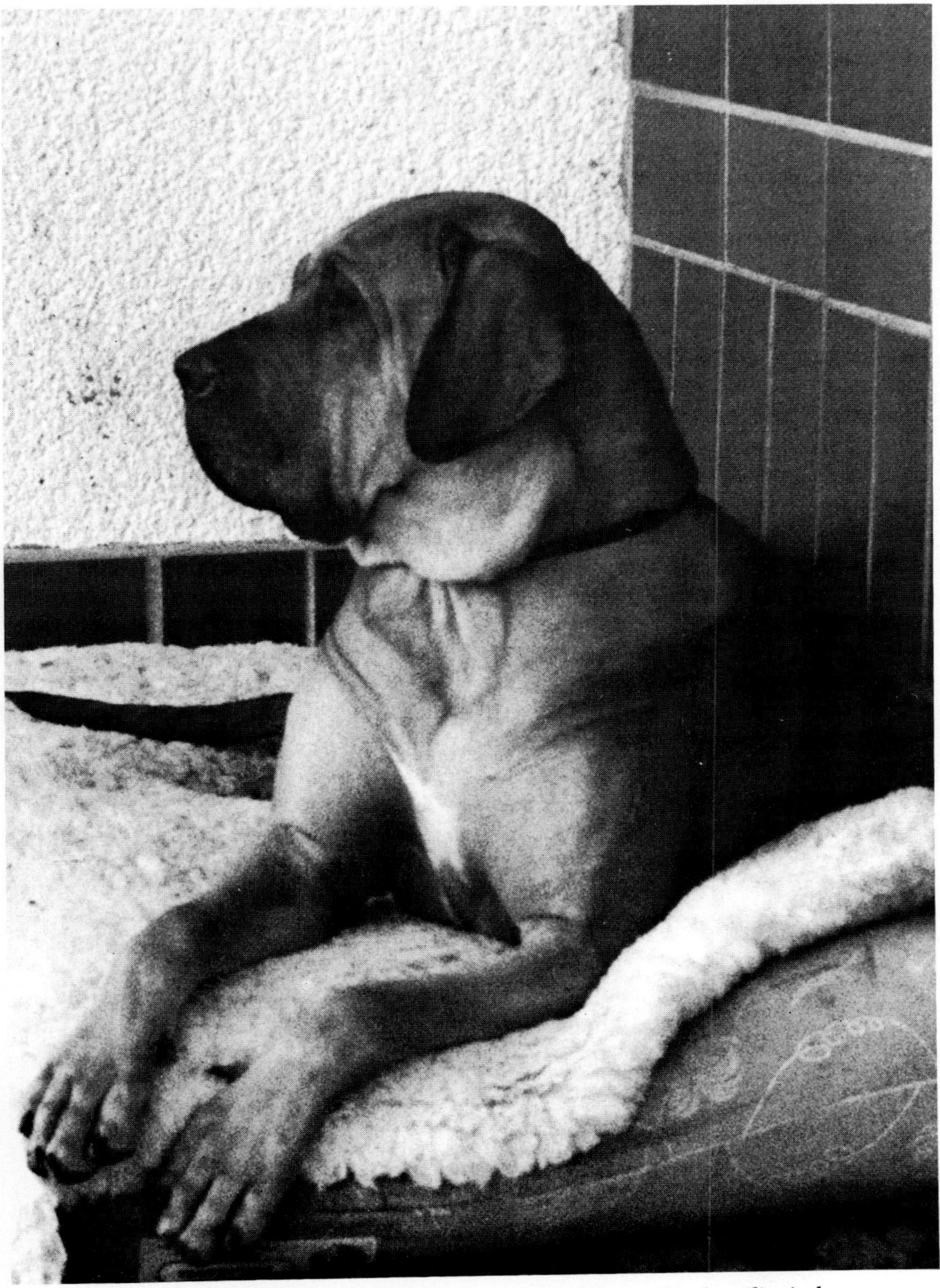

Abb. 139 *Weltsiegerin EIUXA DO ENGENHO aus alter brasilianischer Zucht. Besitzer: Reinhard*

auf keinen Fall, daß sich ihr Hund zum Rudelführer in der Familie entwickelt und erziehen ihn mit Härte. Aufgrund seiner Sensibilität wird der Hund dadurch mit großer Wahrscheinlichkeit ein Duckmäuser.

Oder ein anderes, etwas überspitzt dargestelltes Beispiel: Aus welchen Gründen auch immer, will Herr X eigene Minderwertigkeitskomplexe durch einen Allround-Beißer kompensieren, der mit gefletschten Zähnen auf zwei Beinen neben ihm tobt (über Möglichkeit oder Unmöglichkeit solcher menschlichen, sozial fehlgesteuerten Verhaltensweisen und ihre Bewältigung reden wir hier nicht). Herr X wird also seinen Fila Brasileiro bei allen Angriffen loben und dem Hund jede Möglichkeit geben, sich die Anerkennung durch sinnloses Getobe zu erwerben. Ist Herr X an einen besonders wesensstarken Hund geraten, besteht die Möglichkeit, daß sein Hund einer unter den vielen ist, die nach zwei oder drei Jahren »umständehalber« weitervermittelt werden. Oder nehmen wir das andere Extrem: Wenn der Welpe zu jenen gehört, die nicht die besten Nerven mitbringen, wird er zu einem gefährlichen Angstbeißer, der wegläuft, sobald er echt gefordert wird. Beide Hunde sind vom Besitzer in falsche Verhaltensweisen gelenkt worden.

Wie ganz anders sich eine vernünftige Erziehung auswirken kann, zeigt ein Beispiel aus den Anfängen der Fila-Zucht, das der Züchter Martin Pils gern erzählte. Ein Fila wechselte wegen besonderer Aggressivität zweimal den Besitzer und wurde aus den Augen verloren. Eines Tages begegnete Herr Pils in einem Dorf in Österreich einem Fila Brasileiro, der mit einer Zeitung im Maul zielstrebig und allein seines Weges lief. Wie elektrisiert verfolgte er den Hund – und siehe da, es war der verschollene Fila!

Sicher kann man einen überscharfen Fila nicht ohne weiteres zum Zeitungsträger umfunktionieren. Aber wie man sieht, es passieren die seltsamsten Dinge. Auf jeden Fall sind infolge der großen Sensibilität des Hundes die rassetypischen Eigenschaften bis zu einem gewissen Grad steuerbar.

Ständige Förderung der natürlichen Schärfe läßt den Fila Brasileiro zu einer Bestie werden, die nur noch an kurzer Leine spazieren geführt werden kann. Bei vernünftiger Haltung und guter Erziehung wird indessen aus ihm ein stets verteidigungsbereiter, doch ruhiger Begleithund, der ganz auf seinen Besitzer eingestellt ist, ein Hund, mit dem man auch im 20. Jahrhundert nahezu problemlos leben kann.

Neben der Ruhe, die ein Fila Brasileiro ausstrahlt, ist die Bereitschaft zur völligen Hingabe an die liebkosende Hand seiner Menschen und seine innige Zärtlichkeit ein Verhalten, das Fila- Besitzer immer wieder betonen. Fremde können dies nicht erleben, da sich ihnen gegenüber der Hund immer abweisend zeigt. Dadurch kommt es bei Außenstehenden zu Fehleinschätzungen der Rasse insgesamt. Sie wird abgetan als unkontrollierbar und bissig. Aber gerade dieses abweisende Verhalten Fremden gegenüber macht ihn als Wachhund so zuverlässig. Keine mühsame Schulung ist nötig. Ein hundekundiger Einbrecher soll einmal den Versuch wagen, mit dem Befehl »Platz« den Hund zu verwirren. Vermutlich wird er gar nicht so weit kommen; denn ein Fila fackelt nicht lange!

Fila Brasileiro-Hunde sind temperament- und kraftvoll. Sie reagieren blitzschnell. Aus dösender Ruhe können sie in Sekundenbruchteilen losschnellen. Wie alle Lauftiere lieben sie Bewegung und brauchen tägliche Spaziergänge, auf denen sie rasante Spurts hinlegen. Dabei entwickeln sie Geschwindigkeiten, die man diesen molossoiden Hunden nicht zutrauen würde. Erstaunlich sind ihre blitzschnellen Richtungsänderungen; wie Hasen können sie richtige Haken schlagen. Zum Verhängnis kann ihnen dabei ihre Jagdleidenschaft werden.. Einer heißen Spur können sie nur schwer widerstehen.

Berichten aus Brasilien ist zu entnehmen, daß Filas schon lange nicht mehr zur Jagd verwendet werden. Als Begleiter der Herden trafen sie manchmal auf räuberische Großkatzen, die sie sofort mutig angriffen. Jeder von ihnen versuchte, die Raubkatze zu beißen und wechselte dabei ständig den Standort. Hätte sich ein Hund festgebissen, wäre es für die Raubkatze einfach gewesen, ihn zu verletzen oder zu töten. So aber wußte sie nicht, wohin sie sich zuerst wenden sollte. Diese Eigenschaft, nur kurz, aber immer wieder zuzupacken, hat schon manchen ehrgeizigen Gebrauchshundesportler zur Verzweiflung gebracht. So kommen wir zu einem weiteren Kapitel, das nicht übergangen werden darf.

»Eine Rasse, die beißt!« jubeln die Gebrauchshundesportler und kaufen einen Fila Brasileiro. Nach spätestens zwei Jahren gehört der Hund dann zu den Tieren, die »umständehalber« abzugeben sind. Natürlich haben es einige geschafft, die SchH- Prüfung zu machen. Sehr viel öfter aber werden wir mit Hunden konfrontiert, die von enttäuschten »Sportlern« reihenweise abgegeben werden.

Einen Fila Brasileiro darf man nicht mit einem Deutschen Schäferhund vergleichen, für den die Übungen auf dem Hundeplatz immer auch ein Spiel sind. Für den Fila ist die Situation ernst. Er versucht seinem Feind sogleich an die Kehle zu gehen, – oder er zeigt kein Interesse mehr, sobald er merkt, daß es für seinen Herrn eine Bedrohung gar nicht gibt. Versucht man ihm dann beizubringen, auf dem Übungsplatz unter allen Umständen anzugreifen und zu beißen, läuft man Gefahr, die Hemmschwelle einzureißen, die einen Hund daran hindert, Menschen grundlos anzugreifen.

Das Argument, daß er eben lernen muß, dem Befehl »Aus!« unbedingt zu folgen, halte ich für unsinnig. Viel wichtiger erscheint mir ein guter Grundappell; dafür ist die Ausbildung zu einem verkehrssicheren Begleithund fast ideal. Auf jedem, oder sagen wir fast auf jedem Hundeplatz gibt es die Möglichkeit, mit einsichtigen Hundebesitzern das friedliche Miteinander der Hunde (und Menschen) zu üben. Wo sonst könnte ich meinen Fila Brasileiro mit so vielen fremden Hunden bekannt machen, wo sonst könnte ich versuchen, ihm beizubringen, daß man sich friedlich und gesittet unter Menschen bewegt und artig an anderen Tieren vorbeitrabt?

Durch liebevolle Führung bewahrt sich ein Fila Brasileiro auch eine andere Eigenart, die im Standard verankert ist: »Er ist in Ruhestellung ruhig, edel, voller Selbstvertrauen. Ist die Aufmerksamkeit des Hundes erregt, spiegelt sein Ausdruck Entschlossenheit, gepaart mit einem festen, intensiven Blick wieder.« Dieser stolze Blick ist es allerdings, der einen dazu verleitet, den Hund interessiert zu fixieren – mit dem Ergebnis, daß der Fila auf unser Gesicht losschießt. Er wird nicht sofort beißen – aber dieser Schreck! Seine schnellen Reaktionen und das blitzschnelle Wechseln von einer friedlichen Situation zum Angriff, erfordern

Abb. 140 *BOA und ARTUS v. GRÜNLANDHOF als gut erzogene Begleithunde. Besitzer: Paulmann*

Abb. 141 *Kinderlieb!*

jedenfalls unsere ständige Aufmerksamkeit. Der gut erzogene Fila läuft friedlich durch Menschengruppen. Doch plötzlich – oh, Schreck! – erfolgt der Scheinangriff auf einen Passanten, den der Hund aus uns unerklärlichen Gründen ablehnt.

Besonders fürsorglich und zärtlich geben sich Filas in der Regel gegenüber Kindern. Meine eigenen Erfahrungen haben immer wieder gezeigt, wie duldsam, vorsichtig und liebevoll Filas mit ihnen umgehen.

Rassebedingt verhalten sich Fila Brasileiro Fremden gegenüber mißtrauisch. Auch durch tägliche Gewöhnung werden sie häufig wechselnde Personen nicht tolerieren. Bekannte und Freunde akzeptieren sie am ehesten, wenn sie von ihnen in Ruhe gelassen werden. Eines Tages suchen sie sich ihre Freunde selbst aus und erinnern sich immer wieder an sie, auch wenn zwischen den einzelnen Begegnungen große Zeiträume liegen.

In vielen Beschreibungen wird von der niederen Reizschwelle dieser Hunderasse berichtet. Natürlich wirkt ein rasender Fila Brasileiro furchterregend und das Wort von der »niederen Reizschwelle« erscheint gerechtfertigt. Doch können Filas sehr wohl abschätzen, ob es sich lohnt in Aktion zu treten. Ein gut erzogener Fila, das heißt einer, der nicht zu ständigem Toben angeregt wird, ist gegenüber Rassen mit wirklich niederer Reizschwelle – wie etwa dem Dobermann – fast ein träger Hund. Man kann sich auf ihn verlassen. Er kläfft nicht sinnlos, nur um sich die Zeit zu vertreiben, donnert allerdings sogleich mit tiefer Stimme los, wenn sich Fremde dem Gartentor nähern.

Besonders in ihren ersten Lebensjahren erfordern Fila Brasileiro viel Zuwendung und auch Zeit von ihren Besitzern. Manch ein Halter vereinfacht sich die Sache, indem er seinen Hund in einen Zwinger sperrt. Abgesehen davon, daß die ausschließliche Zwingerhaltung für jeden Hund Quälerei bedeutet, wird sie für einen Fila Brasileiro zur Katastrophe. Er wird zu einem reißenden Untier werden oder zu einem Angstbeißer; auf keinen Fall aber wird er seine rassebedingten guten Eigenschaften entwickeln. Natürlich schadet auch einem Fila Brasileiro nicht, gewisse Zeitspannen in einem Zwinger zu verbringen. Doch gehört zu seiner gesunden Entwicklung unbedingt eine ganz enge Bindung an den Herrn und dessen Familie.

In das Kapitel »Zeitaufwand« gehören die täglichen Spaziergänge. Für die temperamentvollen Hunde sind sie ein Grundbedürfnis, sie trainieren Herz, Kreislauf und Muskeln, und ermöglichen anschließend die wirklich entspannten und entspannenden Ruhepausen. Allerdings bedeuten Spaziergänge mit einem Fila Brasileiro keine Entspannung für den Herren. Verlangt wird ständige Aufmerksamkeit. So schreibt ein Fila-Besitzer in einem Brief an den Züchter: »Ein Spaziergang mit den Händen in den Hosentaschen und einem fröhlichen Lied auf den Lippen wird mir selten vergönnt. Dafür werde ich allerdings mehr als entschädigt durch die Treue und Liebe meines Fila und durch die stumme Zwiesprache von Hund zu Mensch, die auch während des Spazierganges zwischen uns geführt wird.«

# Gedanken zur Anschaffung und Erziehung

Bei der Anschaffung des Hundes einer neuen oder noch unbekannten Rasse sollte man eine Reihe von Überlegungen anstellen.

Nehmen wir an, Sie haben sich entschlossen, Besitzer eines Fila Brasileiro zu werden. Sie haben sich möglichst genau über die rassetypischen Eigenschaften (und Eigenheiten!) dieser Hunde informiert. Sie haben Ausstellungen besucht und mit Fila-Haltern ausgiebige Gespräche geführt. Ihr Entschluß steht fest und Sie fragen sich nun, wo Sie einen guten Welpen kaufen sollen.

Hunde einer seltenen Rasse bekommt man nicht vor der Haustür. Meist sind Reisen über viele Kilometer notwendig; die Anschaffung eines neuen Freundes und Hausgenossen soll nicht an der Entfernung scheitern. Mein Tip: Suchen Sie nach einem Hobbyzüchter, der seine Welpen mit viel Liebe und Hingabe aufzieht und dabei weder Kosten noch Zeit scheut. Sehen Sie sich die Umgebung genau an, wo die Welpen gehalten werden. Haben die Hundekinder Gelegenheit, ihre Umwelt kennenzulernen – oder leben sie abseits von ihrer Familie, etwa in einem Zwinger, zu dem der Besitzer nur zu kurzen Besuchen kommt, um sie zu füttern? Es soll tatsächlich Hundehalter geben, die sich auch noch Züchter nennen, bei denen die Welpen den ganzen Tag sich selbst überlassen bleiben!

Zwischen der 5. und 8. Woche durchlebt der Welpe eine außerordentlich wichtige Phase, in der er für sein zukünftiges Leben mit und auf den Menschen geprägt wird. Ein kleiner Hund, der in dieser Zeit nicht lernt, sich Menschen anzuschließen, wird eine solche Bindung nie vollziehen können.

Verhaltensforscher haben herausgefunden (und erfahrene Züchter bestätigen es), daß die Grundformen – oder Raster aller Verhaltensweisen mit 8 Wochen bereits vollständig ausgebildet sind. Falsche oder versäumte Prägungsvorgänge können weder rückgängig gemacht, noch nachgeholt werden. Häufige Ursachen abnormer Verhaltenstendenzen sind gerade die Fehlentwicklungen bis zur 8. Lebenswoche.

Der gute Züchter hat sich also sehr viel Zeit genommen, um mit den Hundekindern ausgiebig zu spielen und sie an verschiedene Situationen zu gewöhnen, denen sie später ausgesetzt werden. Sie dürfen neue Ecken, Blumen, Bäume, Menschenfüße und Hände beschnuppern, Auto fahren, Regen und Sonne, fremde Hunde, Katzen und sonstiges Getier kennenlernen, fremdartigen Geräuschen lauschen und ihnen nachspüren . . . Beobachten Sie, wie der Züchter mit den Tieren umgeht, nehmen Sie ihn sozusagen unter die Lupe – und seien Sie nicht befremdet, wenn auch er Sie unter die Lupe nimmt; ein guter Züchter tut das mit den Interessenten für seine Hundekinder immer.

Welch ein überschäumendes Leben in so einem Hunderl steckt! Fröhlich und ausgelassen springt es an Ihnen hoch, versucht seine Zähnchen an Ihrer Kleidung, an den Händen oder an der Nase, bindet Ihnen die Schnürsenkel auf . . . Käufer, die dabei entsetzt zurückweichen, um Rock oder Jacke zu schützen und sich die Hände nicht »besabbern« zu lassen, solche Käufer bekommen meine Hunde nicht!

Doch nehmen wir an, Sie sind mit dem kleinen Hund und dem Züchter, und der Züchter mit Ihnen zufrieden. Die Prüfung haben Sie also glücklich bestanden und dürfen einen Welpen bezahlen und mit nach Hause nehmen. Bedenken Sie: Für das Hundekind ist das, was Sie so glücklich macht, ein gewaltiges, unfaßbares Unglück! Ohne Mutter und Geschwister, ohne all' die vertrauten Leute, fühlt es sich allein, verlassen, ausgesetzt. Dafür kann es nichts – und an Ihnen liegt es, ob Sie sein Leid und Seelenschmerz verständnisvoll akzeptieren und es ihm allein dadurch erleichtern. So an die zwei Tage wird das Hündchen herzzerbrechend und nervenaufreibend weinen, bis es seine natürliche gute Laune wiedergewinnt. Doch Achtung! Wenn Sie nach zwei Jahren nicht einen 50 oder 60 kg schweren Hund in Ihrem Bett haben wollen, geben Sie auch dem schmerzlichsten Schluchzen des kleinen Hundes nicht nach! Nehmen Sie ihn nicht zu sich ins Bett, weil er halt noch so klein, allein und traurig ist!

Schon vor dem Welpenkauf sollte man sich auf Unruhe und Aufregung einstellen, die der kleine Fila Brasileiro – wie jeder andere kleine Hund – während der ersten Gewöhnungsphase in die neue Familie bringt. Doch in wenigen Tagen hat man sich aneinander gewöhnt.

Ein Welpe, der schon beim Züchter genügend Auslauf hatte, wird sehr schnell stubenrein. Gehen Sie mit ihm immer wieder hinaus, machen Sie sich die Mühe, um die Pfützchen und Häufchen in der Wohnung zu vermeiden. Haben Sie die Zeit versäumt, ihn frühzeitig zu lehren, daß man sich im Haus nicht lösen darf, wird es schwer, dies später nachzuholen. Doch ist ein 8 Wochen alter Welpe überfordert, wenn man von ihm erwartet, daß er diese wichtige Lektion in wenigen Tagen begreift. Fängt er an, mit tiefer Nase am Boden herumzuschnuppern und im Kreis zu laufen, nehmen Sie ihn hoch, tragen Sie ihn hinaus und zu der Stelle, die Sie dafür vorgesehen haben. Hat es funktioniert, wird das Hundekind ausgiebig gelobt. Es freut sich und wird Ihnen auch in Zukunft den Gefallen immer wieder tun.

Der richtig und liebevoll aufgezogene Welpe wird niemals bestraft, wenn er an unpassender Stelle eine Pfütze macht. »mein Herr mag nicht ,daß ich es überhaupt mache«, denkt dann der Kleine, verkneift sich's beim spazieren gehen – und versteckt sich zu Hause schnell hinter dem Sofa, um sich endlich, endlich zu erleichtern . . . Preisfrage: Wer hat sich hier falsch verhalten?

Wird der Klein-Fila auf frischer Tat ertappt, nimmt man ihn rasch hoch, sagt: »nein, nein!« und rennt mit ihm hinaus. Mit ausgiebigem Lob und einem ständig wiederholten Wort lehrt man ihn, sich draußen zu lösen. Er wird bald auf dieses Wort, z.B. »Pfütze«, sein Geschäft verrichten. Einer Hündin können wir diesen Befehl ein Leben lang erfolgreich geben. Doch das Wichtigste: Was wir auch tun, was wir einem Hund, kleinen oder schon größeren, beibringen oder ihm anzuerziehen versuchen, bleiben wir immer konsequent! Gehen wir nie von diesem Grundsatz ab. Ein Hund, der nur einmal einen Bissen vom Tisch bekommt, merkt sich das ein Leben lang. Wer also einen sabbernden, auf den Teller starrenden Fila mit dessen Riesenkopf in Tischhöhe hat, ist selber schuld! Für einen gut erzogenen Hund sind menschliche Mahlzeiten Tabu.

Um das Sozialverhalten des Hundes in richtige Bahnen zu steuern, muß er mit vielen unterschiedlichen Situationen konfrontiert werden. Nehmen Sie ihn mit ins Restaurant (falls erlaubt), in Bus und Bahn, lassen Sie ihn andere Tiere kennenlernen, Pferde, Kühe, Katzen, geben Sie ihm so oft wie möglich Gelegenheit, unter andere Hunde und die Menschen zu kommen. Doch bedenken Sie: Sein artgerechtes Mißtrauen Fremden gegenüber kann sich schon bei einem 8 Wochen alten Welpen zeigen, – muß aber nicht. Oft sind die Welpen bereit, sich von Fremden anfassen und liebkosen zu lassen, bis sie etwa 4 Monate alt sind. Dann wollen sie plötzlich nicht mehr. So habe ich eine unserer Junghündinnen auf dem Hundeplatz immer jemandem in die Hand gedrückt, während ich mit dem jugoslawischen Hirtenhund, einem Karst-Schäfer, arbeitete. Der kleine Fila ließ es gern zu, freute sich, wenn er gestreichelt wurde, – und lehnte es von einem zum anderen Samstag kategorisch ab. Wenn es jemand trotzdem versuchen wollte, wurde die Kleine, oder die nicht mehr ganz so Kleine, ernstlich böse. Sie war damals etwa 4 Monate alt.

4 Monate – in diesem Alter beginnen die Junghunde untereinander Rangkämpfe auszufechten. Es sieht sehr niedlich aus, wenn der Dreikäsehoch an der Futterschüssel knurrt, sobald man in die Nähe kommt. Lassen wir uns das ja nicht gefallen! Denn es ist gar nicht mehr lustig, wenn der kleine Hund ein großer geworden ist und meint, sein Futter auch vor uns, seinem Chef oder seiner Chefin, verteidigen zu müssen. Also muß er beizeiten lernen, daß flegelhaftes Verhalten nicht geduldet wird.

Schlagen Sie Ihren Hund nie! Schon gar nicht den sensiblen Fila Brasileiro. Dem Fehlverhalten des Hundes ist fast immer ein Fehlverhalten des Menschen vorausgegangen. Auch wenn Ihr Zorn noch so groß ist, zählen Sie bis zehn, gehen Sie in sich, fragen Sie sich, was Sie falsch gemacht haben, jetzt oder in der Vergangenheit. Ist es aber einmal wirklich notwendig, einen Hundeflegel zu bestrafen oder einem Befehl Nachdruck zu verleihen – verhalten Sie sich »artgerecht«! Schauen Sie es bei der Mutterhündin ab und machen es genauso wie sie. Packen Sie den Flegel am Nacken, schütteln Sie ihn, schreien (oder knurren) Sie ihn an, das versteht er . . .

Viel Zeit, viel Einfühlungsvermögen und eine Menge Hundeverstand werden von einem Fila-Besitzer gefordert. Nicht jeder Hundefreund erfüllt alle diese Voraussetzungen. Dabei sind auch Züchter angesprochen! Sie sind dafür verantwortlich, daß der Welpe in eine Familie und in ein Haus kommt, wo zumindest seine Grundbedürfnisse erfüllt werden. Eine ausführliche und ehrliche Aufklärung über die rassetypischen Eigenschaften sollte selbstverständlich sein. erfüllt man alle Voraussetzungen, ist man bereit, die Bedürfnisse dieser Hunderasse zu akzeptieren und zu erfüllen, wird man dem Zauber dieser kraftvollen, elegantgeschmeidigen Tiere erliegen, glücklich mit ihnen leben und sich immer wieder einen Fila Brasileiro als Freund und Beschützer wünschen.

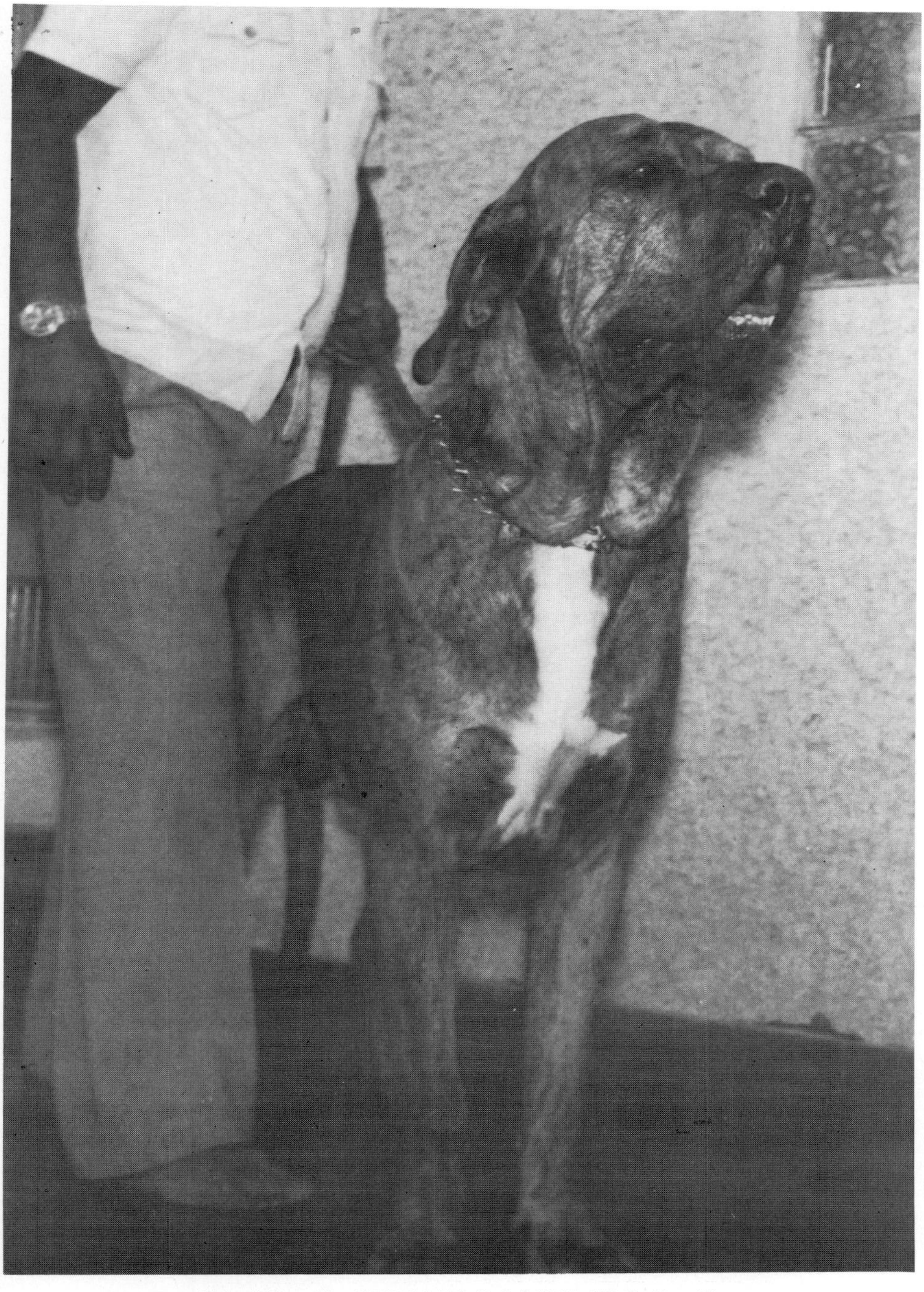

Abb. 142 *Ch. COBALTO DO SOBRADO, Brasilien.*

# Der Mastin Espanol

*Rudolf Sewerin*

1. Die Herkunft der Rasse
2. Der Standard
3. Erläuterungen zum Standard
4. Die Zucht des Mastin Espanol
5. Der Mastin und seine Haltung
6. Die Zukunft der Rasse

# Die Herkunft der Rasse

Es ist heutzutage in der Kynologie schick, eine alte Rasse zu haben. Hat man eine niederläufige Rasse und gibt es irgendwo in, sagen wir, Ägypten oder auf Tontafeln in Mesopotamien ebenfalls einen niederläufigen Hund, flugs hat die Rasse schon eine mehrtausendjährige Geschichte. Dabei gibt es bei ernsthaften Kynologen gar keinen Zweifel, daß wir von »Rasse« im Sinne einer zuchtbuchmäßig erfaßten Population erst seit dem letzten Jahrhundert reden können, wenn sie nicht sogar frühestens in unserem Jahrhundert entstanden ist.

Auch beim Mastin gibt es Bestrebungen, ihn von der legendären Tibetdogge abzuleiten, die nach Marco Polo so groß wie ein Esel gewesen sei und gebrüllt habe wie ein Löwe. Mit asiatischen Volksstämmen sei dieser Hund dann allmählich in Richtung auf das Mittelmeer gewandert und spätestens mit der Völkerwanderung nach Spanien gelangt. Die anderen im Mittelmeerraum und in Britannien beheimateten Rassen seien ebenfalls von dort gekommen.

Diese Theorie klingt zwar schön, läßt sich jedoch zum einen nicht beweisen, außerdem spricht einiges gegen sie. Man muß keinen Hund 10 000 km weit herholen, man kann ihn viel bequemer an Ort und Stelle züchten. Wir alle wissen, wie unterschiedlich Hunde schon allein in der Größe aussehen können; stellen wir uns nur den Irischen Wolfshund neben einem Chihuahua vor. Kaum eine andere Spezies ist so wandlungsfähig in ihrem Äußeren wie unsere Hunde. Nichts leichter also, als einen Riesen wie den Mastin Espanol zu züchten, wenn man ihn braucht. Denn merkwürdigerweise sehen fast alle Rassen, die dieselbe Aufgabe wie der Mastin gehabt haben, so oder doch so ähnlich aus. Der Sar Planinac in Kosovo, der Owtscharka in Südrußland, der Pyrenäenhund der Franzosen, der Karabas in Anatolien sind nur einige Beispiele, deren Reihe man noch weiter fortsetzen könnte. Bevor wir also in die Ferne schweifen, wäre es besser, diese weniger spektakuläre, dafür aber wahrscheinlichere Theorie zu unterstellen.

Fest steht nun eines, wenn wir allmählich aus dem Dunkel der kynologischen Vorzeit in das Halbdunkel des kynologischen und historischen Mittelalters treten – es gibt seit mindestens dem 12. Jahrhundert auf der iberischen Halbinsel einen Hirtenhundeschlag (um das Wort »Rasse« zu umgehen), der dem heutigen Mastin sehr, sehr ähnlich gesehen hat und der dieselben Aufgaben hatte, wie sie der heutige Mastin teilweise noch ausübt. In der Literatur gibt es unzählige Erwähnungen dieser Hunde, die auch damals schon den heutigen Namen trugen, und immer wieder werden sie uns als wachsame und wehrhafte Hunde zum Bewachen der Herden und der Höfe geschildert. Auf romanischen Kapitellen schließlich sehen wir sie abgebildet, immer mit der Herde und dem Schäfer.

Was in Deutschland im Mittelalter die mächtige Hanse war, das hat in Spanien sein Pendant als die »Mesta«. Im Neuhochdeutschen würden wir sie wenig charmant eine Schafzüchter- und Wolleproduzentenlobby nennen. Schon seit alten Zeiten lag die Schafzucht und damit die Wolleproduktion in den Händen der einflußreichen Laienorden, wie dem von Calatrava, und bei den Adligen. Im Jahre 1273 gründeten diese Schafzüchter eine Interessengemeinschaft, die nach einer Vorgängerin unter den Arabern den Namen Mesta (arab. Mechta) trug. Die

Interessen der Besitzer von Wanderschafherden vertrugen sich nämlich nur selten mit denen der seßhaften Bevölkerung, die die Wanderschafherden am liebsten ganz verboten hätten, da sie ihnen kostbares, weil seltenes Weideland kahlfraßen und die bestellten Äcker zertrampelten. Aufgabe der Mesta war es nun, die Rechte der Wanderschäfer gegen die Interessen der seßhaften Bauern durchzudrücken, und das gelang ihnen auch. Entlang der traditionellen Wanderwege der Schafherden wurden steinerne Pfeiler errichtet, die nicht nur die Entfernung angaben, sondern ausdrückten, daß hier das Land der Mesta war, 70 Ellen links und rechts der Markierungen.

Die Wanderschafhaltung war in Spanien schon immer aus klimatischen Gründen die einzige Form einer profitablen Nutzung der kargen Weiden. Wenn die spanische Sonne im Sommer das Inland auf den Hochflächen verdorren läßt, so daß nicht einmal die genügsamen Schafe Futter finden, dann muß man hinauf in die Sierras, wo in den Gebirgstälern und auf den Almen noch genug Grün wächst. Im Herbst dann, wenn es in den Bergen zu unwirtlich und kalt wird, wenn die Pässe schneebedeckt und unpassierbar werden, dann ziehen die Herden nach Süden und Westen auf die Winterweiden auf den tiefergelegenen Ebenen in Kastilien und Estremadura, wo zu dieser Zeit die Winterregen für genügend Nahrung sorgen.

War die Wanderschafhaltung notwendig, um aus einem so kargen Land wirtschaften zu können, so war die Mesta notwendig, um der Sache Fundament und Ordnung zu geben. Als dann die Habsburger ihre ganze Wirtschaft nach der Wolleproduktion ausrichteten, wurde die Mesta immer mächtiger, die Herden immer größer. Aber wo solche wertvollen Herden waren, da waren auch Schmarotzer, die gut von ihnen lebten. Die Herden waren ständigen Angriffen der Wölfe ausgesetzt, die sozusagen die ganze Wanderung der Herden im Jahresrhythmus mitmachten, und an ihr gediehen. Dagegen gab es nur eins – gute Hunde!

Und diese Hunde züchteten die Schäfer. Ja sogar die hohen Herren, denen die Herden gehörten, waren damit befaßt. Ein solcher Hund sollte nicht etwa die Herden treiben, zusammenhalten, ein- und auspferchen. Dazu hatte man sehr genügsame, kleinere Hunde, die carreas, aus denen der heutige spanische Gos d'Atura stammt. Die Aufgabe der Mastines war es, die Herde zu schützen, Wölfe abzuwehren, zweibeinige Diebe wenigstens zu melden, wenn nicht ebenfalls anzugreifen. Damit kein Mißverständnis aufkommt, – ihre Aufgabe war es nicht etwa, die Wölfe zu verfolgen, einzuholen und zu töten, wie auch heute noch manch Leichtgläubiger im Mutterland der Rasse glaubt. Wölfe greifen nicht an, wenn sie auf hartnäckigen Widerstand treffen und ihrerseits angegriffen werden. Also mußte der Hund gute Wacheigenschaften, Kampftrieb und viel Raubzeugschärfe haben. Zum Kampf mit dem Wolf sollte er groß und kräftig sein, eher ein Molosser als ein Windhund. Wegen den teilweise extremen Witterungsbedingungen mußte er selbstverständlich ein entsprechendes Haarkleid haben und Hitze wie Kälte ertragen können, denn eine Hütte oder einen Zwinger kannte er sein Leben lang nicht. Er sollte bei aller Masse aber auch durchaus beweglich bleiben, denn schließlich mußte er die Schafe auf ihren mehrere hundert Kilometer langen Wanderungen begleiten. Da die Schäfer selber auch nicht gerade üppig lebten, sollte er notabene sehr sehr genügsam sein.

Eine Zucht im modernen Sinne der Kynologie kannte die Rasse natürlich zu jenen Zeiten nicht. Dennoch kann man davon ausgehen, daß eine natürliche Auslese nach dem Bedarf der Schäfer stattfand. Wer in diesem Klima krank wurde, wer die Strapazen der Wanderung nicht aushielt oder vor den Wölfen kniff oder sie nicht bemerkte, der wurde eliminiert, denn der war sein Futter nicht wert. Auch bei der Zucht gab man sich Mühe und ließ die Hunde sich nicht einfach untereinander paaren. Man achtete, wie noch heute in den Bergen üblich, auf die Fähigkeiten der Nachkommen dieses oder jenes Rüden und plante seine Paarungen voraus.

So erreichte die Rasse das gegenwärtige Jahrhundert, das Veränderungen brachte, wie viele davor zusammen nicht gebracht hatten. Die Bevölkerung Spaniens wuchs mit einer bis dahin nicht gekannten Schnelligkeit an, das Land wurde industrialisiert, Straßen und Eisenbahnen wurden gebaut. Die Schafhaltung ging zurück, da es einträglichere Erwerbsquellen gab, die Wölfe wurden dezimiert und die Mastines brauchte man folglich immer weniger. Noch 1930 gab es in den Pyrenäen Wölfe, und 1940 sah man sie in den Dörfern der Sierra de Guadarrama, keine 80 km von Madrid entfernt, im Winter auf den Dorfplätzen promenieren, ganz ungeniert auf der Suche nach offenen Ställen oder nach Haushunden, einer Lieblingsspeise des Wolfes, die er mitunter direkt von der Kette weg frißt. Bereits 1960 gab es Wölfe als Standwild nur noch in der Sierra Cantabrica im Norden, in der Sierra Morena im Süden und im Gebiet der Sierra de San Pedro in der Estremadura. Sonst kamen sie nur noch vereinzelt vor, und man schätzte den Bestand auf ca. 700 Paare. Seit dieser Zeit hat sich der Wolfsbestand wieder einigermaßen erholt, da die ICONA, die oberste spanische Naturschutz- und Jagdbehörde, mit Sperrzonen und Schonzeiten die völlige Ausrottung stoppen konnte. Heute kommen Wölfe bereits wieder in den Provinzen Burgos und sogar Valladolid und Palencia vor, wo man sie seit langem nicht mehr sah.

Das Gedeihen und Verderben der Mastines ist eng mit der Verbreitung der Wölfe gekoppelt. Denn man muß sich ganz klar machen, daß ein Schäfer oder auch ein reicher Schafherdenbesitzer nie einen so großen Hund nur wegen seiner großartigen Vergangenheit oder wegen seines Äußeren halten würde. Der Mastin war und ist teilweise auch heute noch ein reiner Gebrauchshund. Kann man ihn nicht mehr gebrauchen, gibt es keine Arbeit mehr für ihn, wird er abgeschafft, verkauft, oder zumindest nicht mehr rein gezüchtet. Das geht schneller als man denkt. 5 Jahre keine Wölfe mehr in der Gegend, und der Bestand an Mastines ist fast auf Null gesunken.

In dieser Zeit des Niedergangs der Rasse entstand noch ein weiteres Phänomen, nämlich das allmählich aufkeimende Interesse der Spanier an dieser großartigen Hunderasse. Gemeint sind nicht die Schäfer, die den Mastin als Werkzeug sahen, sondern die Spanier aus der Stadt, die teils aus Nationalstolz, teils auf einer auch allmählich in Spanien aufkommenden Welle der Hundebegeisterung den Mastin entdeckten. Das waren nicht unbedingt Kynologen oder Züchter, sondern interessierte Laien, denen die riesigen Mastines am besten gar nicht groß genug sein konnten. Mancher von ihnen sammelte Exemplare dieser Rasse wie andere Leute Briefmarken. Bald sprach sich herum, daß diese Hunde nur in der Estremadura und in den Bergen von Leon in einer »sammelwürdigen« Qualität zu finden seien, und dementsprechend war die Nachfrage und die Kaufwut. Sehr bald hatten die Schäfer herausgefunden, daß diese Leute eine für sie unvorstellbare Summe für den bis dahin als »Ware« wertlosen Mastin zu zahlen bereit waren.

Damit begann der Ausverkauf der guten Mastines aus den Bergen, wo es wirklich noch sehr schöne Exemplare gab. Leider wurden nur die wenigsten züchterisch genutzt, viel gutes Material wurde nicht oder mit geringem Erfolg zur Zucht verwendet. Als endlich auch kynologisch geschulte Leute auf die Rasse aufmerksam wurden, einen Club gründeten, einen Standard entwickelten, der der Rasse adäquat war und schließlich auch erfolgreich zu züchten begannen, war es wirklich schon fast zu spät, um die Rasse noch zu retten.

In dieser Zeit wurden auch die ersten Hunde der Rasse ins Ausland exportiert. Es gelang, bestes Material aus den Bergen aufzukaufen oder doch wenigstens aus Linien, die unmittelbar aus diesen Regionen stammten, in denen man die beste Qualität finden konnte. In Spanien war 1981 ein Club entstanden, der die auch für Spanien »neue« Rasse betreute und sehr enthusiastisch und idealistisch seine Arbeit aufnahm. Leider fand seine Arbeit wenig Unterstützung von Seiten des spanischen Dachverbandes Real Sociedad Canina, die mit ihren Funktionären am englisch-deutschen Weltbild und den entsprechenden Rassen festhielt. Als dann noch innere Querelen die Arbeit für die Rasse blockierten, war bald der erste Schwung zuende. Heute ist der Mastin zwar nicht mehr vom Untergang durch Verbastardisierung gefährdet, aber von einer planvollen Zucht mit gutem Material ist man noch sehr weit entfernt. Die Hüftgelenksdysplasie z.B., eine erbliche Erkrankung, die besonders bei sehr großen und schweren Hunderassen gehäuft auftritt und auch den Mastin Espanol betrifft, wird in Spanien fast nicht beachtet. Man ignoriert sie, kennt sie gar nicht, beschönigt sie zumindest oder aber man besorgt sich obskure und käufliche Auswertungen.

In Deutschland, der Schweiz, Österreich und Holland stehen inzwischen zirka 110 Exemplare der Rasse, darunter absolutes Spitzenmaterial. Zwar sind wir in Mitteleuropa sicher noch für Jahrzehnte von guten und sorgfältig ausgewählten Spanienimporten abhängig, aber es ist bereits möglich, die vorhandene schmale Zuchtbasis konsequent zu nutzen. Wenn hier vernünftiger gearbeitet wird als im Mutterland der Rasse, ist dem Mastin züchterisch gesehen eine erfolgreiche Zukunft beschieden.

Der Mastin Espanol wird seit Bestehen des spanischen Zuchtbuches, welches bis in das Jahr 1911 zurückgeht, in diesem erfaßt. Bereits die Eintragung Nr. 11 betrifft einen schwarz-weißen Mastin-Rüden namens Machaco. Dennoch waren die Eintragungen dieser Rasse in den folgenden Jahrzehnten nie sehr zahlreich, handelte es sich doch im Grunde um eine Arbeitsrasse, deren Besitzer keinerlei Interesse an einer zuchtbuchmäßigen Zucht hatten, wohl auch in den meisten Fällen von der Existenz oder der Bedeutung eines Zuchtbuches gar nichts wußten.

Einen Rassestandard gab es damals noch nicht. Erst im Jahre 1946 maß man drei damals bekannte Exemplare der Rasse und stellte nach diesen wenigen Daten einen Rassestandard auf, der absolut an den tatsächlichen Gegebenheiten vorbeiging und heute noch in allen möglichen Hundebüchern herumspukt, obwohl er im

Abb. 143 *Eine der ersten der Mastines auf Ausstellungen in den 40er Jahren.*

Jahre 1981 von dem jetzt gültigen Standard abgelöst wurde. Dieser neue und bei der FCI hinterlegte Standard von 1981 trägt den wirklichen Mastines und ihrem Phänotyp Rechnung; er wurde von Jose Manuel Sanz Timon nach umfangreichen Studien an den besten bekannten Mastines verfaßt, nachdem vorher noch von einigen anderen Einzelpersonen und Gremien der Versuch unternommen worden war, einen solchen Rassestandard aufzustellen.

# Der Standard

*Name:* Spanischer Mastiff (Mastin espanol), auch gebräuchlich Mastin aus Leon (Mastin leones), Mastiff der Estremadura (Mastin extremeno), Mastiff der Mancha (Mastin manchego).

*Verbreitung:* Ganz Spanien, besonders die Berge und Almen der Provinzen Asturien und Leon, des Kantabrischen Gebirges, der Estremadura, und im allgemeinen alle Hochweiden und Gebiete, die von der Wanderschäferei betroffen sind, mit Ausnahme der Pyrenäen von Aragon und Navarra und des Gebietes der Monegros, wo der Pyrenäen-Mastiff verbreitet ist.

*Subspezies:* Molosser Typ B.

*I. Erscheinung und Wesen*

*1. Gesamtbeschreibung:* Der spanische Mastiff ist ein großer, schwerer, ebenmäßig gebauter Hund von ausgewogenen Proportionen, sehr kräftig und muskulös, mit kompaktem Knochengerüst, großem Kopf und halblangem Haarkleid.

Von liebevollem und sanftem Adel, tritt er Raubzeug und allem Fremden entschlossen entgegen, besonders wenn er Landgüter und Vieh bewacht und verteidigt. Sein Bellen ist rauh, schwer und tief und wegen seiner Stärke weithin vernehmbar.

Es handelt sich um einen sehr intelligenten und gleichzeitig schönen Hund; beide Eigenschaften zeigen sich in seinem Ausdruck. In seinem Benehmen zeigt er sich als selbstsicherer Hund, der seine Kräfte dosiert anwendet, da er um seine enorme Kraft weiß.

*2. Schulterhöhe:* Nach oben unbegrenzt, wobei größere Exemplare innerhalb harmonischer Proportionen bevorzugt werden. Mindestgrößen: Rüden 77 cm, Hündinnen 72 cm. Es ist anzustreben, daß diese Mindestgrößen deutlich übertroffen werden, so daß Rüden 80 cm und Hündinnen 75 cm überschreiten.

*3. Gestalt:* Nicht ganz quadratisch, so daß die Körperlänge die Schulterhöhe übertrifft. Proportionen und funktionelle Harmonie im Stand und in der Bewegung sind das angestrebte Ziel.

*4. Verwendung:* Bewachen und Verteidigen. Übermäßig scheue, feige oder unausgeglichene Tiere sind aus der Zucht zu nehmen. Die Rasse ist fest mit der Wanderschafhaltung und besonders mit den Merinoschafen verbunden, die sie schon in den Zeiten der mittelalterlichen Schafzuchtverbände (Mesta) begleitete und sie überall da gegen den Wolf und anderes Raubzeug verteidigte, wo die Herden zogen oder sich zur Weide aufhielten. Auch heute begleitet die Rasse in ihrer überlieferten Funktion Herden auf der Wanderschaft und auf der heimatlichen Weide. Daneben ist ihre Aufgabe das Bewachen und Verteidigen von Häusern auf dem Lande, Personen und Grundstücken.

*II. Kopf*

*1. Gesamtbeschreibung:* Groß, stark, in der Form eines Pyramidenstumpfes mit breiter Basis. Das Verhältnis Schädellänge – Fang ist 6 : 4. Von oben gesehen ist die Gesamterscheinung von Fang und Schädel quadratisch und gleichmäßig ohne zu starke Einschnürung beim Übergang vom Fang zu den Schläfen. Mäßig divergierende Linien vom Fang zum Schädel.

*2. Schädel:* Breit, kräftig, im Profil gesehen wenig aufgewölbt, eher breiter als lang. Betontes Hinterhauptbein.

*3. Stop:* Leicht, wenig ausgeprägt.

*4. Fang:* Im Profil gesehen gerade. Von hinten gesehen fast rechteckig, zur Nase hin allmählich sich verjüngend, bei weiterhin deutlicher Breite. Auf keinen Fall spitz zulaufend.

*5. Nasenschwamm:* Schwarz, feucht, groß und breit.

*6. Lefzen:* Die oberen bedecken gut die unteren; die unteren mit üppigen Schleimhäuten, ebenso an den Mundwinkeln. Die Schleimhäute müssen schwarz sein.

*7. Zähne:* Weiß, stark und gesund. Große, spitze und gut fassende Fangzähne. Starke, mächtige Molaren. Schneidezähne eher klein, Scherengebiß. Alle Prämolaren sind vorhanden.

*8. Augen:* Im Verhältnis zum Schädel klein, mandelförmig, vorzugsweise dunkel, haselnußfarben. Aufmerksamer, sanfter und intelligenter Blick voll Adel, von großer Strenge gegenüber Fremden.

*9. Augenlider:* Dick, schwarz pigmentiert. Das untere Lid läßt einen Teil der Konjunktiven sehen.

*10. Ohren:* Mittelgroß, hängend, dreieckig, glatt. Oberhalb der Augenlinie angesetzt. In der Ruhelage hängend und an den Wangen anliegend, ohne sich zu sehr an den Schädel anzulehnen. In der Erregung vom Gesicht abstehend, teilweise aufgerichtet im hinteren oberen Drittel. Nicht kupiert.

*11. Gaumen:* Schwarz mit deutlichen Rippen.

*III. Hals*

In der Form eines Kegelstumpfes, breit, kräftig, gut bemuskelt, wendig. Dicke, lose Haut. Stark entwickelte, doppelte Kehlwamme.

*IV. Rumpf*

*1. Gesamteindruck:* Rechteckig. Stark und robust, zeigt die enorme Kraft, aber wendig und beweglich.

*2. Widerrist:* Ausgeprägt.

*3. Rücken:* Stark, gut bemuskelt. Rippen mit weiten Zwischenräumen, gut aufgewölbt, nicht flach. Das Verhältnis Schulterhöhe – Mindestbrustumfang ist ungefähr 3 : 4. Lende lang, breit und kräftig, zu den Weichen hin schmaler werdend.

*4. Kruppe:* Breit und stark. Etwa 45° gegen die Rückenlinie und die Horizontale geneigt. Höhe wie an der Schulter.

*5. Rückenlinie:* Gerade, waagerecht, auch in der Bewegung.

*6. Brust:* Breit, tief, gut bemuskelt, mächtig. Ausgeprägtes Brustbein.

*7. Bauch und Flanken:* Bauch wenig aufgezogen, Weichen heruntergezogen, breite Flanken.

*V. Rute*

Am Ansatz sehr dick, weder zu hoch noch zu tief angesetzt. Stark, biegsam und länger behaart als andere Körperteile. In der Ruhelage niedrig getragen, die Sprunggelenke leicht erreichend, im letzten Viertel manchmal umgebogen. In der Bewegung und bei Erregung trägt der Hund die Rute säbelförmig, am Ende gedreht, aber nie ganz aufgebogen oder auf der Kruppe liegend.

*VI. Vorderhand*

*1. Gesamteindruck:* Vollkommen senkrecht. Gerade und parallel von vorne gesehen. Der Unterarm ist dreimal so lang wie die Mittelhand. Starke Knochen mit kräftiger Mittelhand.

*2. Schultern:* Schräg, sehr gut bemuskelt, länger als der Unterarm.

*3. Winkel Schulterblatt–Oberarm:* Etwa 100°.

*4. Winkel Oberarm–Unterarm:* Etwa 125°.

*5. Mittelhand:* Von der Seite gesehen kaum geneigt. Sie ist praktisch die Fortsetzung des Unterarmes. Kräftige Knochen.

*6. Füße:* Zehen katzenartig, eng stehend, Glieder stark, hoch und gut aufgeknöchelt. Nägel und Ballen robust und hart. Mäßig entwickelte Zwischenzehenhaut.

*VII. Hinterhand*

*1. Gesamteindruck:* Kräftig, gut bemuskelt. Von der Seite gesehen angemessene Winkelungen. Von vorne und im Profil gesehen senkrecht; Sprunggelenke gerade, geeignet, um dem Hund mit Leichtigkeit, Schwung und Eleganz den nötigen Schub zu geben.

2. *Oberschenkel:* Stark und gut bemuskelt.

3. *Winkel Becken–Oberschenkel:* ca. 100°.

4. *Unterschenkel:* Lange Laufknochen, gut bemuskelt, starke Knochen.

5. *Winkel Oberschenkel–Unterschenkel:* ca. 120°.

6. *Sprunggelenke:* Ausgeprägt mit klar definierter Sehne.

7. *Winkel im Sprunggelenk:* Offen, etwa 130°.

8. *Füße:* Katzenartig, fast oval. Einfache oder doppelte Wolfskrallen, die amputiert werden dürfen.

*VIII. Bewegung*
Hauptsächlich Trab, harmonisch, kräftig und gerade. Kein Paßgang.

*IX. Haut*
Elastisch, dick, reichlich, rosa mit dunkler Pigmentierung. Alle Schleimhäute schwarz.

*X. Haarkleid*
Dicht, grob, halblang, glatt, auf dem ganzen Körper bis zwischen die Zehen. Man unterscheidet zwei Haararten, einmal das Deckhaar auf dem Rücken, zum anderen das Haar, das die Rippenpartie und die Flanken schützt. Kürzer an den Gliedmaßen und länger und seidiger an der Rute.

*XI. Farben*
Unterschiedlich, wobei Einfarbigkeit – gelb, löwenfarbig, rot, schwarz, wolfsgrau und hirschrot – zu bevorzugen ist. Auch kombinierte Farben wie gestromt, mit weißer Halskrause, und gescheckt.

*XII. Fehler*

1. *leichte:* Leichter Ramskopf im Profil gesehen. Fehlen eines Prämolars, Zangengebiß. Schwache, in der Bewegung verzerrte und wellenförmige Rückenlinie. Etwas schwache Mittelhand/Mittelfuß. Leichte Scheuheit.

2. *schwere* (schließen die Vergabe der Wertnote »Vorzüglich« aus): Spitzer Fang. Mäßiger Vorbiß. Nicht-unfallbedingter Verlust von mehreren Prämolaren oder Fangzähnen. Senkrücken. Starke Überbautheit. Schwache oder krumme Stellung der Extremitäten. Sehr lose Ellenbogen in der Bewegung. Kuhhessigkeit im Stand und in der Bewegung. Gewelltes, gekräuseltes oder zu langes Haar. Kupierte Behänge oder Rute. Übermäßiges Entropium oder Ektropium. Unausgeglichenes Wesen, übermäßige Scheu oder Aggressivität. Schwache, lymphatische Erscheinung. Auf der Kruppe liegend getragene Rute.

3. *zuchtausschließende Fehler:* Spaltnase. Jedweder Grad von Rückbiß (Unterbiß). Überstarker Vorbiß. Mangelnde Pigmentierung von Nasenschwamm und Schleimhäuten begleitet von hellen Augen. Monorchismus und Kryptorchismus.

**Kommentar zum Standard für Richter und Züchter**

Der Mastin Espanol ist für uns Spanier und alle die ihn kennen »unser großer Molosser« und als solchen müssen wir ihn behandeln.

In der FCI-Gruppe II (Wach- und Schutzhunde) gibt es sicher keine so harmonisch aufgebaute und doch starke und schöne Rasse.

Wir müssen uns bewußt sein, daß der Mastin Espanol vom Genotyp her eine reine Rasse ist, nicht dagegen bezüglich des Phänotyps, was sich ohne Zweifel aus der unterschiedlichen Anpassung an die Umgebung und Ernährung, sowie aus der fehlenden Selektion erklärt, und sich in einem uneinheitlichen Typ niederschlägt. Selektion bei Bewahrung des Typs muß das erste und wichtigste Anliegen der Rasse sein.

Die große Stärke unseres Molossers auf internationaler Ebene ist seine Größe, seine Kraft und sein Charakter, wie auch die Aureole, mit der die Legende und die Wirklichkeit diese Rasse umgeben haben, die früher wie heute bei der Verteidigung der Herden mit dem Wolf kämpfte, der anderswo in Europa fast ausgestorben ist.

Um das Ideal dieses großen Molossers züchterisch zu erarbeiten, müssen wir vor allem folgende Punkte betonen:

- Typgerechtigkeit
- Breiter, großer und starker Kopf mit ausgeprägter Wamme
- Korrekte und geradlinige Gesamterscheinung
- Eliminierung des Senkrückens
- Kräftige Gänge
- Gute Knochen in den Extremitäten
- Ausgeglichenes Wesen
- Einfarbigkeit zur klaren Unterscheidung vom Pyrenäen-Mastiff.

# Erläuterungen zum Standard

Notwendigerweise bedient sich der Kynologe bei der Formulierung des Standards eines »Fachchinesisch«, das oft der Interpretation bedarf – jedes Fach hat eben seine Fachsprache. Es würde in diesem Zusammenhang zu weit führen, wollte man den ganzen Standard im einzelnen interpretieren und kommentieren. Wer sich hier um alle Einzelheiten kümmern will, sei auf das Werk des »Vaters« des Standards, J. M. Sanz Timon verwiesen beziehungsweise auf die deutsche Übersetzung zu diesem Werk. Für jetzt wollen wir uns auf einige wesentliche Punkte konzentrieren, wobei mir diejenigen Charakteristika der Rasse besonders am Herzen liegen, die die Unterschiede zu den weiteren in diesem Buch behandelten Molossern ausmachen.

Nach den diktatorischen Jahren des Frankoregimes schlägt im Augenblick in Spanien wieder die Stunde der regionalen Unabhängigkeitsbewegungen, wenn nicht gar der Separatisten. Das äußert sich nicht nur im politischen Leben, sondern auch in solch apolitischen Gebieten wie der Kynologie. Im Klartext: Nationalistische Kynologen in der Gegend von Leon möchten den Mastin gerne in »Mastin

Abb. 144 *Campesinos mit zwei Exemplaren des substanzarmen Typs aus der Mancha.*

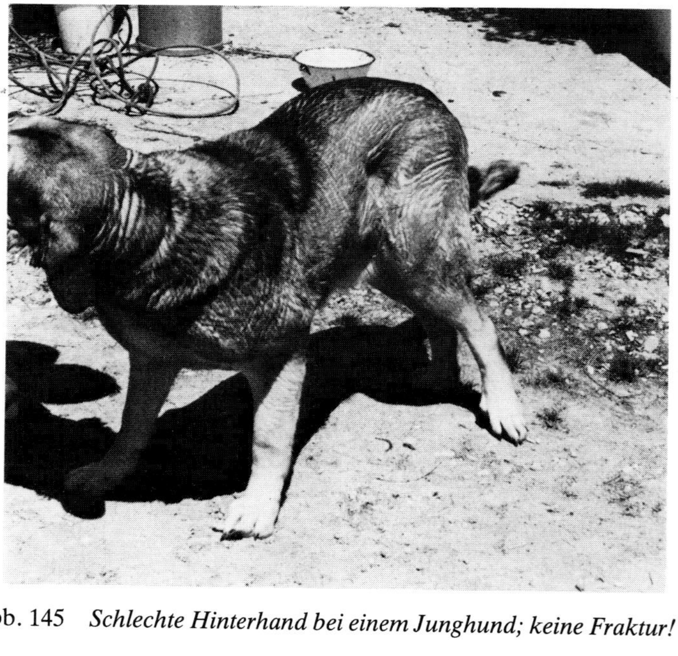

Abb. 145 *Schlechte Hinterhand bei einem Junghund; keine Fraktur!*

Leones« umgenannt haben. Die Leute von Leon wären damit fein heraus, denn in Leon gibt es die besten Mastines. Mastin-Besitzer in Estremadura und besonders auf der Mancha, der neukastilischen Hochebene südlich von Madrid, wo es noch nie gute und typische Mastines gab, wollen nicht zugeben, daß ihre Mastines eben nicht sehr typvoll sind, sondern geben vor, den Mastin manchego oder extremeno zu züchten, gewissermaßen als leichtere Abart des Mastin Espanol. Diese Bestrebungen sind nur zu leicht zu durchschauen – man kann nicht eine Abart der Rasse aufbauen wollen, wenn diese durch nichts als durch schlechte Qualität begründet ist.

Es gibt nur einen Mastin Espanol, gleichgültig, ob er in Cadiz oder in Bilbao steht oder gezüchtet wurde. Der Mastin de los Pirineos dagegen ist eine eigene Rasse mit eigenem Standard, weder mit seinem schwereren spanischen Vetter, noch mit seinem französischen Pendant, dem Pyrenäenberghund, zu verwechseln.

Was die Maße und Gewichte betrifft, so gehört der Mastin nicht nur zu den größten Hunden überhaupt, sondern – ausgehend von den vorgeschriebenen Mindestmaßen – ist innerhalb der hier beschriebenen Molosserrassen der Größte. Diese Papierwerte müssen in der Praxis nichts bedeuten. Sicher wird der eine oder andere englische Mastiff gleich groß oder größer als ein gegebener Mastin sein können. Der Größe sollte auch nicht zuviel Gewicht beigemessen werden, weder von seiten der Käufer noch gar von Seiten der Züchter, obwohl es leider in Spanien auch solche gigantomanischen Bestrebungen gibt nach dem Motto: Je größer, desto besser. Harmonie, Typ, Ausdruck und gesunder anatomischer Aufbau sind allemal wichtiger, wenn auch nach unten hin irgendwann eine Grenze erreicht ist, bei deren Unterschreiten der Hund aus dem Typ fällt. Hier sollte also weniger mit der Elle als mit dem Auge gemessen werden. Die Betonung der Größe in dem vorliegenden Standard war dem Vater desselben deshalb so wichtig, weil der davor gültige hier die krassesten Fehler beging; ihm zufolge war nämlich der Mastin angeblich ein Hund von 65 bis 70 cm Schulterhöhe, was der Realität nicht entsprach.

Der Kopf ist sicher mit das Wichtigste für den Typ des Hundes. Und genau hier unterscheidet sich der Mastin auch von den Molossern im engeren Sinne, den Packern, den Kampfhunden der Arenen, für die der Mastin nie gezüchtet wurde. Der Mastin ist weniger faltig am Fang und im Gesichtsschädel, sein Fang ist länger und verjüngt sich leicht zur Nase hin. Deshalb ist der Mastin dennoch von seinem Typ her ein echter Molosser, wesentlich mehr z.B. als der Leonberger oder der Owtscharka, weshalb er auch in dieser Familie richtig angesiedelt ist. Das zeigen die Knochensubstanz, die Fangbreite, die Belefzung, die Breite der Kiefernäste, etc. Das Auge darf nicht zu weit offen sein, man darf nur gerade etwas von den Konjunktiven sehen, keinesfalls sollten die Augen hervortreten.

Der ideale Zahnstand ist sicher das Scherengebiß, jedoch kommt beim Mastin wie bei fast allen molossoiden Rassen der Vorbiß häufig vor, während fehlende Zähne eher selten sind. Hier muß man gewichten, Vorbiß ist nicht gleich Vorbiß. Eine Zange mit zwei vorbeißenden Schneidezähnen ist an der Tagesordnung und sollte toleriert werden.

Die Pigmentierung, d.h. die Schwarzfärbung der Lefzen und Augenlider bedarf ebenfalls des Kommentars. Auch hier muß man den Hund als Ganzes sehen und darf keine Fliegenbeine zählen. Ist der Hund sonst gut pigmentiert und insgesamt dunkel, so besteht weniger Gefahr. Sie ist eher bei weißen oder fast weißen Hunden gegeben, die noch dazu an mehreren Stellen stark pigmentiert sind, vielleicht sogar noch in Verbindung mit hellen Augen. Noch haben wir leider bei der Rasse weit tragischere Fehler als eine mangelnde Pigmentation, die sich auch züchterisch gut ausgleichen läßt.

Die Kruppe soll so hoch sein wie die Schulter und der Rücken gerade. Das bedeutet, daß der Hund nicht eingesattelt sein soll, wie man es leider häufig sieht. Eine Überbauung hinten im Vergleich zur Schulterhöhe, wie es sicher bei allen Kampfhunderassen immer wieder vorkommt, ist beim Mastin falsch. Der Rücken sollte fest und kräftig sein, nicht nachgebend, schmal und windhundartig. Dazu neigen besonders leicht Hunde mit allzu langem Rücken.

Die meisten Probleme finden wir wohl bei der Hinterhand, und das nicht nur bei Hunden mit HD. Häufig ist eine zu steile Hinterhand, wenn wir uns auch den Mastin nicht mit einer schäferhundartigen Überwinkelung vorstellen dürfen. Diese Steilheit tritt sehr häufig im Sprunggelenk auf, das dann nicht nur gerade, sondern merkwürdigerweise nach vorne gewinkelt erscheinen kann. Dies verleiht dem Gang des Hundes etwas Staksiges und Unsicheres, was mit seiner sonstigen kraftvollen Erscheinung nicht harmoniert. Dazu kommt noch oft eine Verdrehung des Mittelfußes in einer Art und Weise, die dann die Zehen nicht in Bewegungsrichtung nach vorne, sondern leicht nach außen zeigen läßt.

Diese Fehler in der Hinterhand sind oft so eklatant, daß ich mich gefragt habe, wieso viele Spanier und auch Richter (besonders in Spanien) das nicht bemerken. Offenbar liegt das daran, daß hier oft Typ weit vor gesunden anatomischen Aufbau gestellt wird. Und was gibt es beeindruckenderes, als einen mächtigen Mastin-Rüden mit breiter Brust und gewaltiger »papada« (doppelter Kehlwamme) auf sich zukommen zu sehen?! Wer schaut dem Riesen da noch aufmerksam nach, wenn er sich wieder entfernt?

Die Diskussion über die Wolfskrallen hat gottseidank nachgelassen. Viele Jahre hindurch behaupteten die Schäfer, die Rassereinheit des Hundes besonders an dem Vorhandensein der beiden Wolfskrallen ablesen zu können. Daß das kynologischer Unsinn ist, weiß man, wenn auch bei einigen französischen Schäferhunderassen dieser Humbug andauert. Der jetzige Standard ist so frei von Aberglauben, daß er das Beibehalten oder Amputieren der doppelten Wolfskralle freistellt. Ich persönlich rate mindestens dann zur Entfernung der Krallen, wenn sie nicht mit eigenem Knochen fest an den anderen Zehen anliegen, sondern nur lose an der Haut hängen.

Die Farbe ist ein weiterer Punkt, bei dem es immer noch Diskussionen gibt. Der Standard bevorzugt Einfarbigkeit, danach Stromungen mit oder ohne weiße Abzeichen und gescheckt (eine der »Urfarben« des Mastin). Weiß wird ausschließlich wegen der Verwechslungsmöglichkeit mit dem sehr ähnlichen Mastin de los Prineos weniger gern gesehen, denn dieser ist weiß in der Grundfarbe mit farbigen Abzeichen. Dabei muß das eine noch einmal ganz deutlich gesagt werden – erst wenn wir die anderen Probleme der Rasse gelöst haben, die unvergleichlich

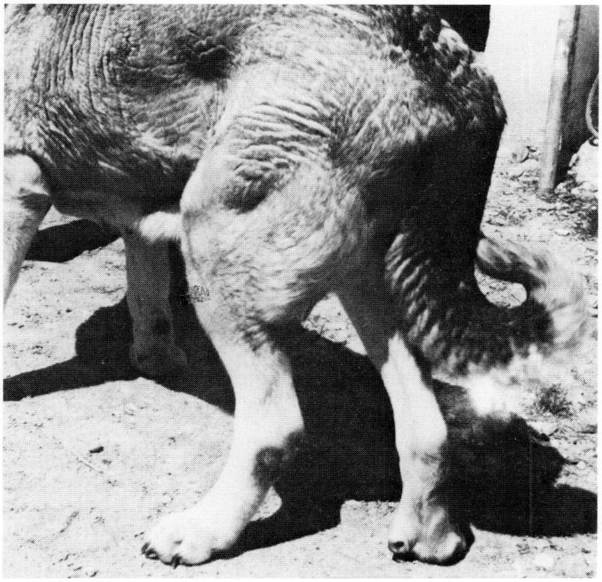

Abb. 146 *Hackeneng, wie mancher Mastin in Spanien.*

Abb. 147 *Hackenenger Stand (kuhhessig) mit nach außen gedrehtem Mittelfuß.*

wichtiger sind, erst dann sollten wir uns der Farbe widmen! Auch hier wieder ist das Augenmaß für Wichtiges und Unwichtiges gefragt.

Der Standard weist an einigen Stellen ganz klar auf das gewünschte Wesen des Mastin hin. Er soll zunächst ausgeglichen und weder ängstlich noch überaggressiv sein. Das ist eine Forderung, die man auch an andere Rassen, nicht nur aus der Gruppe der Molosser stellt. Scheuheit oder Ängstlichkeit verträgt sich sicher auch nicht mit der Tatsache, daß der Mastin zur Gruppe der Wach- und Schutzhunde gehört. Wenn ein kleiner Hund ängstlich ist, kann das schon peinlich sein, bei einem solchen Riesen dagegen ist es grotesk. Hierauf sollte auch ganz klar im Ring geachtet werden. Noch gefährlicher für die Umwelt aber sind unausgeglichene Hunde mit viel Schärfe und geringer Belastbarkeit, also die neurotischen Beißer und die Angstbeißer. Auch hier vervielfacht wieder die Größe des Hundes und seine potentielle Fähigkeit, enormen Schaden anzurichten, die Gefahr bei solchen Tieren.

# Die Zucht des Mastin Espanol

Wie schon beschrieben, befindet sich die Rasse erst in den Anfängen einer planmäßigen Zucht. Oft sind die einzelnen Exemplare noch kaum erfaßt, und wenn ein Mastin in Spanien tatsächlich eine Ahnentafel aufweist, handelt es sich meistens um eine Registerahnentafel, da die Eltern oder doch zumindest die Großeltern noch in keinem Zuchtbuch verzeichnet waren. Planmäßig gezüchtet wird die Rasse in Spanien noch kaum.

Die heutigen bekannten Spitzenrüden und -hündinnen stammen von Exemplaren ab, die vor 10 bis 15 Jahren aus den Bergen geholt wurden. Wie schon beschrieben, war das die erste Welle, die »Sammlerwelle«. Zu diesen legendären Hunden zählte zum Beispiel Fanfan, der Urahn von Teko, dem anatomisch wohl am besten gebauten Rüden der letzten Jahre. Teko ist bei 86 cm Schulterhöhe ein eleganter Hund, wenn man das von einem Mastin sagen kann. Als ich ihn das erste Mal in seinem geräumigen Zwinger auf der Finca seines Besitzers Julio Lencero traben sah, fiel mir nur der Vergleich mit einem Pferd ein. Von ihm haben wir in der Schweiz seinen Sohn Cid, der in Amsterdam 1985 Weltsieger wurde.

Tekos Wurfbruder Kazan steht diesem qualitätsmäßig kaum nach, was übrigens auch für zwei weitere Wurfschwestern gilt. Von Kazan stammt die wohl beste Hündin außerhalb Spaniens, La Tia Tula, die wir leider bereits im Alter von vier Jahren durch Wurfkomplikationen verloren. Aus dieser Linie Fanfan–Teko, Kazan–Cid, Tula haben wir in Zentraleuropa hervorragenden Nachwuchs; auch in Spanien ist diese Linie gut vertreten. Cids Wurfbruder Lancel brachte über eine Linie, die über Kempes von Emilio Alvarez auf den gleichfalls berühmten Montero von Perfecto Alvarez zurückgeht, den bei der Weltsiegerausstellung in Wien 1986 weit vorne plazierten Tomillo. Etliche weitere qualitativ hochwertige Lancel-Nachkommen stehen uns in Spanien zur Verfügung.

Ein weiterer Rüde, der mit Fanfan in einem Atemzug zu nennen ist, ist Canonero. Leider haben wir von ihm über Vierzo de Sayanes nur den Rüden

Zarpas, dessen einziger deutscher Wurf mit Tia Tula von der Parvovirose arg gebeutelt wurde.

Hinter Fanfan steht noch ein Rüde, den kaum einer der heutigen Züchter kennt, und der dennoch hervorragende Nachkommen brachte – Oliveros. Von ihm stammt nicht nur der vorher schon erwähnte Montero, sondern auch der Rüde Ciro von Zacarias Prieto, dessen Nachkommen aus Tula wir im A-Wurf de la Mesta haben. Die sehr gut angelegten Nachwuchshunde stehen in den USA, in Österreich, der Schweiz und auch bei uns in Deutschland.

Oliveros steckt weiter hinter den Mastines des Zwingers Visan, von dem wir 1987 einen sehr vielversprechenden Rüdenwelpen bekommen konnten.

Einer der unbekanntesten und dennoch führenden Zwinger in Spanien ist der des Conde de la Oliva y de Campos de Orellana. Lange bevor andere planmäßig züchteten, selektionierte man auf den Landgütern des Grafen de la Oliva, der zu den bedeutendsten Herdenbesitzern Spaniens gehört, Mastines für den eigenen Bedarf. Diese Hunde wurden nie gezeigt und auch kaum je in das Zuchtbuch eingetragen, gehörten aber zu den besten. Als sich in den 60er Jahren viele seiner kleineren Bauern selbständig machten, übernahmen sie mit der Herde auch die dazugehörigen Mastines. Auf diese Weise beeinflußten die Hunde des Conde de la Oliva in Estremadura und Leon ganze Landstriche, wenn wir auch bei kaum einem der heutigen Mastines genau sagen können, von welchem Hund des Grafen er abstammt.

Von welcher Qualität die Hunde des Grafen de la Oliva waren, zeigte sich an Compromiso, einem der letzten »Funde« unserer Zeit. Compromiso war bereits neun Jahre alt und in schlechtestem Zustand, als er nach Madrid kam. Zwar stimmt von der danach verbreiteten rührseligen Geschichte über seine Entdeckung nicht viel; wahr ist jedoch, daß es sich bei ihm um einen zufällig in der Estremadura entdeckten Rüden aus der Linie des Conde de la Oliva handelte. Er konnte noch einige Male erfolgreich zur Zucht eingesetzt werden; der Weltsieger 1986 in Wien, Compromiso II, einer der substanzvollsten Rüden, die man sich vorstellen kann, ist sein Sohn.

Einer der qualitativ größten Züchter ist Amadeo Alejandre mit dem Zwingernamen »del Pinotar«. In Leon, dem Zentrum der Mastineros, zu Hause, gelang es ihm immer wieder, gute Hunde zu bekommen und sie in seine Zucht einzubauen. Dennoch verstand er es nicht, auf dieser Grundlage weiterzumachen, und nach wenigen Generationen fing er wieder von vorne an. Viele seiner Hunde sind sehr typvoll, wenn ihnen auch oft im anatomischen Aufbau einiges fehlt. Auf die HD hat Alejandre nie geachtet. Unter den vielen Würfen, die er züchtete, war natürlich gelegentlich auch gutes Material. Insider behaupten, daß manche seiner Hunde bernhardinerähnliche Strukturen zeigen. Tatsache ist, daß in Spanien immer wieder Bernhardiner in die Rasse eingekreuzt worden sind, ein Fehler, der aus der oben geschilderten Grundhaltung der Spanier zu erklären ist, derzufolge sie alle mitteleuropäischen Rassen für ungleich besser halten als ihre eigenen. Es war ihnen sicher unbekannt oder wenigstens egal, daß sie sich damit noch mehr HD ins Haus holten, als sie ohnehin schon hatten.

Maria Luisa Sanches Arjona (»de Enderika«) ist eine weitere farbige Gestalt in

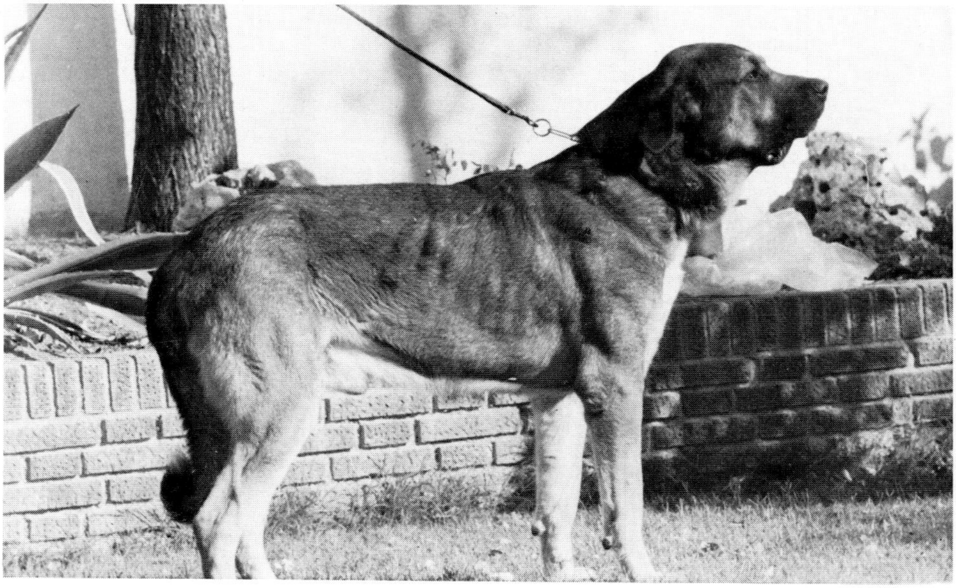

Abb. 148 *ZARPAS, 92 cm Schulterhöhe, Vater des B-Wurfes de la Mesta.*

Abb. 149 *Emilio Alvarez mit TOMILLO links und COMPROMISSO II. rechts.*

der spanischen Mastin-Szene. Sie begann mit höchst mäßigem Material in den 60er Jahren zu züchten und kam nicht vom Fleck. Dann warf sie ihr ganzes Zuchtmaterial, das aus Zwingern wie »Aviador« etc. kam, hinaus, und beschloß, einen neuen Anfang zu machen. Mit Teko und Kazan gelangen ihr gute Würfe, besonders auch über die Montero-Tochter Triana und deren Tochter Turbia von Emilio Alvarez. Sie verfocht strikte HD- Kontrolle und verkaufte gegen spanischen Widerstand bestes Material ins Ausland.

Ihrem Temperament entsprechend konnte sie jedoch nicht abwarten, es mangelte ihr am Standvermögen und zäher Ausdauer, am Denken in Generationen, das den guten Züchter ausmacht. Stattdessen wollte sie alles auf einmal. Wenn sie einen Hund unbedingt wollte, verhandelte sie nicht lange mit den Bauern, sondern zahlte fast jeden Preis, womit sie die Preise im Gebirge nachhaltig verdarb. Die heute verlangten Preise sind in Spanien oft höher als in Deutschland, besonders wenn es sich um wirkliche Qualität handelt. Ihr wird nachgesagt, daß sie für eine schon achtjährige Hündin in schlechter Verfassung vor 8 Jahren 400 000 Peseten bot, damals zirka DM 8000,–. Der Witz dabei ist, daß sie sie dafür nicht einmal bekam, da die Besitzer das Superding witterten, und weiter den Preis treiben wollten. Bevor der Handel perfekt war, wurde die Hündin gestohlen.

Um schnell im Typ weiterzukommen, machte Frau Sanchez Arjona bei der HD Zugeständnisse und züchtete mit etlichen HD-erkrankten Hunden; heute zählen die Hunde aus dem Zwinger de Enderika, die nach Deutschland kommen, zu denen mit den schlechtesten HD-Ergebnissen.

Ein Zwinger, der den genannten in der Quantität wohl schon den Rang abgelaufen hat, wenn auch noch nicht in der Zahl der Exporte nach Mitteleuropa, ist »de Monte Jaena« von Frau Matilde Campos. Frau Campos hatte das unschätzbare Glück, mit der Hündin Kaly, einer Wurfschwester und dem Wurfbruder Kazan drei Spitzenhunde als Basis in ihren Zwinger zu bekommen. Von dieser Qualität ist sie inzwischen weit entfernt. Dafür züchtet sie sehr intensiv und exportiert nach Mitteleuropa in größerem Umfang.

Ganz andere Kaliber sind Perfecto Alvarez Garcia aus Leon, Emilio Alvarez Gutierrez aus La Baneza und Zacarias Prieto Prieto aus Vadelafuente bei Leon. Die drei sind Mastineros mit hervorragenden Verbindungen, jahrzehntelangen Kenntnissen in der Rasse und wirkliche Kenner des Mastin.

Perfecto kennt das Gebirge wie seine Westentasche, kommt überall herum und kennt alle Paarungen, die sich anbahnen oder schon gemacht sind. Er kennt auch noch die Hunde im kleinsten Seitental, alle Schäfer und Züchter. Er selbst züchtet selten, hat aber immer hervorragendes Material im Zwinger. Wie jeder Bauer im Gebirge ist er mißtrauisch, durchtrieben und durchaus auf seinen Vorteil bedacht, aber auch eine Fundgrube an Kenntnissen über die besten Mastines der ganzen Provinz. Seine Rüden Montero, Leon und Rebelde, von dem ein Sohn in der Schweiz steht, gehören mit seiner unvergleichlichen Reina zum besten, was die Rasse zu bieten hat.

Emilio ist der einzige größere Züchter unter den dreien. Er hat nicht nur gute Kenntnisse über alle Mastines in seiner Gegend, sondern hat auch bei der Zucht ein sehr gutes »Händchen«. Dazu kommt hervorragendes Material – Triana,

Turbia, Kempes, Tomillo, Soberbio und Compromiso II sind nur einige Beispiele. Emilio hat selber Schafe und seine Hunde stehen noch bei der Herde im Gebirge. Früher hat er sich sogar hinreißen lassen, seine Zuchttiere regelmäßig auf HD untersuchen zu lassen; Frau Sanchez Arjona hatte ihm das schmackhaft gemacht mit dem Hinweis, daß in Zukunft Welpen aus HD-freien Eltern besser verkäuflich seien, als die aus nicht HD-untersuchten Hunden. Leider traf das nicht ein, denn spanische Kunden fragen kaum je nach der HD, weil sie gar nicht wissen, was das ist. Außerdem wohnt Emilio 400 km von Madrid entfernt, so daß sich wenige Kunden zu ihm verirrten. Heute ist er ein erbitterter Feind der HD-Untersuchung, weil er sich damals gutgläubig zu diesen Extrakosten bereit erklärt hatte.

Zacarias ist Gastwirt in der Nähe von Leon. Er ist bereits älter und züchtet heute nur noch wenig. Seine Stärke sind die beiden Rüden Ciro und Bruto, die zu den besten der heutigen Zeit gehören. Vorher war es Ciros Vater Sultan, der Zacarias' Ruhm begründete. Auch Zacarias ist ein Mastinero der ersten Stunde, bekannt in der ganzen Provinz Leon. Interessanterweise ließ er sich genau wie Emilio sogar dazu herbei, seine beiden Augensterne im Ausland auszustellen. Für einen Leoneser Gastwirt oder Schafzüchter ist eine Reise nach Amsterdam oder Wien soviel wie eine Antarktisexpedition für einen reisegewohnten Mitteleuropäer, und ähnlich wie seine Hunde fühlt er sich so fern der Heimat nicht sonderlich wohl.

Hat dieses Leoneser Dreigestirn unschätzbare Erfahrungen in der Rasse zu seinen Gunsten, so ist Carlos de Guinea Martinez, der mit seinem Bruder und seiner Cousine in Medina de Pomar den Zwinger »Las Merindades« innehat, weit mehr als sie ein moderner Kynologe. In diesem Zwinger achtet man auf die HD, verwendet die Deckrüden, die passen, auch wenn sie einmal etwas weiter entfernt stehen, hier besucht man auch Ausstellungen im Ausland, um die Rasse publik zu machen. Carlos züchtet relativ wenig, aber mit erstklassigem Material.

In Deutschland ist die Rasse seit 1981 beheimatet. Es gab zwar schon einige zufällige Urlaubsimporte in Holland und auch zwei Hunde in Hamburg, aber systematische Arbeit an der Rasse gab es nicht. Als ich damals begann, hätten mir die Spanier liebend gerne Dutzende von Welpen verkauft, aber nur wenige von der Qualität, die ich suchte. Mein Prinzip stand damals schon fest – nur beste Qualität, keine zu engen verwandtschaftlichen Beziehungen, um die Linien nicht gleich zu Beginn zu sehr einzuengen, Schwergewicht auf erstklassigen Hündinnen. Diese Politik des »Rosinen-aus-dem-Kuchen-Picken« gefiel zwar einigen Spaniern nicht, brachte uns in Zentraleuropa aber in kurzer Zeit eine breite Zuchtbasis von hoher Qualität. Unser Durchschnitt in Deutschland, Österreich und in der Schweiz ist deshalb bereits heute besser als im Mutterland der Rasse.

Trotz dieser planmäßigen Importe guter Zuchttiere gibt es natürlich in Spanien noch mehr absolute Spitzentiere als bei uns.

In Deutschland fielen bis dato 8 Würfe in fünf Zwingern. Je einer im Zwinger vom Weihermoor (Bartsch, Bremen), bei Frau Jörg in Schwanewede, bei Aumüller in Buchbach und bei Miranda in Hamburg, sowie vier Würfe bei uns (de la Mesta). Dabei wurden die Deckrüden Tay, Anochecer de la Mesta, Tayco und Thor je einmal, der Rüde Negro zweimal verwendet. Zwei Würfe des Zwingers de

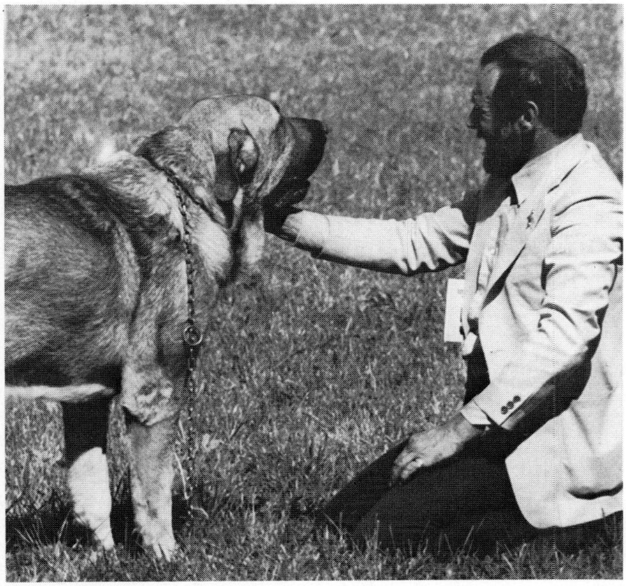

Abb. 150 *REAGAN DE ENDERIKA auf der Clubschau 1985 in Leon.*

Abb. 151 *Junghündin RETAMA von Emilio Alvarez mit dem oft auftretenden sogenannten Mutzschwanz, einer angeboren verkümmerten Rute.*

Abb. 152 *CIRO von Zarias Prieto, Vater des A-Wurfes de la Mesta.*

Abb. 153 *AZAHAR DE LA MESTA.*

la Mesta fielen nach Rüden in Spanien, nämlich Ciro und Zarpas, während Negro aus Spanien importiert wurde.

Über die Zuchtergebnisse kann man noch nicht viel sagen, weil die meisten Würfe erst in den letzten Monaten fielen. Aus dem A- Wurf de la Mesta (Tia Tula nach Ciro) gingen neben einer sehr guten Hündin, die im Zwinger blieb, zwei hervorragende Nachwuchsrüden hervor – Abad und Anochecer de la Mesta. Abad konnte in Wien mit knapp über 2 Jahren Vizeweltsieger werden, Anochecer wurde bereits 1985 als jüngster Rüde in der Offenen Klasse auf der spanischen Clubschau in Leon unter sehr starker Konkurrenz sechstbester Rüde. Beide sind HD-leicht und somit auch von daher für die Zucht interessant.

In Mitteleuropa stehen uns die beiden Rüden Cid (Munz, Basel) und Bronco (Wicki, Flühli) in der Schweiz und Negro (Sewerin- Junghardt, Ansbach) in Deutschland zur Verfügung; die beiden erstgenannten sind HD-Übergang, Negro ist HD-frei. Bei den Hündinnen ist die Qualität leider nicht so gut; seit dem Eingehen von Tula haben wir keine einzige wirkliche Spitzenhündin. Der jetzt vorhandene Nachwuchs ist jedoch sehr vielversprechend.

# Der Mastin und seine Haltung

Wir sprachen bereits mehrmals von der Funktion des Mastin in seinem Heimatland – Bewacher der Herden und der einsamen Gehöfte. Bei uns gibt es keine Wölfe und nur noch wenige Schafherden, deren Schäfer einen reinen Hirtenhund weniger brauchen als einen Schäferhund, der die Herden auch treibt und lenkt. Die zweite Funktion des Wachhundes, noch dazu des starken, Respekt einflößenden Typs, kann der Mastin dagegen auch bei uns durchaus erfüllen. Ihm seinen Lebensraum bei uns, seinen Platz in der deutschen Kynologie abzusprechen, nur weil es bei uns keine Wölfe gibt oder weil es sich um eine schwierige Rasse handelt, das fällt wohl nur kynologischen Funktionären ein, deren Aufgabe sich in der Verwaltung des Etablierten und Bekannten erschöpft. Wie viele deutsche Schäferhunde versehen denn noch ihren Dienst bei der Herde, wofür sie ehemals gezüchtet wurden?

Der Mastin mit dem gewünschten Wesen ist ruhig und ausgeglichen in der Grundstimmung, dabei aber sehr wachsam und im Ernstfall blitzschnell. Es ist bekannt, daß Mastines nachts erheblich schneller reagieren als tagsüber und dann auch recht gefährlich werden können. Man versteht das Wesen des Mastin am besten, wenn man sich in ihre Aufgaben im Mutterland hineindenkt. Mastines arbeiten fast nie allein, sondern in ganzen Rudeln bei der Herde. Es ist deshalb undenkbar, daß sie mit ihresgleichen nicht gut auskommen. Zwar gibt es immer wieder Reibereien unter den erwachsenen Rüden, aber eigentlich nie auf Leben und Tod. Eine intakte Tötungshemmung gegenüber seinen Rudelgenossen ist deshalb beim Mastin immer zu erwarten. Mit jeder Art von Getier, nicht nur mit Schafen, hat der Mastin als Wächter der Höfe ebenfalls gut auszukommen; dementsprechend ist der Mastin das Gegenteil des Ein-Mann-Hundes, er schützt alles, vom Goldfisch bis zur Kuh. Daß er darüber hinaus absolut kindersicher ist, versteht sich von selbst. Auch mit den anderen Hunden, die zum Haus gehören, kommt er gut aus, wenn sie ihn einmal als Herrn anerkannt haben. Als Chef ist er kein Tyrann, der es den anderen ständig unter die Nase reibt, daß er der Stärkste ist. Bei fremden Hunden, die in sein Territorium vordringen, verfährt er dagegen ganz anders, hier ist äußerste Vorsicht am Platz.

Mit diesem Wesen paßt der Mastin durchaus in unsere heutige Welt, auch in das hochindustrialisierte und dicht besiedelte Mitteleuropa. Sicher ist er nicht für eine Zweizimmerwohnung im 12. Stockwerk eines Hochhauses geeignet. Aber andererseits ist er kein nervöser Renner, der dreimal am Tag eine Stunde spazieren geführt werden muß. Die ideale Haltung für den Mastin ist ein Haus mit nicht allzu kleinem Garten, in dem er gerne herummarschiert. Er liebt es, die Position zu wechseln, er hat mehrere Lieblingsplätze. Für reine Zwingerhaltung ist er weniger geeignet, und wenn, dann sollte es schon ein sehr geräumiger Zwinger sein.

In Sachen Unterbringung, Wetterfestigkeit und Futter ist er unproblematisch, ja er gehört hier sicher zu den anspruchslosesten Hunden. Harte Arbeit bei jedem Wetter und knappster Verpflegung war in Spanien sein »tägliches Brot«. Unsere Mastines liegen bei – 30 ° C draußen auf dem blanken Eis, statt sich in das geschützte Innere des bequemen großen Zwingerhauses zu begeben und die Hütten oder wenigstens den warmen Holzfußboden zu benützen. Das Stockhaar mit der dichten Unterwolle als Isolierschicht machen diese Unabhängigkeit vom Wetter möglich. Auch im Sommer wirkt dieser Pelz als Isolierschicht, und auch große Hitze kann den Mastines nicht viel anhaben. Der Futterbedarf ist minimal und liegt kaum höher als bei einem Schäferhund oder Rottweiler.

Wie ich schon erklärte, versieht der Mastin in seinem Heimatland seine Arbeit immer selbständig, oft sogar ohne einen Schäfer in der Nähe zu haben. Es gibt Mastines, die eine ganze Woche alleine bei der Herde bleiben, ohne jede menschliche Unterstützung. Diese Selbständigkeit zeigt sich auch in einer gewissen Unabhängigkeit seinem Herrn gegenüber. Wie andere Rassen mit einem ähnlichen Funktionskreis ist der Mastin sehr unabhängig, wenn auch nicht stur. Die Einstellung zum Beispiel des Schäferhundes, der ständig dienstbeflissen zu fragen scheint, »was kann ich als nächstes für Dich tun?«, geht dem Mastin gänzlich ab. Dennoch schmust er gerne und sucht durchaus die menschliche Nähe.

Natürlich heißt das nun nicht, daß er gänzlich unausbildbar wäre. Wenn ihm auch eine Karriere als Schutzhund wegen der verlangten Sprünge und des militärischen Gehorsams versagt ist, so haben wir doch eine ganze Menge Mastines bisher zur verkehrssicheren Begleithundeprüfung bringen können. Diese Ausbildung ist unbedingt zu empfehlen, denn als Besitzer eines so großen Hundes ist man den Mitmenschen gegenüber auch verantwortlich, daß er sich gesittet benimmt. Nicht daß der Mastin so leicht etwas anrichtet, aber viele Leute sind allein schon wegen seiner Größe zu Tode erschrocken, wenn er auf sie zukommt, und sich etwa nicht abrufen läßt.

Die Nasenveranlagung ist beim Mastin ganz besonders ausgeprägt, wittert er den

Abb. 154 *NEGRO, hervorragender typischer Ausdruck.*

Wolf doch schon auf weiteste Entfernung. Es gibt bereits einen Mastin-Rüden mit Lawinenhundausbildung, und es steht für mich außer Zweifel, daß unsere Mastines sicher das Zeug zum Fährtenhund haben.

# Die Zukunft der Rasse

Der Mastin befindet sich heute züchterisch etwa auf der Stufe des deutschen Schäferhundes zur Jahrhundertwende, als der Rittmeister von Stephanitz seine Rasse zu formen begann. Dies bedeutet einerseits, daß von den Züchtern der Rasse erheblich mehr Opfer gefordert werden als bei den etablierteren und homogeneren Rassen. Andererseits hat dies auch Vorteile, – wenn man bereit ist, aus den Fehlern anderer zu lernen, kann man manchen Fehler in Zukunft vermeiden, kann man sich manchen Umweg ersparen.

Wenn unsere Züchter die Gesundheit der ihnen anvertrauten Rasse höher stellen als ihre eigene Bequemlichkeit, die ihnen rät, den eigenen Rüden oder den nächstbesten, statt des wirklich geeigneten zu nehmen; wenn die Besitzer bereit sind, die Rasse durch Ausstellungen und andere Veranstaltungen der Öffentlichkeit vorzustellen; wenn Neunmalkluge mit Spanischkenntnissen, die ihnen kaum die Lektüre einer Speisekarte gestatten, nicht nach Spanien führen, um sich von cleveren Züchtern, die sich daraus einen Sport machen, einen schlechten oder bestenfalls mittelmäßigen Hund aufschwatzen zu lassen, sondern auf eine uneigennützige Beratung hören würden, – dann wird man nicht bange beim Gedanken an die Zukunft dieser herrlichen, urwüchsigen Rasse.

Abb. 155 *ANOCHECER DE LA MESTA.*

# VIII. Der Tosa-Inu

*Wolfgang Fink*

1. Historischer Hintergrund
2. Der Standard
3. Zucht der Rasse
4. Das Wesen der Rasse
5. Die Zukunft der Rasse

# Historischer Hintergrund

Der Tosa-Inu ist die Kampfhund-Rasse in Japan, deren besondere Vergangenheit etwa 150 Jahre zurückreicht. Sie erwarb ihre Beliebtheit unter der Samurai-Kaste in der ersten Hälfte des 19. Jahrhunderts.

Vor über einem Jahrhundert war der Hundekampf öffentlicher Brauch in einigen Bezirken von Shikoku und Tohoku; besonders in Mode war er in dem Tosa-Bezirk von Shikoku.

Man muß sagen, daß der Tosa-Inu in den Tosa-Bezirken ins Leben gerufen wurde, daß man von ihm erwartete, daß er die mittlere Größe des Nihon-Inu's oder des japanischen Hundes, ein Gewicht über 30 kg, aufrechtstehende Ohren und einen Ringelschwanz haben würde.

1854 hob die Tokugawa-Regierung ihre nationale Absonderung in der Politik auf und mit dem Besuch ausländischer Gäste wurden häufig ausländische Hunde in dieses Land gebracht.

Die Hundekampfbegeisterten in den Tosa-Bezirken waren von der geringen Größe ihrer einheimischen Kampfhunde enttäuscht und verglichen sie mit den großformatigen ausländischen Hunden. In jenen Tagen fingen Tosa-Leute eifrig damit an, Hunde-Kreuzzucht zu betreiben, hauptsächlich, um den einheimischen Hundetyp zu veredeln.

Die Rassen der Hunde, die für diesen Zweck wahrscheinlich benutzt wurden, waren Bernhardiner, Mastiff, Deutsche Dogge, Bluthund, englische Pointer, deutscher Jagdhund, Bulldogge und Bullterrier.

Die originalen Kampfhunde aus den Tosa-Bezirken waren von mittlerer Größe; sie wurden aber vervollkommnet, indem sie größer und kampfsüchtiger gezüchtet wurden als die einheimischen Tosas.

Hunde, denen der besondere Kampfgeist verlorengegangen war, wurden ausgemerzt. Nach einem halben Jahrhundert hatten sich viele Hunde zu vorbildlichen Kämpfern entwickelt. Solchen Hunden gab man den Namen Tosa-Inu. Der Name Tosa-Nikon-Inu wurde für die einheimischen Hunde, aber nicht für die kreuzgezüchteten benutzt.

Um 1900 begann man, den Tosa-Inu in alle Ecken dieses Landes zu transportieren und der Hundekampf bekam nach und nach landesweit Popularität.

Als der 2. Weltkrieg zu Ende ging, waren nur noch einzelne Rüden und zwei Hündinnen in dem Tohoku-Bezirk und ein paar in Kyushu übriggeblieben.

Mit diesen wenigen Hunden machte man sich daran – durch Zusammenarbeit im ganzen Land – die fast ausgerottete Tosa-Inu- Familie wiederherzustellen.

Heute gibt es etwa 3000 Tosa-Inus in ganz Japan, davon sind grob geschätzt 1000 als Kampfhunde eingesetzt.

Da sie aus den wenigen übriggebliebenen Hunden herausgezüchtet worden sind, konnte man nicht verhindern, daß in dieser Zucht ein paar Mängel eingetreten sind, z.B. Fehler an Gebäude und Zähnen.

Einige Züchter importierten den Mastiff und den Bullmastiff aus dem Ausland, es wird angestrebt, das Blut des gegenwärtigen Tosa- Inu zu erneuern und auf den Stand wie in den Vorkriegstagen zurückzubringen. Zusätzlich wurden um 1960

Abb. 156 *TOSA-INU in Japan.*

Abb. 157 *Ein Sieger nach dem Kampf.*

Bordeaux-Doggen eingeführt und von einigen Züchtern verwendet. Dieses erklärt auch, warum von der Statur und Fellfarbe mehrere Varianten anzutreffen sind. Wenn man genau hinsieht, kann man die Unterschiede der einzelnen Typen gut erkennen. Das liegt daran, daß nach dem 2. Weltkrieg Einkreuzungen erforderlich waren. Natürlich liegt das Bestreben darin, einen einheitlichen Typ zu züchten.

Doch man sollte nicht vergessen, daß der Tosa in Japan ausschließlich für Kampfzwecke und nicht als Ausstellungshund gezüchtet wird. Das heißt, man wird immer einen Hund vorziehen, welcher sowohl die Physis als auch das Temperament dieser klassischen japanischen Rasse darstellt, auch wenn er nicht in allen Einzelheiten dem Aussehen nach als rassetypisch zu bezeichnen wäre. Das Ideal stellt für den Japaner eine Vereinigung von Kampfkraft und typischer äußerer Erscheinung dar, solche Hunde sind zahlenmäßig auch in Japan nicht stark vertreten.

An dieser Stelle etwas über den Kampfstil der Hunde, um umlaufenden Gerüchten vorzubeugen: Die Hunde werden lange für diese besondere Art des Kampfes vorbereitet. Gekämpft wird nur zwischen Rüden die über 1 Jahr alt sind. Sie werden nach Größe und Gewicht in zwei Klassen aufgeteilt. Die mittelgroße Klasse reicht an der Schulterhöhe gemessen bis 62 cm und 42 kg heran, die großformatigen Hunde sind mehr als 62 cm hoch und mehr als 42 kg schwer. Heute gibt es Hunde, die 70 kg und mehr haben, aber das ideale Großformat liegt bei ungefähr 55 kg.

Die Hunde packen sich mit den Zähnen am Nacken oder der losen Kehlhaut und versuchen, den Gegner zu Boden zu schleudern. Entscheidend für einen Sieg ist, daß der Gegner mit erkennbarer Gewalt zu Boden geworfen wird. Sicherlich, die Hunde finden instinktiv Gefallen an dem Kampf, aber man wird nie die geringste blutige Absicht finden. Sie packen sich nicht, um sich gegenseitig ernsthaft zu verletzen oder gar zu töten, der Kampf wird sofort abgebrochen, wenn sich Wunden zeigen.

Als Niederlagen werden gewertet:

1. Ein Hund beißt absichtlich nach seinem Gegner und bellt.
2. Bellen oder Stöhnen aus Angst.
3. Wenn ein Hund seinen Kampfgeist verliert und mehr als drei Schritte wegläuft.

Dieser kleine Auszug der Kampfregeln macht wohl klar, wie sportlich und kontrolliert der Kampf des Tosa's ausgetragen wird. Den besten Kämpfer nennt man übrigens den Yokozuma, Meisterringer, den Besten. Er wird mit einem Hanfgürtel geehrt, welcher mit Papierstreifen geschmückt wird. Dieser Gürtel heißt Shime. Er ist mit Abbildungen von heiligen Gegenständen versehen und wird dadurch zum Symbol der Heiligkeit. Die Stellung des Yokozuma ist auch geheiligt, er ist daher berechtigt, den Shime zu tragen.

Den besten Kampfhunden darf dieser Gürtel aber nur mit Genehmigung des Hundekampfklubs angelegt werden.

# Der Standard

*Kurzer, entwicklungsgeschichtlicher Überblick:* In der japanischen Provinz Kohchi gab es eine einheimische Hunderasse, die dort über einen langen Zeitraum speziell nur für Hundekämpfe gezüchtet wurde. Während der Meiji-Epoche (1868–1912) begann man, diese einheimische Rasse mit verschiedenen europäischen Rassen wie Bulldogs, Mastiffs, Bullterriern, Bernhardinern und deutschen Doggen zu kreuzen und hat damit eine neue Rasse mit mehr kämpferischer Effektivität geschaffen. Sie hat besseres Durchstehvermögen und größere Härte. Diese neue Rasse ist das, was man heute unter TOSA-INU zu verstehen hat.

*Allgemeines Erscheinungsbild:* Der Tosa-Inu ist ein großer imposanter Hund, dessen Erscheinung Würde, Stärke und Eleganz mit einem kraftvoll gebauten Körper vereint. Er ist ein mutiger und starker Kampfhund mit Hängeohren, kurzem Haarkleid und stumpfem, quadratischem Fang. Die Kehle hat viel Halshaut, d.h. eine Wamme. Die gerade herabhängende Rute ist am Ansatz sehr stark. Der Knochenbau ist robust und kräftig.

*Charakter:* Der Charakter des Tosa-Inu soll Beharrlichkeit und Gelassenheit mit kühnem, unerschütterlichen Mut vereinigen.

*Körperbau:*

*A) Kopf:* Breiter Oberkopf; der Stirnabsatz (Stop) bildet mit dem geraden Nasenrücken einen ziemlich stumpfen Winkel. Der Fang ist mäßig lang. Der Nasenschwamm soll groß und immer schwarz sein. Die Kiefer sind kraftvoll mit widerstandsfähigen großen Zähnen bestückt. Fangzähne besonders stark und groß. Vollständiges, kraftvolles Scherengebiß. Vergleichsweise kleine, ziemlich dünne Ohren, die mit dem unteren Teil an den Backen aufliegen. Das Auge ist ziemlich klein und von brauner Farbe. Der Ausdruck ist würdevoll und selbstbewußt.

*B) Rücken und Lenden:* Rücken gerade und fest. Widerrist stark betont. Lenden breit und stark mit betonter Kruppe. Die Rute ist an der Wurzel sehr stark und verjüngt sich zur Spitze hin. Sie wird hängend getragen und soll bis zu den Sprunggelenken reichen.

*C) Brust und Bauch:* Schultern schräg gelagert. Brust breit und tief. Rippen gut gewölbt. Bauch straff und leicht aufgezogen. Die äußeren Geschlechtsmerkmale müssen gesund und ausgeprägt sein.

*D) Gliedmaßen:* Vorhand gerade und nicht zu hoch gestellt, sehr stark. Der Vordermittelfuß steht leicht geneigt, ist aber stabil und kräftig. Pfoten fest und geschlossen mit dicken, elastischen Ballen und harten, kräftigen Krallen. Die Hinterhand zeigt ausgeprägte Muskulatur. Knie und Sprunggelenke sind nur mäßig gewinkelt, müssen aber immer sehr kräftig sein. Die Pfoten der Hinterhand entsprechen in etwa denen der Vorhand.

*E) Haarkleid:* Das Haar ist rauh, hart und am ganzen Körper sehr dicht. Die bevorzugte Farbe ist ein kräftiger, warmer Rotton, doch sind weiße Abzeichen auf rotem Grund und rote Abzeichen auf weißem oder abweichendem rotem Grundton gestattet.

*F) Gangwerk:* Kraftvoll und ausgreifend, den Eindruck von Temperament und Stärke vermittelnd.

*G) Größe und Gewichte:* Schulterhöhe Rüden mindestens 60 cm. Hündinnen mindestens 54 cm. Gewicht Rüden mindestens 37,5 kg. Hündinnen mindestens 30,0 kg.
(Anmerkung Walt Weisse: Über Höchstgrenzen sagt der Standard nichts.)

| | | |
|---|---|---|
| *H) Punkteskala:* | Gesamterscheinung | 20 Punkte |
| | Charakter | 20 Punkte |
| | Körperbau | 20 Punkte |
| | Haarkleid | 5 Punkte |
| | Gangwerk | 5 Punkte |
| | Körperbau aufgeteilt: | |
| | Kopf | 20 Punkte |
| | Rücken und Lenden | 10 Punkte |
| | Brust und Bauch | 10 Punkte |
| | Gliedmaßen | 10 Punkte |

*I) Fehler:*
A) Disqualifizierend: Kryptorchismus.
B) Schwere Fehler: Monorchismus, extrem unkorrekte Gebißstellung, mehr als 5 fehlende Zähne.
C) Leichte Fehler: Leichter Fang, schwacher Knochenbau, leicht unkorrekte Gebißstellung und alle anderen, dem Standard widersprechende Fehler.
(Anmerkung Walt Weisse: Der Standard sagt nichts über Fehlfarben aus!)

# Zucht der Rasse

Bei der Zucht des Tosa wirkt sich die Tatsache aus, daß bei seinem planmäßigen Aufbau vor etwa 120 Jahren mehrere Rassen verschiedenster Art mitgewirkt haben. Demzufolge kommen immer wieder Merkmale der Ausgangsrassen zum Vorschein. Dies kann ein zu mastiffartiger Kopf oder der Vorbiß der Bulldogs und unkorrekte Zahnstellung sein, ein typischer Bernhardiner-Typ oder die Hochbeinigkeit der Dogge, u. a.

Diesen Ausgangsmerkmalen heißt es zu begegnen, einen Hund zu züchten, dessen äußeres Erscheinungsbild und natürlich auch der geforderte Charakter dem Standard nahekommt. Auf Grund dieser Vorgaben wirkt sich die Tatsache, daß wir auf unserem gesamten Kontinent nur zwei Zuchtpaare haben, nicht gerade günstig aus; das eine steht in Schweden/Stockholm, das andere in Deutschland/Moers.

Abb. 158 *Zuchtpaar in Deutschland: TARO & HANAKO*

Abb. 159 *Zuchtpaar in Schweden: GETA & HANAH*

1978 importierte Herr Stocklassa aus Schweden den Rüden »Geta« und die Hündin »Aka«. »Aka« starb nach 2 Jahren, weshalb die Hündin »Hanah« importiert wurde. Der Zwingername lautet: Komamota-Tosa-Inu's. Herr Stocklassa sagte, daß es selbst für ihn als Japankundigen, mit einer Japanerin verheiratet, sehr schwer wäre, gute Tiere zu bekommen. Er mußte dem japanischen Kennel-Klub beitreten und viel Geduld im Umgang mit japanischen Tosa-Züchtern mitbringen.

Insgesamt hat es bisher in Schweden vier Würfe gegeben, davon drei aus »Geta« und »Hanah« und einen aus »Geta und Aka«. Die Nachzucht wurde bis zum heutigen Tage in Skandinavien nicht ausgestellt.

Das zweite Zuchtpaar, der Rüde »Taro« und die Hündin »Hanako« wurden 1980 durch Herrn Prof. Hermann Heuser aus Stolberg nach fast dreijährigem Briefwechsel importiert. Aus ihm gingen vier Würfe hervor.

Jetzt drängt sich die Frage auf, warum es eigentlich auf dem Kontinent so wenige Tosa-Inu's gibt. Das könnte an der Tatsache liegen, daß der Tosa ausschließlich von der japanischen Landbevölkerung gehalten wird, diese spricht bis auf ganz wenige Ausnahmen neben der Muttersprache keine Fremdsprache. Außerdem ist man an Exporten nicht unbedingt interessiert.

Man muß wissen, daß ein kampferprobter und mehrfach siegreicher Tosa-Rüde in Japan einen beträchtlichen Wert darstellt, sowohl hinsichtlich der Kampfprämie als auch der Nachzuchten, die in solchen Fällen sehr begehrt sind.

Dazu kommt noch der Umstand, daß man sich mit der Mentalität des Japaners auskennen muß. Erfahrungen haben gezeit, daß er auf Forderungen empfindlich reagiert. Es ist wichtig zu wissen, daß der Japaner großen Wert auf Geduld und Höflichkeit legt. Diese Tatsachen erschweren den Import aus Japan sehr und sind teilweise auch dafür verantwortlich, daß wir auf dem Kontinent nicht mehr Tiere haben.

Auf Grund der kleinen Population soll hier kein Urteil über die wichtigen Vererber dieser Rasse abgegeben werden, das wäre zum jetzigen Zeitpunkt wohl zu verfrüht. Vergleiche mit hawaiianischen Tosa-Inu's haben jedoch ergeben, daß die Tiere im europäischen Besitz von Charakter und äußerer Gestalt her durchaus als ebenbürtig einzustufen sind. Auf Hawaii haben sich unter dem Vorsitz von Donald Lee jun. einige der besten japanischen Tosa-Züchter zur Tosa-Ken-Association of Amerika zusammengeschlossen.

Führender Rüde in dieser Zuchtgemeinschaft war ein Rüde namens »Mutsu« mit einer Widerristhöhe von 75 cm und einem Gewicht von etwa 72 kg. Er stammt aus einer Zuchtlinie, aus welcher seit vielen Generationen großartige Champions hervorgehen.

Aussagen über erfolgreiche Zwinger des Mutterlandes der Rasse über den Präsidenten des Hundekampf-Clubs in Japan stehen aus. In Deutschland ist der Zwinger »Of Hirosaki«, Familie Fink, zur Zeit alleinige Zuchtstätte des Tosa-Inu's. Gezüchtet wird mit zwei Japan-Importen, dem Rüden »Taro« und der Hündin »Hanako«. »Taro« ist am Widerrist gemessen 73 cm hoch und hat ein Gewicht von 70 kg. Er ist von vorzüglicher Gestalt, hat vollzahniges Scherengebiß und ein kraftvoll ausgreifendes Gangwerk, welches den Eindruck von Stärke und Temperament vermittelt. Auch der Kopf ist typisch, doch könnte er etwas mehr

Wamme haben. »Taro« hat 1986 seinen Formwert bewiesen, nachdem er auf zwei großen Ausstellungen als Club- und Bundessieger hervorging.

»Hanako« ist am Widerrist gemessen 70 cm hoch und hat ein Gewicht von 62 kg. Sie ist ebenfalls von vorzüglicher Gestalt, hat vollständiges Gebiß, allerdings leichten Vorbiß, ihr Gangwerk ist ebenfalls kraftvoll und weist deutlich auf ihr Temperament hin. Der Kopf könnte etwas mehr Substanz haben. Beide Tiere haben einen rassetypischen Charakter und noch sehr viel Instinkt.

Aus beiden Tieren gingen vier Würfe mit teilweise sehr gutem Nachwuchs hervor. Leider wurde auch dieser Nachwuchs bis auf einige Ausnahmen kaum ausgestellt.

## Das Wesen der Rasse

Der Tosa ist bekannt für seine Geduld, Tapferkeit und Kühnheit. Auf Grund seines ruhigen und lieben Wesens bietet sich der Tosa als angenehmer und unaufdringlicher Haus- oder Wohnungsgenosse an. Diese Eigenschaften werden schon bei relativ jungen Tieren beobachtet. Seine Zurückhaltung und Unterwürfigkeit veranlassen Laien oft zu der Äußerung, der Hund sei scheu. Doch Vorsicht, man muß den Tosa schon länger kennen, um zu deuten oder wissen, wie er auf verschiedene Reize oder in extremen Situationen wirklich reagiert. Dabei ist er immer für eine Überraschung gut.

Seine Tapferkeit und Kühnheit bilden die Grundlage für sein beschützendes Wesen. Diese beiden Eigenschaften wiederum, gepaart mit seinem selbstsicheren Wesen, prädestinieren ihn zu einem guten Wachhund. Da er ein geborener Kämpfer ist, wird ihn eine kleine Rauferei normalerweise nicht aus der Ruhe bringen, wie das bei einer empfindsamen Rasse leicht der Fall sein könnte.

Mit Kindern kann er sehr gut umgehen. Der Tosa wird in einer Familie immer zuerst den Kindern seine Zuneigung zeigen, diese drückt er für gewöhnlich mit einem zarten Schlecker auf die Wange der auserkorenen Person aus. Das sind spontane Ausbrüche, die nicht zur Gewohnheit werden, wenn man den Tosa näher kennt, weiß man, daß dieses einen absoluten Zuneigungsbeweis darstellt. Bei Bedrohung durch Mensch oder Tier muß man aufpassen, denn der Tosa kann und wird seine Vergangenheit als Kampfhund nicht verleugnen.

Zur Erklärung sei hier gesagt, daß der Tosa als einzige der Molosserrassen noch heute in seinem Ursprungsland Japan aktiv kämpft. Allerdings nach festgeschriebenen Regeln, die es verbieten, daß die Tiere sich verletzen.

In Japan werden Rüden, die ja bekanntlich heute noch kämpfen, unter ausschließlich sportlichen Bedingungen gehalten, wie Zehnkämpfer. Der Tosa wird sich aber auch bei weniger sportlichen Ambitionen entwickeln. Er nimmt es auch nicht übel oder ist unausgeglichen, wenn er aus zeitlichen Gründen einmal weniger bewegt wird. Als angenehmer Hausgenosse ist der Tosa mit einem kurzen täglichen Spaziergang zufriedengestellt.

Abb. 160 *TARO aus deutscher Zucht.*

Abb. 161 *Kopfstudie.*

# Die Zukunft der Rasse

Der Tosa hat eigentlich erst damit angefangen, sich einen festen Platz in der Gattung der Molosser zu suchen. Im Moment sind es sehr wenig Tiere, die wir in unserem Land haben. Aber so haben bekanntlich alle Rassen begonnen, bis sich Liebhaber und Förderer einer Rasse gefunden haben.

Es geht eigentlich erst einmal darum, diesen Hund bekanntzumachen, auf sein Wesen, seine Gutmütigkeit, seine Geduld und Tapferkeit hinzuweisen. Interesse ist eigentlich genug da, es fehlte bisher an Informationen jeglicher Art.

Wir haben einen sehr guten Grundstock, den es jetzt zu erweitern heißt. Dieser besteht im wesentlichen aus der Nachzucht des deutschen Zuchtpaares. Es sind teilweise sehr gute Tiere aus ihnen hervorgegangen. Naheligend ist es, nun die schwedische Blutlinie, die über einen sehr guten Kopftyp verfügt, einzuzüchten. Gute Kontakte zum Züchter sind hergestellt, so daß diese Möglichkeit sofort ergriffen werden kann.

Eines sei hier ganz klar gesagt, eine Rasse, welche zahlenmäßig so klein wie der Tosa vertreten ist, kann nur durch Importe überleben und diese können nur durch Liebhaber der Rasse realisiert werden, doch diese, so scheint es, sind im Moment nicht vorhanden.

Vielleicht fühlen Sie sich herausgefordert angesichts der Tatsache, daß der Tosa mit seiner asiatischen Zurückhaltung, Disziplin, aber auch mit seiner Kraft und Stärke es echt wert ist, erhalten und vervollkommnet zu werden. Ansonsten bleibt nur die Rasseerhaltung über eine geplante Inzucht. Doch auch diese wäre wohl auf Dauer keine Lösung und bei der Fülle an Kontakten wohl auch nicht notwendig.

# IX. Kauf, Haltung, Ernährung und Erziehung

*Walt Weisse*

Da diese Kriterien bei allen Molossern fast identisch sind, haben sich Autoren und Verlag entschlossen, diese Kapitel von mir schreiben zu lassen. Leicht ist mir die Übernahme dieser Arbeit nicht gefallen, denn vielleicht vergesse ich bei der einen oder anderen Rasse etwas sehr Wichtiges, oder vielleicht bin ich in einigen Details bei der einen oder anderen Rasse anderer Auffassung als die Rasse-Autoren. Hier sei nur gesagt, daß ich in meiner Hundeschule und Hundepension schon mit allen beschriebenen Rassen Erfahrungen gemacht habe. Mir erscheint es auch sehr wichtig, daß man insgesamt die angesprochenen Kriterien auf eine Linie bringt, denn weitverbreitet sind die verschiedensten Ratschläge von verschiedensten Personen mit verschiedensten Erfolgen. Wo es mir notwendig erscheint, werde ich auf rasseunterschiedliche Dinge, die vor allem in der Erziehung vorkommen können, hinweisen. Selbstverständlich bin auch ich nicht in der Lage, Patentrezepte für alle »Lebenslagen« zu erstellen. Wenn hier einige anderer Meinung sein sollten, dann bitte ich aber zu berücksichtigen, daß meine Zeilen aus langer, langer Erfahrung heraus geschrieben wurden und »von der Praxis für die Praxis« gemacht wurden.

## Warum gerade einen Molosser?

Wir wissen spätestens seit Konrad Lorenz, wie der Mensch auf den Hund kam. Wie kommt aber ein normal veranlagter Mitteleuropäer im 20. Jahrhundert dazu, sich einen Hund zu kaufen, der in der Anschaffung sehr teuer ist, enorme Mengen Futter vertilgt, die Größe eines Kalbes hat und auch in der Haltung nicht ganz unproblematisch ist?

Nun, es gibt wohl unendlich viele Motive und Beweggründe!

Wenn man die Geschichte vom Zusammenleben zwischen Hund und Mensch in den vergangenen 10 000 Jahren verfolgt, dann spürt man immer und überall den Wunsch des Menschen, einen großen, wehrhaften und tapferen Hund an seiner Seite zu haben. Dieser Wunsch zieht sich durch die Mythen, durch die Sagen und durch die Legenden aller Kulturkreise bis auf den heutigen Tag wie ein roter Faden durch die Symbiose »Mensch + Hund«.

Allerdings haben heute diesen Wunsch auch viele Menschen, die einfach persönlich oder räumlich absolut nicht in der Lage sind, diesen großen Hunden ein artgemäßes Leben zu bieten.

Wir haben da das »Zwetschgenmanderl«, das seine Potenz mit einem Hundegiganten an der Seite demonstrieren will; wir haben die »Superreichen«, denen noch einige lebende Dekorationsstücke in ihrem Park fehlen; wir haben Fabrikbesitzer, die lediglich eine funktionierende Alarmanlage brauchen; es gibt den privaten »Zoobesitzer«, der neben Geparden und Schlangen auch noch einen »Altrömischen Kampfhund« in der Sammlung braucht. Dann gibt es den professionellen »Züchter«, der meint, mit Molosser-Zucht das ganz große Geld zu machen und dann gibt es noch den echten, aber völlig realitätsfremden Hundefreund, der meint, den Hundegiganten in einer Einzimmer-Wohnung halten zu können.

Wer aber kann und soll sich nun einen Molosser dann überhaupt noch kaufen können? Nun, eigentlich jeder, der die richtige Einstellung dazu hat und diesem großen Hund ein artgerechtes Leben bieten kann.

Meistens verliebt man sich auf den »ersten Blick«. Auf einem Spaziergang sieht man »Ihn« das erstemal. »Er« kommt daher. Ruhig, gelassen, mächtig und kraftvoll. Der Wunsch regt sich: »Das wäre ein Hund für mich!«. Man spricht den Besitzer des Tieres an. Fragt nach der Rasse. Dogue de Bordeaux, Mastiff, Bullmastiff, Mastino Napoletano, Fila Brasileiro! Noch nie gehört! Archaisch das Aussehen, archaisch die Namen! Man will mehr über diese Rassen wissen und informiert sich beim Verband für das deutsche Hundewesen (VDH) in Dortmund. Dort bekommt man die Adresse des Zuchtvereins: »Club für Molosser e.V.«. Jetzt wird das Ganze schon konkreter. Beim Zuchtverband verspricht man Ihnen, eine umfassende Informations-Broschüre zu schicken. Diese studieren Sie dann gründlich und rufen nochmals beim Zuchtverband an, ob man Ihnen nicht einen Züchter nennen kann. Nun stellt man Ihnen aber dort ganz konkrete, fast intime Fragen: »Haben Sie schon einmal einen Hund gehabt. Warum wollen Sie jetzt einen unserer Molosser? Wozu brauchen Sie diesen Hund? Wie groß ist Ihre Wohnung? Haben Sie einen Garten? Soll der Hund in der Wohnung oder im Zwinger gehalten werden? Haben Sie Kinder? Wie alt sind diese? Wie lange ist der Hund eventuell am Tage alleine? Haben Sie noch andere Hunde? Möchten Sie einen Rüden oder eine Hündin? Sind Sie in der Lage, monatlich etwa 350,– DM für den Hund in den Haushaltsetat einzuplanen? Sind Sie konsequent und in gutem Sinne autoritär? Soll der Hund eventuell noch andere Bezugspersonen außer Ihnen und Ihrer Familie haben? Wie steht der Hausbesitzer, die Nachbarschaft und – auf dem Lande – der Jagdinhaber zu Ihrer Hundehaltung?«

Fast wäre man geneigt, diese teils sehr intimen Fragen als Wichtigtuerei eines Hundefunktionärs abzutun. Nein, diese Fragen müssen Sie sich selbst beantworten, um sich später wirklich über eine Spanne Ihres Lebens hinweg an einem eventuellen neuen Hausgenossen erfreuen zu können. Der Hund, und besonders ein Molosser, ist kein Möbelstück, welches man nach Belieben zur Seite stellen kann. Ein Molosser fordert sehr, sehr viel Ihrer Zeit! »Der Hund ist der einzige Freund, den man sich kaufen kann« schreibt der große Hundebuchautor Ulrich Klever. Und einen Freund achtet man sein ganzes Leben lang! Es darf nicht sein, daß die Spalten der Anzeigen im Tiermarkt dann heißen: »Umständehalber abzugeben«.

Man hat jetzt für sich und seine Umwelt alle gestellten Fragen positiv im Sinne des Hundes beantworten können. Man hat bei keiner Frage vage sagen müssen »Es wird schon irgendwie gehen«. Dann, aber auch wirklich erst dann, wird der Interessent zum Welpenkäufer.

## Der Kauf

Hier gleich zum Anfang etwas Grundsätzliches: Alle Molosser gehören zu den sogenannten »Einmann-Hunden«. Das bedeutet, daß sie sich in der Regel nur einem Herrn und einer Familie unterordnen. Man sollte einen Molosser unter allen

Umständen in einem Alter zwischen 8 und 12 Wochen erwerben! Ausnahmen können nur sein: Sehr wertvolle Zuchthunde oder ausgesprochene Notabgaben. Auch wird manchmal ein Züchter gezwungen sein, einen Hund in gute Hände abzugeben, weil er für die Zucht nicht geeignet ist, aber trotzdem auf einem Liebhaberplatz alle Aufgaben wahrnehmen kann. Dies aber sind Ausnahmefälle!

Über den Club für Molosser e.V. im VDH erhalten wir Adressen von zuverlässigen Züchtern. Vergessen Sie Anzeigen in den Tageszeitungen, wo Hundehändler, getarnt als »Züchter«, ihre »Ware« anbieten. Meine sehr, sehr ernst gemeinte Warnung: »Hände weg vom Hundehandel!«

Sie haben sich beim zuständigen Rassezuchtverein informiert. Sie kaufen Ihren neuen Weggefährten nicht aus einer Laune heraus und auch nicht aus Mitleid mit einer geschundenen Kreatur. Sie wollen ja eine lange Spanne Ihres Lebens mit einem fröhlichen, gesunden und nervenstarken Kameraden aus dem Tierreich verbringen!

Da die Molosser-Züchter sehr selten sind und weitverstreut wohnen, kann es sein, daß es in Ihrer Nähe keine Welpen gibt. Es kann sein, daß Sie über 800 km fahren müssen! Der Termin wird mit dem Züchter ausgemacht. Wir wollen einen Welpen anschauen und vielleicht sogar schon kaufen. Meistens sind diese Welpen dann gerade 3 bis 4 Wochen alt. Es ist kaum möglich, einen Welpen schon im abgabereifen Alter zu erwerben. Man fährt also los. Quer durch Deutschland. Verrückt, nicht wahr? Eine Reise mit Kind und Kegel über eine sehr weite Strecke. Nein, nicht verrückt, sondern gut und hilfreich. Man merkt schon jetzt, daß ein Hund Mühe macht und Opfer und auch Unannehmlichkeiten verursacht. Sie kommen an der angegebenen Adresse an. Erwartungsvoll. Auch etwas unsicher. Was erwartet uns hier?

Meistens kommt man zu einem ländlichen Anwesen. Es empfängt einen Gebell. Kein hysterisches Kläffen und Jaulen, sondern vom Ton her ruhiges, wachsames Bellen. Der Züchter wird Sie ins Haus bitten. Er wird Sie nach der langen, anstrengenden Autofahrt bewirten und Sie dabei, ohne daß Sie es merken, von allen Seiten beriechen. Er will Vertrauen zu Ihnen gewinnen und ebenfalls müssen Sie Vertrauen zu ihm gewinnen. Das ist ein sehr, sehr wichtiger Punkt, dieses gegenseitige Vertrauen! Ein wirklicher Züchter wird Ihnen keinen Hund verkaufen, wenn er das Vertrauen zu Ihnen nicht herstellen kann. Er will Ihnen ja etwas anvertrauen; sein ureigenstes »Produkt«, an dem viele Vorstellungen hängen: Langes Nachdenken über die richtige Paarung, Hoffen während der Trächtigkeit, lange Stunden während der Geburt an der Wurfkiste, sorgsam geplante und auch spontane Spiele mit den Welpen, das Wegmachen von unendlich vielen kleinen Häufchen und Seen, das Durchstehen von kleinen Kinderkrankheiten und eine Unmenge von investiertem Gefühl und sehr viel Arbeit! Wenn nun das »große Vertrauen« hergestellt ist, wird er Sie an die Wurfkiste führen. Jetzt müssen S i e aufpassen! Wo steht die Wurfkiste, wo ist das Welpenzimmer? Beim wirklich guten Züchter steht die Wurfkiste ganz in der Nähe vom Bett des Züchters! Mit 3 bis 4 Wochen müssen die Welpen noch in der Wurfkiste sein. In der Nähe seines Schlafzimmers hat der Züchter Wurf und Hündin ständig unter Kontrolle. Wenn jemand seine Welpen in einem noch so schönen und noch so komfortablen

Zwinger hat, der weit vom Haus entfernt ist, sollte sich Ihre Skepsis rühren!

Der Züchter betritt mit Ihnen das Wurfzimmer. Es ist nicht unnormal, wenn er die Mutterhündin während Ihrer Anwesenheit an der Wurfkiste entfernt hat, denn Molosserhündinnen können da unter Umständen auch aggressiv reagieren. Der Deckel der Wurfkiste klappt auf: Und da liegen sie nun. Ein Knäul von winzigen Hunden! Ein Fremder ist da. Bewegung kommt in das Knäul. Unbeholfen krabbeln die Welpen auf ihren dicken Beinchen quer durch die Kiste. Die Mutter ist nicht da, zu der man flüchten könnte. Der Züchter setzt sich dazu. Auch hier ein wichtiges Kriterium der richtigen Aufzucht! Beim guten Züchter, der sich viel mit seinen Welpen abgibt, wird schon jetzt im Alter von drei Wochen der richtige Kontakt zu seinen Welpen erkennbar.

Welchen sollen wir uns jetzt aussuchen? Schon vorher haben wir uns für einen Rüden oder eine Hündin entschieden. Bei der Auswahl des Welpen verlassen Sie sich ruhig auf Ihren Züchter, wenn Sie nicht gerade Fachmann für die Rasse sind. Natürlich sollte man einen erkennbar ängstlichen Welpen nicht nehmen; auch von einem offensichtlichen Kümmerling sollte man die Hände lassen. Haben Sie jedoch keine Angst, daß Ihnen der Züchter nun zuerst den schlechtesten Welpen präsentiert. Wenn ein Züchter diesen Namen verdient, dann hat er ein gutes psychologisches Gefühl und hat bestimmt schon mit Sicherheit erkannt, welcher Welpe zu Ihnen und Ihrer Familie passen wird. Vertrauen Sie dieser Auswahl und setzen Sie möglichst sofort alle Sympathien für diesen kleinen Hund frei. Haben Sie aber kein Vertrauen oder merken Sie, daß man Ihnen unbedingt etwas »aufdrehen« will, dann lassen Sie bitte die Finger vom Kauf!

Lassen Sie sich aber auch nicht von irgendwelchen niedlichen weißen Pfötchen oder Schnäuzchen zum Kauf verleiten. Ehe Sie sich fest entscheiden, müssen Sie auch noch die Mutter des Wurfes und unbedingt auch alle anderen Hunde des Züchters ansehen! Hier liegt ein ganz wichtiges Kriterium! Wenn ein Züchter sich weigern sollte – egal mit was für Ausreden auch immer!!! – Ihnen seine anderen Hunde zu zeigen, dann fahren Sie ohne zu kaufen postwendend nach Hause! Hier stimmt dann irgendetwas nicht! Diesen Rat kann ich nicht eindringlich genug geben.

Ein echter Züchter hat nichts zu verbergen, sondern er ist stolz auf seine Hunde und auch auf seine Unterbringungsanlagen. Er will dies auch zeigen und damit ist seine richtige Einstellung dokumentiert!

Sehen Sie sich das Fell und den allgemeinen Pflegezustand der gehaltenen Hunde an. Achten Sie auf Wesensmerkmale. Ängstlichkeit ist genauso verwerflich wie hysterische Aggression! Fast immer werden Sie bei einem ruhigen, ausgeglichenen Züchter auch ruhige und ausgeglichene Hunde finden! Fragen Sie für Ihren zukünftigen Kameraden nach Wurmkuren und Impfungen. Fragen Sie, ob Sie vom Kauf zurücktreten können – falls Sie sich für einen Rüden entschieden haben –, wenn der Rüde bei der Abgabe nur einen oder keine Hoden haben sollte. Dies ist ein wichtiger Punkt, denn ein Rüde mit Hodenfehlern erhält Zucht- und Ausstellungsverbot und mindert dadurch nicht nur Ihre Freude am neuen Hausgenossen, sondern auch dessen materiellen Wert. Es ist tierärztlich umstritten, ob ein Hoden, der nicht im Hodensack liegt, später zu Komplikationen führen kann. Nach meinen langen Erfahrungen nicht, aber trotzdem ist so ein Hund mit Hodenfehlern wegen des Zuchtverbots höchstens ⅔ bis die Hälfte vom Preis her wert.

Nun sind wir also beim Kauf. Hier sollten Sie zu Ihrer Sicherheit, aber auch zur Sicherheit des Züchters, auf einem schriftlichen Kaufvertrag bestehen, damit es später keine Unklarheiten für beide Seiten gibt. Bei den Molosser-Züchtern ist es üblich, etwa die Hälfte des Kaufpreises als Anzahlung zu vereinbaren. Der restliche Betrag wird dann bei Abholung fällig.

Molosser-Zucht, aber auch Molosser-Erwerb ist vorerst noch Risiko auf der ganzen Linie. Diese Rassen sind alle noch mehr oder weniger mit physischen, aber auch psychischen Problemen belastet, die es auszumerzen gilt. Wenn also ein Welpenkäufer bestimmte Garantien will, dann sollte er sich lieber Rassen zuwenden, die bereits durchgezüchtet sind und mehr Gewähr gegen Defekte bieten. Persönlich bin ich jedoch der Meinung, daß sich Züchter und Käufer bei den hohen Molosserpreisen die Risiken in etwa teilen sollten. Es geht allein auch gesetzlich nicht, daß der Züchter bei der Übergabe des Welpen und des Kaufpreises lakonisch sagt: »Besichtigt, gekauft! Alles andere ist Ihr Bier!« Der Hund ist nach dem Gesetz eine Sache und für eine Sache muß der Verkäufer ab Kaufdatum sechs Monate Garantie übernehmen, was verdeckte Mängel betrifft.

Sie aber haben nun einen gesunden Welpen, den Sie noch gar nicht mitnehmen können, angezahlt. Das heißt »gekauft«. Sie haben einen Kaufvertrag unterschrieben. Wenn Sie nun den Hund im Alter von 8 bis 11 Wochen abholen, dann beginnt das Kapitel der Haltung und Erziehung.

# Haltung und Erziehung

Man kann die Kapitel über Haltung, Erziehung und Fütterung nicht einfach trennen, weil hier eins ins andere spielt. Auch gibt es genügend Hundebücher über die Aufzucht, die Fütterung und auch über richtige Erziehung. Im Anhang dieses Buches werden wir auf brauchbare Literatur ausdrücklich hinweisen. Diese empfohlene Literatur ist von mir gelesen und verarbeitet worden. Fast in allen Punkten konnte ich den dortigen Empfehlungen zustimmen. Aber manches ist doch bei den Molossern einfach etwas »anders«, und das soll hier angesprochen werden. Auch am Schluß dieses Kapitels werden Sie einen »Futterplan« finden, der als Faustregel gelten kann.

## Haltung und Erziehung des Welpen bis zum Junghund

Der große Tag ist gekommen. Sie holen Ihren Welpen beim Züchter ab. Die erste lange Autofahrt steht dem kleinen Kerlchen bevor. Vor Antritt der Reise sollte man an das Notwendigste denken: Trinkwasser für unterwegs, Leine, Halsband, eine Decke zum Unterlegen; für alle Fälle eine Rolle Küchenkrepp, denn dem Kleinen könnte unterwegs doch mal schlecht werden. Der Züchter hat den Welpen am Abholtag bestimmt nicht mehr gefüttert. Keine Angst, er wird nicht verhungern und im nüchternen Zustand die Reise bestimmt besser überstehen.

Die letzten Regularien werden erledigt: Bezahlung des Restkaufpreises, Übergabe des Impfpasses und sicherlich wird der Züchter Ihnen einen Futterplan und auch etwas vom bisher gewohnten Futter mitgeben. In fast allen Fällen wird die Ahnentafel für den Hund noch nicht ausgehändigt werden können, weil der Zuchtverband zur Ausfertigung manchmal eine ganze Weile braucht. Aber auch hier keine Angst! Die Ahnentafel schickt der VDH-Züchter mit Sicherheit nach, sobald er sie in Händen hat.

Nun sitzen wir mit unserem Hund im Auto. Die Züchterfamilie winkt uns nach. Plötzlich kommt uns schlagartig zum Bewußtsein, daß wir nun also wirklich – endlich – richtige Besitzer eines Molossers sind.

Auf der Heimfahrt sollte eine Person – natürlich nicht der Fahrzeuglenker – den Welpen auf den Schoß nehmen. Zuerst wird er etwas aufgeregt sein, aber schon bald wird beruhigendes Reden und das monotone Fahrgeräusch ihn müde machen; er wird sich zusammenringeln und tief und fest schlafen. Wenn man jetzt aufmerksam hinhört, wird man ein Geräusch hören, welches bald für den Molosser-Besitzer zum vertrauten Ton werden wird. Man hört ein unverwechselbares, ruhiges, aber doch penetrantes Schnarchen. Alle zwei Stunden sollte man auf der Heimfahrt eine Pause einlegen. Der kleine Hund wird an die Leine genommen und man geht etwas abseits vom Verkehrslärm auf einen Grünstreifen und bald wird sich der Kleine »lösen«, wie es in der Fachsprache heißt.

Wir kommen zuhause an. Unbedingt sollte man nun vermeiden, daß außer der engsten Familie noch viele andere Personen an diesem ersten Tag anwesend sind. Wir sollten bedenken, wie müde wir selbst nach dieser langen Reise sind. Wie viel müder, angestrengter und auch verwirrter aber muß wohl unser kleiner Molosser sein? Was ist am heutigen Tage nicht schon alles auf ihn eingestürmt? Die Trennung von Mutter und Geschwistern und von seinen bisherigen Menschen. Eine lange Autofahrt mit Pausen in völlig fremder Umgebung; und dann das neue Heim, welches ja doch noch kein wirkliches Zuhause ist! Fremde Menschen tatschen an einem herum; spitze, nie gehörte Schreie »oh, wie süß« treffen das empfindliche Ohr und nirgendwo sind die Vertrauten, zu denen man flüchten könnte. Wir müssen uns diese Situation so vorstellen, als ob wir selber mit einem Fallschirm auf einen völlig fremden Erdteil zu völlig fremden Völkern abgeworfen worden wären.

Geben wir unserem neuen Hausgenossen absolute Ruhe in der neuen Umgebung. Zuerst wird er aufgeregt hin und her laufen, suchen . . . , nichts finden. Dann wird ihn eine grenzenlose Traurigkeit überkommen und meistens wird er jämmerlich zu heulen anfangen. Nun muß die Bezugsperson her! Diese kann den Kleinen vielleicht mit etwas Futter und beruhigenden Worten von seiner Traurigkeit ablenken. Vielleicht aber will er auch in Ruhe schlafen. Aber wo?

## Zwinger oder Wohnung?

Diese Frage ist nicht ganz leicht zu beantworten. Wenn wir davon ausgehen, daß ausnahmslos alle Molosser ihre ursprünglichen Aufgaben als Wach- und Schutzhunde behalten sollten, dann gehören sie eigentlich auf große Anwesen, auf denen sie sich frei bewegen können und auf denen sie schlafen können, wo sie wollen. Doch diese Fälle sind leider selten geworden. Heute bewacht unser Hund bestenfalls ein Reihenhaus, 1000 qm Grund und eine vierköpfige Familie. Nach meinen Erfahrungen und wohl auch nach den Gegebenheiten ist die kombinierte Wohnung-Zwingerhaltung der wohl beste Weg, um eine wenigsten in etwa artgerechte Haltung zu gewährleisten. Eins ist jedoch auch bei dieser Komponente unerläßlich! Der Molosser braucht »seine« Menschen um sich! Wenn man das kleine Kerlchen nun gleich in einen Zwinger sperren würde, und wenn man der Meinung ist, daß tägliches Rausholen für ein bis zwei Stunden genügt, dann erliegt man einem gewaltigen Irrtum, der bald zu schweren Verhaltensstörungen führen würde. Man hätte in kürzester Zeit einen seelischen Krüppel, der immer auf seine Umwelt völlig falsch reagieren würde. Auf der anderen Seite aber sollte jeder Hund so gehalten werden, daß man ihn ohne große Schwierigkeiten auch einmal »wegsperren« und ihn auch mal in eine Hundepension geben kann, wenn Krankheiten oder ein Überseeurlaub dies erforderlich machen. Auch das gehört zu einem sinnvollen Leben eines großen Hundes im 20. Jahrhundert.

Aber wie erreichen wir das? Ich bin dafür, daß der kleine Kerl wenigstens für die ersten vier Wochen seines Aufenthalts im neuen Zuhause nur in der Wohnung gehalten werden sollte. Auch ist es meiner Meinung nach unerläßlich, daß er in dieser Zeit ständig unter Beobachtung steht. Dies erfordert dann vielleicht, daß man seinen Urlaub auf diese Zeit legt. Das hat sehr viele Vorteile! Man hat den Welpen ständig unter Kontrolle; kleine Unarten kann man ihm problemlos dabei im Frühstadium abgewöhnen, ehe diese chronisch werden: Nagen an Möbeln, Zerren an Gardinen und Teppichen und anderes. Der Welpe darf in den ersten Wochen einfach nicht alleine gelassen werden. Wenn man will, daß man mit einem Molosser glücklich leben kann, dann sollte man sich auch wirklich diese Zeit nehmen, die für ein Baby selbstverständlich ist. In der Wohnung nun braucht unser Kamerad einen Schlafplatz, der ihm ganz alleine gehört.

## Schlafplatz im Hause

Im Handel werden heute für Hunde aller Größen »Hundebetten« aus allerlei Materialien angeboten. Die Industrie soll mir nicht böse sein, wenn ich von diesen Produkten abrate. Erstens sind sie relativ teuer und zweitens halten sie bei einem Molosser nur kurze Zeit. Man wird staunen, was ein Molosser in kürzester Zeit alles zerlegen kann! Bei mir schlafen die Hunde in Holzkisten aus gehobelten Brettern, wobei alle Kanten noch zusätzlich mit Aluminiumleisten beschlagen sind. Auch der noch kleine Hund schläft in der Kiste, in der er sich als erwachsener noch wohlig drehen kann. Maße für alle Molosser ausreichend: 1,40 m lang, 85 cm breit und ca. 25 cm hoch. Solange der Hund klein ist, wird der Innenraum mit Decken ausstaffiert; wenn er größer wird, also so etwa sechs Monate alt geworden ist, bekommt die Kiste eine Schaumgummimatratze mit einem Segeltuchbezug, der waschbar ist.

Was Sie auch sonst tun wollen, einen Liegeplatz, der ihm ganz alleine gehört, braucht unser Molosser. Wo stellt man sein Bett aber nun hin? Vielfach wird der Fehler gemacht, daß man die Schlafkiste gleich am ersten Tage mit in das eigene Schlafzimmer nimmt. »Der Kleine jault so erbärmlich, und wenn er ganz nah bei uns ist, dann fühlt er sich wohler.« So wird argumentiert. Natürlich fühlt er sich wohler, aber ihn später aus dem Schlafzimmer herauszubekommen, ist dann eine Kunst für sich! Kein Hund, und schon gar nicht ein Molosser, gehört ins Schlafzimmer. Denn dann ist der Weg ins Bett nicht mehr sehr weit. Was ein ausgewachsener Molosser im ehelichen Schlafzimmer schon alles vollbracht hat, ist mir bekannt, kann aber hier überhaupt nicht wiedergegeben werden.

Wo also nun hin mit der Kiste für unseren kleinen Kerl? Ein zugfreier Platz, vielleicht in der Diele oder in der Ecke des Wohnzimmers. Auch gibt es für die ersten Nächte wegen möglicher Unsauberkeit noch das Badezimmer mit seinem gekachelten Boden. Am Tage jedoch sollte die Kiste so stehen, daß die Hausfrau sie von der Küche aus beobachten kann.

## Grundsätzliches zur Erziehung

Die Kunst der Hundeerziehung ist nichts anderes, als die Fähigkeit, sich seinem Hunde verständlich zu machen. Der Hund muß wissen, was wir von ihm wollen. Dies bedarf natürlich einiger Kenntnisse. Ein Hund kann nicht logisch denken; er kann lediglich Erfahrungen verwerten. Je öfter ein junger Hund eine Erfahrung macht, um so schneller wird er kapieren. Die Grundregel aller Hundeerziehung ist das ständige Wiederkehren von Einwirkung und Lob durch seine Menschen. Wenn wir es richtig machen, dann ist die strengste und wirksamste Strafe für Unarten das ausbleibende Lob. Es kann gerade bei unseren Molossern nicht oft genug betont werden, daß die Erziehung des Hundes schon in der ersten Stunde unseres Zusammenlebens mit ihm beginnen muß. Es kann hier nicht meine Aufgabe sein, den ganzen Komplex der Hundeerziehung und Hundeausbildung aufzuzeichnen; dazu gibt es kompetentere Leute und auf entsprechende Fachliteratur werde ich im Anhang hinweisen. Trotzdem müssen hier einige Grundregeln genannt werden. Natürlich unterliegen die Molosser allgemein gültigen Erziehungsleitsätzen genau so wie andere Hunde, jedoch verlangen sie gerade dem Anfänger im Hinblick auf absolute Konsequenz einfach mehr ab.

Der Hund erkennt »seine Menschen« als Meutegefährten an. Die Rangordnung muß im Rudel, in welchem ein Molosser »mitspielt«, von Anfang an klar abgegrenzt sein. Meistens ist der Herr des Hauses das Alpha-Tier, der Rudelführer. (Allerdings kann es aber auch genau wie bei Wolfsmeuten ein Alpha-Frauchen geben!) Dann folgt die Frau, die eventuellen Hausangestellten, die Kinder; zuletzt steht in dieser Rangordnung der neue, noch kleine Molosser. Diese Rangordnung muß unter allen Umständen ein ganzes Hundeleben lang erhalten bleiben! Warum? Nun, es ist keine Seltenheit, daß ein Molosser schon mit fünf bis sechs Monaten anfängt, den Chef des Hauses zu spielen. Wenn man mit einem Molosser glücklich und problemlos leben will, dann darf dies in keinem einzigen Fall geduldet werden.

Ich will Ihnen einen Fall aus meiner Hundeschule schildern, der diesen ganzen Komplex verdeutlichen soll: Ein Herr meldete seinen erst vier Monate alten Hund zur »Benimm-Erziehung« an. Wegen des Alters lehnte ich diesen Auftrag ab und gab dem Mann einige Ratschläge. Nach vier Wochen rief der Mann wieder an: »Er knurrt nicht nur die Kinder an, sondern auch schon meine Frau.« Ich lehnte diesen Auftrag wiederum ab: »Sie müssen die Erziehung in diesem Falle selbst übernehmen; Sie müssen ihm jetzt zeigen, wer Chef im Hause ist!« Nach weiteren fünf Monaten, der Hund war nun neun Monate alt, kam ein erneuter Anruf: »Jetzt müssen Sie den Hund aber nehmen. Die ganze Familie hat Angst vor ihm. Jetzt, wo ich telefoniere, ist er auf den Tisch gesprungen und frißt die Butter. Wenn ich ihn wegscheuchen will, fletscht er die Zähne!« Diese Geschichte ist kein Witz, sondern bittere Wahrheit!

Ich nahm diesen Hund für sechs Wochen in meine Obhut. Nach drei Tagen war aus dem Halbstarken ein folgsamer, lieber Hund geworden. Der Hund kam zurück in seine Familie; drei bis vier Monate ging alles gut. Danach begann der gleiche Zirkus in dieser Familie mit dem Hund aufs Neue. Mit zwei Jahren wurde der Hund weggeben, da er für die eigene Familie wirklich lebensgefährlich wurde. Der neue Besitzer hatte jedoch die richtige Einstellung zu diesem Hund und heute ist er ein Mastino, wie der Standard ihn verlangt. Zum Abschluß dieser Geschichte: Nach einigen Jahren traf ich zufällig den Erstbesitzer dieses Hundes wieder. Wissen Sie, was er mir sagte? »Wir haben jetzt seit 2 Jahren einen Cocker-Spaniel. Der ist auch ein bißchen böse und beißt uns. Wenn er schlechte Laune hat, dann liegt er vor der Haustür und läßt uns nicht durch. Aber dann gehen wir eben durch den Keller ins Haus.« Braucht dies noch einen Kommentar?

Dies war ein Wort zur Konsequenz und Autorität. Mit dürren Worten: Lassen Sie Ihrem Kameraden auch die kleinste Aggression gegen Sie oder Ihre Familie schon im frühesten Alter niemals durchgehen. Passen Sie auf, daß aus den spielerischen, kleinen Kampfspielen des Hundes mit Ihren Kindern auch nicht der leiseste Ernst wird. Der Molosser braucht Ihre Autorität, um sich unterordnen zu können! Und dies tut er sehr gerne, wenn man es richtig anfängt!

Und wie fängt man es richtig an? Schon eingangs sagte ich: »Einwirken und Loben«. Unter Einwirken verstehe ich bestimmte, immer gleichbleibende Kommandos und direktes körperliches Eingreifen. Mit Schlägen hat dieses körperliche Eingreifen jedoch nichts, aber auch gar nichts zu tun! Am Nacken packen, schütteln! Das sind die härtesten Maßnahmen. Das Lob ist der überschwengliche Lohn mit Stimme und Hand! Der Tonfall Ihrer Stimme und auch Ihr Gesichtsausdruck lassen Ihren Hund erkennen, ob Sie loben oder strafen: Ein schneidendes, hartes, peitschendes »Nein« (besser als »Pfui!«) wird den kleinen Kerl vom Tischbein reißen, an dem er gerade genüßlich nagt. Ein überschwengliches, fast gesungenes »Braaav« wird ihn erfreuen, wenn er gerade sein »kleines Geschäft«

draußen an der richtigen Stelle und nicht auf dem Teppich macht. Sehr, sehr wichtig ist in diesem Zusammenhang, daß Lob und Tadel immer unmittelbar erfolgen. Es nützt nichts, wenn man schimpft nachdem der Haufen schon eine Stunde auf dem Teppich liegt. Also: »Einwirken! Loben! Unmittelbar!«

## Stubenreinheit

Erste Grundbedingung für einen gut erzogenen Hund! Auch hier verweise ich auf die einschlägige Literatur. Bei meinen Welpen, die ich mit 10 Wochen abgebe, gab es da nie Schwierigkeiten: Hier jedoch eine Faustregel: Immer nach dem Schlafen, nach dem Fressen und nach intensivem Spiel den Hund auf den Arm und raus! Löst er sich dort, dann sofort »unmittelbar« loben! Schafft er es nicht und der See geht noch auf den Teppich, tadeln »NNEIN«, dies aber unmittelbar! Wenn man dazu sich in den ersten drei Nächten die Mühe macht, alle vier Stunden mit dem Hund nach draußen zu gehen, dann ist jeder Hund in spätestens fünf Tagen stubenrein.

## Der Zwinger

Die alleinige Zwingerhaltung ist für einen Molosser abzulehnen. Vielleicht ist der Mastin Espanol eine Ausnahme, denn viele Mastin-Besitzer versicherten mir glaubwürdig, daß ihre Hunde – wenn überhaupt – nur ganz kurz in die Wohnung wollen und dann von selbst wieder freiwillig in ihre Zwinger oder Unterkünfte nach draußen gingen. Mag dies sein, wie es will, die Hunde unserer Rassen, die ich kenne, lieben die Wohnung und vor allem die ständige Gesellschaft »ihrer« Menschen. Ich finde jedoch, wie schon gesagt, die kombinierte Zwinger-Wohnung-Haltung ideal. Ich rede hier vom Einzelhund, aber auch vom Züchter mit drei oder vier Hunden.

Einen Zwinger für einen Molosser sollte man vor allen Dingen sehr sicher und sehr stabil bauen. Laienhaft aufgestellte Umzäunungen aus Baustahlmatten sind nicht sicher! Auch die Höhe sollte stimmen. Für einen Fila Brasileiro ist eine Höhe von 1,80 m sicherlich kein unüberwindliches Hindernis! Das Gefühl des Eingesperrtseins macht unsere Hunde aggressiver und ihre augenblickliche Reizschwelle auch niedriger!

Mindestgröße für einen Molosserzwinger, der mit einem Hund besetzt ist, sollte 10 m × 10 m sein. Die Höhe sollte 2 m nicht unterschreiten. Untergrund Sandbett mit verlegten Gartenplatten und leichtem Gefälle zu einer Abflußrinne. Innen eine doppelt isolierte Hundehütte mit den Maßen 1,30 m lang, 1,10 m hoch, 1,20 m breit. Die Hütte sollte zusätzlich zu diesen Innenmaßen einen zweiten, versetzten Eingang als Windfang haben. Auch hier empfehle ich das Beschlagen aller Holzkanten mit Eisenprofilen, denn es ist immer wieder erstaunlich, was ein Molosser aus Langeweile alles zerlegen kann. Der Zwinger soll in keinem Fall Ersatz oder Alibi für fehlenden Auslauf sein. Alleine deshalb gehe ich hier auf Rasenflächen im Zwinger überhaupt nicht ein.

Der Mastino Napoletano und vielleicht noch der Mastiff sind relativ bewegungsarme Hunde. Trotzdem brauchen auch diese ihren täglichen Auslauf in Wald und Feld. Alle anderen Molosser sind Hunde, die reichlich und ausgiebig mit »ihren« Menschen täglich lange Spaziergänge machen wollen und müssen! Auch ein noch so großer Garten kann für einen einzeln gehaltenen Molosser kein Auslauf-Alibi sein. Alleine steht er im Garten meistens nur rum. Deshalb halte ich auch die obligatorische Frage des Züchters an den Welpenkäufer nach einem eigenen Garten für unsinnig. Ein Molosser-Besitzer, der k e i n e n Garten hat, wird einfach von seinem Hund gezwungen, nach draußen zu gehen, denn sonst stellt der Hund ihm bald die Stube auf den Kopf! Hier mag mir mancher widersprechen, aber meine Erfahrungen sind eindeutig. Anders wird es selbstverständlich bei zwei oder mehreren Hunden! Da kann der Garten gar nicht groß genug sein, denn eine richtige Hundemeute verschafft sich selbst genug Bewegung. Bevor wir jedoch nun unseren Hund in den Zwinger lassen, täten wir gut daran, ihm vorher einiges beizubringen.

## Das Alleinbleiben

Es ist kaum glaublich, wie viele Molosser-Besitzer es gibt, die ihren Hund keinen Augenblick alleine in der Wohnung oder im Zwinger lassen können. Noch wenigere können ihren Hund zum Beispiel in einem Hotelzimmer oder im Auto alleine lassen, ohne daß dieser alles zerlegt.

Ich erlebte einmal Folgendes selbst und authentisch: In einem guten Hotel fand am Vorabend einer Hundeausstellung ein Begrüßungsabend statt. Plötzlich wurde per Lautsprecher der »Herr von Zimmer 210« zur Rezeption gebeten. Der Betreffende bat mich, mit ihm zu kommen, da er meinte, daß irgend etwas mit seinen Hunden auf dem Zimmer los sei. Und so war es dann auch. Wir fuhren mit dem Fahrstuhl in den 4. Stock. Schon draußen auf dem Flur roch es nach frischem Holz. Als wir vor dem Zimmer 210 standen bot sich mir ein unvergeßlicher Anblick. Die beiden Mastini hatten ein riesiges Loch von innen in die massive Zimmertür gefressen und hinter diesem Loch lagen sie friedlich Kopf an Kopf und bliesen die Bettfedern auf den Flur! Im Zimmer selbst totale Verwüstung und ein Schaden von fast DM 3000,–! So etwas hört sich lustig an, ist aber sicherlich kein Image für unsere Rassen und deren Besitzer.

Die Feindlichkeit der Mitmenschen gegen Hunde wächst in dem Maße, in dem solche unerzogenen Hunde herumlaufen. Es gibt Molosser, aber auch andere Hunde, die alles zerlegen oder stundenlang heulen, wenn sie alleine gelassen werden. Diese Hunde sind eine Plage für sich selbst, für die Besitzer und für die Umwelt! Dabei wäre es so einfach, diese Untugenden gar nicht erst aufkommen zu lassen.

Wir müssen sehr früh schon unserem kleinen Hausgenossen begreiflich machen, daß er nicht unentwegt in Gesellschaft sein kann. Man beginnt schon im Alter von etwa 13 Wochen ganz langsam: Fünf Minuten lassen wir den Kleinen alleine in dem Raum, wo seine Kiste steht. Hat er diese fünf Minuten ruhig überstanden, wird er überschwenglich gelobt. Bellt und jault er jedoch, stürzen wir urplötzlich in den Raum und schimpfen fürchterlich. Diese Prozedur wiederholen wir in immer längeren Zeitabständen. Wenn man es richtig macht, kann man einen Hund mit sechs Monaten schon mal ruhig drei Stunden alleine lassen. Mit einem Jahr muß er so weit sein, daß man schon mal eine ganze Nacht oder am Tage vier bis fünf Stunden unbesorgt weggehen kann. Die gleiche Prozedur wiederholt man dabei parallel im Zwinger. Zwar kommt es im Zwinger meistens nicht zu großen Zerstörungen, aber das Jaulen eines alleingelassenen Hundes ist für die Nachbarschaft entsetzlich und oft gibt es berechtigte Anzeigen wegen Ruhestörung.

Hier gibt es ein recht primitives, aber sehr erfolgreiches Hilfsmittel: Den Gartenschlauch! Der Hund kommt in den Zwinger. Man stellt sich bewaffnet mit dem angeschlossenen Gartenschlauch irgendwo hin, wo der Hund einen nicht bemerkt. Beim ersten Beller trifft der volle Wasserstrahl den Hund. Bei zwei-, höchstens dreimaliger Anwendung ist der Erfolg garantiert und wenn dazu gleichzeitig, »unmittelbar« das schneidende Kommando »Nein« erklingt, wird auch unser hartnäckiger Molosser das Bellen aufgeben.

Dies waren nur einige Beispiele aus der Praxis für die Praxis. Wenn man die gute, von uns empfohlene Literatur über Hundeerziehung benutzt, und es versteht, das Gelesene umzusetzen, dann ist die Erziehung des Molossers zu einem folgsamen Hausgenossen überhaupt kein Kunststück. Die Molosser bringen ausnahmslos eine angeborene, genetisch verankerte Führigkeit mit, von denen manche Vertreter der anerkannten Gebrauchshunderassen nur träumen können. Die Molosser besitzen neben Nervenstärke und Belastbarkeit eine ungeheure Sensibilität ihren Menschen gegenüber. Diese Eigenschaft bedarf sorgsamster Pflege, damit sie nicht verloren geht und uns Molosser-Besitzern hilft, in der Öffentlichkeit mit unseren Hunden Beispiel zu sein. Zu dieser Eigenschaft gehört auch ein unwahrscheinlich gutes Gedächtnis und dadurch muß man den Molosser nicht immer wieder und Woche um Woche neu trainieren, sondern was er einmal gelernt hat, behält er sein Leben lang!

## Die Ausbildung

Dies ist ein sehr schwieriges Kapitel, weil es zu diesem Thema die unterschiedlichsten Meinungen gibt. Das Wort »Ausbildung« setzt ein Ziel voraus. Ausbilden? Wozu? Die Standards der beschriebenen Rassen reihen die Hunde in die Gruppe 2b, also in die »Schutz- und Wachhunde ohne Arbeitsprüfung« ein. Wir sollten und müssen davon ausgehen, daß die ursprünglichen Aufgaben, für die die verschiedenen Molosser- Rassen einmal gezüchtet wurden, heute eigentlich nicht mehr existent sind.

Um dies zu verdeutlichen, nehmen wir doch einmal die Gruppe 2a, also die »Wach- und Schutzhunde *mit* Arbeitsprüfung« zum Vergleich. Zu dieser Gruppe gehören ausnahmslos die sogenannten Gebrauchshunderassen: Deutscher Schäferhund. Deutscher Boxer, Dobermann, Rottweiler, Airedaleterrier, Riesenschnauzer, Hovawarth und Bouvier. Wenn von diesen Rassen ein Hund den Titel

»Internationaler Champion« erringen will, muß er neben den Ausstellungsanwartschaften (CACIB) auch das Bestehen einer »Arbeitsprüfung« nachweisen. Diese Prüfung besteht in Deutschland aus der »Schutzhundeprüfung, erste Stufe« (SchH I). Diese Prüfung ist in der Prüfungsordnung (PO) in drei Abteilungen gegliedert: A = Nasenarbeit (Fährte), B = Unterordnung und C = »Mannarbeit« (Schutzdienst am Scheintäter). Diese Prüfungsordnung wurde in ihren wesentlichsten Kriterien schon in den frühen 20er Jahren festgelegt. Ursprünglich war sie als Überprüfung von Leistungseigenschaften der Diensthunde (Polizei, Armee) gedacht. Aus dieser Idee heraus entwickelte sich aber dann der »Hundesport«, der heute mit »Gebrauch bei Behörden« und ähnlichem eigentlich nicht mehr viel zu tun hat; die Behörden und die Bundeswehr haben eigene Prüfungsordnungen. Es war vor allem der Verein für Deutsche Schäferhunde (SV), gefolgt dann von den anderen Rassezuchtvereinen der benannten Rassen, der den »Hundesport« unter das Motto »Schönheit und Leistung« stellte. Der Hundesport wurde nicht nur in Deutschland zu einer sinnvollen Freizeitbeschäftigung mit dem »Freund Hund«. Wenn ich heute, durch die gewandelten zivilisatorischen Bedingungen diesem »Hundesport« etwas kritisch gegenüberstehe, obwohl ich ihn als Boxerzüchter auch selbst betreibe, sollte man mir dies nicht übelnehmen. Wir sollten bedenken, daß die Symbiose »Mensch + Hund« schon vor Jahrtausenden immer unter einer Prämisse stand: »Der Nutzen des Hundes f ü r den Menschen«! Wir dürfen dies bei all unserem Tun nie vergessen, denn stellen wir doch einmal den Umkehrschluß: »Der Nutzen des Menschen für den Hund?« Wer nachdenkt, wird mich verstehen.

Unsere Molosser, alle wie sie da sind, sind aber niemals »Sporthunde«! Sie sind nur sehr bedingt geeignet, auf den Hundeplätzen Schutzhund-Prüfungen, die die Abteilung C der Prüfungsordnung beinhalten, zu absolvieren. Das liegt einmal im anatomischen Bereich, denn unsere »Schwergewichte« haben Schwierigkeiten, die geforderten Hürdensprünge auszuführen. Für diese Dinge wurden sie ja auch nie gezüchtet! Das andere, weit wichtigere Kriterium liegt aber in der sogenannten »Mannarbeit«.

Ich will versuchen, dies zu erklären. Ein Mastino Napoletano in Italien wird sein Anwesen stets verteidigen, ohne daß er dies erst lernen muß. Ein Fila Brasileiro hält in Brasilien garantiert »seine« Fazenda von Gesindel frei, auch dies muß er nicht lernen. Ein Mastin Espanol würde sicherlich mit jedem Wolf, der seine Herde bedroht, kämpfen, aber wäre es nicht paradox, wenn man ihn jetzt umfunktionieren würde und den Menschen als »Wolfsersatz« benutzen würde? Lange Rede, kurzer Sinn: Wozu sollen wir einen Molosser ausbilden, was sollen wir ihn lehren? Was kann er lernen, was sollte er nie lernen?

Wir wissen, daß es zur Zeit in Deutschland 1 Bordauxdogge, 1 Fila Brasileiro, 1 Bullmastiff und 1 Mastino Napoletano mit SchH I gibt. Wir wissen, daß von allen vertretenen Rassen bereits eine ganze Anzahl die »Begleithund-Prüfung« mit Erfolg abgelegt haben. Wir wissen von einem Bullmastiff mit mehreren bestandenen Rettungshundprüfungen. Mehr wissen wir noch nicht, und gerade heute beim Schreiben dieser Zeilen findet der 2. Ausbildungskurs mit Ziel »Verkehrssicherer Begleithund« in unserem Club statt.

In über 10jähriger Beobachtungs- und Beschäftigungszeit mit unseren Rassen hat sich aber einiges bereits bestätigt: Die vertretenen Rassen sind grundsätzlich keine »Sporthunde« wie die Hunde der Gruppe 2a! Das »Wesen« der Molosser ist einfach »anders«. Mit Ausnahme des Bullmastiffs haben alle anderen hier beschriebenen Rassen ihre Aufgaben, für die sie gezüchtet wurden, immer alleine und ohne den Menschen lösen müssen! Dies ist ganz wichtig zu wissen, wenn man in die »Seele« eines Molossers eindringen will. Die Hunde mußten i m m e r selbständig und alleine ihre Arbeit verrichten. Auch heute sind unsere Hunde noch sehr selbständig und das äußert sich vielleicht bei der einen oder anderen Rasse als mangelnde Führigkeit. Dies trifft vielleicht am stärksten beim Fila Brasileiro und bei der Bordeauxdogge zu. Beim Mastino Napoletano dagegen ist trotz aller »Sturheit« eine Unterordnungsbereitschaft fast regelrecht eingebaut, die jedoch keinesfalls mit der des Deutschen Schäferhundes vergleichbar ist.

Es sei jedoch glasklar hier festgestellt, daß ein großer Hund sich unterordnen muß, wenn seine Besitzer und die Mitmenschen sinnvoll im 20. Jahrhundert in der Hochzivilisation leben wollen. Die Hundefeindlichkeit, insbesondere die Molosser- Feindlichkeit wächst, wenn unerzogene Hunde herumlaufen.

Hier bietet sich als Ausbildungsziel die von den Hundesportverbänden angebotene »Begleithund-Prüfung« an. Die Kriterien dieser Prüfung beinhalten die Mindestanforderungen von Grundgehorsam, der einfach erforderlich ist. Es ist nun die Entscheidung jedes einzelnen Molosser-Besitzers, ob er sich die notwendigen Kenntnisse auf einem Hundeplatz holen, oder ob er selbst sich nach dieser Prüfungsordnung mit seinem Hund weiterbilden will.

Sehr zu empfehlen ist die Arbeit auf dem Hundeplatz, weil dort einmal gute Ausbilder Tips geben können und weil dort die Arbeit unter Ablenkung durch andere Hunde vorgenommen wird. Man kann aber auch alleine mit seinem Hund auf die überall vorhandenen »Hundewiesen« gehen und dort für sich üben. Ich persönlich schicke also unsere Molosser-Leute immer mit einem weinenden und einem lachenden Auge auf die »Hundeplätze«! Lachend, wie oben geschildert und weinend, weil ich den Ehrgeiz und auch die heimlichen Ambitionen unserer Molosser-Besitzer genau kenne! Wenn man einmal auf dem Hundeplatz ist und den guten Vorsatz hat, n u r Unterordnung zu machen, dann juckt es aber nach einiger Zeit doch, auch mal den Schutzdienst, die »Mannarbeit« zu versuchen. Es wird wenige Vereinsvorstände oder Vereinsausbilder geben, die unseren Leuten dies konsequent verweigern! Leider!

Warum? Ein Molosser in privater Hand – und privat sind wir wohl alle – darf einfach die Technik des Beißens (die Prüfungsordnung fordert den »harten, festen Biß«!!!) nicht lernen! Das, was der standardgerechte Molosser an Verteidigungsbereitschaft mitbringt, reicht völlig aus, um jeden Angreifer in Schach zu halten. Natürlich muß es Zuchtzulassungen und Körungen geben, die die wirklichen, vorhandenen Wesenseigenschaften schonungslos aufdecken. Dabei müssen »friedliche« und auch selbstverständlich »bedrohliche« Situationen simuliert werden. Aber mit LERNEN darf dies alles nichts zu tun haben! Ich denke nur daran, daß man vielleicht einen nicht ganz wesensfesten Mastino oder Fila über den Beutetrieb zum Beißen »aufbaut«! Eine schreckliche Vorstellung, die in der Wirklichkeit unsere Bemühungen um ein gutes Image unserer Rassen mit einem einzigen Unglücksfall zunichte machen würde. Also, Hände weg von »Hetzärmeln«, »Figuranten«, »hartem Biß« und »langer Flucht«!

Ein Feld für Molosser-Hundesportler wäre die Abteilung A der Prüfungsordnung, die Fährte! Nur wenige Molosser-Besitzer haben es wohl schon einmal versucht, denn diese Sparte des Hundesports ist nicht sehr spektakulär. Unsere Molosser haben ausnahmslos – vom Tosa-Inu liegen allerdings noch keine Erfahrungswerte vor – eine ausgezeichnete Nase, von der manche Gebrauchshundeführer nur schwärmen könnten. Es ist eine wunderschöne Disziplin. Morgens, im ersten Tau »legt« man seine Fährte. Die Sonne ist noch nicht da, aber die Vögel hört man schon zwitschern. Alleine mit seinem Hund in der freien Natur. Bei der Fährte kommen die wahren Molossereigenschaften zum Vorschein: Ruhe, Ausdauer, Konzentration und unverfälschter »Eigensinn«. Hier ist keine Spritzigkeit, Schnelligkeit und exakte Befehlsausführung notwendig. Hier arbeitet der Molosser auf sich gestellt und hier – so paradox es klingen mag – entsteht echte Partnerschaft mit dem Hundebesitzer. Versuchen Sie's mal!

Am Schluß dieses Kapitels möchte ich nochmals meine Stimme gegen die »Mörderhunde«, die »Leibwächter der Millionäre«, die »Maschinengewehre ohne Sicherungshebel«, den »Altrömischen Kampfhund«, gegen diesen ganzen gefährlichen Unsinn erheben! Wir haben diese Hunde nicht und wollen auch diese Hunde nicht. Auch wir Züchter und Halter von Molossern sollten diesem Horror keine Chance geben. Das können wir nur, wenn wir Beispiel geben! Schon gibt es Landkreise und Gemeinden, die für Molosserhunde Maulkorb- und Leinenzwang fordern, weil ihre eigenen Besitzer fast noch stolz von Eigenschaften reden, die unsere Molosser gar nicht haben. Machen wir Schluß damit und zeigen der Öffentlichkeit, daß wir uns Hunden verschrieben haben, die zwar alles ihnen Anvertraute zuverlässig beschützen, die aber durch Nervenfestigkeit und Belastbarkeit absolut unterscheiden können zwischen echten Gefahren und harmlosen Situationen. Zeigen wir durch unsere Zucht, durch unsere Erziehung, durch unsere Haltung und Ausbildung der Molosser, daß sie Hunde wie alle anderen sind, nur größer und selbstsicherer.

Wenn diese Zeilen dazu beitragen könnten, der Öffentlichkeit ein wirkliches Bild der Molosser zu vermitteln, dann wären sie nicht umsonst geschrieben.

# Die Ernährung

Es gibt kaum so unterschiedliche Aussagen in der Hundezucht und Hundehaltung wie gerade im Ernährungsbereich. Jeder Halter und erst recht jeder Züchter vertraut auf seine eigenen Rezepte. Trotzdem muß man von einem wichtigen Grundsatz ausgehen: Unsere Hunde sind Caniden und damit Fleischfresser. Dies dürfen wir nie vergessen. Die Industrie gibt uns heute mit der großen Palette der verschiedensten Fertigfutter die Möglichkeit, auch unsere Molosser gesund ernährt über die Runden zu bringen. Trotzdem verzichte ich persönlich auf das Frischfleisch nicht ganz.

Ich habe über lange Zeit Fütterungsversuche gemacht und muß der Ehrlichkeit halber einfach sagen, daß bei den Hunden, die lediglich Fertigfutter über lange Zeit erhielten, die Kondition auf allen Gebieten nicht die war, die die anderen aufwiesen, die einen Zusatz an Frischfleisch erhielten. Es ist hier wohl müßig darüber zu schreiben, daß selbstverständlich die Verfütterung von Schweinefleisch, roh oder gekocht, in meinem Zwinger unterbleibt. Als ich von ganzen Eimern mit Schweinefüßchen in einem Molosser- Zwinger hörte, dachte ich mir meinen Teil. In den Literaturempfehlungen werde ich auf gute, verständliche Literatur hinweisen. Ich persönlich füttere an rohem Frischfleisch Rind und Schaf, auch mit deren Pansen und Innereien. Die Rationen bestehen aus ⅓ Fleisch und ⅔ Fertigfutter aus dem Sack (Floxo vom Lande). Dieses Futter gibt es dreimal in der Woche. Die restlichen 4 Tage füttere ich seit nunmehr 3 Jahren ein ausgezeichnetes Fertigfutter trocken (Eukanunba) mit allerbesten Erfolgen im Hinblick auf Kondition, Fellzustand, Fruchtbarkeit und Verdauung. Als Ausgleich für den höheren Phosphorgehalt im Frischfleisch gibt es an den Fleischtagen einen Zusatz von »Calcium citricum« (ca. 4 bis 5 g auf 10 kg Hundegewicht). Besondere Vorsicht sollte man vor allem bei Zuchthunden mit Alleinfütterung von Fertignahrung walten lassen, deren Hersteller in der Werbung stark darauf hinweisen, daß ihr Futter »umweltfreundlich« durch fast totale Verdaulichkeit ist (wenig Kotabsatz). Hier fehlen scheinbar Ballaststoffe und ich selber erlebte vor Jahren nach vierjähriger Verfütterung bei meinen Hunden stumpfes Fell, Haarbruch und weitgehende Unfruchtbarkeit.

Wie oft und mit welchen Mengen soll man nun einen Molosser füttern? Ich habe in meiner langen, langen züchterischen Tätigkeit noch nie einem meiner Hunde das Futter abgewogen. Denken Sie, was Sie wollen! Mein Grundsatz, mit dem ich sehr gut fahre, ist einfach der, daß man einen Welpen bis zum 3. Lebensmonat nicht überfüttern kann. Beim erwachsenen Hund sind dann die Rippen die Richtschnur: Man soll sie ahnen, aber nicht sehen können!

Bei Molosser-Haltern herrscht oft die unsinnige und gefährliche Meinung vor, daß man Molosser mit möglichst viel, oder sogar ausschließlich mit Fleisch großziehen soll. Dies ist ein Irrglaube, vor dem ich nicht genug warnen kann. Höchstens ⅓ der täglichen Futtermenge sollte aus Fleisch bestehen! Ich sage dies ganz ernst aus eigener, bitterer Erfahrung. Ich glaube, daß die Molosser durch zu große Fleischanteile zu schnell wachsen und dann die Knochenstabilität mit dem Wachstum einfach nicht parallel geht. Dies gilt auch dann, wenn man durch Vitamin- und Mineraliengaben ausgleichen will. Die allerbesten Erfahrungen habe ich mit norwegischem Trockenfisch als tägliche Zusatzgabe gemacht. Dieser Fisch ist reich an Eiweiß und enthält alle wichtigen Mineralien in ausgewogener Form; er stärkt die Zähne, kräftigt die Kaumuskulatur und – als Nebeneffekt – verhindert das Annagen von anderen Gegenständen. Obwohl man den Hundemagen an Kuhmilch gewöhnen kann, halte ich nicht allzuviel davon: Warum sollte ein Canide nach dem Absäugen noch Milch brauchen? Knochen in jeder Form sind in meinem Zwinger völlig tabu, weil ich den Schaden, den diese verursachen können (Verschlucken, Verklemmen, Steckenbleiben, Verstopfung), für größer als den effektiven Nutzen halte.

Ich finde auch, daß man aus der ganzen Ernährung des Molossers keine »Wissenschaft« machen sollte. Es ist unter Molosser- Besitzern ganz, ganz selten, daß ein Hund zu wenig Futter oder vor allem zu wenig Vitamine und Mineralien bekommt. Das Gegenteil ist viel häufiger der Fall: Überfütterung und vor allem Übervitaminisierung nach dem Motto »nur hinein mit allen Pülverchen, Pillchen und Zusätzen; es kann ja nichts schaden!« In allen, wirklich in allen Fällen, wo mich Molosser-Halter wegen Störungen konsultierten, war zuviel gegeben worden. Wenn man an seinen selbst zusammengestellten Futterrationen Zweifel hat, kann man sich getrost auf die heute alle ohne Ausnahme guten Fertigfutter verlassen; glauben Sie mir das ruhig. Leider fühlt sich heute jeder Hundebuchautor bemüßigt, der Ernährung des Hundes ganze Abhandlungen zu widmen. Ich tue dies nicht, denn die Erkenntnisse der Wissenschaftler gibt es in verständlicher, guter Literatur.

*Trotzdem* will ich doch einiges über Welpenernährung unserer Molosser schreiben, weil hier bei den Züchtern auch die abenteuerlichsten Dinge durch die Köpfe und dann durch die Mägen der Welpen geistern. Wenn die Mit-Autoren dieses Buches anderer Meinung als ich sein sollten, dann mögen sie mir dieses Kapitel verzeihen. Mir ist es nur nicht möglich aus meiner Haut zu kommen. Auch stützen sich diese meine Zeilen auf die Aufzucht von insgesamt 53 Würfen, und das ist doch sicherlich ein einigermaßen abgesicherter Erfahrungsschatz. Mir wird auch niemand einreden wollen, daß die Fütterung einesMastiffwelpen, eines Fila Brasileiro-Welpen oder eines kleinen Mastino anders aussieht, um ihn zu einem standardgerechten Hund zu machen.

In den ersten drei Wochen nach der Geburt versorgt eine Zuchthündin, die diesen Namen verdient, ihre Welpen alleine. Komplikationslos ernährt sie einen normalen Wurf von sechs Welpen alleine mit der Muttermilch. Sollte sie dies nicht schaffen, sollte man mit dieser Hündin auch nicht noch einmal züchten. So einfach ist das! Bis zu 36 Stunden nach der Geburt hat in den meisten Fällen die Hündin noch wenig Milch. Diese Milch, Kolostralmilch genannt, ist für die Welpen äußerst wichtig, da sie Stoffe enthält, die für das Immunsystem der Welpen notwendig sind. Erst nach etwa drei bis vier Tagen erreicht die Hündin ihre volle Milchleistung. Bei der Geburt wurde sofort eine »Wiegeliste« der einzelnen Welpen angefertigt. Jeder Welpe wird täglich um die gleiche Zeit gewogen. In den ersten 48 Stunden nach der Geburt ist es keine Seltenheit ,wenn die Welpen auf dem Geburtsgewicht stehen bleiben oder sogar etwas abnehmen. Aber spätestens am dritten Tag nach der Geburt m ü s s e n die Welpen zunehmen. Bei den Molosser-Rassen sollten die Welpen dann täglich etwa 120 bis 130 g zunehmen. Eine uralte Züchterregel, die auch von mir voll bestätigt werden kann, sagt, daß die Welpen am 8., spätestens aber am 9. Lebenstag ihr Geburtsgewicht verdoppelt haben müssen und bei Beginn der 3. Lebenswoche verdreifacht haben sollen. Diese Gewichte wird man nie erreichen, wenn mehr als sechs Welpen in einem Wurf von einer Hündin aufgezogen werden. Ich lehne die Aufzucht von mehr als sechs Welpen völlig und kompromißlos wegen des Schutzes der Mutterhündin vor Ausbeutung ab. Deshalb will ich mich hier auch nicht über Zufütterung verbreiten. Dies sind Fälle für Tierärzte und andere Experten und Tierfreunde! Auch die mutterlose Aufzucht von Würfen kann hier nicht unser Thema sein, denn auch dies fällt nicht in das Normale.

Ein sicheres Zeichen für ausreichende und qualitativ gute Muttermilch ist aber nicht nur die tägliche konstante Gewichtszunahme, sondern auch das Verhalten der Welpen. Wenn sie sich nach dem Säugen ruhig und zufrieden an die Mutter kuscheln, dürfte alles in Ordnung sein; dagegen ist ständiges Winseln, Quietschen und Umherkriechen ein Zeichen von Unbehagen und Hunger.

Am 20. Lebenstag beginne ich mit dem Zufüttern; unabhängig davon, ob die Hündin noch sehr viel Milch hat. Es ist nämlich jetzt Zeit, die Welpen an feste Kost langsam zu gewöhnen. Und diese feste Kost besteht sofort aus Fleisch, wie es sich für einen richtigen Caniden gehört. Weg mit Alete-Säuglingsnahrung und ähnlichen Päppchen! Natürlich besteht dieses »erste« Fleisch aus schierem Rinderhack (Tartar) ohne jegliche Zusätze. Das fein gewiegte Fleisch wird in der Pfanne ganz leicht angebrüht und den Welpen vorgesetzt. Meistens muß man beim erstenoder zweitenmal mit der Hand etwas nachhelfen, aber ganz schnell haben die kleinen Burschen kapiert, worum es geht. Mengenangaben kann ich auch hier nicht machen, weil die Futteraufnahme ganz individuell ist. Am 4. Fütterungstag wird das Tartar schon durch nicht ganz so schieres Rinderhack ersetzt und am 5. Tag kommen schon fingerspitzenweise feine Welpen- Hundeflocken oder aufgeweichtes Welpen-Eukanuba hinzu. In der 2. Fütterungswoche kommt zu dem Rinderhack schon ein durch den Wolf gedrehter 10% Anteil von grünem Pansen hinzu. In dieser Woche wird auch eine tägliche Mahlzeit Magerquark zu den 4 Fleischmahlzeiten gefüttert. Ab der 3. Fütterungswoche wird der Fleischanteil auf 50% reduziert und die Kohlehydrate machen die andere Hälfte aus. Einziger Zusatz im Welpenfutter ist die tägliche Gabe von 3 bis 5 Gramm Calcium citricum täglich. Ich lehne sämtliche anderen Zusätze wie Vigantol, Lebertran und ähnliches ab. Warnen möchte ich bei den Molosser-Rassen vor allem von Zusätzen des Vitamins D3, weil dadurch das Wachstum zu schnell gefördert wird und die Knochenstabilität zurückbleibt. Schon sehr früh, etwa in der 4. bis 5. Lebenswoche sollen die Welpen auch ihre Zähne gebrauchen, deshalb schon dann tägliche Gaben von hochwertigem Trockenfisch. Milch ist bei mir auch in der Welpenaufzucht als Zusatz verboten, weil ich einfach der Meinung bin, daß Kuhmilch in der Caniden-Ernährung nichts zu suchen hat. Auch industriell hergestellte Hundemilch gebe ich zusätzlich zur Muttermilch nicht. Wie gesagt, einziges Milchprodukt ist Quark! Ob man rohes Gemüse, Honig, Baumrinden oder ähnliche »Naturprodukte« geben soll, ist eine Weltanschauungssache; schaden kann das sicherlich nichts, aber ob es etwas nützt, wage ich zu bezweifeln.

Einen Leitsatz kann ich nur jedem Molosser-Züchter mit auf den Weg für seine Welpenaufzucht geben: Gewöhnen Sie den Magen der Welpen nicht an verfeinerte Kost! Mit 5 Wochen fressen die Welpen in meinem Zwinger bereits das Futter, welches sie später ihr ganzes Hundeleben lang fressen müssen. Dann gibt es auch bei der Übernahme des Welpen an den neuen Besitzer keine Probleme. Es wird ganz sicher keine »schlechten« Fresser geben und gesünder, einfacher und billiger ist es auch, als der ganze Rattenschwanz von Fütterungsanweisungen, die mancher Erstlingszüchter ausgebrütet hat!

*Fütterungsturnus:*

| | |
|---|---|
| Saugwelpen bis 8 Wochen | = 5 Mahlzeiten täglich |
| Welpen von 8 bis 12 Wochen | = 4 Mahlzeiten täglich |
| Welpen von 3 bis 6 Monaten | = 3 Mahlzeiten täglich |
| Junghunde von 6 bis 18 Monaten | = 2 Mahlzeiten täglich |
| ab 18 Monate | = 1 Mahlzeit täglich. |

Trotz anderer Aussagen halte ich ab 18 Monaten einen Hungertag in der Woche für nicht schlecht, da der Verdauungsapparat sich dadurch wirklich entlasten und entschlacken kann.

Leitsatz für Molosser: Aus der Ernährung keine Wissenschaft machen. Bis zum 2. Lebensjahr und alle Zuchthunde qualitativ hochwertig füttern. Nach dem 2. Lebensjahr reduziert sich auch die aufgenommene Futtermenge von selbst. Ausgewogen füttern. Abwechslungsreich muß nicht sein! Sicherer ist gleichbleibende Qualität! Auf keinen Fall den Fleischanteil des täglichen Futters, besonders in den ersten zwei Lebensjahren, auf mehr als ⅓ ansteigen lassen. Die Rippen als Maßstab nehmen. Man muß sie ahnen, aber nicht sehen können. Übergewicht ist zu vermeiden! (Unsere Richter richten auf den Ausstellungen nicht nach Kilogramm!) Vielleicht hat man an dieser Stelle von mir »wissenschaftlichere« Aussagen erwartet, aber ich finde die Fütterung sehr einfach!

# X. Molosser und der Tierarzt!

*Walt Weisse*

1. Schutzimpfungen
2. Vorbeugung während und bei der Geburt
3. Krankheiten und Defekte
   a) Hüftgelenksdysplasie
   b) Isolierter Processus anconaeus
   c) Kreuzbandab- oder Kreuzbandanriß
   d) Magenumdrehung
   e) Entropium und Ektropium
   f) Liegestellen
   g) Hausapotheke
   h) Verdacht auf Vergiftung
   i) Fremdkörper verschluckt
   j) Entwurmungsschema
   k) Narkose

Eigentlich widerstrebt es mir, hier Hinweise auf Krankheiten zu geben. Aus meiner langen Erfahrung heraus weiß ich, wie gefährlich das »Herumdoktorn« des Laien bei Krankheiten ist. Lassen Sie es mich ganz klar sagen: Wenn ein Hund Anzeichen von Krankheiten zeigt, sofort zum Tierarzt und keine eigenen Experimente! Mir graust es oft, wenn ich bei manchen sogenannten »Kynologen«, selbsternannten Experten, die meistens gerade ihren zweiten Wurf gezüchtet haben, Medizinschränke sehe, die jeder Universitätsklinik Ehre machen würden. Einmal davon ganz abgesehen, daß es verboten ist, zum Beispiel Antibiotika selbständig zu verwenden, wird mit diesen »Hausapotheken« meistens mehr Schaden als Nutzen angerichtet. In diese Kategorie gehören auch sogenannte »Aufbauspritzen« und auch homöopathische Mittel, sie sollten ausschließlich auf Rat des Tierarztes eingesetzt werden. Trotzdem will ich einige Hinweise aus der Praxis für die Praxis geben.

# Schutzimpfungen

Die regelmäßigen Schutzimpfungen gehören mit zu den wichtigsten Dingen, die man in seiner Hundehaltung beachten muß. Leider werden hier immer mehr Hundebesitzer nachlässig, weil sie meinen, daß es etwa die gefürchtete »Staupe« in unseren Breiten nicht mehr gibt. Dies ist ein Trugschluß, denn gerade in der letzten Zeit hört man wieder davon.

### Impfschema

Alle im Zwinger gehaltenen Hunde, die über ein Jahr alt sind, werden möglichst zur gleichen Zeit jährlich vom Tierarzt mit einer sogenannten »8fach-Impfung« geimpft. Diese Impfung bietet Schutz gegen Staupe, Hepatitis, Leptospirose, Tollwut, Parvovirose, Zwingerhusten und verschiedene Viren für ein ganzes Jahr.

Wenn eine Hündin gedeckt wurde, lasse ich diese, unabhängig von der vorhergegangenen Impfung, in der Mitte der Trächtigkeit, also etwa 4 bis 5 Wochen nach dem Deckakt, zusätzlich mit einem homologen Totimpfstoff gegen Parvovirose impfen!

Dies ist sehr sehr wichtig für die Abwehrkräfte der zu erwartenden Welpen. Seit ich das mache, gab es niemals mehr Ausfälle durch die gefürchtete Parvovirose (Katzenseuche).

Die Welpen dieser geimpften Mutterhündin brauchen dann tatsächlich erst in der achten Lebenswoche gegen Staupe, Hepatitis, Leptospirose und Parvovirose (Totimpfstoff) geimpft werden. Und dann ist eines sehr, sehr wichtig: Der neue Besitzer des Welpen muß mit aller Deutlichkeit darauf hingewiesen werden, daß er seinen Welpen nochmals in der 16. bis 17. Lebenswoche mit der oben beschriebenen 8fach-Impfung impfen lassen muß. Wenn dieses Schema eingehalten wird, kann nach menschlichem Ermessen durch die genannten Seuchen kein Schaden mehr angerichtet werden. Dann sind die Hunde sicher bis zur folgenden jährlichen Durchimpfung geschützt.

## Vorbeugung während und bei der Geburt

Bei einer gesunden Zuchthündin in bester Kondition ist die Geburt keine Krankheit! Sollte die Geburt sich jedoch über viele Stunden hinziehen und viele Welpen geboren werden, ist es ratsam, die werfende Hündin mit Gaben von flüssigem Calcium (Frubiase-Trinkampullen), löffelweise starkem Kaffee mit Traubenzucker, vielleicht etwas Rotwein, zu unterstützen. Bei ganz schweren Geburten kann der Tierarzt subcutan eventuell Infusionen von Mineralkonzentraten (Kaloriphos) geben.

Bei allen Welpen setze ich vorbeugend direkt nach der Geburt und noch einmal 24 Stunden später einen sogenannten »Paraimmunitäts-Inducer« (PIND-AVI der Mikrobiologie, Tierklinik München oder »Duphar-Pind« der Fa. Philips) nach folgendem Schema ein; 0,5 ml sc. direkt nach der Geburt und nochmals 24 Stunden später ebenfalls 0,5 ml sc. Man erreicht dadurch, daß das Abwehrsystem der Welpen sofort und schlagartig aktiviert wird. Fragen Sie hier Ihren Tierarzt.

Primäre und sekundäre Wehenschwächen bei einer werfenden Hündin sind ausschließlich ein Fall für den Tierarzt! Wenn Ihnen eine Geburt ins Haus steht, informieren Sie bitte v o r h e r Ihren Tierarzt und fragen Sie ihn, ob er eventuell auch nachts Hilfe leisten kann. »Wehenspritzen« gehören n i c h t in die Hand des Laien, weil diese Hormone – falsch eingesetzt – bei der Hündin nicht reparable Schäden verursachen können! Es kann hier nicht der Platz sein, die Vorgänge bei einer Geburt, die Temperaturkurve, die Austreibung der Früchte und anderes zu beschreiben. Auch für dieses Thema verweise ich auf meine Literaturempfehlung im Anhang.

## Krankheiten und Defekte

Es gibt einige Krankheiten und Defekte, für die unsere Molosser regelrechte Dispositionen haben und die man fast als rassespezifisch ansehen kann. Wir wollen ein ehrliches Buch schreiben, welches nicht in Schönfärberei verfällt, sondern die Schwierigkeiten beim Namen nennt. Es ist auch nur möglich, diese Dispositionen zum Negativen züchterisch anzugehen, wenn alle Züchter und Halter in diesen Dingen ganz ehrlich untereinander und dem Welpenkäufer gegenüber sind.

### Hüftgelenksdysplasie

Die Geißel der großen Hunderassen! Erst 1987 wurde es im VDH bei allen Hunderassen zur Pflicht gemacht, auf diese genetisch bedingte Krankheit züchterisches Augenmerk zu haben. Bei den hier beschriebenen Rassen macht der Zuchtverband dies schon seit 1978 und der Erfolg, die steigende Quote der von dieser Krankheit nicht oder nur gering befallenen Zuchthunde, gibt dieser züchterischen Zwangsmaßnahme recht.

Die Hüftgelenksdysplasie ist eine genetisch bedingte Deformation des Hüftgelenks. Laienhaft ausgedrückt: »Der Hüftgelenkskopf hat keinen festen Sitz in der

Pfanne des Hüftgelenks«. Sie müssen sich das wie ein nicht richtig befestigtes, wackelndes Scharnier vorstellen. Jeder Laie kann sich nun denken, daß diese Deformation einen großen Hund von bis zu 90 kg Gewicht in seiner Funktionalität als Lauftier schwer behindert, besonders auch deshalb, weil sich im Laufe der Zeit arthrotische Veränderungen an und im Gelenk bilden. Diese Krankheit ist durch Medikamente oder Operationen nicht heilbar. Ausmerzen kann man sie ausschließlich durch züchterische Selektion. Natürlich kann man einen Hund durch ein künstliches Hüftgelenk oder durch eine bestimmte Muskeloperation so weit wieder herstellen, daß ihm für ein paar Jahre große Schmerzen erspart bleiben, aber ob dies sinnvoll für das Lauftier Hund ist, wage ich zu bezweifeln. Wer also einen Molosser erwirbt, muß sich klar darüber sein, daß diese Krankheit innerhalb der Rassen unterschiedlich stark verbreitet ist.

Die Hüftgelenksdysplasie, kurz HD genannt, wird in ihrer Schwere von den Tierärzten und Zuchtverbänden in vier Grade aufgeteilt. HD-frei, HD-Übergangsform, HD-leicht, HD-mittel und HD-schwer. Der letzte Grad erhält bei der Diagnose sofort absolutes Zuchtverbot. Die Hunde mit HD-mittel dürfen ausschließlich nur mit Tieren, die gesunde Hüften haben, gepaart werden. Aber auch die mittlere HD muß bald aus unseren Zuchten verschwinden. Die Aussichten dafür sind – bis auf die Bordeauxdoggen – sehr gut. Wenn man die Grade HD-frei und HD- Übergangsform als gesunde Hüften bezeichnet, ergibt sich bei den einzelnen Rassen folgendes Bild:

*Doque de Bordeaux*
Gesunde Hüften = 15%. HD-leicht = 25%. HD-mittel = 40%. HD-schwer = 20%.

*Mastiff*
Gesunde Hüften = 61%. HD-leicht = 36%. HD-mittel = 2%. HD-schwer = 1%.

*Bullmastiff*
Gesunde Hüften = 32%. HD-leicht = 53%. HD-mittel = 10%. HD-schwer = 5%.

*Mastino Napoletano*
Gesunde Hüften = 41%. HD-leicht = 32%. HD-mittel = 23%. HD-schwer = 4%.

*Fila Brasileiro*
Gesunde Hüften = 63%. HD-leicht = 23%. HD-mittel = 11%. HD-schwer = 3%.

*Mastin Espanol*
Gesunde Hüften = 53%. HD-leicht = 38%. HD-mittel = 9%. HD- schwer = 0%.

*Tosa-Inu*
Hier sind erst 3 Hunde geröntgt worden und deshalb können noch keine Aussagen gemacht werden. Wahrscheinlich jedoch ist in dieser Rasse die HD nicht sehr verbreitet.

*Zusammenfassung Thema HD.*

Die Dunkelziffer bei dem HD-Grad-schwer ist natürlich groß, weil viele nach dem Röntgen die Aufnahmen zur Auswertung gar nicht erst einschicken. Dies wurde etwas besser, als der Club für die schweren Fälle keine Auswertungsgebühren berechnete.

Hier muß auch gesagt werden, daß diese Zahlen alle seit 1978 geröntgten Hunde umfaßt. Trotzdem hat sich die Statistik in den letzten 3 Jahren enorm verbessert. Heute kann man davon ausgehen, daß beim Mastiff und Fila Brasileiro über ⅔ der zur Zucht zugelassenen Hunde über gesunde Hüften verfügen. Beim Mastino Napoletano liegt es etwas darunter. Beim Bullmastiff brachten einzelne Importe aus Dänemark und vor allem aus USA hervorragende Verbesserungen. Bei dieser Rasse muß man sehr mit Importen aus England aufpassen, weil Großbritannien das Problem »HD« einfach negiert. Das ganz große Sorgenkind ist die Rasse Dogue de Bordeaux; während bei allen anderen Rassen in den letzten Jahren erstaunliche Verbesserungen im Bezug auf HD festgestellt werden konnten, verschlechterte sich das Bild hier erheblich. Das ging so weit, daß die Hauptversammlung des Clubs die Selektionsbestimmungen für diese Rasse probeweise für 3 Jahr aufheben mußte, um eine Weiterzucht überhaupt zu ermöglichen. Es wäre sehr, sehr schade, wenn diese herrliche, imponierende Rasse aufgrund von HD-Deformationen aussterben sollte. Wenn im nächsten Jahr – dann läuft die Beschränkungsfreiheit ab – nicht eindeutige Verbesserungen festgestellt werden können, dann bleibt als letztes züchterisches Mittel nur die Einkreuzung einer verwandten, gesunden Rasse übrig. Da in Spanien die Zuchtverbände sich jetzt auch der HD annehmen, sollte man beim Mastin Espanol bei Importen auf die HD-Auswertung wenigstens der Eltern bestehen.

Alles in allem eine Krankheit, die wir natürlich nicht in ganz kurzer Zeit in den Griff bekommen können. Der Laie würde jetzt einwenden, daß man doch einfach dann nur noch mit HD-freien Hunden züchten solle. Hier sollten wir aber auch ganz klar sagen, daß der Hund, und besonders der Molosser, nicht nur aus der Hüfte besteht. Erfahrungsgemäß sind es oft die leichten, wenig standardgerechten Hunde, die hervorragende Hüften haben. Wenn wir nur mit diesen Hunden züchten würden, dann hätten wir zwar bald einen HD-freien Hund, der aber mit dem Typ, mit der Ausstrahlung des Molossers vielleicht nur noch die Farbe gemeinsam hätte. Es ist keine Kunst, einen gesunden Einheitshund zu züchten; es ist aber die große Kunst der Hundezüchter, einen gesunden, funktionalen und typgerechten Hund zu züchten. Darum bemühen wir uns im Club mit allen Mitteln.

Es gibt noch eine ganze Reihe anderer Defekte, die zwar nicht so gravierend sind wie die HD, aber doch unser Augenmerk haben müssen und n u r vom Tierarzt behandelt werden dürfen.

## Isolierter Processus anconaeus

Dieses auch wohl vorwiegend erbliche Leiden wird auch vom Laien als »Ellenbogendysplasie« bezeichnet. Der Anconäus ist ein kleiner Knochen im Ellenbogen, der im Alter zwischen 5 und 7 Monaten erst anwächst. Wächst dieser aber durch eine Wachstumsstörung nicht an, sondern liegt lose im Gelenk, dann verursacht er dem Hund Schmerzen, welche sich durch Lahmheit der vorderen Gliedmaßen bemerkbar macht. Dies kann einseitig, aber auch beidseitig auftreten. Diagnose nur durch Röntgenaufnahme. Therapie durch eine kleine Operation (Herausnehmen!) beim Tierarzt. Kommt vorwiegend beim Mastino Napoletano und beim Dogue de Bordeaux vor. Die Operation sollte bald nach Diagnose durchgeführt werden, weil sonst leicht arthrotische Veränderungen auftreten können.

## Kreuzbandab- oder -anriß

Besonders der Fila Brasileiro neigt zu diesen auch wohl erblich bedingten An- oder Abrissen. Ein Kreuzbandriß äußert sich meistens durch schlagartiges Lahmen auf einem oder beiden Hinterläufen. Obwohl es Fälle gibt, wo sich die Lahmheit ohne Operation gegeben hat, sollte immer der Tierarzt konsultiert werden. Diagnose röntgenologisch sehr schwierig. Nur der sehr erfahrene Tierarzt stellt die Diagnose durch Abtasten. Operation problemlos. Bei der Zucht sollte man bei der Partnerwahl hier sehr darauf achten, daß nicht beide Linien Erbträger dieser erblichen Krankheit sind.

Die nun folgenden Krankheiten will ich nicht als molosserspezifische Defekte deklarieren, denn sie treten bei anderen Hunderassen genauso häufig auf.

## Magenumdrehung

Alle großen Hunde neigen dazu. Allerdings hatte ich selber noch keinen einzigen Fall. Anzeichen: Plötzliches Aufblähen des Bauches und der Brustpartie. Sehr harter Leib. Zunehmende Lethargie, Speicheln. Einzige Therapie: Sofort zum Tierarzt. Der Hund muß innerhalb einer halben Stunde auf dem Operationstisch liegen! Es gibt hier einige Theorien, die ich aber nicht ganz voll unterschreiben kann. Auch die Wissenschaftler sind hier geteilter Meinung. Die einen sagen, daß man unbedingt große Hunde nicht nur einmal, sondern mehrmals am Tage füttern müßte, um den Magen nicht zu sehr zu belasten. Die anderen – sehr ernst zu nehmende Wissenschaftler – sagen, daß dies alles Unsinn wäre und pathologisch wären alle untersuchten Hunde mit Magendrehung zu 50% mit leerem Magen und zur anderen Hälfte mit vollem Magen auf dem Operationstisch gewesen. Wie dem auch sei, eins ist sicherlich richtig, um Magendrehungen zu verhindern: Eine Stunde nach dem Fressen möglichst starke Bewegungen und auch Aufregungen vermeiden. Nicht direkt nach der Fütterung einen großen Spaziergang machen; nicht vor einem eventuellen Deckakt Rüde und Hündin füttern; bei Ausstellungsstreß lieber die Hunde mal einen Tag lang hungern lassen.

## Entropium und Ektropium

Das Entropium ist beim Molosser äußerst selten. Das Wort bedeutet, daß die Augenlider nach innen gerollt sind und die Wimpern dadurch ständig über den Augapfel streichen und diesen reizen. Es kommt zu chronischen Entzündungen und sogar Trübungen des Auges. Einzige Therapie: Operation beim Tierarzt.

Das Ektropium, welches also das Gegenteil bedeutet, ist weit häufiger bei Molossern anzutreffen. Hier ist das Augenlid nach außen gerollt und bietet dadurch dem Auge keinen genügenden Schutz mehr. Nicht jedes »etwas offene Auge« muß aber ein Ektropium sein! Hier kann man unter Umständen mit Augensalben oder Tropfen Abhilfe schaffen. In schweren Fällen ist aber immer eine kleine Operation notwendig. Beide beschriebenen Formen stellen eine schmerzliche Behinderung für den Hund dar und auch hier sollte man züchterisch sehr aufpassen, daß dieses Merkmal nicht zum genetisch verankerten Defekt werden kann. Das Tierschutzgesetz verbietet »Qualzucht« ausdrücklich und wenn man Tiere paart, die an dieser Krankheit leiden, dann sind wir von dieser »Qualzucht« nicht weit entfernt! Kommt bei allen Molosser-Rassen vor.

## Liegestellen

Zwar kein Defekt, keine schwere Krankheit, aber doch ein Problem beim Molosser. Besonders an den Gelenken der Ellenbogen bilden sich diese unschönen Wülste und Verhärtungen ,die nicht nur ungepflegt aussehen, sondern unter Umständen zu komplizierten Geschwüren werden können. Vermeiden könnte man diese Stellen, wenn unsere Hunde nicht eine Angewohnheit hätten, die geradezu zu diesem Problem führt! Sie können Ihrem Molosser eine noch so weiche Unterlage zum Liegen anbieten, er wird aber fast immer partout sich die härteste Stelle, das härteste Holz oder sogar den härtesten Beton dazu aussuchen! Dies tun nicht alle, aber doch sehr viele. Was kann man also tun? Ich weiß, daß sehr viele Molosser-Besitzer bei dieser Geschichte fast verzweifeln und es ist einfach ungerecht, wenn ein Richter wegen dieser Liegestellen in den Richterbericht schreibt ». . . leider sehr ungepflegt!« Der Besitzer hat sich sicherlich alle Mühe gegeben, aber es ist fast aussichtslos. Nun, man kann aber etwas vorbeugen. Ich selber habe die besten Erfahrungen mit »Ringelblumensalbe« gemacht.

»Ringelblumensalbe« kann man fertig in der Apotheke kaufen, aber aus ungesalzenem Schweineschmalz und Ringelblumen auch selber herstellen. Mit dieser Salbe streicht man 2- bis 3mal die Woche diese Stellen dick ein und hält sie dadurch weich und fast unsichtbar. Wenn aber diese Stellen schon stark ausgeprägt vorhanden sind, vielleicht sogar schon entzündliche Prozesse erscheinen und die Gelenke angeschwollen sind, dann ist es höchste Zeit, zum Hausarzt zu gehen. Dieser wird behandeln und unter Umständen sogar punktieren! Kommt vor allem beim Mastino Napoletano, beim Mastiff und vereinzelt beim Bullmastiff vor.

## Hausapotheke

Nun soll es genug sein mit Krankheiten und Defekten. Die wichtigsten und gravierendsten Dinge habe ich aufgezählt. Obwohl der Tierarzt bei allen Krankheiten zuständig ist, sollten wir jedoch für unseren Kameraden aus dem Tierreich – genau wie für unsere Familie – ständig eine gut sortierte Hausapotheke für Zuhause und für unterwegs bereithalten.

1. Mittel zur Entwurmung gegen Spul- und Hakenwürmer (Tierarzt fragen). 2. Frubiase-Trinkampullen (flüssiges Calcium) bei Allergien und Insektenstichen. 3. Kreislauftropfen. 4. Durchfallmittel auf pflanzlicher Basis (keine Kohle! Tannalbin oder ähnliches). 5. Augensalbe ohne Antibiotika gegen leichte Bindehautentzündung. 6. Ohrenreinigungsmittel ohne Alkohol. 7. Rivanol zur Desinfektion. 8. Wundpuder oder besser noch »Blauspray« für kleine offene Wunden. 9. Sportsalben zum Abschwellen und Entwässern bei Schwellungen. 10. Nach Rücksprache mit dem Tierarzt eventuell ein Mittel gegen Vergiftungen (Konakion).

An »Werkzeug« muß vorhanden sein: Gerade und gebogene Schere, Pinzette, Fieberthermometer (übrigens die Normaltemperatur beim Hund beträgt 38 bis 38,6 Grad, Fieber alles über 39 Grad. Ab 39,5 muß man unbedingt zum Tierarzt, denn bei 40 Grad kann der Hund bereits ins Koma fallen! Untertemperatur von 37 Grad an ist genauso gefährlich!), Heftpflaster, Mullbinden, eventuell Sprühverband (abgerissene Krallen), elastische Binden, Stauschlauch zum kurzfristigen Abbinden, Ohrenreinigungsstäbchen (Qu-Tips), Watte.

Diese Hausapotheke sollten Sie ständig kontrollieren, ob noch alles vorhanden ist und ob die Medikamente nicht schon verfallen sind (Verfalldatum steht auf der Packung).

## Verdacht auf Vergiftung

Vielleicht hier noch eine Anmerkung, die natürlich nicht verbindlich sein kann: Verdacht auf Vergiftung besteht immer dann, wenn der Hund plötzlich sehr stark speichelt; wenn die Schleimhäute (innere Lefzen und die Bindehäute) hell werden und vor allem wenn plötzlich Untertemperaturen auftreten. Auch Verhaltensstörungen können plötzlich auftreten. Sofort zum Tierarzt!

## Fremdkörper verschluckt

Der Hund speichelt stark, frißt Gras, versucht ohne Erfolg Kot abzusetzen. Sofort zum Tierarzt!

## Entwurmungsschema

Beim Welpen mit bis zu 5 Monaten sollte man immer eine »Wurmpaste« verwenden (Banminthpaste). Ich habe festgestellt, daß einige Welpen auf die Paste für Hunde nicht so reagieren, daß alle Würmer wirklich erfaßt werden. Es ist möglich, daß die Würmer auf diese Paste bereits resistent sind. Seit langer Zeit helfe ich mir dann mit Banminthpaste für Katzen! Allerdings sollte man hier wissen, daß die für Katzen angegebene Kilomenge beim Hund für das Vierfache reicht! Also die Wurmpaste für 2 kg Katzengewicht reicht für 8 kg Hundegewicht!

Erste Entwurmung der Welpen am 7. Lebenstag.

Zweite Entwurmung am 20. Lebenstag, vor der ersten festen Mahlzeit.

Dritte Entwurmung in der 6. Lebenswoche.

Vierte Entwurmung 4 Tage vor der Abgabe.

Fünfte Entwurmung am Tag vor der Impfung in der 16. oder 17. Lebenswoche.

Sechste Entwurmung mit 7 Monaten.

Danach jährlich einmal. Zuchthunde, Rüde und Hündin, jeweils 3 Tage vor dem Deckakt und die Hündin nochmals in der 2. Hälfte der Trächtigkeit.

Bei erwachsenen Hunden nehme ich als Entwurmungsmittel »Telmin-KH«.

Über Bandwurmkuren kann Ihnen nur der Tierarzt Auskunft geben.

## Eventuell einmal notwendig werdende Narkose

Die Narkose ist bei allen Molossern nicht ganz unproblematisch! Es liegt mir fern, hier als Laie irgend einem Tierarzt, der sein Fach ja studiert hat, Ratschläge zu geben. Sie sollten sich aber vorher vergewissern, ob Ihr Tierarzt schon Erfahrungen mit Narkose bei Molossern hatte. Wenn nicht, sind Sie sehr vorsichtig! In der Regel brauchen alle Molosser nur etwa die Hälfte der Dosis pro kg Körpergewicht, wie andere Hunde. Auch fragen Sie Ihren Tierarzt, ob er über ein Gerät zur Inkubationsnarkose verfügt. Diese Narkoseart ist steuerbarer! In Zweifelsfällen rufen Sie Ihren zuständigen Zuchtwart an, der hier Auskunft über erfahrene Tierärzte geben kann.

# Literaturempfehlungen

## *Geschichte*

Beckmann, *Die Beschreibung der Hunderassen,* 2. Bd. Reprint*
Strebel, *Die Deutschen Hunde und ihre Abstammung,* 2. Bd. Reprint*
Fleig, *Kampfhunde I**
Fleming, *Der vollkommene Teutsche Jäger,* 2. Bd. Reprint

## *Allgemein*

Klever, *Knauers Großes Hundebuch.*
Gebhard, *Du armer Hund*
Klever, *Der Hund – das unverstandene Wesen.*
Eipper, *Die gelbe Dogge Senta.**

## *Zucht, Aufzucht, Fütterung, Anatomie*

Fleig, *Technik der Hundezucht**
Bruns & Fraser, *Die Vererbung des Hundes.*
Schleger/Stuhr, *Hundezüchtung in Theorie und Praxis.**
Malcolm b. Willis, *Züchtung des Hundes.*
Räber, *Brevier neuzeitlicher Hundezucht.*
Trumler, *Ein Hund wird geboren.*
Vanderlip, *Hundezucht.*
Naaktgeboren/Slijper, *Biologie der Geburt.*
Stockmann, *Das Gangwerk des Hundes.*
Meyer, *Fütterung des Hundes.*
Mc Dowell Lyon, *The Dog in Action.*

## *Wesen und Verhalten*

Trumler, *Der schwierige Hund.**
Bodingbauer, *Wesensanalyse für Junghunde.*
Seifferle, *Grundlagen der Wesensprüfung.*
Fox, *Versteh Deinen Hund.*
Stern, *Bemerkungen über Hunde.*
Stern, *Mut zum Widerspruch.*
Stern, *Mann aus Apulien.*
Lorenz, *So kam der Mensch auf den Hund.*
Eibl-Eiblfeld, *Vergleichende Verhaltensforschung.*
Dröser, *Mit den Wölfen heulen.*
Feddersen-Petersen, *Hundespychologie.**
Herre/Röhrs, *Haustiere – zoologisch gesehen.*
Aldington, *Von der Seele des Hundes.*

## *Erziehung, Ausbildung*

Most/Rasch, *Die Abrichtung des Hundes.**
Holmes, *Der Hund im Haus.*
Klever, *Der Hund, Dein Freund.*
Reiter, *So erzieht man seinen Hund zum Hausgenossen.*
Tortora, Schwieriger Hund – was tun.
Syrotuck, *Hund, Geruch und Fährte.*

## *Hundeausstellungen mit allen Formalitäten*

Beyersdorf, *Mit dem Hund auf Ausstellungen.*

## *Der Hund im Recht*

Vogl, *Juristisches Handbuch für Hundehalter.*
Brehm, *Dein Hund im Recht.*

## *Molosser-Spezifisches*

Baxter/Hoffmann, *The History a. Management of the Mastiff.*
Hubbard,*The Bullmastiff.**
Imbimbo, Il Mastino Napoletano.
Walt Weisse, *Der Mastino Napoletano.**
Sinz Timon, *El Mastin Espanol.*
Procopio do Valle, *O Grande Livro do Fila Brasileiro.*
Semencic, *The World of the Fighting Dogs.*

Alle mit * gekennzeichneten Bücher können Sie direkt bei unserem Verlag bestellen: Kynos Verlag, Haus Alemannentrutz, D-5537 Mürlenbach/Eifel, Telefon 0 65 94/6 53.
Alle anderen genannten Bücher beim Buchhandel.

## *Fachzeitschriften*

*Molosser-Report* erscheint viermal im Jahr. Abonnentenpreis jährlich DM 40,– für vier Hefte bei Club für Molosser, Wera Paulmann c/o Fa Wiest, Hilpertstr. 6, 6100 Darmstadt.

# Wichtige Adressen:

**Club für Molosser e.V.,** Vorstand + Geschäftsstelle Walt Weisse, Vagantenhof, 8195 Egling, Telefon 0 81 70/78 24.

*Arbeitsgemeinschaften:*

*Dogue de Bordeaux.* Thomas Schulz, Dachbergerweg 15, 4132 Kampp-Lintfort.
*Mastiff:* Isolde Schmidt, Quelkhorner Landstr. 56a, 2802 Fischerhude.
*Bullmastiff:* Herbert Siebold, Antoniushof, 7890 WT- Tiengen.
*Mastino Napoletano:* Wolfgang Hülsermann, Kurfürstenstr. 203, 4200 Oberhausen.
*Fila Brasileiro:* Luise Daser, Sonnenläng 2, 8024 Oberhaching.
*Tosa-Inu:* Wolfgang Fink, Henry-Dunant-Str. 7, 4130 Moers 2.
*Mastin Espanol:* Rudolf Sewerin, Mittelbach 32, 8800 Ansbach.
Informationsmaterial durch:
Monika Reinhard, Westfalenstr. 10, 6340 Dillenburg 2, Telefon 0 27 71/3 25 01.